# 包容性发展与
# 社会公平政策的选择

朱 玲　魏 众－主编

INCLUSIVE DEVELOPMENT AND POLICY CHOICES TOWARDS SOCIAL JUSTICE

知识产权出版社
全国百佳图书出版单位
—北京—

**图书在版编目（CIP）数据**

包容性发展与社会公平政策的选择 / 朱玲，魏众主编 .—北京：知识产权出版社，2022.1
ISBN 978-7-5130-6862-8

Ⅰ. ①包… Ⅱ. ①朱… ②魏… Ⅲ. ①中国经济—经济发展—研究 ②公平原则—社会政策—研究—中国 Ⅳ. ①F124 ②D601

中国版本图书馆 CIP 数据核字（2020）第 059128 号

**总 策 划：**王润贵　　**项目负责：**蔡　虹
**套书责编：**蔡　虹　石红华　　**责任校对：**谷　洋
**本书责编：**国晓健　　**责任印制：**刘译文

## 包容性发展与社会公平政策的选择

朱　玲　魏　众　主编

**出版发行：**知识产权出版社有限责任公司　　**网　　址：**http：//www.ipph.cn
**社　　址：**北京市海淀区气象路 50 号院　　**邮　　编：**100081
**责编电话：**010-82000860 转 8385　　**责编邮箱：**caihongbj@163.com
**发行电话：**010-82000860 转 8101/8102　　**发行传真：**010-82000893/82005070/82000270
**印　　刷：**三河市国英印务有限公司　　**经　　销：**各大网上书店、新华书店及相关专业书店
**开　　本：**787mm × 1092mm　1/32　　**印　　张：**17.5
**版　　次：**2022 年 1 月第 1 版　　**印　　次：**2022 年 1 月第 1 次印刷
**字　　数：**486 千字　　**定　　价：**88.00 元

ISBN 978-7-5130-6862-8

# 课题组成员名单


朱　玲　中国社会科学院经济研究所研究员

杨春学　中国社会科学院经济研究所研究员

魏　众　中国社会科学院经济研究所研究员

罗楚亮　北京师范大学经济与工商管理学院副教授

姚　宇　中国社会科学院经济研究所副研究员

金成武　中国社会科学院经济研究所副研究员

邓曲恒　中国社会科学院经济研究所副研究员

王　震　中国社会科学院经济研究所副研究员

何　伟　中国社会科学院经济研究所助理研究员

# 出版说明

知识产权出版社自1980年成立以来，一直坚持以传播优秀文化、服务国家发展为己任，不断发展壮大，影响力和竞争力不断提升。近年来，我们大力支持经济类图书尤其是经济学名家大家的著作出版，先后编辑出版了《孙冶方文集》《于光远经济论著全集》《刘国光经济论著全集》和《苏星经济论著全集》等一批经济学精品力作，产生了广泛的社会影响。受此激励和鼓舞，我们和孙冶方经济科学基金会携手于2018年1月出版《孙冶方文集》之后，又精选再版孙冶方经济科学奖获奖作品。

"孙冶方经济科学奖"是中国经济学界的最高奖，每两年评选一次，每届评选的著作奖和论文奖都有若干个，评选的对象是1979年以来所有公开发表的经济学论著。其获奖成果基本反映了中国经济科学发展前沿的最新成果，代表了中国经济学研究各领域的最高水平。这次再版的孙冶方经济科学奖获奖作品，是我们从孙冶方经济科学奖于1984年首届评选到2017年第十七届评选出的获奖著作中精选的20多部作品。这次再版，一方面是为了缅怀和纪念中国卓越的马克思主义经济学家和中国经济改革的理论先驱孙冶方同志；另一方面有助于系统回顾和梳理我国经济理论创新发展历程，对经济学同人深入研究当代中国经济学思想史，在继承的基础上继续推动我国经济学理论创新、更好构建中国特色社会主义政治经济学都具有重要意义。

在编辑整理"孙冶方经济科学奖获奖作品选"时，有几点说明如下。

第一，由于这20多部作品第一版是由不同出版社出版的，所以开本、版式、封面和体例不太一致，这次再版进行了统一。

第二，再版的这20多部作品中，有一部分作品这次再版时作者进行了修订和校订，因此与第一版内容不完全一致。

第三，大部分作品由于第一版时出现很多类似“近几年”“目前”等时间词，再版时已不适用了。但为了保持原貌，我们没有进行修改。

在这20多部作品编辑出版过程中，孙冶方经济科学基金会的领导和同事对本套图书的出版提供了大力支持和帮助；86岁高龄的著名经济学家张卓元老师亲自为本套图书作了思想深刻、内涵丰富的序言；这20多部作品的作者也在百忙之中给予了积极的配合和帮助。可以说，正是他们的无私奉献和鼎力相助，才使本套图书的出版工作得以顺利进行。在此，一并表示衷心感谢！

知识产权出版社

2019年6月

# 总　序

张卓元

知识产权出版社领导和编辑提出要统一装帧再版从1984年起荣获孙冶方经济科学奖著作奖的几十本著作，他们最终精选了20多部作品再版。他们要我为这套再版著作写序，我答应了。

趁此机会，我想首先简要介绍一下孙冶方经济科学基金会。孙冶方经济科学基金会是为纪念卓越的马克思主义经济学家孙冶方等老一辈经济学家的杰出贡献而于1983年设立的，是中国在改革开放初期最早设立的基金会。基金会成立36年来，紧跟时代步伐，遵循孙冶方等老一辈经济学家毕生追求真理、严谨治学的精神，在经济学学术研究、政策研究、学术新人发掘培养等方面不断探索，为繁荣我国经济科学事业做出了积极贡献。

由孙冶方经济科学基金会主办的“孙冶方经济科学奖”（著作奖、论文奖）是我国经济学界的最高荣誉，是经济学界最具权威地位、最受关注的奖项。评奖对象是改革开放以来经济理论工作者和实际工作者在国内外公开发表的论文和出版的专著。评选范围包括：经济学的基础理论研究、国民经济现实问题的理论研究，特别是改革开放与经济发展实践中热点问题的理论研究。强调注重发现中青年的优秀作品，为全面深化改革和经济建设，为繁荣和发展中国的经济学做出贡献。自1984年评奖活动启动以来，每两年评选一次，累计已评奖17届，共评出获奖著作55部，获奖论文175篇。由于孙冶方经济科学奖的评奖过程一直是开放、公开、公平、公正的，在作者申报和专家推荐的基础上，由全国著名综合性与财经类大学经济院系和中国社会科学院经济学科领域研究所各推荐一名教授组成的初评小组，进行独立评审，提出建议入围的论著。然后由基金会评奖委员会以公开讨论和无记名投票方式，以简单多数选定获奖作品。最近几届的票决结果还要进行公示后报基金会理事会最终批准。因此，所有获奖论著，都是经过权威专家几轮认真的公平公正的评审筛选后确定的，因此这些论著可以说代表着当时中国经济学研究成果的最高水平。

作为17届评奖活动的参与者和具体操作者，我不敢说我们评出的获奖作品百分之百代表着当时经济学研究的最高水平，但我们的确是尽力而为，只是限于我们的水平，肯定有疏漏和不足之处。总体来说，从各方面反映来看，获奖作品还是当时最具代表性和最高质量的，反映了改革开放后中国经济学研究的重大进展。也正因为如此，我认为知识产权出版社重新成套再版获奖专著，是很有意义和价值的。

首先，有助于人们很好地回顾改革开放40年来经济改革及其带来的经济腾飞和人民生活水平的快速提高。改革开放40年使中国社会经济发生了翻天覆地的变化。贫穷落后的中国经过改革开放30年的艰苦奋斗于2009年即成为世界第二大经济体，创造了世界经济发展历史的新奇迹。翻阅再版的获奖专著，我们可以清晰地看到40年经济奇迹是怎样创造出来的。这里有对整个农村改革的理论阐述，有中国走上社会主义市场经济发展道路的理论解释，有关于财政、金融、发展第三产业、消费、社会保障、扶贫等重大现实问题的应用性研究并提出切实可行的建议，有对经济飞速发展过程中经济结构、产业组织变动的深刻分析，有对中国新型工业化进程和中长期发展的深入研讨，等等。阅读这些从理论上讲好中国故事的著作，有助于我们了解中国经济巨变的内在原因和客观必然性。

其次，有助于我们掌握改革开放以来中国特色社会主义经济理论发展的进程和走向。中国的经济改革和发展是在由邓小平开创的中国特色社会主义及其经济理论指导下顺利推进的。中国特色社会主义理论体系也是在伟大的改革开放进程中不断丰富和发展的。由于获奖著作均系经济理论力作，我们可以从各个时段获奖著作中，了解中国特色社会主义经济理论是怎样随着中国经济市场化改革的深化而不断丰富发展的。因此，再版获奖著作，对研究中国经济思想史和中国经济史的理论工作者是大有裨益的。

最后，有助于年轻的经济理论工作者学习怎样写学术专著。获奖著作除了少数应用性、政策性强的以外，都是规范的学术著作，大家可以从中学到怎样撰写学术专著。获奖著作中有几套经济史、经济思想史作品，都是多卷本的，都是作者几十年研究的结晶。我们在评奖过程中，争议最少的就是颁奖给那些经过几十年研究的上乘成果。过去苏星教授写过经济学研究要“积之十年”，而获奖的属于经济史和经济思想史的专著，更是积之几十年结出的硕果。

是为序。

2019 年 5 月

# 目 录

## 第二篇 收入差距分析

## 第三篇　城乡居民的就业与收入

# 导 言

**【内容提要】**在联合国各成员国实现千年发展目标的进程中，不同经济体实现经济增长分享、社会融合凝聚以及生态平衡和资源节约的过程，构成了包容性发展的各种具体形式。中国的和谐社会构建，便是其中的一种。和谐社会理念包含的核心价值观，是社会公平正义。兼容市场经济自由（效率）与社会均衡（公平）的根本条件，是保证所有社会成员平等地实现其基本权利。若要从根本上扭转中国经济转型中贫富差距加大的趋势，必须从消除社会排斥和推进初次分配制度的改革做起。

**【关键词】**包容性发展　社会公平　分配制度

## 一、研究背景与目的

20 世纪 90 年代，经济全球化进程加速。伴随这一进程的，既有大多数计划经济国家向市场经济的转型，又有欧盟及其他地区的一体化趋势。在世界经济迅速增长的同时，贫穷、饥饿、疾病、文盲、环境恶化、社会排斥和社会冲突依然严重。为了消除这些现象，促进人类发展，各国领导人在 2000 年的联合国千年首脑会议上，商定了一套时限为 15 年的目标和指标。在这一背景下，各国政府和地区性组织因地制宜，提出了重点各异的发展目标，并据此制定各自的发展战略和政策。例如，2000 年，欧盟开始实施社会融合进程（social inclusion process），在此框架下，其成员国通过开放式协调法（open method of coordination）进行合作（Atkinson，2009）。

2004 年，中国政府提出了构建和谐社会的理念，并制定了与此相呼应的“十一五”社会经济发展规划。

“和谐社会”的提法一经发表，社会学、政治学、法学和经济学等不同学科的学者纷纷给予解读（俞可平，2005；冷溶，2007）。不同学科的学者虽然视角各异，但几乎无一例外地强调：第一，和谐社会是一种理想状态，现实中存在着诸多社会矛盾与冲突；第二，公平正义是和谐社会理念包含的核心价值观之一；第三，为了构建和谐社会，需要从维护公平正义着手，改进社会经济制度并制定相应的社会政策。迄今，绝大多数研究的重点正在于此。

在经济研究领域，有的学者把单纯依靠市场交换协调利益关系的机制定义为“纯粹市场经济”，并以此作为反向参照系，论述社会主义和谐社会应有的生产管理和收入分配关系（裴小革，2011）。但此类研究由于将现实的中国社会作为和谐社会的例证，忽略了社会经济转型中累积的矛盾，反而欠缺理论解释力。有的学者借助福利经济学第一定理、经济核定理、结果公正定理等理论，论证和谐社会的关键特征可以通过建立和完善现代市场经济体制来达到（田国强，2007）。然而在理论上，从福利经济学第一定理推导不出财富和收入再分配；在现实中，市场制度能够产生效率，但不会自动产生社会福利，社会和经济领域虽有重叠但依然有别。例如，中国的社会政策改革滞后于经济政策改革，大多数农民家庭、农村迁移劳动者、城市下岗职工和非正规就业者曾一度缺少社会保护。在激烈的社会转型中，他们的生计因此而遭遇更大的风险和不确定性。这种状况也曾明显地影响了社会稳定、社会融合和社会凝聚。可见，现代市场经济体制对于构建和谐社会只是必要条件而非充分条件。

更为系统地探讨和谐社会构建的一项研究，来自亚洲开发银行组织的课题《以共享式增长促进社会和谐》（林毅夫、庄巨忠、汤敏、林暾，2008）。这项研究针对中国的收入不平等问题，讨论如何在以市场机制推动经济增长的同时，促进机会平等和公平参与。这其中，有的学者强调，需要政府增加对基础教育、基本医疗卫生及其他基本社会服务的投入；加强政策与制度的公平性，创造平等的竞争机会；建立社会保障机制，防止和消除极端贫困。有的学者提出，如果能够按照比较优势原则选择生产模式（资本密集型或劳动密集型），便可兼顾经济增长和减少收入不平等。问题是，生产模式的选择固然关系到就业机会的创造，并有可能间接影响收入分配格局。但无论何种选择，与机会平等都没有必然联系。由此看来，这项课题对和谐社会理念的基础性研究相对薄弱，不同学者依照各自的理解论述社会经济政策的选择，因而使得整体成果欠缺理论一贯性。

实质上，从经济学角度研究和谐社会的构建，关键在于探索联结经济自由（效率）与社会均衡（公平）的路径，阐明怎样实现经济增长成果的分享和增长过程的社会和解（杨春学，2009）。如何勾连效率和公平，是一种政治选择，而非纯经济问题。针对这一选择做经济学研究，必然起始于理论推演，并在思想实验方面超越经济学边界，吸纳哲学、政治学以及其他人文和社会科学成果。不同经济体实现经济增长分享、社会融合凝聚以及生态平衡和资源节约的过程，构成了包容性发展的各种具体形式。中国的和谐社会构建，便是其中的一种。对这一进程的研究，需要遵循逻辑和历史一致的原则，以理论探索的结果为基础建立分析框架，借助经验研究特别是定量分析，寻找解决现实社会经济问题的答案。可以说，思想实验和经验研究相结合，才既有可能丰富和谐社会的理念，又有可能引申构建和谐社会（促进包容性发展）的政策措施。

出于上述考虑，我们课题组汇集了经济思想史、政治经济学和发展经济学领域的学者，将纯理论研究与抽样调查和案例研究相结合，着重回答如下焦点问题：第一，和谐社会的政治经济学基础是什么？第二，怎样把和谐社会的理念转化为具有可行性的政策？第三，选择何种数量指标衡量和监测政策的实施状况？

本项研究的切入点，是推导回应中国经济转型和发展需求的社会公平理论，据此，进一步分析抽样调查数据，阐明导致收入高度不均等的制度性和政策性原因。至此，课题组既未囿于收入分配讨论，也未将研究扩展到和谐社会构建涉及的所有领域，而是基于同一理论视角，将研究聚焦于受到制度性歧视的农民和农村迁移工人（农民工）。从分析这些低收入群体的生计和实际享有的基本权利入手，探究消除社会排斥和增强社会公平的可行政策。这样做的目的在于，一方面，为中央和地方政府改进发展目标的设定和发展战略及政策的制定提供参考；另一方面，为其他发展中国家和转型社会提供可资借鉴的思想材料。

## 二、研究路径

在 2005—2011 年的项目执行期间，本课题组在研究方法选择上遇到的最大挑战，是怎样实现纯理论研究和经验研究的顺畅结合，并尽可能汲取同一领域的最新理论成果和采用前沿分析技术。为了回应这一挑战，课题组做了不懈的努力，主要做法如下。

（1）搜寻迄今致力于解决个人基本权利和市场自由冲突的经济学文献，从中梳理出被主流经济学忽视但能够用于沟通市场效率与社会均衡的部分，针对中国社会经济转型和发展的特点，构建以社会公平正义为核心价值的理论框架，为公平分配提供独立的论证。

（2）获取国家统计局 2006 年全国城市和农村住户抽样调查的子样本数据集，并以中国社会科学院经济研究所以往 20 年的收入分配研究成果为参照，刻画此间的收入分配变化。同时，采用统计分析和计量经济学方法以及收入差距测量技术，重点分析 2002 年和 2006 年的数据集，描述城乡之间、地区之间、不同人群组之间、不同住户之间和不同个人之间的收入差距，估计收入差距的变动趋势，并对影响收入差距变动的原因加以解释。此外，我们还利用农业部农村固定观察点 2007 年的全国农户抽样调查数据，分析农村迁移工人对农民家庭纯收入的贡献。在此基础上，讨论全球金融危机对低收入和贫困群体的生存状况造成的影响。

（3）2006—2009 年，课题组对农村迁移工人（农民工）的生计、医疗和养老保险状况分别做专题抽样调查。在研究中，将史料回顾、政治经济学讨论和数据分析相结合，揭示了导致农村迁移工人遭受社会排斥的政治经济原因，并论证了女性迁移工人受到的制度性歧视和性别歧视。也正是性别视角和性别分析，使我们的研究与其他同类研究区别开来。

（4）在整个项目执行期间，对那些在保健、教育、信息及收入获得和社会参与方面处于不利地位的群体，例如穷人、妇女、老年人、残疾人、少数族群和失地农民等，做个人访谈和案例研究，以此弥补抽样调查中的信息缺失。同时，利用国际学术交流的机会，对别国的就业和社会保障政策做实地调研。



## 三、主要发现

本项研究成果集由五大部分组成，主要研究发现及各篇的逻辑架构如下。

第一篇是对“和谐社会”命题的含义所做的理论分析。这一命题的提出，回应的是中国经济转型中社会矛盾凸显的现实。事实上，当前的深层次矛盾，原本就孕育在计划经济时代的制度性不平等之中。例如，政府的行政垄断遍及经济领域，个人在经济活动中少有自由决策空间。在国家工业化政策中，“城市偏好”严重，公共产品和服务的供给均向城市倾斜。为了保障城市供给和工业化需求，采用户籍制度分割城乡社会，而且城市政府只对本城户籍人口的生存和发展负责。这无疑是中国计划经济体制的一个特色，它既赋予了城市人口生存和发展的优先权，又构成了对乡村人口的社会排斥。此外，薪酬分配中的平均主义与附着于官员等级制上的特权并存，这又形成了收入分配和资源支配方面的另一特点。

在市场取向的经济改革中，行政垄断的领域缩小，个人的经济自由增加，收入分配中的平均主义被打破。这一切有效地激励了个人的创造性和积极性，带来了长时段的高速经济增长和人民收入水平的普遍提高。然而，不同社会群体之间的权利平等尚未完全实现：官员的特权依然存在而且深入市场交换体系之中；在一些重要资源由政府管制而资源分配权缺少有效制约的情况下，官员通过寻租、企业主通过权钱交易，双双获得不正当收入和财富；一些行业和企业由于行政性垄断而收入水平高于竞争性行业和企业；企业一般职工由于缺少集体谈判机制而与高层管理者收入差距悬殊（魏众，2010）；农村迁移劳动者由于城市社会的排斥性制度而不能享有与当地市民同等的公共服务、社会保障和工资收入；等等。这些制度缺陷，不但造成市场经济中的不平等竞争，而且使得不平等竞争的后果继续复制并加剧不平等，阻碍了社会流动，尤其是明显地减少了低收入群体向上流动的机会。正因为如此，在经济高速增长、居民收入和财富普遍增加的情况下，有关社会不公的呼声却日益强烈。

上述分析表明，在理论上，市场制度不仅具有提高效率和促进经济增长的良好机制，而且也会对拓展个人享受的自由权利做出重大贡献（森，2002）。但在实践中，这些功能可否充分实现，则主要取决于市场之外的制度环境，例如政治、法律和社会保障制度，等等。原因在于，市场无法自动解决公平问题（杨春学，2006）。基于这种认识，我们借助初次分配中的获取及交换正义原则和再分配中的公平原则，阐明效率与公平兼容的根本条件是保证所有社会成员平等地实现其基本权利。

如果缺失这一条件，即使某种资源配置在导致一部分人致富的同时并未使其他人变得更穷，从而达到了帕累托最优或者说提高了效率，这种分配也是不公平的。在部分公有资产民营化的过程中，企业高层管理者通过暗箱操作，以极其优惠的价格获得资产，就属于这种状况。倘若制度性和政策性的不平等业已存在，资源的分配即便合乎法规，其程序和结果同样有失公平。行政垄断下的金融、石油、电力、电信和铁路运输等行业的资本积累便是如此。在这些快速增长的领域，由于设置制度壁垒，使得潜在竞争者难以分享经济增长的机会；由于实行垄断价格，使得消费者难以分享增长的成果。纠正这些不公正的财富占有状况，才符合社会正义。在制定和实施矫正行动的规则时，即使出于政策可行性的考虑不去追溯初始的分配，也必须从消除特权和垄断做起。

在社会公平专题文献中，对于那些因教育、经验和个人努力等个人特征引致的收入差别，通常视为公正的收入不均等。至于制度性和政策性因素造成的收入差别，则称为不公正的收入不均等（Chaudhuri、Ravallion，2008）。针对不同类型的不均等，亦有不同的政策干预实践。财富分配的不均等加剧收入分配的不均等，在理论上和实践中已成定论。为了减轻这种财富效应，发达国家会对财产以较高的税率征税。特别是累进制的遗产税，在迫使富人将财富用于社会的同时，削弱财产赋予其后代的优越机会。这种做法背后的理念，是强调社会成员之间的“机会平等”和“条件平等”。

“条件平等”的着眼点主要在于个人进入市场时拥有的不同的初始禀赋，例如父母和家庭状况、受教育机会、保健机会和社会关系等，会对个人的发展前景产生显著影响。因此，需要通过政府采取再分配和公共服务项目，既保障最低收入群体的生存，又缓解不利的初始条件对个人在机会获得方面的负面影响。在当今世界，不同国家和不同文化背景的群体都将这种有差别的分配原则视为公平的。原因在于，它一方面反映了个人对于陷入最差处境的风险和不确定性的厌恶，另一方面体现了个人对社会共济和社会包容的制度性偏好。

若把社会公平正义的原则应用于发展政策的制定，那么政策的实施就构成以减少和消除社会排斥为特征的包容性发展进程。现在的问题是，如何度量发展的水平或社会的包容程度呢？联合国千年发展目标中的指标体系即可作为基准尺度，因为它反映的是各国公众对于人类发展的优先偏好，例如健康、教育和体面的生活等。由于经过缔约国和联合国层面的政治程序确认，这些偏好隐含着个人选择和社会选择的统一。其中每一种偏好，都对应着可以量化的指标，例如获得安全饮水的人口比例、产妇死亡率、儿童死亡率、适龄儿童入学率，以及区分性别的初等教育完成率、就业率和贫困发生率。

这一多维度的指标体系，既可衡量宏观层面的国家发展程度，又能反映微观层面的群体和个人生活状态，还可用于群体之间、地区之间和国家之间的比较。不同国家和地区组织出于对特有的社会偏好的强调，多半还会添加一些指标（Marlier、Atkinson，2010）。例如，欧盟由于早已超越了联合国千年发展目标中设定的发展阶段，便从经济增长、就业、创新、环境可持续、经济改革与社会融合六个方面，为其社会融合进程设置了14个指标（Atkinson，2009）。鉴于本项研究的焦点是中国经济转型中的社会公平问题，课题组更多地采用了反映收入分配、社会保障和性别不平等状况的指标。

本项研究的第二篇至第三篇，通过对全国抽样调查数据集的描述统计和分析统计，着重比较2002—2007年的居民收入差距变化，探寻引起这些变化的原因。统计结果显示如下。

（1）收入不均等程度提高，但最低收入组的收入也在增加（朱玲、金成武，2009）。这意味着穷人并没有变得更穷，但贫富差距在加大。2006年，全国居民收入的基尼系数为0.468（2002年为0.457）。具体来说，占全部人口50%的低收入人群，在全部收入中分享的份额为18.3%（2002年为19.2%）；收入最高的5%人口在全部收入中获得的份额为21.3%（2002年为20.4%）。

（2）在收入最低的30%人口当中，90%以上依然是农村人口。城镇底层收入群体多从事非正规产业经营和劳动，农村底层收入群体多从事家庭农业。这两个群体的人均收入中，包括社会救济在内的转移收入份额分别为10.2%和11.5%。

（3）对泰尔指数的分解结果表明，城乡之间的收入差距依然是对全国居民收入差距影响最大的因素，2006 年的贡献达 42.2%。地区之间收入差距的贡献为 13.2%，其余的贡献来自城市内部和乡村内部的收入差距。

（4）农村劳动力进城务工，成为农村住户最重要的一项现金收入来源。2007 年，在中西部农村劳动力转移大省当中，外出务工收入至少占农民家庭人均现金纯收入的 40%、人均纯收入的 34%。对基尼系数的分解结果表明，外出务工收入的分布具有缩小收入差距的作用，它对基尼系数增大的影响表现为负数（−37.2%）。具有同方向影响的还有家庭经营收入（−65%），但这项收入水平在不同年份波动明显（何伟，2011）。对连续两年贫困户监测数据的分析进一步显示，外出务工显著降低了农户陷入贫困的可能性，同时也是影响贫困状况变化的重要因素（罗楚亮，2010）。与此相对照，财产性收入、转移性收入和税费支出的分布，都扩大了农村居民之间的收入差距。

（5）对城市劳动力市场和薪酬差异的分析结果主要可归纳为：其一，2002 年，个人的人力资本特征（年龄、性别、健康状况、党员身份和受教育年限）和父母的身份（党员、大学文化程度），对其初次就业的搜寻时间均有显著影响（罗楚亮、李实，2009）。其二，通过分解城市户籍和农村迁移工人的工资收入差别，发现二者收入差距的 60% 可归结于歧视。特别是在低收入和中等收入人群中，歧视是造成两类从业人员收入差距的主要原因。但对于处在收入的条件分布最高端的 10% 人群而言，二者之间的收入差距则主要出自人力资本的特征差别。在对 2006 年的数据做类似的分解分析时，选择的变量有所不同，得出的结果也自然有异，但歧视对收入差距的影响并无实质性的改变（邓曲恒，2007）。

（6）对 1988 年、1995 年、2002 年城镇职工收入不均等指数所做的分解分析表明，所有制变量和行业变量对工资分配的影响在逐渐增强，而地区变量在最近一段时间成为扩大工资不平等的最重要因素。这反映出城镇劳动力市场的所有制分割、行业分割和地区分割依然严重。由此导致的工资分配的不平等，无疑是一种不公正的不平等。那么，打破劳动力市场的地区分割，便能有效地降低工资不平等程度；限制垄断行业不合理的工资增长，也会较大幅度地缓解工资分配的不平等状况。由于这些措施是对不合理的劳动力市场制度和工资模式的纠正，它们的推行在缩小工资不平等的同时，还会促进效率的提高（Deng、Li，2009）。

在一个社会处于激烈转型的时期，大多数成员的生计都会因此而增加更大的不确定性。那些欠缺经济和生命安全保障措施的个人、家庭或群体，在面临老龄、患病、伤残和其他灾害风险的情况下，即为脆弱群体。相对于城市户籍人口，农户和农村迁移劳动者及其家庭，属于中国社会脆弱程度最高的群体。本项研究中第四篇的重点，正是观察和分析这两类群体的生存和发展需求，主要发现如下。

第一，在市场化进程中，边远农牧区社会经济不平等现象显著，“生态贫困”“健康贫困”和“教育贫困”的状况并存。基本健康无保障和非农就业市场教育水平门槛提高的现状，导致贫困人口受困于边缘化的可能性增大（朱玲，2005）。

第二，通过对新中国经济史文献的回顾，我们注意到新中国工业化进程中曾发生三次超时劳动和伤亡事故高峰。当前的超时劳动和伤亡事故主要发生在农村迁移工人群体当中。针对这一群体的抽样调查和案例调查表明，当前的中国劳动力市场存在着三个层面的隔离现象，即城乡户籍隔离、公有体制内外隔离以及地方行政辖区隔离。因此，跨省 / 市就业的农村迁移工人便同时遭受三重歧视。其劳动保护不足的状况，既是此类歧视的一个后果，又是歧视的一种表现：①超时劳动与不良工作环境，显著地影响迁移工人的健康状况。②小时工资较低、汇款回乡较多、未签订劳动合同者，以及没有参加工会的男性技术工人，超时劳动的可能性更大。③超时劳动还与如下因素直接相关：政府和企业权力缺少约束，劳动力市场分割使迁移工人遭受排斥和歧视，在工资和劳动保护方面缺乏谈判权（朱玲，2009）。

第三，性别的职业隔离使农村女性迁移工人不仅遭遇户籍身份歧视，而且还受到性别歧视。女性更多地进入办事人员和非技术工种岗位。虽然就业者的人力资本、社会资本以及与生产相关的特征对此有显著作用，但性别歧视产生的影响更大。我们的统计分析结果显示，如果消除性别歧视因素，男性和女性进入管理层的概率之差即减少 55.2%；二者获得办事人员职位的概率之差减少 112.16%（王震，2008）。

针对脆弱群体的生存和发展需求，中央和地方政府采取了一系列强有力的措施。在“十一五”规划执行期间，社会保险、社会救助和社会福利覆盖面迅速扩大，公共服务有了明显的改善。本项研究第五篇着重对收入再分配和社会保障政策加以评估，要点如下。

（1）2002—2006 年，社会保障政策的不公平性下降。尤其是包括税费减免、种粮直接补贴和新农合（新型农村合作医疗）参合补贴在内的新农村建设政策，发挥了降低农村居民收入不均等和缩小城乡收入差距的作用。在没有净补贴的情况下，2002 年农村居民人均收入相当于城镇居民人均收入的 34.6%，加入净补贴后，这个比例下降到 33.5%，扩大了城乡居民的收入差距。2006 年，城乡居民总体收入差距扩大，但农村居民获得的净补贴使这一差距略微缩小：农村居民人均收入相当于城镇居民人均收入的比例，在加入净补贴后由 28.5% 上升到 28.6%（王震，2010）。

（2）社会保障项目具有缩小城镇居民之间收入差距的作用。倘若没有养老金和社会救助等项目，2008 年城镇居民收入的基尼系数将会从 0.353 上升到 0.484。这意味着，社会保障项目使城镇居民的收入不均等程度下降了 27.42%（姚宇，2011）。

（3）为农村迁移工人提供养老保险，是一个历史性的进步。然而，在这一群体与城市户籍职工的社会经济状况差异巨大的情况下，对二者做无差别的养老保险制度安排实际导致了不公平的结果。①目前城市社会养老保险的属地化特征，妨碍劳动力流动，并损害缴费企业和工人的利益。②养老保险费率过高，削弱企业增加工作岗位的积极性。多数迁移工人的工资水平低于缴费基数下限，实际上承担了较高的费率。女工因工资更低，保险支出对其当前的可支配收入影响更为严重。③迁移工人退出正规就业岗位的年龄早于法定退休年龄，养老待遇将低于平均水平并且很可能陷入老年贫穷。④女工就业期限更短，在同等缴费工资水平上，模拟的养老金水平仅相当于男性的55%～57%。因此，在制定全国性的迁移工人养老保险政策时，需要考虑促进就业、减少老年贫困和养老收入分配中的性别不平等因素（朱玲，2009）。

（4）从全国社会保障体系来看，板块分割的状况使得整个体系既有失公平，又损失效率。对公共部门的就业者特别是公务员“保护过度”，对非公共部门的就业者特别是农民和农村迁移劳动者“保护不足”。尤其是碎片化的社会养老保险制度，不但妨碍劳动力流动，而且加大了管理成本。新型农村合作医疗制度、新型农村居民社会养老保险制度以及农民工参加城镇职工社会保险的政策，有助于促进社保公平。但地区之间的福利“锦标赛”和地方财政不堪重负的状况，有损社保项目的可持续性（朱玲，2010）。

## 四、政策性结论

针对经济转型中的社会公平缺失现象，课题组的每项专题研究结论都包含着政策建议，综合归纳后可择要分为两个领域：初次分配领域和再分配领域。

在初次分配领域，第一，通过广泛的社会参与，特别是利益相关者的参与，建立公正透明的分配制度。例如，城市化进程中农用土地转为非农用地的交易规则、农村集体资产的分配规则、农民住宅和生产性房屋的拆迁补偿规则、农民的交易权利的界定，等等，目前实际上由地方政府各行其是。又如，国有资产的处置和高层管理者的工资决定等，至今依然缺少规范。这些领域都属于分配体制改革的范围。第二，加大对行政性垄断行业的改革，建立平等竞争的市场秩序。与此相关，政府退出对资源价格的直接干预，恢复价格的市场信号作用。第三，促进全国统一的劳动力市场的形成，排除农村迁移劳动者及其家庭异地转为市民的制度性障碍。特别是，对于持续在一个城市就业的农村迁移劳动者，赋予他们和当地户籍劳动者同等的选举权和被选举权，使之有可能通过直接参政议政，影响地方政府的行为，保护自己的基本权利。第四，通过立法创新社会结构，承认雇主与雇员为具有各自不同利益却又利益相关的群体。借鉴国际劳工组织有关“三方机制”的经验，强化雇员尤其是农村迁移工人的集体谈判权利，以便使他们能够与政府和企业形成有效的制衡关系，有尊严地分享工业化、城市化和经济全球化带来的利益。

在再分配领域，第一，继续实施扶贫计划，政府和公众在投资于低收入和贫困人口的营养、健康、教育和培训的同时，还需要采取消除社会排斥的公共行动。这未必在短期内引起贫困发生率的变化，但却是缓解乃至消除贫穷和促进包容性发展所必需的步骤。第二，深化财税体制改革，一方面，加大中央政府的社会支出责任；另一方面，增加对欠发达地区的转移支付，以便强化当地社会救助产品和社会增益产品（merit goods，如义务教育、妇幼保健和营养干预）的供给。第三，稳步扩大社会保障覆盖面，逐渐消除社保体系的碎片化，以保证每一个遭遇负面事件冲击和陷入贫困的个人和家庭都能获得帮助。在这个意义上，社会保障体系的健全和发展，将有助于矫正收入和财富的初始分配状态。

就上述两个领域的改革而言，初次分配制度的改革是本原的、生产性的，它决定着不同社会群体之间的权利平衡程度以及再分配制度的可持续性。若无初次分配领域的深刻变革，再分配制度虽然有助于改善低收入和贫困群体的生存状态，却无助于从根本上增强社会公平和消除社会排斥从而扭转贫富差距加大的趋势。这些改革建议，尤其是改革初次分配制度的政策措施，必将触及和削弱既得利益群体的权利。如何在稳定社会的前提下依法改革，防止以新的不公平取代旧的不公平，是对政府和公众政治智慧的考验。对此，欧盟的社会融合标准化和开放式协商法的实践经验值得借鉴。

参考文献

[1]CHAUDHURI S，RAVALLION M. 中国和印度不平衡发展的比较研究 [J]. 经济研究，2008（1）：3-20.

[2] 邓曲恒 . 城镇居民与流动人口的收入差异 [J]. 中国人口科学，2007（2）：8-16.

[3] 何伟 . 我国农村收入分配分析 [R]. 2011（尚未发表的课题研究报告）.

[4] 金成武 . 城镇劳动力市场上不同户籍就业人口的收入差异 [J]. 中国人口科学，2009（4）：32-41.

[5] 冷溶 . 科学发展观与构建社会主义和谐社会 [M]. 北京：社会科学文献出版社，2007：71-138.

[6] 林毅夫，庄巨忠，汤敏，林暾 . 以共享式增长促进社会和谐 [M]. 北京：中国计划出版社，2008.

[7] 罗楚亮 . 城乡分割、就业状况与主观幸福感差异 [J]. 经济学（季刊），2006，5（3）：817-840.

[8] 罗楚亮 . 农村贫困的动态变化 [J]. 经济研究，2010（5）：123-138.

[9] 罗楚亮，李实 . 初次就业、失业及收入效应与城镇新增劳动力的机会 [J]. 改革，2009（9）：43-51.

[10] 裴小革 . 建设的经济学：马克思主义经济学中国化研究 [M]. 北京：中国社会科学出版社，2011：199-207.

[11] 田国强．和谐社会构建与现代市场体系完善 [J]. 经济研究，2007（3）：30–41.

[12] 王震．乡城流动工人性别职业隔离问题研究 [R]. 2008（未发表的课题研究报告）.

[13] 王震．新农村建设的收入再分配效应 [J]. 经济研究，2010（6）：17–27.

[14] 魏众．中国当前的收入分配状况及对策分析 [J]. 经济学动态，2010（8）：55–62.

[15] 杨春学．效率优先，兼顾公平命题的反思——我们需要什么样的公平观 [J]. 经济学动态，2006（4）：21–26.

[16] 杨春学．和谐社会的政治经济学基础 [J]. 经济研究，2009（1）：30–41.

[17] 姚宇．社会保障制度对收入差距的影响分析 [R]. 2011（未发表的课题研究报告）.

[18] 俞可平．社会公平和善治是建设和谐社会的两大基石 [J]. 中国特色社会主义研究，2005（1）：10–15.

[19] 朱玲．决定社会融合的经济因素 [J]. 中国人口科学，2005（2）：2–32.

[20] 朱玲．城镇职工养老保险制度对农村迁移工人生计的影响 [J]. 比较，2009（4）：1–15.

[21] 朱玲．农村迁移工人的劳动时间和职业健康 [J]. 中国社会科学，2009（1）：133–149.

[22] 朱玲，金成武．中国居民收入分配格局与金融危机应对 [J]. 管理世界，2009（3）：63–71.

[23] 朱玲．中国社会保障体系的公平性与可持续性研究 [J]. 中国人口科学，2010（5）：2–12.

[24] ATKINSON. Issues in the Reform of Social Policy in Chian[EB/OL].（2009）[2011–10–26]. http：//www.nuffield.ox.ac.uk/users/atkinson/. 中文译文：斯宾塞，林重庚．中国经济中长期发

展和转型 [M]. 余江，等译 . 北京：中信出版社，2011：135–151.

[25]DENG Q，LI S. What Lies behind Rising Earnings Inequality in Urban China?Regression–based Decompositions[J]. CESifo Economic Studies，2009，55（3–4）：598–623.

[26]MARLIER E，ATKINSON A B. Indicators of poverty and social exclusion in a global context[J]. Journal of Policy Analysis and Management，2010，29（2）：285–304.

（本章作者：朱玲）

# 第一篇

# 1

# 和谐社会的理论基础

# 第一章　对社会主义公平观的再认识

**【内容提要】**要纠正中国转型过程中“社会公平”的某些缺失，我们的制度改革和政策调整必须立足于保证所有公民平等的基本权利（包括福利权）。只有立足于这样的公平观，我们才有可能做到效率与公平的兼容，纠正以“效率优先”的名义对社会公平的各种侵犯行为。也只有在这样的基础上，再分配性质的各类政策才可能实现缩小社会财富和收入差距的基本功能。

**【关键词】**社会主义　公平观　效率　公平　再分配

## 一、引论

“效率优先，兼顾公平”多年来一直是中国经济学家提出政策建议的价值判断基础。但笔者认为，这是一种有重大缺陷的甚至错误的观点。这种观点主导的政策建议对现实中产生的许多不公平现象负有很大的责任，甚至为实践中某些毫不顾及公正的不良行为提供了良好的借口。这种观点之所以是错误的，根源就在于它对“公平”的狭隘的、不恰当的理解，进而赋予效率以一种完全优先于任何其他社会经济目标的追求的地位。

现在是清算这种观念的缺陷和错误的最佳时期。因为中国社会经济中的矛盾和不平等现象不仅引起各界人士的普遍关注，也已引起中央政府的高度重视，并提出建立“和谐社会”的时代性课题。和谐社会的根本基础是：制度应该体现社会正义，而公平则是社会正义的核心。缺乏社会正义正是转型过程中的致命弱点。

“效率优先，兼顾公平”的观念，试图通过简单地断言社会的“公平”观与可行的市场经济之间不相容的方式，一开始就取消了进行论辩的可能性。恰当的思考方式是：从确定和澄清关于效率和社会公平的标准开始，然后依据这些标准，检视现实的制度安排。

经济学中，最通行的“效率”概念是帕累托最优。这一概念最显著的特征是在不涉及分配的情形中来定义出一种效率标准：如果某种经济状态在使一部分人致富的同时并未使任何人更穷，那它就是最优的状态。无疑，这是经济学获得的、关于效率标准的精巧构思。这一概念的政策含义是：如果某项经济政策在使一部分人致富的同时并未让其他人更穷，那它就是最佳的经济政策。这种效率标准是与追求 GDP 的高速增长分不开的。经济持续增长时期可能是帕累托最优最适用的唯一时机，此时，即使一部分人得到所生产出来的所有剩余价值，而其他人也不会损失其原来的物质条件。

笔者无意否定帕累托最优作为评价经济制度的一种效率标准的合理性，但坚持认为，评判一种经济体系应综合多种标准，除效率之外，还有其他分配性的标准，最重要的是罗尔斯所说的“公平即是正义”。帕累托最优所能说明的最多也只是：一种满足帕累托原则的经济体系是一个尚未失去实现互利机会的体系；一旦互利交易的区域消失，则可判定此经济体系已达到有效率的状态。

也就是说，帕累托最优的标准并不保证一种有效率的资源配置在任何意义上都是公平的。但这并不意味着它必然是与“公平”相冲突的。这与我们如何理解“公平”或正义有关。所谓社会公平或正义，是一种理想的社会关系。它把人与人之间的社会关系理想化，并将对实现这种社会理想起推动作用还是阻碍作用，作为判断现实中的社会制度、经济制度和政治制度的标准。因而，它是一个批判性的观念，一个向我们提出以更大程度的“公平”的名义改革现行制度和实践的挑战，但不应使它落入乌托邦式的陷阱。

但是，这种标准是什么？并不是完全清楚的问题。为了回答这一问题，我们需要对“社会公平”作一定义，它应包含四个要素：①个人的公民权和政治权利的平等；②必须满足的“基本需要”（生存权）；③“公平的机会”；④“应该降低或尽可能消灭不公正的不均等”（主要是以收入和财富分配来定义的）。对第①项和第③项，几乎不存在争议。对第②项却需要进行某些说明。第①项所包含的权利属于法律上的权利，而第②项所包含的权利却属于道德上的权利，是从某些道德准则中派生出来的。在西方社会中，受教育、健康（healthy）、最低生活保障的权利，被统称为“福利权利”或“经济权利”（economic entitlements），被视为是对基本公民权的拓展。

从上述定义性的考察中可以看出，公平与效率之间存在着广泛的组合。即使考虑到最差的情形，公平与效率之间的关系也是不确定的。这直接取决于在哪一种空间来考察这二者。以下，笔者将力图说明，构成社会公正的第①项和第③项的改善，绝不会与我们合理的效率和增长目标发生冲突，只不过这样的改善有一个渐进的过程而已，但这也丝毫不意味着我们可以暂时轻视它们的改进。第②项，虽然受限于社会的财力，但也不能把它视为与效率相冲突的选项。因为第②项代表的是经济发展的实质性目标，而增长不过是实现这种目标的手段。至于第④项，要更为复杂，涉及再分配的公平观念。

## 二、平等的基本公民权利与效率

按照“效率优先，兼顾公平”的观念，效率与公平完全不在同一个层面上，前者具有绝对的优先权。难道就不存在必须超越于效率考虑的公平领域？笔者认为是存在的，那就是公民基本权利的平等。

公民基本权利的平等，这一公平的内容既具有其自身固有的非工具性价值，体现着现代文明的基本价值，也具有工具性的价值，构成一个竞争性市场的最基本的制度基础。

有学者在纯理论上给出证明：甚至奴隶制度也可以出现竞争性均衡，实现帕累托有效率（Bergstrom，1971）。如果“效率优先”的话，我们是否应该允许奴隶制的存在？其实，经济学家对美国南北战争结束时的某些事实的分析，就对此给予了否定的答案。在Robert Fogel、Stanley Engerman（1974）的一项经典性研究中有一个曾经使人们惊叹的发现：南部的奴隶以实物计量的消费量要高于自由农业工人，其寿命期望值“远远高于美国和欧洲自由的城市工业工人”。但是，奴隶制被废除之后，庄园主试图以更高的工资待遇召回奴隶，却没有获得成功，“庄园主发现，只要他们被剥夺了使用暴力的权利，就算给予额外的工资，也不可能维持那种奴隶式的生产制度”。为什么呢？这表明，人们对超经济强制的强烈反感和对基本权利被任意剥夺的强有力反抗。

针对这类情形，森曾评论说，“一个国家可在达到帕累托最优状态的同时仍陷于罪恶的泥潭”（A. Sen，1996）。难道我们在自己的实践中没有看到某些类似的影子？

如果一个社会必须通过侵犯公民基本权利的方式来满足其物质发展的要求，那么，最好的状态也必然是：在满足这种要求的同时，也堵塞了让人们更充分地发展的进步之路。而更可能出现的、较恶劣的却是：农民工被拖欠工资、城市改建中的强制拆迁等领域中所展现出的那种画面。

如果以某些人的效率标准来看，这类行为也许是高效率的，它们可以利用很少的资金扩大建设规模，可以在较短的时间内改善城市的形象，等等。但这种效率背后的支撑点却是对人们的基本权利的肆意侵犯。以农民工为例，且不论其工作环境之恶劣、工资之低下，[1] 仅仅就工钱被拖欠而言，就是对获得个人劳动成果的直接侵

[1] 据国家统计局公布，2004 年，全国农民工的月平均收入为 539 元，而同期城镇工人是 1335 元。也就是说，因为雇用农民工，雇主对每个雇员可节省支出 796 元。这还不包括福利、保险方面的节省。

犯。据全国总工会不完全统计，截至2004年11月中旬，全国进城务工的农民工被拖欠的工资约1000亿元。为了索要这些欠款，整个社会至少要付出3000亿元的代价。除了拖欠工资外，农民工的合法权益被侵犯，还表现在工作环境恶劣、缺乏劳动保护、超强度工作等方面。

更具有典型意义的是，有些地方政府出台了追究“恶意讨薪”法律责任的政策，但问题在于如果不对无故拖欠工资造成劳动者违法受罚的老板也进行处罚，那么最可能出现的结果就是我们的法律事实上是保护了违法的或说侵权的“欠薪老板”的利益。在某种意义上，“民工荒”正是市场惩罚这种基本权利不平等的行为的表现。

为什么这类基本权利的侵犯集中表现在农民工身上呢?

“所有人生而平等”的名言的实质性含义所体现的，首先应当就是个人的基本权利方面的内容。法律面前平等意味着法律不承认与人的某种社会地位有关的差别。平等地对待所有人的个人权利的行为规则，构成程序性的正义。在这种意义上，“正义即公平”。这些规则必须能保障个人的私人空间，尤其是财产权和受益权免受他人的侵犯。如果仅仅从程序上评价分配公平（程序公平或形式公平），只要个人的基本权利得到尊重，就可以认为是公平的。这类权利包括生存权、获得个人劳动成果的权利、自由选择权等。

这些规则也能给社会的有效运行提供所必需的最低限度的安全、稳定、预期和公平环境。简言之，正义就是法治：它维系着社会秩序，是市场经济得以维持和获得成功必不可少的。或者说，市场的整体成就在很大程度上依赖于政治和社会制度的安排。

笔者认为，消除在公民的基本权利空间上评价出来的不公平，不会与帕累托最优的效率目标发生冲突。即使发生冲突，也应优先保障公民基本权利的平等。

## 三、机会均等与效率

接下来，我们看一看“公平的机会”与效率之间的关系。所谓“机会公平或均等”，其基本含义是：通过某些相对公平的规则和制度，给予每个人平等的机会，让每个人都能凭借自身的能力和努力取得相应的成就。经济学家普遍认为，机会均等与效率之间存在一种良性的互动关系。

自然地，机会均等是原则性的，不能完全按照字面来理解，视之为要求消除所有可能的不均等。个人能力的差异，一部分为天生的禀赋差异，另一部分为受制度环境影响而产生的差异。前者的优势出于人力明确无法控制的基础因素，而后者的优势却是出于那些我们完全有可能变更的制度因素。

就前一类因素来说，我们可以用“出身”或“命运”一词代表由家庭背景所决定的个人初始构成因素，包括遗传特征、继承的财产、由父母筹资进行的教育和培训、由家庭的社会背景所决定的狭义“社会交际”关系，等等。它们构成一个人的基本的初始天赋因素，对个人的前程发挥着巨大的影响。

如何看待这类天生的不平等，以及这类因素在市场的收入分配中的合理性？这是一个艰难的问题。一种激进的观点是，那些来自良好家庭背景的孩子不应得到市场高收入的奖赏，因为他们之所以获得良好的能力并较容易成功，并非完全是其自身努力的结果，相反地，在很大程度上来自家庭背景的力量。按照这类观点，“家庭出身”构成的初始禀赋的不平等分配，在道德上是随意的，不应当允许这类差别影响个人生活的机会。社会正义原则应该限于消除这些随意性因素造成的不平等（R. Dworkin，1983）。

不错，如果不存在“效用血缘函数”，就可以实现“天生的”机会平等，所有人可以携带着相同的资源（即初始禀赋）进入“生存竞争”的过程中。但事实上，这种“效用血缘函数”是客观存在的，并且被社会普遍接受。这种函数的存在确实破坏了“机会均等”的某些基础，但是人类社会不可能消除机会不均等。人类不可能废除家庭制度。虽然如此，我们仍然可以用某些间接的方式（如对贫困家庭的子女的教育补贴），矫正这类不平等的程度。

“家庭出身”虽然会破坏机会均等的基础，但若无制度性歧视的存在，它并不会使其自身影响到的市场分配不均等程度永久化。特别是在家庭等级制比较弱的社会，更是如此。因为这种“遗传”的最终累积结果，又受到许多随机因素的影响。与“家庭出身”因素不同，制度性歧视是最不能让人们忍受的，因为正是它们给某些人提供了特殊的机会或好运。

我们不可能在由“家庭出身”所决定的天赋条件上实现完全的均等，让所有人在所有方面都拥有相同的起点；我们也不可能消除市场过程本身对收入分配的偶然性影响。机会均等的本质要求所强调的是：克服明显人为的制度歧视和区别对待，让才能成为决定一个人机会和前程的最主要因素。

作为一种检验，我们可以考察一下机会均等的一个典型案例：教育。❶

因地区差异和城乡差别造成的教育资源分配不公，已经成为中国社会广泛关注的问题。2002 年，占中国总人口 60% 以上的农村只获得全社会 5800 多亿元教育投入的 23%。农村学校在财政投入的比例、办学条件、教师待遇、师资水平、师生比例等方面都远远低于城市，农村每个学生的平均教育经费比城市少 60%～80%。中国尚未普及九年义务教育的地方都在农村，文盲人口也主要集中在农

❶ 这种资源对于每个人来说都是极为重要的，因为获得什么样的教育在很大程度上决定了一个人的社会经济地位：获得什么样的职业、多少收入、多高的社会地位等。因此，教育成为现代国家的一项主要由政府来提供的公共资源，它应遵守平等竞争的原则。

村，文盲率是城市的2倍以上。在这种倾斜的教育体制下，优秀教师越来越不愿意到贫穷的乡村任教，而已经在农村教书的教师一有机会就会选择“跳槽”。

机会均等主要是针对这类制度性不平等而发出的呼唤。注意，强调机会均等的目的在于：设法消除制度性歧视所造成的那些所谓“运气”因素的影响，而不是想消除市场过程本身对收入分配的不确定性带来的“运气”影响。

这也正是世界银行《2006年世界发展报告》的主题。这份报告指出，公平不等于收入的平等，不等于健康状况的平等，也不等于任何其他具体结果的平等，而是对一种机会均等的状况的探求，在这种状况下，个人的努力、偏好和主动性，而不是家庭背景、种姓、种族或社会性别，成为导致人与人之间经济成就不同的主要原因。报告还强调，公平性的基本定义是人人机会均等，这应该成为任何发展中国家成功的减贫战略不可或缺的组成部分。

对现阶段的中国来说，这种观点的意义是重大的。尽管社会各界和弱势群体都在不断呼唤机会均等，呼唤法律面前人人平等，但机会均等原则一直未能得到根本解决。由于社会总资源和总财富的有限性，由于改革过程中各个方面法律和制度的缺位和不健全，因此出现了种种不公正待遇和不平等的机会，进而导致了在就业、任职、参政、受教育、受国家救济等方面一系列的机会不平等和权利不平等。

## 四、分配公平与效率

社会公平的第④项内容涉及什么构成“一种公平的收入分配的基础”的问题，或者说，是哪些因素使“收入和财富分配上的不均等程度”成为不公正的问题。

对于什么是公平的收入和财富分配，不同的人有着不同的看法。但有两点也许是可以达成相对共识的：第一，即使考虑到某些随意性因素（包括家庭出身或运气），只要个人在市场上获取的收入主要取决于个人的能力和选择，那么，由于个人的选择和努力程度不同，必然会出现收入上的差距。可以猜想，这种收入差距的存在会得到广泛的认同。第二，只要富人阶层不是以非法的方式来获得财富的，那么，由此而形成的收入或财富分配不平等程度，就是可容忍的最低标准。

问题在于：中国的现实还不能满足这一最低标准。从 20 世纪 80 年代的“官倒现象”，到 90 年代的“权力资本化”“内部人控制”和由此导致的国有资产流失，再到今天人们意见最大的“行政性行业垄断”[1]，中国目前的财富和收入的巨大差别部分地源于这类因素。

一个人所拥有的“初始资源禀赋”，对于他在市场过程中的前景有着重大的影响。就其禀赋中的财产部分而言，现有财产权的合理性依赖最初占有这类资源的合法性。即便当代最著名的“自由放任主义者”诺齐克，虽反对任何再分配的政策，但也强调获得财富的“公平占有标准”。如果当期的财产关系是建立在前一时期的不公平占有和授予财产的基础上，即通过非法或不正当手段（如偷窃、欺诈、强夺、腐败性的受贿等）而获取或转让的持有，应怎么办？诺齐克认为，需要“矫正的正义原则”，以纠正以往的不公正的财富占有。

---

❶ 电信、电力、铁路运输、自来水等行业，政府控制着大量资源，进入门槛很高，通过行政力量进行垄断经营，获得高额的垄断利润。以电信为例，在没有引入其他电信运营商之前，电话的初装费需要 5000 元，而随着中国联通等公司的成立，初装费就大幅度降低。可见，其垄断利润之高。这些行政垄断部门和企业中的成员，将企业获得的垄断利润转化为自身的高额收入，甚至有的成员还将企业消费转化为个人消费。据统计，2001 年行业收入水平前四位的是金融保险、电力、电信、交通运输，这些行业职工收入水平比全国平均收入水平高出 30% 左右。

如何“矫正”呢？在这一问题面前，诺齐克退却了，只是承认自己不知道对这类问题的“一种彻底的或理论上精致的回答是什么”。正统新古典主义经济学家在此点上一般都选择保持沉默的态度。

但是，当有人指出国企改革中有侵吞国有资产现象时，有些经济学家竟提出“不要惩罚对民族经济发展有所功劳的民营企业家”的看法。问题在于：如果某些有功之臣有侵吞行为，也可以免除法律上之制裁吗？更有甚者，这些人还提出“原罪免除”论。他们只注意现在的财富是如何分配的，只注意当下的结果，不考虑分配和持有的历史信息，不关心历史过程。中国的现实表明，按照这种原则进行分配，就会侵犯人们合法持有的权利或资格。

有趣的是，这些经济学家一直强调保持私有产权对于促进经济增长的重要性（这完全是正确的），但面对国有资产的流失，却不管其间存在的对公有财产的侵犯，提出另一类解说，力图证明这类流失的合理性。这让人很难想象：只要求对私有财产的保护，而对公有财产的侵犯可用“原罪免除”等借口免除其法律责任的社会，如何能建立起一个有效的市场制度？

当然，要辨明过去和现在的所有非正义持有是一件极其繁难的事。但诺齐克的“矫正的正义原则”，是改变历史中特别是现实中经济利益获得非正当性的非常有效的原则，它为法治提供了更广阔的视野，也为社会制度安排的合理化提供了努力的方向。当掠夺或偷窃成为激励手段时，就不会有创造财富的激励。例如，缺乏确保公司治理的法律，意味着那些能够获得某一公司控制权的人具有从股东那儿偷窃资产的激励。在能够如此容易地偷窃资产时，为什么要费力去创造财富呢？这难道不是对那些通过符合法律和政策规定且在道德上值得尊敬的方式积累起财富的人们的一种沉重打击？这难道有利于一国经济的长期增长？

其实说白了，之所以对追究非法积累财富的问题不能达成政治上的共识，那是因为：如果政府要向那些负有“原罪”的暴富者追究法律责任，自然会有为其辩护者威胁说，这样做将会使这些“市场精英”离开中国，把其产业转移到他国，最终会对中国经济增长潜力造成致命的打击。如果带有“原罪”的财产转移，足以对中国经济形成致命的打击，可见其规模是非常巨大的。

## 五、“基本福利权利”与效率

其实，“效率优先，兼顾公平”的观点，只有在把“公平”仅仅理解为主要以收入和财富来衡量时，才具有一定的合理性。但是，即使是在这种意义上，对“公平”的理解也要小心翼翼。

可以肯定，把初等教育、基本医疗保健、最低标准的物质生活等此类资源的分配纳入“基本福利权利”，是任何社会正义理论所关心的重点。在联合国《人权宣言》中，第22条规定：每个人都有实现与其个人和家庭的健康和福利相适应的生活水准的权利，这些权利包括食品、衣服、住房、医疗和必要的社会服务等。第26条规定：每个人都有受教育的权利，教育至少在初级和基本的阶段应当是免费的。这些权利一般称为“福利条款”。在西方社会中，受教育、健康、最低生活保障的权利，统称为“经济权利”，被视为对基本公民权的拓展。

自然地，与正义相关的基本福利权利的边界的位置，既取决于人们能够在特殊的最低生活标准的价值上达成什么样的共识程度，也取决于我们的经济能力。

就前一方面而言，即对于作为一种基本人权的拓展的“福利权利”，其实可以在两个层次上进行辩护。较弱的解释基于类似于罗尔斯的“差别原则”，即：每个人的某些生存需要必须运用公共资源来满足到一种社会确定的最低值，不应使任何人跌落到营养、住房、医疗、教育等方面的临界值之下。其经济学上的合理性证明是：把这种努力视为人们针对经济生活中某些不确定性而表现出来的“风险厌恶”的社会偏好的反映。这种解释要求向每一个人提供一种基本标准的医疗、教育等“公共品”的同时，也保留着让有些人自己掏钱去购买优质的医疗等服务的可能性。

另一层面的辩护却是，在上述较弱的解释（一种完全独立于其经济后果之外的原则性要求）的限制基础上，力图调和“公平”与经济效率的论证：把基础性的教育、医疗保健的提供视为一种生产性的投资。对个人来说，这是其未来获得较好的生产能力和追求较好的生活的基础；对社会来说，这种投资也是提高社会生产率的基础。在这种意义上，“基本福利权利”与整体经济效率并无冲突。效率方面的考虑补充了公平方面的论证。

自然地，一个社会能够提供什么样水平的“基本福利权利”还取决于其经济实力。在西方社会中，把基本福利权利拓展为“基本公民权”是第二次世界大战之后的事。即使在这些社会中，不同的国家这一基本权利包括的具体内容也有极大的差异。例如，美国与西欧国家就表现出明显的不同特征。西欧比较重视财富和收入方面的不平等，把基本医疗保障、教育等视为公民的基本权利，提供广泛的福利。相比之下，在美国官方的优先选择中，完全没有为全民提供基本医疗保健的承诺，对穷困群体的帮助也非常有限。支撑这种政策差异的是对社会和个人责任态度的不同。美国人更多地是强调个人的责任和经济自立的观点，而西欧人更注重社会的责任。

福利国家也在反思它们的“福利国家政策”对其经济的负面影响。我国自然应吸取它们的经验教训，但吸取教训并不意味着可以放弃应有的责任。“共同富裕”是中国社会主义市场经济所规定的“制度性偏好”。虽然说我们还很难实现“共同富裕”的基本性目标，但比这更弱得多却更为根本的基础教育、医疗保健等福利权利的目标追求却是不能放弃的。如果连这类基本需要都得不到保障，还谈得上“共同富裕”吗?

仅以社会保障为例，我国的覆盖面还很窄，不足以解决群众的“后顾之忧”。包括4000多万已退休人员在内，我国养老保险的参保人数只有 1.6 亿多，不及劳动人口的一半，覆盖率不到世界水平的一半。和养老保险一样，同我国 13 亿的人口基数相比，参保人数分别为 13341 万、10546 万、7810 万、5085 万的基本医疗、失业保险、工伤、生育保险等都还显得“相对单薄”。在广大的农村，社会保障体系还基本上处于“空白地带”。截至 2005 年 9 月，社保在农村的普及率只有 13%，且多数集中在少数城市和沿海地区。

有学者力图证明：中国政府目前的财政能力无法实现“基本的福利权利”。言下之意，应推迟这种福利权利的追求，直到政府有充足的财政能力时再来考虑。但是，问题的实质在于：第一，总得在有限的财力范围内起步，才可能随着财力的增强而扩大。“共同富裕”是一个理想的终极目标，要走向这种理想的社会，我们至少现在就必须实施以“最少疾苦”为基本原则的公共政策，尽可能消除最迫切且可以避免的苦难。第二，我们还可以对现有财政收入使用结构的合理性提出质疑，是否应优先把有限的财力放在提供“基本福利权利”方面。在 2012 年“两会”上，全国政协委员刘光复就此提出了强有力的质询：每年各级政府官员公车私用的费用达 2000 多亿元，几乎与 2006 年的国防开支相近；每年以出国培训和考察的名义支出的公款也达 2000 亿元。这些还不包括每年数额也达数千亿元的公款招待费用和其他浪费。

与中国相比，印度的经济实力要弱得多，但它自 1947 年独立以来，一直致力于提供免费医疗服务，现在，全国所有的国民，不论是政府公务员，还是事业和企业单位的工作人员，甚至无业人员，都可以在政府医院享受免费医疗；占人口 72% 的农村居民也与城镇人一样，享受国家提供的免费医疗。[1] 这种精神难道不值得我们学习吗？

---

[1] 参见李北陵：《看印度如何解决百姓就医难》，《中国青年报》（2005 年 3 月 3 日）。

## 六、结束语

在理论上，市场制度不仅具有提高效率和促进经济增长的良好机制，而且也会对消除奴役劳动和人身依附关系，拓展个人享受的自由权利做出重大的贡献（森，2002）。但在实践中，市场能否充分实现这些功能，却主要取决于我们所实施的广泛制度塑造出来的是什么类型的市场制度。市场无法自动解决公平问题。公平的社会需要市场安分守己。而解决这一问题的关键是政府，因为它是社会主要制度及其安排的制定者和实施者。

目前，中国在实践中所面临的许多有关“公平”的问题，并非出自市场制度的存在本身，而是其他政策原因。这类原因既包括市场发育的不健全（行政性垄断者能利用其强势来谋取不正当利益）、实际市场运行过程中的权钱交易等，也包括市场制度的泛滥化，即把市场机制引入其不应该出现的领域，如所谓“教育产业化”、医疗市场化等。

对所有这些问题的认识和解决方法都渗透着不同利益集团及其学界代言人的政治斗争。效率与公平之间的讨价还价范围、实施这类组合的社会制度之设计，都反映着政治力量的平衡。正如 Barry 所说的，“如果财富和收入的分配基本上是一种政治选择，那么就没有理由忽视今天存在的总体经济不公平”（Barry，2005）。

**参考文献**

[1] 森．以自由看待发展 [M]. 任赜，于真，译．北京：中国人民大学出版社，2002.

[2] 布罗姆利．经济利益与经济制度 [M]. 陈郁，等译．上海：上海三联书店，1996.

[3]BERGSTROM. On the Existence and Optimality of Competitive Equilibrium for a Slave Economy[J]. Review of Economic Studies,

1971（38）：23–36.

[4]BARRY B. Why Social Justice Matters[M]. Cambridge：Polity Press，2005.

[5]FOGEL R，ENGERMAN S. Time on the Cross：The Economics of American Negro Slavery[M]. Boston：Little，Brown，1974.

[6]DWORKIN R. In Defence of Equality[J]. Social Philosophy and Policy，1983，1（1）.

[7]SEN A. On the Foundations of Welfare Economics：Utility，Capability and Practical Reason[M] // FARINA F，HAHN F，VANNUCCI S. Rationality and Economic Behavioure. Oxford：Clarendon Press，1996.

（本章作者：杨春学　原载于《经济学动态》2006 年第 4 期）

# 第二章　和谐社会的政治经济学基础

【内容提要】自由市场制度会产生效率，但不会自动产生“社会福利”；合理的社会政策是可以与个人自由相容的。这种观点是借助于个人面对某些随机模式时表现出来的社会偏好来论证的。通过“无知之幕”的构思排除了个人的特殊地位对其主观偏好的影响之后，借助于人际间的比较，我们可以证明，每个人都将会表现出两种具有内在联系的社会偏好：一是对“公平的”制度安排的偏好，它们将能够有效缓和“出身”与“运气”等随机因素对个人前景的巨大累积性影响；二是再分配的社会偏好，它将个人对不平等的社会反感，合理化为个人对风险和不确定性的厌恶。这些偏好都可以是理性的个人自愿选择的产物，因而，力图实现这些偏好的明智政策，自然不会与个人自由相冲突。根据这些论证，我们就可以合乎逻辑地讨论建立和谐社会的许多具体公共政策问题。

【关键词】市场机制　“无知之幕”　公平　再分配的社会偏好　效用人际比较

建立“和谐社会”这一时代课题，要解决的是市场自由的效率与体现社会公平的“社会均衡”的结合问题[1]，其最终目标是经济增长成果的共享和增长过程的社会和解。

按照主流经济学的思路，这近乎是一个不可能解决的问题。在这种思路中，关于公平问题，福利经济学第二定理所能提供的解

[1] 这一问题非常类似于德国的“社会市场经济”所要解决的问题。这里使用的“社会均衡”概念就源于“社会市场经济”的倡导者的解释，即社会均衡就是体现社会正义的状态。

答是非常有限的，因为它求助于帕累托原则，且假设存在一个万能的“仁慈君主”（他能够找出最优分配点并实现之）。阿罗不可能性定理（即所谓“福利经济学第三定理”）则给这类力图为各种备选再分配方案寻求一种合理政治基础的经济学家提出了伤透脑筋的问题：如果人际间的效用不能进行比较，那么，我们似乎就没有任何理性的方法能够把个人偏好合成社会偏好，从而没有合理的方法来解释分配难题。在主流经济学看来，这种分配难题的核心体现为两点：一是由于不能进行人际间的效用比较，根本就不可能定义出“公平的分配”状态，也就无所谓“分配的正义”；二是如果非要追求所谓的“公平分配”的实现，那就必然会导致个人基本权利和市场自由的冲突。

致力于解决这些难题的经济学文献，已经形成一条较为清晰的思路。只要充分注意到现有文献中被主流经济学所忽视的这些部分，并把它们组合成一种较完整的思路，我们就能够为市场自由的效率与社会均衡的沟通，提供一种合理的政治经济学基础，为公平分配提供独立的论证。

这种讨论本应从“我们需要一种什么样的公平观”开始讨论，但鉴于我们已经就此专门发表过看法（杨春学，2006），这里将直接从如何看待市场的分配问题开始。本章第一部分，评价在市场分配过程中随机因素的作用。第二部分基于市场的广泛制度基础，讨论个人基本权利的平等化分配问题。第三部分则推导出对再分配的社会偏好，以及说明这种偏好的性质和基本内容。

所有这些问题的认识和解决方法都渗透着不同利益集团的政治斗争。公平与效率之间讨价还价的范围和实施这类组合的社会制度的设计，都反映着政治力量的平衡。正如 Barry（2005）所说的，“如果财富和收入的分配基本上是一种政治选择，那么就没有理由忽视今天存在的总体经济不公平”。本章力图通过对这些争论的讨论，给出旨在如何理解和处理市场经济生活中不公平现象的政策方案，提供一种经济学评判的思路和基础，使经济学的分析恢复到理性的道德基础上。

## 一、如何看待市场中收入分配的不均等现象

为了使问题清晰化，我们暂且假定支配市场的法律等制度环境是健全的，且得到有效的实施。在这一假定的基础上，再看在一个纯粹的市场结构中，个人收入是如何被决定的。

**1. 市场中收入决定的基本逻辑**

个人收入有两个源泉：劳动收入和财产性收入。劳动收入取决于个人的技能、职业选择和努力、职业之间的竞争性工资差异；财产性收入取决于个人的财富持有总量、持有形式及其风险程度和收益率的差异。在竞争性市场中，所有这些因素都是通过市场的评价而对个人收入产生影响的。按照新古典经济学的解释，这种市场评价就等于个人对他人福利的贡献。市场制度之所以在道德上是可取的，就是因为它按照个人对社会或他人福利的贡献而给予收入。这种解释依赖于下述两个假设：①个人从市场中获得的收入份额对应其边际生产率；②个人的边际生产率足以衡量其对他人福利的贡献，这种尺度可以作为决定其应得的收入份额的公认基础。

这种边际生产率分配理论的解释具有某些诱人的理论特征。其中，最重要的特征是，它会导致一个确定的结果：在竞争性市场中，每种要素都是按照其边际产量获得收益的，而在长期均衡中，这些收益加总起来，恰好等于可用于分配的总产出。只要回顾一下微观经济学中关于长期均衡发生在每个厂商长期平均成本曲线的最低点的论断，就可以很清楚这种推理。在这一点上，生产收益是恒定的。对于具有恒定收益（即规模报酬不变）的生产函数而言，它具有如下公式所表达的一个特性：$F(K,L)=K\partial F/\partial K+L\partial F/\partial L$。

这个特点意味着，如果对于每种要素都按其边际产品进行支付，会将可用于分配的所有总产出恰好分割完毕（即所谓的“欧拉定理”）。

这些都是微观经济学的理论常识。但这种理论常识并不能表明与边际生产率一致的分配必然是合理的分配。即使是现代自由主义经济学家也很少认为，边际生产力理论能证明市场分配结果的必然公正性。之所以对纯市场分配结果持保留态度，主要是基于这样一种考虑：如果考虑到现实市场的运行，个人的收入分配绝不仅仅是按照个人的自由选择和努力来分配的，诸如运气、家庭出身等非市场的因素，甚至起更大的作用。

**2. 市场分配的随机因素**

为了说明市场化收入分配的更广泛基础，我们必须超越纯市场的逻辑，讨论影响个人收入的更深层次的因素。为了能评判各种公平观，也需要知道决定个人收入的许多细节。在这方面，经济学家达成的基本共识是：在市场经济中，个人收入的高低，除了取决于个人的能力、努力和选择之外，还取决于出身和运气。无论收入来源于财产还是劳动，都受这些因素的影响。我们用“出身”或“命运”一词代表由家庭背景所决定的个人初始构成因素，包括遗传特征、继承的财产、由父母筹资进行的教育和培训、由家庭的社会背景所决定的狭义“社会交际”关系等，它们构成一个人的基本的初始天赋因素。所有这些“天生的禀赋”将不仅体现为个人在市场上获得收入的能力，而且还将是决定着个人的选择和努力的实际结果的重要力量（米德，1992）。

同时，我们将其他的所有偶然性因素和机会归于“运气”。其中，最重要的是市场上充满的不确定性因素。个人在市场上的努力结果是否最终获得相应的报酬，并不取决于个人的主观评价，而取决于市场对这种努力的评价。这种市场评价充满不确定性。在这种意义上，正如 Alchian（1977）所强调的，“市场的收入分配具有很强的或然性，因为对分配影响最大的利润收入取决于或然性或运气。在一个充满不确定性的市场中，获得利润的可能性，往往不是有逻辑思维、小心翼翼、注意行情的人，而是冒险者和幸运者。纯粹由市场过程决定的分配模式与购买彩票的结果模式在某种意义（即运气的作用）上是相同的”。这种类比，成为说明市场分配中随机因素的合理性的经典方式（布坎南，1988；弗里德曼，1986）。

这种“运气”因素是后天的，但却是在个人基本天赋构成的基础上，决定着个人的选择和努力的实际结果的重要力量。除上述偶然性因素之外，不同的人在市场社会中的处境还取决于个人的选择和努力程度。假设两个人具有相同的初始“天赋”资源，仅仅是因为他们选择不同的职业，走向不同的生活旅途，就足以使他们最终获得的收入和财富有很大的差异。

概言之，个人努力、选择、出身、运气等因素，可能以各自的相对重要程度为序，构成一个复杂的混合体，决定着不同人在市场上获得的不同结果。对于一个理想的社会图景来说，如果个人的收入和财产的差异在很大程度上取决于个人的选择和后天的能力或努力程度，自然是最合理的状态。然而，在现实市场经济社会中并非如此，因而，才会有经常为人们所引用的弗兰克·奈特的著名论断：“这些因素中，最不重要的是努力！”

虽然奈特的论断有些极端，但他想强调的是，“出身”和“运气”这两类偶然性因素会对个人收入产生巨大的影响。所以，经济学中才会有“货币分配的随机性”的著名论点。

**3. 如何评价纯粹的市场分配**

如果考虑到偶然性因素的巨大影响，又当如何评价市场分配的结果呢？我们必须承认，市场过程本身的或然性和运气并不会破坏基本制度的公正性，而且，正是这种不确定性激励着人们勇于为自己的选择承担风险。至于“家庭出身”这一因素，虽然破坏了机会平等的基础，但不必然构成对社会公正的威胁，更何况人类不可能废除家庭制度。

于是，仅仅只是从纯市场过程的总体结果及其最终分配状态来看，似乎对市场上非人为决定的公平性只能提出有限的问题。因为，在这一逻辑范围内，分配是既定规则下的一种博弈的结果，在这个结果中，努力、运气、出身同时在起作用。正如哈耶克（2003）所评论的：正义或公正原则只适用于对制度的评判，不适用于非人格化的市场过程的随机分配结果，“个人可以尽量使自己做到行为公正，但是分散的个人所得到的结果，既非出自别人的意图，也非别人所能预测，因此由此产生的状态既不能称为公正，也不能称为不公正”。

那么，在上述共识的基础上，为什么还存在“社会分配公平”的问题呢？对这一问题，经济学家、社会学家和政治学家从来就没有停止过争论。

信奉“古典自由主义”的经济学家由上述共识得出的进一步推论是：市场决定的收入分配状态，不存在公平或不公平的问题；任何试图改变这种状态的政府行为不仅是不公正的，还会对个人自由和市场机制带来不可预见的破坏性影响（哈耶克，1997，1976；弗里德曼，1986，1982）。他们力图切断自由市场与社会福利的任何内在联系。

这类主流经济学家认为，机会平等和分配的正义会内化于互利的市场交换过程之中。只要严守交换的公正，则会自然实现分配的正义。他们经常引用斯密在《道德情感论》中关于“无形之手”的那段著名论述，把对市场机制具有的社会效率的本质的信任，拓展到认为它可以减少不平等的程度，坚持认为“无形之手”可以通过“利益扩散效应”使人们的利益均等化。其实，无论理论或实践都没有证实斯密的这种直觉。市场制度的分配确实包含着“利益扩散”某些机制，但这些机制并不能自动地解决社会的平等问题。

我们的基本观点是：在随机因素具有重大影响的角度，市场经济的生活就像是一场凭运气取胜的游戏。在这场游戏中，苍天以某种随机的方式赐予每个人品质、社会地位和某些机会。这种随机决定既不是公平的，也不是不公平的。但是，对社会来说，纯粹只是接受这些随机（包括市场本身的不确定性因素）的结果，而实施使这些结果强化和永久化的制度却是不公正的。因此，必须形成一种体现公正的制度，缓和出身与运气因素对个人在社会结构中的地位的偶然性影响。更何况，现实市场经济中是否存在“健全的且得到有效实施的制度”基础，还是一个有待审视的问题。

## 二、市场社会要消除的是什么类型的不平等

主流经济学家赋予市场分配机制以某种先验的合理性，实际上是回避了那些要由社会契约来回答的问题。笔者认为，“社会分配公平”问题，应该超出纯市场的逻辑来探索。其中，一个最基本的逻辑就是对支配市场的“给定制度”本身（或利益前提）的审视。

即便以要素价格等于其边际产品价值的特定新古典均衡模型作为理论上的出发点，除非我们已经能够断定个人的“初始资源禀赋”的分配是公平的，否则，这种模型也不会认可“市场化的个人收入分配就是公平的”结论。这里，所谓的个人“初始资源禀赋”的分配是广义的，应包括罗尔斯所说的权利、自由、机会、权力等“社会基本物品”。因此，评判现实中市场分配的公平性，最重要的是要对支配和影响个人禀赋分配的制度的公平性进行评判。

**1. 什么构成“一种公平的收入分配的基础”**

前面我们提到，一种公正的制度，既要能够缓和运气、命运之类的因素对个人在社会经济结构中的地位的偶然性影响，又能强有力地矫正“初始禀赋”。那么，什么是构成这种“公正的制度”的基础呢?

就后一点来说，福利经济学第二定理可以给我们以强有力的支持。即使是在纯理论上，竞争性市场也只能实现一种特定的帕累托最优。而究竟实现的是一种包含着什么样的具体收入分配状态的帕累托最优，则完全取决于市场过程开始之前的“初始资源禀赋”（即收入索取权）的分配。市场交换，只是在给定的“初始资源禀赋”的分配的基础上，“完成”收入的分配过程而已。第二定理表明，我们可以通过改变“初始资源禀赋”的分配来实现某种令人满

意的收入分配状态，同时又不损坏市场有效配置资源的机制。

不过，对我们这里的讨论来说，这一定理的着眼点较为狭隘。我们可以借助于罗尔斯的“社会基本品”概念来扩充对“资源”内容的理解。他是在寻求个人“初始资源禀赋”的社会公平（jusrice）原则时提出这一概念的。

考虑到各种随机因素，构成“一种公平的收入分配的基础”的问题，就是在理论上寻求个人“初始资源禀赋”的社会公平原则。它将为我们提供判别制度性歧视和矫正进入市场时“初始资源禀赋”的某些标准。在这类研究中，经济学家通常从政治学家和社会学家发展起来的“正义原则”中寻求灵感，其中，最有影响的是罗尔斯的《正义论》。所有这类讨论都不得不在罗尔斯的基础上展开。即使是直接研究这类原则的著名经济家，如森（2004）、宾默尔（2003），在某种意义上，也是对罗尔斯的发展。

罗尔斯借助“无知之幕”的思想试验来说明这类原则。这种思想试验类似于人们在游戏之前制定规则的行为。假设某个社会的所有人都参与一个会议，以选择收入分配的规则。这个会议是在“无知之幕”下进行的，它向每个人都隐瞒了有关所有人拥有的资源禀赋、能力和其他状态的所有知识。没有一个人知道自己的初始状态，因而也就没有哪一个人知道哪一种特殊的分配规则会在未来对自己有利或不利。罗尔斯认为，在这种“无知之幕”下选择出来的规则必然是公平的；而如果规则是公平的，那么，由这种规则产生的收入分配也将是公平的。

在这种“无知之幕”下，人们会选择出什么样“公平的”规则呢？罗尔斯认为，“无知之幕”下的每个人都会理性地担心自己未来会处于不利地位，因此，都会一致接受下述两条公平原则。第一是“自由平等原则”：每个人都应该拥有与其他人的同样自由相容的最广泛的基本权利，包括人身自由和财产权。第二是“差别原则”：对社会的、经济的不平等程度，应当做出这样的制度安排。①对最不利的人产生最大受益（最大最小原则）；②让所有人在机会平等的基础上有事可做（机会均等原则）。

罗尔斯的第二条“公平原则”意味着，人们愿意接受的不均等程度，要远远小于纯粹的竞争性要素市场产生的不均等。虽然对努力和承担风险的物质奖励是经济增长的最根本基础，而且这种奖励必然会产生不平等，因此，人们会愿意接受一定程度的不均等。但出于对自己未来处于最不利状态的风险规避，每个人都会选择能够使最贫困者的收入最大化的分配规则来消除这种风险。除此之外的不均等程度，将被认为是合理的。这就是著名的“差别原则”，它承认人们在某些方面是不平等的，但这种要求对每个人都有利。既然这些选择定义了“什么构成一种公平的分配”，那么，公平最起码要求我们做出某些努力去降低边际生产力机制产生的不均衡程度。

虽然学者们对“无知之幕”的假设和由此而得出“公平原则”的推导过程存在大量的争论（缪勒，1999），罗尔斯的理论还留有许多有待补充和完善的工作，但我们很难否定这种公平契约的思想试验所具有的某些理论和道德上的魅力。所有的道德问题都应当在“原始状态”中解决。在这种状态中，对所有可能结果的公平与否的判断，是结合达成这些结果的过程和这些结果的特征来进行的。最重要的是，制度在人们的眼中要“公正”。要做到这一点，它们必须具有在某种程度上能够矫正机会差异的特征。

**2. 天生的“禀赋”分配与起点不平等问题**

每一个人都通过“效用血缘函数”受益于其父母的能力。正如前面所述，这种受益是多方面的，且对个人的前程发挥着巨大的影响。如何看待这类天生的不平等，以及这类因素在市场的收入分配中的合理性?

一种激进的观点是，那些来自良好家庭背景的孩子不应得到市场高收入的奖赏，因为他们之所以获得良好的能力并较容易成功，并非完全是其自身努力的结果，相反地，在很大程度上来自家庭背景的力量。按照这类观点，“家庭出身”构成的初始禀赋的不平等分配，在道德上是随意的，不应当允许这类差别影响个人生活的机会。社会正义原则应该致力于消除这些随意性因素造成的不平等（Dworkin，1983）。

如果不存在“效用血缘函数”，就可以实现“天生的”机会平等，所有人携带着相同的资源（即初始禀赋）进入“生存竞争”的过程。但事实上，这种“效用血缘函数”是客观存在的，并且为社会所普遍接受。这种函数的存在确实破坏了“机会均等”的某些基础，但却是人类社会不可能消除的机会不均等。

就个人而言，出身于什么样的家庭，纯属偶然：任何人都不可能选择父母。“家庭出身”构成的初始禀赋（遗传基因、财产继承、社会关系）肯定是不平等的，但并非是不公正的。然而“家庭出身”虽然会破坏机会均等的基础，但若无制度性歧视的存在，它并不会使其自身影响到的市场分配不均等程度永久化，特别是在家庭等级制比较弱的社会更是如此。因为这种“遗传”的最终累积结果，又受到许多随机因素的影响（米德，1992）。

虽然如此，我们仍然可以采取一些积极的行动来缓和与削弱这类偶然性因素的影响。在现实的市场经济社会中，免费的基础教育、医疗保健服务或其他形式的补助等制度，就可以视为从人力资本的积累角度缩小“起点差距”的一种努力。因为它们可以在不同的程度上保证一代人碰到的不平等不延续到以后几代人，以缓和儿辈的机会受到其父辈存在的不平等的不可忍受的影响。

**3. 制度性的权利、机会分配与不平等**

与“家庭出身”因素不同，制度性歧视是最不能让人忍受的，因为正是它们给某些人提供了特殊的机会或好运。因此，制度的公平性才成为我们要关注的焦点之一。这里所说的“公平”不等于收入的平等，不等于健康状况的平等，也不等于任何其他具体结果的均等，而是对一种机会均等的制度的探求。在这种制度下，个人的努力、偏好和主动性，而不是家庭背景、种姓、种族或性别，成为导致人与人之间经济成就不同的主要原因。

有两个原则成为检验制度“公正性”的试金石：法律面前人人

平等和机会均等。法律面前平等意味着法律不承认与人的某种社会地位有关的差别，旨在保护所有人的平等权利。平等地对待所有人的基本自由权利的行为规则，构成程序性的正义。如果仅仅从程序上评价分配公平（程序公平或形式公平），只要个人的基本权利得到尊重，就可以认为是公平的。这类权利包括生存权、获得个人劳动成果的权利、自由选择权等。

作为一种对“权利平等原则”的实践检验，我们可以思考中国农民工的处境：农民工的合法权益被侵犯，除了拖欠工资外，还表现在工作环境恶劣、缺乏劳动保护、超强度工作等方面。为什么这类基本权利的侵犯集中表现在农民工身上呢?

机会均等原则承认个人的能力和选择的差异、市场机会的随机性质和由这些因素所带来的收入等生活条件的差距，同时坚持认为，只要给所有的人提供平等的机会，社会底层的人们就可能通过自己的努力（勤奋、才智和正当手段等）来改善自己的经济和社会地位。这一原则旨在设法消除制度性歧视所造成的那些所谓“运气”因素的影响，改变那些可以控制的、影响个人能力及其发挥的制度因素。

在中国，这种歧视性制度的最典型例证就是户籍制度。它的设计把人的户籍地划分为两类——农村和城镇，并在一系列政策上区别对待。作为其中的一个重要方面，引起人们广泛关注的就是教育和卫生资源在城乡之间分配的严重不公平。在中国，教育和卫生资源的分配主要是由政府主导的。这自然就适用于公平原则：应当提供给所有的人共同平等地享有。但这些资源高度集中于城市，这种不公平的制度在加剧着城乡个人之间人力资本积累的差距。

上述对制度公正性的某些简单检验表明，我们还需为“权利平等”和机会均等进行艰苦的努力。大多数还没有解决的平等问题，诸如农民工的收益权、职业选择、女性的就业机会、农村人口接受教育和医疗过程中所遇到的障碍等都与收入转移的分配无关，基本上属于机会和基本权利的问题。我们的制度一直在经受着这两个试金石的严峻考验。

据福格尔（2003）的解释，1870—1970年，英国和美国的基尼系数均下降了大约1/3。其中，从政府因素来说，直接的再分配政策在这种收入均衡化过程中的作用很小，而强制性的中小学免费教育、对中高等教育的资助等政策却起到很大的作用，因为这类政策使人力资本的分配更为平等。

**4. “矫正的正义原则”**

即使是充分考虑到制度的公正性和机会均等，人们仍然会对于什么是公平的收入和财富分配有着不同的看法。但有两点也许是可以达成相对共识的：第一，即使考虑到某些随意性因素（包括家庭出身或运气），只要个人在市场上获取的收入主要取决于个人的能力和选择，那么，由于个人的选择和努力程度不同，必然会出现收入上的差距。可以认为，这种收入差距的存在会得到广泛的认同。第二，只要富人阶层不是以非法方式获得其财富的，由此而形成的收入或财富分配不平等程度，就是可容忍的最低标准。后一个问题使当代最著名的“自由经济主义者”诺齐克也感到气馁。

一个人所拥有的“初始资源禀赋”对于他在市场过程中的前景有着重大的影响。就其禀赋中的财产部分而言，现有财产权的合理性依赖于最初占有这类资源的合法性。当代最著名的“自由经济主义者”诺齐克，虽反对任何再分配的政策，也强调获得财富的“公平占有标准”。在这方面，他提出了两项基本原则：一是“获得的正义原则”，即凭借自身的能力和劳动获取物品和财产；二是“转移的正义原则”，即基于个人的自愿意志的财产转让。如果个人之间的转让是通过合法的自愿交换、馈赠等方式完成的，那么这种转让就是正义或正当的。

如果这种财产关系是建立在前一时期的不公平占有和授予财产的基础上，即通过非法或不正当手段（如偷窃、欺诈、强夺、受贿等）而获取或转让的持有，应怎么办？诺齐克认为，需要“矫正的正义原则”以纠正以往的不公正的财富占有。如何“矫正”呢？在这一问题面前，诺齐克退却了，只是承认自己不知道对这类问题的“一种彻底的或理论上精致的回答是什么”。正统新古典主义经济学家在此点上一般也都保持沉默的态度，而不像中国的某些经济学家那样倡导“原罪免除”论。

这种“沉默”表明，即使是边际生产力概念可以对市场分配给出一种理论解释，那也不能给市场分配提供一种“正义的”事实证明，更不能证明对市场分配过程的任何事前“矫正”是对自由的违反。

社会主义对经济自由主义的最强有力批判在于：从正义的观点出发，对各种资源初始分配不完善性的批判。现实社会在这方面都存在问题，其中包括侵犯财产权、限制契约自由、经济权力的不公正运用等形式表现出来的“非正义行为”。正是由于这一原因，诺齐克提出“矫正的正义原则”，并把罗尔斯的“差别原则”作为纠正历史上不公平行为的一种经验规则。

当然，要辨明过去和现在的所有非正义持有是一件极其复杂的事。即使是基于现实问题的复杂性和某些权衡原则的考虑，我们不会采取全面的“矫正”政策，但还是应当坚持“矫正的正义原则”，并一直保持这种追究的权利和姿态。只有这样，才能为法治提供更广阔的视野，也为社会制度安排的合理化提供努力的方向。

正如格雷（2005）评论诺齐克的这种原则时所说的，“对市场自由的道德辩护必然要求重新调整既有的权利，以纠正以往的不公正”，以此“恢复经济自由的前提条件”。体现这种“矫正的正义原则”的政策目标应该是为过去背离平等自由原则的行为而做出的补偿，达到这种目标的最佳途径不是对收入和财富的直接再分配而是合理的社会政策。

## 三、再分配的社会偏好与社会选择

### 1. 再分配的公平性质

前面的讨论表明，即使通过某些制度的改革可以保证合理的

“经济竞争的公平机会”，通过诸如教育等制度缩小“初始禀赋”差距的影响，仍然会存在财富和收入的不均等。这就要求我们转入更细致地对财富和收入再分配进行调整的问题。这是一个更艰难的问题，涉及“实质正义”，但却是提出再分配政策所必须回答的问题。这里涉及的逻辑就是社会偏好和文明社会的道德准则。

在主流经济学中，之所以一直存在着反对“实质正义”（具体表现为再分配），是因为在它的理论逻辑中无法推导出证明“福利权利”这种社会偏好的合理性的结论。具体地说，之所以无法推导出这种社会偏好，与这些经济学家固守方法论的个人主义、否认人际间效用的可比较性以及保持所谓“价值中立”的“科学的”立场有密切的关系。

自由主义经济学家通常以标准效率为竞争过程的分配结果辩护，对再分配持批评态度。他们的论点具有一种忽视低收入群体的固有特性，其伦理依据是：每个人应对自己负责。特别地，他们坚持认为，社会不外乎是$N$个人的简单集合，是这些人由于共同的规则而不是共享的价值观而结合在一起的，因而，根本不存在“社会偏好”或“社会欲望”之类的东西。

要给体现实质性公平的再分配政策提供合理的理论依据，就必须冲破这些理论羁绊。如果再分配是有价值的，我们就应该能够解释为什么它是有价值的，并以一种恰当的语言来表达其理由。由于再分配涉及的范围较广，不同类型的再分配可能得到的“合理的”理由也不完全相同。

虽然学术界对功利主义有着不同的理解且存在争论，但它一直是对公共政策影响巨大的一种思想。它有一个很有吸引力的口号：“最大多数人的最大幸福！”它根据收入的边际效用递减规律提出：如果能把高收入者的一部分收入分配给低收入者，那么，社会的整体福利将会得到提高。换言之，一个社会越向收入的平等迈进，其整体的效用越大，全体人民的幸福就越多。

然而，以边际效用递减规律为再分配提供的纯经济学证明已经被排挤到边缘地位。如果边际效用递减规律是正确的，100 元钱带给一个处于温饱线上的家庭的效用显然要比带给一个富裕家庭的效用大得多。但是，功利主义经济学家却没有办法提出一种可行的方式来说明人际间的效用比较。如果有可行的方法，他们就可以证明再分配的行为是否能够真正增大社会的总效用或福利（扣除市场效率损失之后的净福利）；如果能够增大，净增加多少。正是这一理论弱点，使他们找不到一种效用量化的方法来权衡公平与效率的关系，从而导致在经济学理论中效率目标获得至高无上的地位。

主流经济学家之所以在效率与公平之间的选择中强调效率，很大程度上因为他们认为人际间的效用是很难进行比较的。理由是，每个人的心理对其他任何人都是一个谜，不可能存在感觉上的共同尺度，因而也就无法证明 100 元钱给一个穷人带来的效用必然大于带给一个富人的效用。

这种诘难明显地违背我们的常识和直觉，但我们却无可奈何。正如英国著名学者肯·宾默尔（2003）所说的，“如果效用的人际比较是无法进行的，我相信再也没有理由去写一本关于理性道德的著作了”。因为不同的人对他人的福利的评价方式是有一致性的道德理论的基石。具体来说，人际间效用的可比较性是再分配政策的最根本道德基础。要使人际间的效用比较有意义，就必须超越新古典经济学研究个人偏好的方式，充分考虑到作为一个群体中之一员的人的社会偏好。

**2. 不确定性与再分配的社会偏好**

社会之所以不能在收入、财富的公平再分配的构成问题上达成一致的意见，是因为每个人都是从自己现有的社会和经济地位来考虑这个问题。很显然，一个富翁和一个贫民在收入分配的公平上会各持己见。那么，我们能不能为再分配政策找到某种最低限度的社会共同价值观——不能容忍的贫富差别程度的价值基础呢？[1]

[1] 我们主要讨论的是理论部分，至于经验部分，是本课题的其他研究报告力图解决的。

在这方面，基于“原始状态”的“无知之幕”的思想试验，给我们提供了“再分配的社会偏好”的存在性及其相关的其他问题的合理证明。这种“原始状态”的假设类似于每个人刚出生时的“生而平等”的状态，就是要让每个人在选择再分配政策时排除后天的因素（诸如家庭出身、个人经历和社会地位等）对其主观偏好的影响。

虽然基于这种思想试验而提出的论点不完全相同，但都把实现某种程度的均等的再分配努力，视为人们针对经济生活中某些不确定性而表现出来的“风险厌恶”偏好的反映。例如，罗尔斯把“差别原则”视为人们出于自己可能成为最贫困者的担心而做出的理性选择，这种思想可以构成对下述主张的强有力支持：收入的再分配必须保证每个人的收入至少能够维持其最低的生活标准。再如，科尔姆（1985）描述了在不知道自己的挣钱能力和得病概率等情形的“初始状态”中，人们可能会接受较为广泛的个人福利权利的合理性。他称这种理由为“集体礼物”。

**3.“移情偏好”与人际间效用的比较**

虽然正统理论无法为人际间的效用比较提供任何基础，但在经济学文献中，确实存在着可以为人际间的效用比较提供一种较好的解释的理论。那是以 Harsanyi（1953、1955）的“移情偏好”为基础发展起来的，Suppes（1966）、Arrow（1978）、Harsanyi（1977）、Hammond（1976）等都对这种发展做出了贡献，而肯·宾默尔（2003）则力图给这种思想提供一种自然主义的现实基础。

Harsanyi（1955）通过考察一种假想的“原始状态”的选择，拓宽效用选择的定义，以进行人际间的比较。新古典经济学的效用函数至多是测度一个人只有在其身心内部才能体验到的快乐与痛苦，而 Harsanyi 则通过“拓展的同情偏好”概念（肯·宾默尔认为更为确切的概念是“移情偏好”），使得一个人也能体验其他人的快乐与痛苦。

这种“原始状态”的选择要求：①身处“原始状态”的每个

人面对充满不确定性的未来世界，都要假设他有同样的概率处于社会中的任何一种状态。②每当碰到涉及道德或伦理选择的问题时，每个人都会设身处地地考虑到他人的处境，并在意识上接纳他人的偏好，进而，通过这种方式对可供选择的某一种事态做出评价。

如果个人的这种伦理偏好是理性的，那么它必然满足冯·诺伊曼－摩根斯坦效用函数的诸公理，从而我们可以定义出一个等价于社会中所有个人效用的算术平均值的基数社会福利函数。这种原始状态选择的思想试验解决了两个问题：以每个人自己的主观偏好来评价效用函数，以及指派给每个人的权数都是相同的。这样，社会福利函数就可以简单地表述为所有个人效用的总和：$W=\sum u_i$。其实，这种函数的基础是，通过“移情偏好”，用其他人的主观偏好来评价效用函数。只要我们对其他人的情形拥有足够的知识，就可能在意识上接纳其他人的偏好，$u_i$项在每个人对社会福利的评价中会趋同。因此，接纳他人偏好的思想试验与概率相同的假设相结合，就会产生出有关选择的一致意见和同质的伦理偏好。

既然每个人的偏好是相同的，效用函数$u_i$就是可以比较的。如何进行这种比较呢？借助于“无知之幕”构造的“移情偏好”问题，可以视同为存在一个无偏袒的“理想观察者”，他对每个人的特性和其效用函数的心理学基础拥有充分的信息，可以对不同人的效用进行评估和比较。例如，假设有两个人甲和乙。当理想观察者充当甲的移情偏好（“他我”为$i$）时，他愿意用$U_i$单位效用来与乙的$V_i$单位效用交换（交换比率为$U_i/V_i$）。同时，当理想观察者充当乙的移情偏好（“他我”为$j$）时，他愿意以$U_j/V_j$的比率与甲进行交换。由于在原始状态中每个人的偏好是相同的，“观察者”$i$和$j$愿意进行交换的比率，与甲和乙愿意交换的效用比率完全相同，即$U_i/V_i=U_j/V_j=U/V$。

因此，也就可以进行效用的人际比较（肯·宾默尔，2003；哈萨尼，1996）。[1] 虽然这种理论构思存在着有待完善和发展的余地，但它至少证明了人们这样的直觉：每个人的偏好并不是完全对立的，存在着某种共同的伦理偏好，使我们可以进行某种类型的人际比较。

对于“移情偏好”假设的合理现实基础，Harsanyi（1977）是这样解释的：“现实中，在具有相似的文化环境、社会状态和人格的人之间的效用比较表明一个人际观察者的正确程度。”

**4. 拓展人际比较的信息基础**

要对“再分配的社会偏好”的程度做出说明，必然要求对不同类型的个人利益进行人际间的比较。效用的人际间比较只是其中的评估方式之一。除此之外，我们还可以基于非效用的其他类型信息进行人际间的比较。也就是说，我们对人际间的比较，无须过分关注效用比较的心理学特征，不必非要对关于个人幸福的精神状态或心理状态进行比较。对个人幸福状态的人际比较，也可以建立在其他更客观的指标的基础之上，关注与效用直接相关的其他变量的人际比较（森，2006）。

假设 $u_i(x)$ 表示的不是个人 $i$ 在状态 $x$ 上的效用，而是反映这个人在状态 $x$ 上的福利或利益，那么，即使 $x$ 具体标识的是这个人拥有的收入、财富或商品之类的客观物品，我们也能够通过直接比较富人与穷人之间在收入、财富方面的差距来判断他们之间的福利差距。虽然个人利益这类物质指标的提高不一定带来幸福（效用）的同等程度的提高，但它们直接关系到个人的营养、健康等状态，而这类状态显示的是一个人的幸福程度。

更进一步地，我们还可以进行诸如机会这类的“社会基本品”（primary goods）、“可行能力”（capabilities）等类型的人际比较

[1] 在原始状态中，理想观察者准备交换甲的个人效用与乙的个人效用的比率，取决于观察者的角色，$U$ 和 $V$ 的下标 $i$、$j$ 反映的正是这一点。在这里，“移情识别”起着至关重要的作用。

（Elster、Roemer，1991）。

一旦引入人际间的比较，通过恰当的理论建构，阿罗定理的不可能性问题就会消失，就可以对社会福利问题做出量化的评判。正如阿罗在获诺贝尔经济学奖的演讲中所说的那样，“只要掌握了基数效用函数，就能对那些迄今仍然无法用精确计算方式分析的问题，如财富从最富有者转移到最穷者的心理影响，或税赋的心理影响的评估等，进行数量分析”。正是这种理论上的魅力，促使一部分经济学家从来就没有放弃这方面的努力。

**5. 经验标准所体现出的社会偏好**

“无知之幕”是一种极有益的思想试验。它给出了考察公平分配的一般性方法的一种精巧形式。自然地，由此得出的论点是纯粹概念性的，它们具有很强的启示性，但却缺乏可操作性的直接政策建议。为了弥补这种缺憾，在这里，我们通过对某些实践标准的考察给予补充。

可以肯定，把初等教育、基本医疗保健、最低标准的物质生活等此类资源的分配纳入“基本福利权利”，是关注社会正义的政策所关心的重点。联合国《人权宣言》第22条规定：每个人都有实现与其个人和家庭的健康和福利相适应的生活水准的权利，这些权利包括食品、衣服、住房、医疗和必要的社会服务等。第26条规定：每个人都有受教育的权利，教育至少在初级和基本的阶段应当是免费的。这些权利一般称为“福利条款”。在西方社会中，受教育、健康、最低生活保障的权利统称为“经济权利”，被视为对基本公民权的拓展。这些权利一般称为“福利条款”。

对于这种把“福利权利”拓展为个人基本权利的努力，我们可以视为人们针对经济生活中某些不确定性而表现出来的“风险厌恶”的社会偏好的反映。按照这种解释，社会应向每一个人提供一种最基本的生活状态，不应使任何人跌落到营养、住房、医疗、教育等方面的临界值之下，同时，也保留着让有些人自己掏钱去购买优质的教育、医疗等服务的可能性。

可以猜测，人们对某种程度的“收入或财富不均等”会持宽容的态度。然而，多大程度上的不均等和什么样的不均等是可以接受的？对此，不同的社会虽然有基本的共识，但必然也会有一些评判标准上的差异。这种评判标准的差异植根于其传统文化的核心价值观之中，并且在民主制度中会反映在其具体的福利制度和政策特征上。

例如，西欧比较重视财富和收入方面的不平等，把基本医疗保障、教育等视为公民的基本权利，并提供广泛的福利。而在美国政府的选择中，没有为全民提供基本医疗保健的承诺，对穷困群体的帮助也非常有限。支撑这种政策差异的，是对社会和个人责任态度的不同。美国人更多的是强调个人的责任和经济自立的观点，而西欧人更注重社会的责任。

在中国传统文化中，包含着足以支持个人“福利权利”的丰富内容。其中，最经典地表达这种社会伦理偏好的是这样一段名言：“大道之行也，天下为公。选贤与能，讲信修睦。故人不独亲其亲，不独子其子，使老有所终，壮有所用，幼有所长，鳏寡孤独废疾者皆有所养。”（《礼记·礼运》）这充分表达出了中华民族的社会偏好结构：基本教育（“幼有所长”）、充分就业（“壮有所用”）、社会保障（“鳏寡孤独废疾者皆有所养”）。而中国的社会主义性质则把这种“社会偏好”转化成为一种“制度性偏好”——“共同富裕”。在这种制度性偏好中，获得基本的生活保障成为每个人的应有权利。

## 四、结束语

本章的主旨是试图概念性地定义“公平分配”，并把它作为评判现实分配状态和相关制度的一种参照系。没有这种参照系，我们无法思考什么样的分配是“公平的”，更没有办法对收入和财富分配及其变化这类更具体的问题做出评估。这种评估是公共政策或社会政策的最根本基础。如果说我们在这里要倡导一种“主义”，那也是“公平主义”而不是平均主义。

中国经济学界盛行的是“效率至上主义”，认为提高穷人生活水平的最有效办法就是促进经济的高速增长，任何有碍于经济快速增长的政策行为都将只会使穷人的地位永远无法得到改变。这是典型的新古典经济学的看法，以至于连福格尔（2003）这位经济学大师在评论各国福利政策时也说，“在采用新古典经济学所倡导的方法上，中国比许多资本主义国家更大胆”。事实上，即使是作为主流的新古典主义经济学，为市场自由而辩护时，虽然也求助于效率，但更根本的论据还在于这样一种观点：“市场保证了个人自由本身”（弗里德曼，1986）。

即使是这种“根本的论据”，仍然不足以解决自由的市场与市场社会的道德选择之间的问题。正如著名经济学家缪勒（1999）所总结的，公共选择文献的重大见解之一，就是认识到，“如果我们假设可以把政治制度设计得能准确地显示出对配置效率变化的偏好，那么，仍然存在的问题是，如何解释再分配问题。为了回答这一问题，关键是要认识到，它所需要的程序不同于配置效率的那些程序”。不仅决策程序不同，对这两类政策的论证也必然要遵循不完全相同的思路。

本章的基本观点是：市场会产生效率，但不会自动产生“社会福利”。本章的研究可以概括为：对市场中社会政策和福利政策的道德基础进行独立的合理性证明。我们力图证明，这类道德基础与个人自由之间是可以相容的。并不像哈耶克（2003）所断言的那样，“分配的公正不但要求取消个人自由，而且要求贯彻一套不容争议的价值，换言之，即实行一种严密的极权统治”。他对市场分配的随机因素的评论是精彩的，但对“分配公平”的批评却是完全错误的。

我们的核心论证并不是基于穷人有权利享有福利，而是基于合理的社会政策和福利供给：①可以作为缓和家庭出身代表的“命运”和市场的不确定性为典型代表的“运气”这两类随机性或偶然性因素的巨大累积性影响的有效工具。②再分配可以作为社会偏好的一部分。作为一种社会偏好，再分配是个人对不平等的社会反感的一种偏好，可以合理化为理性的个人对风险和不确定性的厌恶。所有的这些论证都需要以人际间的比较为基础。分析和描述交易行为时，我们无须进行效用的人际比较。但是，对于社会政策这类与偏好强度密切相关的问题来说，效用的人际比较却是必不可少的基础。

我们的论证具有福利主义的性质，特别关注广义的“资源”分配的合法性和幸福水平，但从中推导出的社会“福利功能”，是从抽象的个人理性选择中得出的道德原则。或者说，这种福利要求来自“无知之幕”中的个人理性选择，不同于集体主义“公民资格”的正义论。在实践中，这种偏好可以通过充分的公开民主讨论体现出来。

本章的分析基本上是理论概述性质的。从第二部分中可以看出或猜测到，无论何时何地，公平和平等的逻辑总是会无奈地碰上不公平和不平等的残酷现实。对于任何一种可行的制度来说，适度的制度不完善是与生俱来的。一旦认识到这点，我们就要主动地适应它们，并寻求纠正其不良影响的实践方式。这就要求我们在尊重逻辑分析的同时，不能一味地只顾埋头推导教条结论而不理会现实。“无知之幕”的思想试验能给我们提供的，只是一种社会偏好的最根本理论基础。在此基础上，如何把这些偏好转化为合理的具体政策，既能保持效率，又能保证公平，取决于我们在实践中的政治智慧和现实意识。理论分析固然重要，但问题的答案也依赖于经验判断。[1]

---

[1] 在本课题的主体报告（经验实证部分）中，我们将更加依赖对事实、案例的分析。由于教育、医疗等方面的政策既能缩小人们起点和机会的不平等程度，又属于现代社会“最低生活保障”的基本组成部分，我们的经验研究将侧重于这些“通用的”部分。

参考文献

[1] 奥肯 . 平等与效率 [M]. 王忠民，等译 . 成都：四川人民出版社，1988.

[2] 宾默尔 . 博弈论与社会契约：第 1 卷　公平博弈 [M]. 中译本 . 王小卫，钱勇，译 . 上海：上海财经大学出版社，2003.

[3] 布坎南 . 自由、市场和国家 [M]. 吴良健，译 . 北京：北京经济学院出版社，1988.

[4] 福格尔 . 第四次大觉醒及平等主义的未来 [M]. 王中华，刘红，译 . 北京：首都经济贸易大学出版，2003.

[5] 弗里德曼 . 资本主义与自由 [M]. 张瑞玉，译 . 北京：商务印书馆，1986.

[6] 弗里德曼 M，弗里德曼 R. 自由选择 [M]. 胡骑，席学媛，安强，译 . 北京：商务印书馆，1982.

[7] 格雷 . 自由主义 [M]. 曹海军，刘训练，译 . 长春：吉林人民出版社，2005.

[8] 哈萨尼 . 人际效用比较 [M]// 伊特韦尔，等 . 新帕尔格雷夫经济学大辞典：第 2 卷 . 北京：经济科学出版社，1996.

[9] 哈耶克 . 自由秩序原理 [M]. 邓正来，译 . 北京：生活・读书・新知三联书店，1997.

[10] 哈耶克 . 社会公正的返祖现象 [M]// 哈耶克 . 经济、科学与政治 . 冯克利，译 . 南京：江苏人民出版社，2003.

[11] 罗尔斯 . 正义论 [M]. 何怀宏，等译 . 北京：中国社科出版社，1988.

[12] 米德 . 效率、公平与产权 [M]. 施仁，译 . 北京：北京经济学院出版社，1992.

[13] 缪勒 . 公共选择理论 [M]. 韩旭，等译 . 北京：中国社会科学出版社，1999.

[14] 诺齐克 . 无政府、国家与乌托邦 [M]. 何怀宏，等译 . 北京：中国社会科学出版社，1991.

[15] 森 . 以自由看待发展 [M]. 任赜，于真，译 . 北京：中国人民大学出版社，2002.

[16] 森 . 集体选择与社会福利 [M]. 胡的的，胡毓达，译 . 上海：上海科学技术出版社，2004.

[17] 森 . 理性与自由 [M]. 李风华，译 . 北京：中国人民大学出版社，2006.

[18] 斯科凯尔特 . 利他主义、效率和公平：福利国家的伦理挑战 [M]// 丁开杰，林义 . 后福利国家 . 上海：上海三联书店，2004.

[19] 杨春学 . 对“效率优先，兼顾公平”命题的重新反思：我们需要什么样的公平观？ [J]. 经济学动态，2006（5）.

[20]ARROW K. Extended Sympathy and the Social Choice[J]. Philosophia，1978（7）：233–237.

[21]BERGSTROM. On the Existence and Optimality of Competitive Equilibrium for a Slave Economy[J]. Review of Economic Studies，1971（38）：23–36.

[22] BARRY. Why Social Justice Matters[M]. Cambridge：Polity Press，2005.

[23]DWORKIN R. In Defence of Equality[J]. Social Philosophy and Policy，1983，1（1）.

[24] ELSTER J，ROEMER J. Interpersonal Comparisons of Well–Being[M]. Cambridge：Cambridge University Press，1991.

[25]HAMMOND P. Why Ethical Measures of Inequality Need Interpersonal Comparisons[J]. Theory and Decision，1976（7）：263–274.

[26]HARSANYI J. Cardinal Welfare，Individualistic Ethics and the Interpersonal Comparison of Utility[J]. Journal of Political Economy，1955（63）：309–321.

[27]HARSANYI J. Rational Behavior and Bargaining Equilibrium in Games and Social Situation[M]. Cambridge：Cambridge University

Press，1977.

[28]HAYEK. Law，Legislation and Liberty：The Mirage of Social Justice（II）[M]. London：Routledge & Kegan Paul，Ltd，1976.

[29]SUPPES P. Some Formal Models of Grading Principles[J]. Synthese，1966（6）：284-306.

（本章作者：杨春学　原载于《经济研究》2009 年第 1 期）

# 第三章　“发展”的度量*

**【内容提要】**联合国千年发展目标及相关的指标体系，是世界各国经过政治磋商达成的一种制度化的社会偏好。它奠定了监测和评估发展进程的一个基准。据此观察中国当前的发展状况即可注意到：第一，与农村相关联的社会群体，在享有必需的人力资本、基础设施和服务，以及社会经济和政治权利方面，处于不利地位。第二，在农村居民和迁移劳动者当中，穷人、妇女、老年人、残疾人和少数族群，遭遇社会排斥的可能性更大。为了扭转这种状况，需要把社会均衡机制的建立纳入发展计划和政策。

**【关键词】**千年发展目标和指标　社会均衡机制　监测和评估

“发展”的度量，指的是采用一套可观察、可测度和可比较的指标，衡量特定社会的发展进程。发展指标既是发展理念的体现，又是勾连理念和政策之间的桥梁，因而也就关系到发展政策的指向。20 世纪 60～70 年代，发展的理念还局限在经济增长和经济结构变化领域。相应地，度量发展的指标随之以国民生产总值和不同产业所占的份额以及就业结构指标为主，发展政策也几近于经济政策的同义语。随着发展理念所含维度的增加，发展指标扩展到环境、社会和公平等多个层面，发展政策也变得多维而综合，并相应地延伸到更为广泛的领域。

如此看来，用以度量发展的指标必须反映社会最关切的问题。

*　在本章的写作过程中，赵人伟、杨春学、蒋中一、韩朝华、张平和魏众曾参与讨论，在此一并致谢。

若非如此，测量指标也就失去了意义（Marlier、Atkinson，2010）。与指标设定密切相关的研究问题主要在于：第一，如何把“发展”的理念用指标表达出来？第二，怎样因时、因地制宜地选择和构建指标体系？第三，如何针对特定发展政策的实施，选择监测和评估指标？为了回答这些问题，本章拟将首先评介 Amartya Sen（阿马蒂亚·森）提出的发展理念，探讨连接这一理念与人类发展指数之间的思想通道。其次，解析联合国千年发展目标及相应的指标体系，揭示其中蕴含的制度化的社会偏好。最后，基于对构建和谐社会的理解，阐述中国社会经济转型中度量包容性发展的关键指标。

## 一、以自由看待发展的理念及其量化表达

在有关发展问题的讨论中，森关于以自由看待发展（development asfreedom）的论述，把发展理念推到了前沿。他把“发展”定义为扩展人类自由的一个过程。对于“自由”，他强调的是社会成员选择自己所珍视的生活方式的自由（森，2002）。这种自由概念，实质上反映的是人类的生活状态，而并不局限于上层建筑或意识形态领域，因此其内涵更容易从“不自由”状态反向理解。例如经济贫困，意味着在这一状态下生活的人们未获得满足自身基本生存需求的自由。在这个意义上，经济增长可谓扩展自由的一个重要手段。不过，个人选择生活方式的自由还取决于社会经济制度安排中的诸多工具性自由，例如，参与公共讨论和决策的政治自由、享有教育和健康服务的社会机会自由、参与生产和贸易活动的经济自由、保证个人知情权和社会透明度的信息自由，以及借助社会保护（社会安全网）应对生存危机的自由。不同类型的自由可以相互促进，例如，政治自由有助于经济自由，社会机会自由有利于政治经济参与，信息自由有利于公平交易和防止腐败，经济自由有助于创造个人财富和公共资源，从而也有助于提供社会机会和社会保护，后者

则有助于预防和缓解经济贫困，等等。因此，森把自由既视为发展的目的，又看作发展的主要手段。

问题是，如何借助上述视角考察特定社会、地区和群体的发展状况，或者评价以往和现行的发展政策呢？这就需要把“人类享有的自由”用可观察、可测度、可比较的指标表达出来，以便在发展理念和发展现状之间架设一条“逻辑通道”。否则，森提出的发展理念很可能就会流于虚无缥缈。20 世纪 90 年代，他在自己的著作和联合国发展计划署发布的《人类发展报告》中，提炼出两个新概念作为修筑这一逻辑通道的主要思想阶石：其一，人类的功能性活动（functioning）；其二，特定社会成员实现其所选择的功能性活动的能力（capability）。据此推论，人类享有的自由体现在特定社会成员多种多样的功能性活动之中，例如自由择业、自由迁移以及拥有尊严地参与社群生活等。每一成员在多大程度上可以实现自己向往的生活，取决于各自行使其选择的能力。这一能力，一方面取决于外在的社会、经济、政治、文化等制度环境，另一方面还取决于个人拥有的人力和物质资源。个人拥有的资源，则又受到制度环境的影响，因为它决定了个人能够行使的权利。

对于上述逻辑，可以用我们熟悉的事例来说明。改革开放前劳动者不能自由迁移和择业，这是集权计划经济制度使然。自转向市场经济始，农村劳动者得以进城就业，然而现有的规章制度对农村人口进城居住、子女上学和享有社会保护（医疗、养老和救助）等各类活动或明或暗的排斥，不仅限制了他们对迁移方式的选择，而且阻碍了他们拥有尊严地融入城市社群生活。农村流动人口中只有少数在知识、健康和机会把握方面占优的人，才有可能借助迁移实现职业转换并提高收入，或者通过创办企业积累资源，逐渐在城市立足并实现社会流动。这个例子不仅显示了制度环境如何决定个人的择业自由，而且还表明，在同样的制度环境下，不同社会成员之间的能力差别又如何导致个人择业自由的差别。

就社会成员的个人能力而言，既包括认知能力，也包括非认知能力（如专注、自律、自尊、自信、坚毅、大度、同情心、好奇心以及参与社会活动的能力），还包括健康的体能（Cunha、Heckman、Lochner、Masterov，2006）。单个人的这种多维能力的形成、拓展和强化，从母体孕育生命之时就已开始。它既取决于父母家庭的养育、学校的教育以及此后的技能培训，又依赖于居住、饮水、营养、卫生、娱乐和健身等家庭生活条件及社区基础设施和服务，还与整个生态和社会环境相关联。在生命周期中，先天因素和后天投资对个人成长和发展的影响，已为医学、生理学、心理学以及诸多自然科学和社会科学的交叉研究（如行为科学）所证实。科学界对此展开的讨论，引导了各国公众和国际组织对人类发展的偏好。也就是说，一种公认的社会偏好因而逐渐形成。联合国发展计划署（UNDP）发布的人类发展指数，就是这类偏好的一种量化表达。

在《人类发展报告》中，人均预期寿命、成人识字率和毛入学率以及人均国内生产总值，分别被用作对应于“健康长寿的生命”“教育和知识”以及“体面的生活水平”这三种社会偏好的指标。同时，每一类指标又被赋予不同的权重，最终构成“人类发展指数”这样一个综合指标，用以测度特定国家和地区的发展程度或者比较它们之间的发展水平（联合国发展计划署，2005）。这种指标实质上隐含着主观偏好与客观现实的统一。

决定每一种指标水平的因素，都可以进一步用次级指标来衡量，从而使得指标体系类似计算机窗口指令那样，具有多层递进的金字塔式结构。例如，婴幼儿死亡率和孕产妇死亡率、儿童营养状况、获得安全饮水的人口比例、贫民窟卫厕拥有率、卫生服务供给和获得状况等，既是决定国家和地区人均预期寿命的因素，又是衡量特定群体卫生条件或健康水平的尺度。通过观察这些指标反映的统计信息，就能确认那些在获得“健康长寿的生命”方面遭遇严重困难的群体和个人，卫生发展政策优先援助哪些人的问题也就迎刃而解。同理，教育和经济发展政策的重点目标人群也不难借助量化的指标来确认。可见，这些数量指标既可衡量宏观层面的国家发展程度，又能反映微观层面的群体和个人生活状态，还可量化地表达人类在特定领域中享有自由的程度。

## 二、制度化偏好与指标选择

联合国发展计划署基于国别统计数据，每年发布人类发展指数及次级指标值，在世界范围内分享测度结果的同时，持续地推广其认同的发展理念。世界银行、国际劳工组织、世界卫生组织、联合国妇女发展基金和联合国儿童基金会等国际组织，也做着同样的努力。从这个角度看，人类发展指数这样的量度标准，可谓一种数字化了的社会偏好。相形之下，联合国千年发展目标，则可归结为“制度化的社会偏好”（杨春学，2006）。一些构成人类发展指数的次级指标，虽然与千年发展目标中的某些指标相同，但只有经过联合国磋商程序选择和认定，才具有公认的国际约束力。

2000 年，世界各国领导人在联合国千年首脑会议上商定了一套时限为 15 年的目标和相应的指标值。其中的 8 项核心目标为：消灭极端贫穷和饥饿；普及初等教育；促进男女平等并赋予妇女权利；降低儿童死亡率；改善产妇保健；与艾滋病毒 / 艾滋病、疟疾和其他疾病做斗争；确保环境的可持续能力；全球合作促进发展。千年发展目标及指标值经由《联合国千年宣言》（以下简称《千年宣言》）发布，意味着来自不同国度，具有不同社会、经济、政治和文化背景的人们，对发展理念、发展的度量以及发展政策的评估达成了广泛的共识。为了实现千年发展目标，一方面，需要发达国家和国际组织对发展援助力度及援助方式做相应调整；另一方面，也需要发展中国家采取制度性的和政策性的变革，如推行“有利于穷人的经济增长”方式，实施“包容性发展”的政策以及增加人类发展投资等。《千年宣言》的通过，也意味着联合国成员国及其国民对此做出了共同的承诺。

不同国家的社会群体及个人既有千差万别的客观生活状态，又有各不相同的主观偏好。为何能够通过联合国政治程序，选择和确认相同的发展目标及度量指标，从而表达相同的社会偏好呢?

第一，千年发展目标及相关指标的选择，基于人类对现代文明社会的基本价值观的认同。《千年宣言》的开篇，便申明“价值和原则”，强调自由、平等、共济、宽容、尊重大自然和共同承担责任。这其中，对“自由”的解释与森看待发展的视角别无二致：“人们不分男女，有权在享有尊严、免于饥饿和不担心暴力、压迫或不公正对待的情况下过自己的生活，养育自己的儿女。以民心为本的参与性民主施政是这些权利的最佳保障。”

如果再追问一句，多种多样的社会群体和个人为什么会认同上述基本价值观呢? 那就需要追溯到人类的本性。人类天生有着对美好生活的向往，上述“自由”可谓当代人类正常生活的底线。然而单个人的未来却有种种不确定性，或者说具有落入底线之下的风险。因此，人们会如亚当·斯密所说，对处于困境的他人产生设身处地的同情（斯密，2009 年中文版）。出于这种同情心，人们还会如约翰·罗尔斯阐释的那样，在面临“无知之幕”的情况下，能够设想自己可以忍受的最差状态，并乐意帮助那些处在最差状态甚至更糟境况的同类（罗尔斯，2001 年中文版）。事实上，这也是人类认同自由、平等、公正和共济等社会价值的心理基础。

鉴于此，“健康长寿的生命”“教育和知识”以及“体面的生活水平”这些偏好，在不同国家或迟或早地会借助法律演化为国民权利，如传染病防治法和职业病防治法、义务教育法以及社会保障法等；或者通过国家战略和政策形成制度化的社会偏好。还有国际上诸多人权与劳工权利文书，也或多或少地被缔约国用于保障或促进这些偏好的实现。特别是 20 世纪 80 年代以来，全球化进程中人类的相互联系和影响更加密切。此处的传染性疾病会迅速蔓延到彼处，此地的污染物会漂移到彼地，一国的经济危机会影响到他国甚至世界，一个大陆的贫穷和骚乱会影响另一个大陆乃至全球的安定。国际社会为了应对这些共同的挑战，多次组织以发展为主题的联合国大会和国家首脑会议，对各国公众表达出来的某些优先偏好达成共识，从而为《千年宣言》的顺利通过奠定了良好的民意基础。可以说，经过这些政治程序确认的优先偏好，隐含着个人选择和社会选择的统一。

第二，千年发展目标的选定，既要顾及联合国成员国的财政可行性，又要考虑所有国家和地区广泛的参与性。因此，它必然是作为“最小公约数”的目标，涵盖那些已被科学发现证明的、对于人类发展不可或缺的因素。也只有这样，才有可能使最不发达的国家在国际社会帮助下，通过努力而实现相应的指标值。据此观察，千年发展计划中的核心目标及指标，特别是普及初等教育、降低儿童死亡率和改善产妇保健所涉及的生命阶段，正是人类能力形成的关键时期和敏感时期。自然科学和社会科学的研究成果也表明，儿童早期发展阶段的人力资本投资，如卫生、教育和照护，对于人类发展既是不可或缺的也是收益最高的投资。

一项长达40年的对非裔美国儿童的跟踪研究结果显示，培养学龄前儿童（营养、健康、照护及教育）的投资，年度回报率达6%～10%，不但高于其在校教育和毕业后在职培训的年度回报率，而且还高于同期证券市场的年度回报率（Heckman、Moon、Pinto、Savelyev、Yavitz，2010）。贫困对儿童大脑发育、健康、认知能力和个性形成都有长期的负面影响。那么，针对低收入阶层的学龄前儿童投资，在他们成长过程中将会缓解不利的初始条件对其获得发展机会的负面影响。在他们初进就业市场之时，这类投资仍将发挥促进起点公平的作用，因而有助于切断贫穷的代际传递。鉴于此，儿童早期发展投资被视为提高社会经济流动性的“预分配”，而非事后补救性的收入再分配（Cunha、Heckman、Schennach，2010）。

第三，为实现千年发展目标而需要政策干预的领域，主要是公共产品或社会增益产品[1]（merit goods）的供给与消费。与此相关的指标，尤其强调脆弱群体（如贫困妇女儿童）对这些产品和服务的获得，凸显对社会公平和社会包容的关注，从而也符合社会期望。

公共产品和服务的典型特征在于，一个人的消费并不会减少其他人的消费。它一旦生产出来就不能拒绝其他人使用，因而对私人供给者缺少市场激励。例如，扭转艾滋病毒/艾滋病的蔓延、消除疟疾等重大传染性疾病对人类的危害，即属于公共产品和服务。为此而投入的公共资源和采取的公共行动，将不仅使患者直接受益，而且还防止非患者受害。社会增益产品的特性在于，一个人对这类产品的消费多半会减少其他人的消费，但对个人产生的益处符合社会的期望，如母婴保健、安全饮水和普及初等教育。因此，社会增益产品的消费取决于公共选择，而非消费者个人的支付能力和支付意愿。通常由国家动用财政资源对需方或供方予以补助并采取强制性措施，保证生产和消费达到社会预期的水平。在发展中国家，由于财政资源极为有限，往往仅针对包括贫困人口在内的低收入群体，设立社会增益产品需方资助项目，从而把社会救助和社会增益措施连接在一起。例如，贫困妇女住院分娩费用减免和贫困儿童入学免费寄宿等项目即如此。

第四，与联合国千年发展目标相对应的指标体系简明扼要，易

[1] 这类产品和服务也曾被称为准公共产品或半公共产品。但这些提法容易造成概念混淆乃至政策误导，故而逐渐被弃用。相形之下，“社会增益产品”（merit goods）的提法逐渐流行。其定义参见（2012年1月8日下载）：www. auburn. edu/~johnspm/gloss/merit_good（A Glossary of Political Economy Terms，copyright © 1994–2005，Paul M.Johnson，Department of Political Science，7080 Haley Center，Auburn University，Auburn，AL 36849，United States）；英国商学院互联网教程“Government Expenditure Theories–Public Goods and Merit goods”，www.bized. co. uk/Virtual/economy/policy/tools/government/gexpth2. htm。

于获得所有国家特别是欠发达国家的认可。每项指标值的获得，都需要成员国承担大量信息收集成本。建立“简约版”的度量体系，既可以节省成本，又便于提高基础数据的准确性，还能保证定期监测和评估千年计划执行情况。统计信息和评估结果的透明和公开，有助于全球合作促进发展，这也正是人类的一种超越国界的互助共济偏好。

2015年年底，是千年发展计划的终点。2012年，全球已提前实现贫困人口和饮水不安全人口占总人口比重减半以及改善贫民窟居住环境的目标；❶然而距离产妇死亡率降低3/4和五岁以下儿童死亡率减少2/3等目标，路程依然艰难。因此，联合国秘书长呼吁，进一步强化全球合作，把千年计划的投资焦点，置于尚未达到目标的领域。中国已经提前实现了贫困人口减半❷、普及小学教育以及降低产妇和婴幼儿死亡率的目标❸；撒哈拉以南的非洲国家在千年目标的进展上仍困难重重。尤其是全球处于经济阶梯底层的群体并未获得显著的生活改善。例如1995—2009年，在南亚地区位于收入底层的1/5人口当中，儿童营养不足率仅下降5%；而处在收入

❶ United Nations，The Millennium Development Goals Report 2011，The Millennium Development Goals Report 2012。2012年7月14日下载于www.un. org/millenniumgoals/MDG2011_PRa_EN.pdf；www. un.org/apps/news/story. asp？ NewsID=423728&Cr=mdg&Crl=。

❷ 中国新闻网2011年11月17日讯《政府扶贫十年投两千亿 农村贫困人口减少超6700万》和2012年6月21日讯《中国贫困人口减半实现联合国千年发展目标》。2012年8月27日下载于www.chinanews. com/gn/2011/11-17/3466833. shtml；www. chinanews. com/gn/2012/06-21/3979520.shtml。

❸ 中华人民共和国卫生部：《2012年全国妇幼卫生工作会议在京召开》。2012年8月28日下载于www. moh. gov.cn/publiefiles/business/htmlfiles/liuq/ptpjj/201202/54191. htm。

顶层的 1/5 人口中，儿童营养不足率下降了 30%（Vandemoortele，2012）。可以预见，如何改善底层群体生存和发展状况的问题，将会成为 2015 年前后国际社会优先关注的议题；一些在多层面和多维度上表达不平等程度的指标，也将引入对发展状况的度量。

## 三、和谐社会构建进程的监测与评估

在联合国各成员国实现千年发展目标的进程中，不同经济体实现经济增长分享、社会融合凝聚以及生态平衡和资源节约的过程，构成了包容性发展的各种具体形式。所谓包容性，按照联合国 1995 年哥本哈根社会发展峰会的说法，指的是在一个社会中，每一个人都有平等的权利和责任发挥积极作用。包容性社会的特征在于，超越种族、性别、阶层、代际和地理区位等差别，保证社会成员机会平等（Marlier、Atkinson，2010）。那么，社会包容的反面便是社会排斥，促进包容性发展也就意味着减少发展进程中的社会排斥。

2000 年，欧盟早已超越了联合国千年发展目标中设定的发展阶段。当时它面临的挑战主要是欧洲一体化进程中成员国之间的政策协调与合作，以及全球竞争和高福利压力下的增长和就业难题。因此，基于《里斯本议程》的欧盟社会融合进程（EU social inclusion process），把社会融入与经济增长和就业目标紧密地联系在一起。为了保证这些目标相互兼容并得以实现，欧盟采用了社会开放式协调方法（open method of coordination，简称 OMC）。在尽可能充分公布欧盟机构和成员国政务信息的基础上，通过会议研讨、公开辩论和互联网交流，为成员国政府、社会群体和个人等社会行为者搭建了一个广阔的磋商平台。

在此交流平台上主要商讨如下内容：①设定实现政策目标的指导性原则；②选择最佳实施标准和相应的衡量指标；③将指导性原则转化为成员国政策；④定期监督和评估（Kohler-Koch，2008）。欧盟 27 个成员国共 5 亿左右的公民，在实践开放式协调法的同时，实质上也就引入了一种被称为“标准化”（benchmarking）的社会治理机制。即多种利益群体通过自下而上的广泛磋商求同存异，商定共同的目标和标准，遵守同样的规则，调动各自的资源，为实现共同的目标而努力。在此机制下，欧盟从经济增长、就业、创新、环境可持续、经济改革与社会融入共六个方面，为其社会融合进程设置了 14 个指标。这便为监测和评估提供了量化的政策工具，将成员国政府置于公众的政策监督及欧盟的质量和技术监督之下（Atkinson，2009）。

欧盟案例显示，第一，在联合国千年发展目标及相应的指标体系提供的基准之上，不同国家和地区有必要根据各自的发展状况及面临的重点难题，添加地方性的目标和指标。第二，在民主参与和社会协商机制运行良好的基础上，发展目标和相应指标本身，即可成为政策制定和执行工具。此外，计量指标统一、统计程序一致和信息公开透明，也为公民有效参与决策过程提供了必要条件。这些政策运行的基础和条件，既可促成不同社会群体之间的利益均衡，又能激励和监督包括政府在内的多边社会行为者，坚持不懈地按照商定的目标稳步促进发展。第三，社会融合进程的指标体系设计，秉承了欧盟缔造者和建设者一以贯之的社会价值观。六十多年来，从最初实行欧洲煤钢联营计划的欧共体，到此后推进欧洲一体化的欧盟，一直强调市场有效竞争、参与者机会平等以及社会公正、共济和包容。这就使得社会融合指标具有鲜明的延续性，既承接了以往，又延伸至未来，还赋予所有社会行为者相对稳定的政策预期和安全感。

自 20 世纪 80 年代以来，中国与其他国家和地区相比的突出特征在于转型与发展。在此过程中，既有观念的转变，也有制度的重构，还有新旧观念和制度并存的空间。因此，中国的发展目标和指标及其发展实践，虽然并未脱离联合国千年发展计划奠定的基准，却也不似欧盟那般，在目标、指标和实际发展进程之间，保持内在的一致性和可操作性。

第一，用以表达中国发展目标的概念往往欠缺明晰的界定。例如，不同时段的高层决策者分别提出过建设“现代化”“小康社会”与“和谐社会”的命题。每一种概念最初都经过纲领性的文件表达，此后便有研究机构对其内涵加以阐释，并尝试赋予其学理基础。此外，统计部门也会相应地设计指标体系，试图用数据刻画那些与特定概念相联系的未来社会形态。然而在实践中恰恰缺少必要的社会机制，一方面勾连指标与概念之间的内在联系；另一方面促成不同利益相关者通过充分交流达成共识；同时辅之以有效的监测、评估和问责制度。结果，这些概念及指标与具体的发展规划和实际的社会经济活动之间，或有隔膜，或近乎脱节。

第二，在正式制度运行中占据主导地位的社会价值观对公平正义强调不足，整个中国社会也相应地缺少达成不同群体之间利益均衡的社会结构。从计划经济时代延续至今的行政性特权和城乡分割，便是一个鲜明的例证。在制度性和政策性的不平等业已存在的情况下，不同的社会行为者之间，例如政府与民间社会之间、农民与厂商之间、不同所有制的企业和机构之间以及雇主和雇员之间，缺少有效的权力制衡。这也是与发达经济体，譬如欧盟，迥然相异的社会情境。在此背景下，来自不同经济体的学者即使采用同样的术语，探讨同一国度的发展目标、战略和政策的指导性原则，如效率与公平的权衡，得出的结论也可能大相径庭。

欧美经济学人对中国转型与发展中的效率和公平的研究，通常是在促进经济增长和降低收入不均等之间寻求平衡（Atkinson，2012）。因此，他们开出的“药方”聚焦于转变经济增长方式、促进有效率的城市发展、壮大中产阶级、强化人力资本投资以及改善社会保障和收入再分配等专题领域（林重庚、波特、罗默、斯宾塞，2011）。然而仅有这些药方是不够的，因为不公平并不仅仅存在于财富和收入分配领域。在社会均衡机制缺失的条件下，再分配和社会保障措施在实践中还是向强势群体倾斜，反而加剧了不公平（朱玲，2010）。

可见，在当今中国讨论效率和公平的权衡，需要着重强调的是，创造一个确保所有社会成员平等实现其基本权利的制度环境，以促成市场经济自由（效率）与社会均衡（公平）的兼容（杨春学，2009）。进一步讲，社会均衡，意味着任何一个社会群体都不可能利益独大；市场效率，主要来自公平竞争对参与者的主动性和创造性的激励。从这个角度观察，无论是 2004 年“和谐社会”命题的提出，还是 2012 年党的十八大对“科学发展观”和“权利公平、机会公平、规则公平”的强调，都是对曾经盛行的“效率优先、兼顾公平”的提法的纠正。鉴于此，“构建和谐社会”也可以说是包容性发展的中国式表达。

第三，对于监测与评估和谐社会构建（包容性发展）进程，缺少足够多维的量化指标。首先，在经济指标体系中，经济增长曾经近乎于独占鳌头，乃至成为评估地方政府业绩的一个主要依据。其后果是增长的质量不高，资源消耗过度，生态环境恶化，社会发展滞后。在“科学发展观”提出后，劳动生产率、研发投资、能源消耗和环境保护等指标才逐渐与国内生产总值（GDP）的地位相平衡。其次，社会包容层面的测度指标不足。和谐社会构建（包容性发展）的特征，在于减少和消除社会排斥，它既表现为个人和家庭基本生存与发展条件的获得，也体现为每个社会成员基本权利的实现。正是在基本权利保障方面，中国至今欠缺系统的量化指标和有效的操作性措施。

为了弥补上述缺陷，我们引入联合国千年发展目标研究小组对人类基本需求的界定，来表达个人及家庭应至少享有的物质和权利：为了保持具有创造力的生活，需要清洁且可持续的生态环境；足够的食物营养；附有租约保障或财产权保障的住所；安全饮水和卫生设施；安全的生活能源；安全的道路和可靠的交通服务；卫生和计划生育服务；基础教育和工作技能培训；现代信息和通信技术服务；资产所有权和租用权保障；包括性别平等、就业与创业机会平等在内的基本权利平等（UN Millennium Project，2005）。

这一定义，突出地阐明了全球化时代下，维持人类的生存和发展潜力所必需的人力资本、基础设施和服务以及社会经济和政治权利。如同千年发展目标及其指标体系所示，该定义包含的每一个方面，都可以用量化的指标来表达，指标则进一步显示其对应的制度和政策领域。这不但将发展目标落实到微观分析和政策操作层面，而且还使发展目标因此而不至于陷入空洞。以此为标准即可判断，那些不能满足基本需求的个人或家庭处在被剥夺、被排斥的状态，因而也正是需要通过发展计划和政策重点援助的对象。

以基本需求定义下的指标群对中国当前的包容性发展（和谐社会构建）略加衡量，不难注意到如下现象：第一，在国家职能范围内需要重点投资的领域，例如人力资本、基础设施和公共服务的改进，皆成绩斐然。这一点，在联合国机构有关千年发展目标实现状况的评估中已得到确认。[1]可是在权利实现方面，例如性别平等、机会平等、资产所有权和租用权保障，则进展迟缓。究其原因，在于前者需要较强的国家执行力（福山，2007），后者还需民间社会的积极参与。然而社会组织欠发达，以及制度性和政策性的决策过程中社会参与不足，正是中国发展进程中的一个软肋。

第二，如果采用人力资本水平、基础设施和服务享有以及权利实现方面的指标，对不同社会群体排序，偏僻地区的农村人口、处于农业生产第一线的农民以及进城谋生的农村迁移劳动者（农民工），通常处于序列的底部。而这些与农村相关联的群体，在总人口中依然占据大多数。这就提醒研究者和决策者，在包容性发展的监测和评估中，仅看平均值是远远不够的。分组统计和反映不平等状况的指标，对于确切地了解发展状况至关重要。

第三，倘若采用上述指标对农村人口、农民和农村迁移工人进

[1] 联合国开发计划署：《千年发展目标在中国》，2012年8月29日下载于 ch. Undp. org. cn/modules.php?op=modlnad&name=News&file=artcle & catid=29&sid=6。

一步排序，处于序列底部的，往往是穷人、妇女、老年人、残疾人和少数族群等群体。如果一个人同时具有以上多种特征，那就更可能生活在社会边缘，或者说由于受到现有社会政治经济文化条件的限制，不能获得与其他社会群体平等的权利。消除这种状态就意味着，任何一个社会成员都不至于因为其种族、性别、年龄、财富、身体、职业和宗教信仰等特征，得不到为了实现某种最低限度的自由而必需的产品、服务和机会。对此，还可以更通俗地以“思想试验”的方式予以诠释：一个农村户籍的人不必变成“城里人”，就能享受城市的社会保障和公共服务；一个穷人不必变成富人，就能享受基本健康服务；一位女性不必变成男子，就能获得基础教育；一名残疾人不必变成健全人，就能参与自己向往的社会活动；一个少数族群的人不必变成多数民族的人，就能自由迁移和择业，等等。

这在当今中国显然还属于一种尚未实现的理想状态。因此，需要推行发展计划、扶贫项目、社会保障制度等措施，以促进社会组织的发育、社会交流与协作的强化，以及经济增长中的社会和解。出于社会公正和社会包容的理念，对于每一个接受社会援助的人而言，只要符合受援资格，得到帮助就属于其应有的社会权利，而并非是获得“恩赐”。因此，在设计和实施发展计划和政策的过程中，受援者应当处于主体地位，而不是被动地接受和参与这些发展项目。可是在现实中，受援者多半在社会生活中声音微小甚至失语，这既是他们处在社会边缘的一个原因，又是这种生存状态的一个结果。

在这个关节点上，我们即可回到 Sen 的以自由看待发展的理念来寻找解答。他指出，为了保证社会边缘群体和个人获得主体意识和主体地位，使之得以主动参与决策过程，就必须把改善社会经济政治文化制度的措施纳入发展计划和政策。这种制度环境的改善意味着诸多工具性自由的扩展。可见，Sen 正是在讨论发展政策的制定和实施的环节上，不但阐明了受援者基本需求的满足何以要与人权的行使相结合，而且还以此为他提出的发展理念（把自由既视为发展的目的，又看作发展的主要手段）增添了一个具体的注脚。

## 四、结论

度量“发展”，是将发展理念与发展政策，用可观察、可测度和可比较的指标勾连起来的过程。不同社会群体在权力相互制衡的条件下，经过广泛的社会协商而确立的发展理念和目标，筛选的测度指标和制定的相关政策，表达的是制度化的社会偏好。当前中国尚缺少必要的社会机制，一方面勾连发展指标与发展理念之间的内在联系；另一方面促成不同利益相关者通过充分交流达成共识；同时辅之以有效的监测、评估和问责制度。弥补这一缺憾的办法：一是根据中国转型与发展的特点，对联合国千年发展目标及相关指标体系加以适应性调整；二是把改善社会经济政治文化制度的措施，纳入发展计划和政策，以促进社会组织的创新和以社会包容为显著特征的发展。

参考文献

[1]CHAUDHURI S，RAVALLION M. 中国和印度不平衡发展的比较研究 [J]. 经济研究，2008（1）：3–20.

[2] 阿特金森 . 公共财政与政府的作用：国际视角 [C]// 北京国际大饭店收入分配研讨会专题论文，2012.

[3] 福山 . 国家构建：21 世纪的国家治理与世界秩序 [M]. 黄胜强，许铭原，译 . 北京：中国社会科学出版社，2007.

[4] 科勒考赫 . 对欧盟治理的批判性评价 [J]. 欧洲研究，2008（2）：91–103.

[5] 联合国 . 联合国千年宣言 [EB/OL].（2000–09）[2012–10–29]. http：//www. un. org/chinese/ga/55/res/a55r2. htm.

[6] 联合国 . 联合国千年发展目标 [EB/OL].（2000–09）[2012–

10−28]. http：//www.un.org/chinese/millenniumgoals.

[7] 联合国发展计划署 . 2004 年人类发展报告：当今多样化世界中的文化自由 [M]. 北京：中国财政经济出版社，2005：258−267.

[8] 林重庚、波特、罗默、斯宾塞 . 综合报告 [M]// 林重庚，斯宾塞 . 中国经济中长期发展和转型：国际视角的思考与建议 . 余江，等译 . 北京：中信出版社，2011：3−115.

[9] 罗尔斯 . 正义论 [M]. 何怀宏，何包钢，廖申白，译 . 北京：中国社会科学出版社，2001.

[10] 森 . 以自由看待发展 [M]. 任赜，于真，译 . 北京：中国人民大学出版社，2002.

[11] 斯密 . 道德情操论 [M]. 谢宗林，译 . 北京：中央编译出版社，2009.

[12] 杨春学 . 对“效率优先，兼顾公平”命题的重新反思 [J]. 经济学动态，2006（4）：21−26.

[13] 杨春学 . 和谐社会的政治经济学基础 [J]. 经济研究，2009（1）：30−41.

[14] 朱玲 . 中国社会保障体系的公平性与可持续性研究 [J]. 中国人口科学，2010（5）：2−12.

[15]ATKINSON A B. Issues in the Reform of Social Po1icy in Chmia[EB/OL].（2009）[2011−10−26] http：//www. nuffield.ox. ac. uk/users/atkinson.

[16]CUNHA F，HECKMAN J J，SCHENNACH S M. Estimating the Technology of Cognitlve and Noncognitive Skill Formation[J]. Econometrica，2010，78（3）：883−931.

[17]CUNHA F，HECKMAN J J，LOCHNER L，MASTEROV D V. Interpreting the EVidence on Life Cycle Skill Formation[J]. Handbook of the Economics of Education，2006（1）：698−812.

[18]HECKMAN J，MOON S，PINTO R，SAVELYEV P，YAVITZ A. The Rate of Return to the High Scope Perry Preschool

Program[J]. Journal of Public Economics，2010，94：114-128.

[19]MARLIER E，ATKINSON A B. Indicators of Poverty and Social Exclusion in a Global Context[J]. Journal of Policy Analysis and Management，2010，29（2）：285-304.

[20]United Nations. The Millennium Development Goals Report 2011[R/OL].（2011）[2012-7-14]. http：//wwv.un.org/millenniumgoals/MDG2011_PRa_EN. pdf.

[21]United Nations. The Millennium Development Goals Report 2012[R/OL].（2012）[2012-7-14]. http：//www.un.org/apps/news/story.asp？ NewsID=42372&Cr=mdg&Cr1=.

[22]UN Millennium Project. Investing in Development：A Practical Plan to Achieve the Millennium Development Goals[R]. New York：Earthscan，2005：8，281-293.

[23]VANDEMOORTELE J. On Inequality and Development：Why Widening Gaps Should Be Everyone's Concern[R]. Beijing：UN Country Team，2012.

（本章作者：朱玲　原载于《中国人口科学》2013 年第 1 期）

# 第二篇 2

# 收入差距分析

# 第四章　中国居民收入分配格局与金融危机应对

**【内容提要】**本章借助统计分析表明，城乡之间的收入差距对全国居民收入不均等的影响，高于地区之间收入差距的影响。地区之间的收入差距，更多地表现为中西部地区与东部地区的差距；城乡之间的收入差距，更多地表现为中西部地区城乡的差距。农村劳动力转移具有缩小城乡和地区收入差距的作用。在全球金融危机和经济增长速度下滑的情况下，强化社会紧急救助，为农村进城劳动者提供社会保障，促进低收入群体就业和创业，以及消除个人所得税中的累退性，对于减少收入不均等程度和增强社会稳定至关重要。

**【关键词】**收入不均等　再分配政策

全球金融危机和经济衰退对中国居民收入的影响至今尚难以确切计量，但是有一点可以肯定，尽管中高收入群体的资产和收益不同程度地受损，可对于缺少社会保障的失业者、生活在贫困线边缘及其以下的人而言，危机的影响则在于重创其家庭经济安全。此时收入分配政策的重要性，不亚于任何直接的经济刺激措施。这不仅是因为，低收入者的消费倾向一般高于中高收入者，收入向低收入群体转移，必将有助于增加有效需求从而刺激经济增长；而且是因为，经济增长与增长成果的分享同样重要，在增长率下降时尤其如此。一方面，低收入群体的生存安全遭受冲击，有可能影响社会稳定和经济增长；另一方面，收入高度不均等也会产生同样的结果。现有的实证研究表明，高度的收入不均等会诱发社会政治的不稳定，从而导致投资减少，最终对经济增长产生不利影响。此外，在收入高度不均等的社会，对财政再分配的需求也会超乎寻常，并因此导致较低的经济增长率（梅尔、劳赫，2004）。

基于这种理解，目前讨论中国的居民收入分配问题，不但需要了解现有的分配格局，更要明了底层收入群体的状况，以便据此采取相应措施，增强底层收入群体的生存保障，改善收入分配格局，为经济增长提速创造良好条件。以下拟将尽可能采用国家统计局、农业部农村固定观察点和中国社会科学院经济研究所收入分配课题组最近的住户抽样调查统计结果。首先，展示城乡居民收入分配状况；其次，通过对收入差距的分解，指出对收入不均等程度影响较大的因素；最后，依据上述统计分析结果，说明金融危机影响收入分配格局的路径，并由此引申出应对危机的收入分配政策。

## 一、收入不均等的趋势

为了判断金融危机对中国居民收入分配格局的影响，有必要扼要说明分配格局的特点及其变化趋势。中国社会科学院经济研究所收入分配课题组在以往20年的研究中发现，居民个人收入差距扩大，成为改革开放以来收入分配格局变化的主要趋势。此间，城乡、地区、行业和教育机会的差异，都显著地影响着分配格局的变化。在这些因素当中，城乡差距对收入不均等的贡献最为瞩目。这一点不仅直接表现为城镇居民的收入高于乡村居民，而且反映在如下分析结果上：城乡之别也是解释不同地区和行业的收入差距以及教育和保健机会不均等的显著因素之一（李实、史泰丽、别雍·古斯塔夫森，2008）。因此，以下将重点展示城乡居民之间的收入差距变动状况。

表4-1只撷取了1978—2007年的几个节点年份，采用人均名义收入指标说明：第一，近30年来城乡居民收入均显著增加。第

二，城乡居民收入比曾经从 1978 年的 2.56 下降到 1985 年的 1.86，此后逐渐上升，2007 年达到 3.33。熟悉这段历史的人都知道，农村经济改革先于城市，农业生产率的迅速提高和农村非农产业的发展，使得农民家庭收入在改革初期的增速快于城市。20 世纪 80 年代后期，城市经济改革启动，中国经济逐渐加入全球化进程，资本密集、工业主导和出口拉动的经济增长模式随之形成，城乡收入差距缩小的情形就极少出现了。尽管正在实施的“十一五”规划（2006—2010 年）以前所未有的力度强调城乡协调发展，但城乡居民收入差距的扩大趋势至今尚未扭转。这种差距目前不但高于世界上很多国家，也高于东亚各国（世界银行驻中国代表处，2008）。

**表 4–1　城乡居民收入变化（1978—2007 年）**

| 年份 | 城镇人均可支配收入（元） | 农村人均纯收入（元） | 城乡名义收入比（倍数，农村人均收入 =1） |
|---|---|---|---|
| 1978 | 343 | 134 | 2.56 |
| 1985 | 739 | 398 | 1.86 |
| 1990 | 1510 | 686 | 2.20 |
| 1995 | 4283 | 1578 | 2.71 |
| 2000 | 6280 | 2253 | 2.79 |
| 2005 | 10493 | 3255 | 3.22 |
| 2007 | 13786 | 4140 | 3.33 |

资料来源：张东生 . 中国居民收入分配年度报告（2008）[M]. 北京：经济科学出版社，2008.

这里之所以采用名义收入指标，一方面是因为它们为大多数读者所熟悉，另一方面是因为，即使采用价格指数调整或补充收入定义，也并未从根本上改变名义收入所反映的城乡居民收入变化趋势。[1]当然，为了解读数据所反映的现实问题，研究者必须把握目前使用的数据集自身具有的局限：第一，虽然大约1.3亿农村迁移劳动者（通常称为农民工）及其部分家属在城市生活已成常态，但统计局的城镇样本中至今尚未显著包括这类住户。他们寄回家乡的汇款一般纳入其留守家庭的账户，可是迁移人口在城市的消费和储蓄或多或少地只是部分地包容在留守家庭的簿记之中。这样，如果把这些迁移者视为农村人口，那么在统计上，农村住户的收入由于未完全包容迁移劳动者的贡献而被低估；如果把农村迁移者（包括那些全家长期常住城市的人）视为城镇人口，鉴于他们的平均收入低于城镇户籍人口，而城镇样本缺失农村迁移人口，这就造成城镇人均收入在统计上被高估。不过这两种情况都不会改变一个事实，即农村劳动力向城市迁移，具有缩小城乡收入差距的作用。第二，将城镇高收入户纳入抽样调查日益困难，故而样本中的高收入住户的代表性不足；此外，纳入调查的高收入群体还存在收入低报的问题。这两种情况导致城镇居民收入被低估。第三，城镇户籍人口享有的社会保障、住房补贴和公共服务等隐含的补贴远远高于农村户籍人口，然而这些补贴未必全部纳入官方收入统计。据此计算的城乡收入差距比实际的要低。第四，城乡生活费用指数不同。如果不同省份的城乡住户收入未经价格调整，计算出来的城乡收入差距则比实际的要高（李实、罗楚亮，2008）。

在上述背景下观察1981—2006年期间收入不均等程度的变化（表4-2），不难注意到，用基尼系数表达的农村内部和城镇内部的个人收入不均等程度均呈现一路上行的趋势，分别由1981年的0.24和0.15增加到2006年的0.355和0.350。但是全国范围内的

---

[1] 李实，罗楚亮．对城乡居民收入差距的重新估计［M］// 李实，史泰丽，别雍·古斯塔夫森．中国居民收入分配研究Ⅲ．北京：北京师范大学出版集团，2008：167-187.

收入不均等程度却在20世纪80年代前半期有所下降，基尼系数由1981年的0.280，下降到1985年的0.265。这种变化，恰好与此间城乡居民收入差距趋于缩小的状态一致。可以说，这一时期全国居民收入的基尼系数下降，在很大程度上正是由于城乡差距的缩小，抵消甚至超过了城乡二者内部收入不均等程度的扩大。此后全国的基尼系数变动方向与城乡收入差距趋于加大的状态一致，到2006年已达0.468。

**表4-2 收入不均等程度的变化（1981—2006年）**

| 年份 | 全国基尼系数 | 农村基尼系数 | 城镇基尼系数 |
|---|---|---|---|
| 1981 | 0.280[i] | 0.24[i] | 0.15[i] |
| 1985 | 0.265 | 0.26 | 0.19 |
| 1990 | 0.316 | 0.31 | 0.23 |
| 1995 | 0.365 | 0.34 | 0.28 |
| 2000 | 0.389 | 0.35 | 0.32 |
| 2002 | 0.457（0.399）[ii] | 0.37（0.36）[ii] | 0.32（0.30）[ii] |
| 2006 | 0.468[iii] | 0.355[iii] | 0.350[iii] |

资料来源：

i 魏众，罗楚亮，邓曲恒．深化收入分配制度改革［M］// 刘树成，吴太昌．中国社会科学院文库·中国经济改革开放30年研究丛书：中国经济体制改革30年研究．北京：经济管理出版社，2008：163，167.

ii 括号里的数据为进行过价格指数调整的计算结果。李实，罗楚亮．城乡居民收入差距的重新估计［M］// 李实，史泰丽，别雍·古斯塔夫森．中国居民收入分配研究Ⅲ．北京：北京师范大学出版集团，2008：183.

iii 中国社会科学院经济研究所课题组对国家统计局2006年住户样本中的子样本数据集所做的计算。

需要说明的是，表4-2中有关2002年和2006年的数据，出自中国社会科学院经济研究所课题组对国家统计局住户样本中的子样本数据集所做的计算。表中置于括号里的基尼系数，是根据国家统计局的住户收入定义并且经过2002年的价格指数调整之后计算出来的结果。如果在此计算中纳入补贴项目，则农村和城镇各自的基尼系数略有缩小，但全国的基尼系数增至0.442。不过从表4-2容纳的时间序列数据来看，无论如何调整，对数据所反映的收入不均等程度的变动趋势都没有产生实质性的影响。而且，上述调整也没有改变一个引起广泛关注的计算结果，即2002年全国居民收入的基尼系数超过了0.4。虽然近几年来收入不均等程度的提高已经引发社会不满，但这一信息之所以导致舆论哗然，是因为有一种流传甚广的说法，即把基尼系数达到0.4视为社会动乱的触发点或者警戒线。然而，社会动乱的爆发往往并非出自单一的原因，此论断在理论上和现实中都未得到充分验证。这样的基尼系数只是表明，相关社会处于收入高度不均等的状态。

收入高度不均等对社会政治稳定的影响，既取决于社会结构，又取决于国民对收入不均等的承受力，而且与政治制度以及不同利益群体之间的相互制衡能力有关。个人对所处社会的收入不均等的感受，一方面来自对其自身当前状态和以往的比较；另一方面来自对社会环境的认知，尤其是对其所处社会阶层与相临近的社会阶层的比较。以伊朗为例，20世纪60～70年代以石油工业为支柱的工业化迅猛发展，社会结构随之变化。由于就业机会的增加未与经济增长齐头并进，从农村涌向城市的劳动者就业不足，形成庞大的城市贫民队伍。全国大部分石油收入为少数权力集团获得，而多数民众未能分享到预期的石油工业增长的成果（殷浩强，1990）。大批贫民面对少数富人，对自身社会经济地位便产生强烈不满。此时伊斯兰宗教领袖强调公正与平等的教义，其社会感召力自是非比寻常。伊朗的伊斯兰革命正是在渴望激进变革的贫民的支持下爆发的，并且改变了伊朗乃至西亚和中东的政治经济版图。

20世纪80年代，伊朗案例就曾提醒经济学家，衡量国家或地区的社会经济发展，不仅要观察经济增长状况，还要审视收入分配格局。在任何情况下，收入不均等程度的变动及其动因都值得关注。在诸多动因中，尤其不可忽视社会结构的变化和底层收入群体的状况。前者影响个人对自身相对收入水平的判断，后者反映贫困群体拥有的权利和生存空间。中国历史上，每次农民起义都是在底层群体的权利被严重剥夺、生存空间受到严重挤压的情况下爆发。如今，公众在判断自身相对收入水平以及与分配正义有关的问题时，既有多元化的价值观，又出于自身社会地位的变化而或多或少地持有平均主义的理念（魏众、罗楚亮、邓曲恒，2008）。可以说，这些古今中外的历史经验为我们选择收入分配问题的观察视角提供了有益的参考。

首先，在居民收入分布中，我们对最高收入组和低收入组所占的份额予以特别关注。目前，可供本课题组使用的最近年份的样本户原始数据，只有 2002 年和 2006 年国家统计局住户调查的子样本数据集。表 4–3 直观地展示了 2006 年的居民收入分布状况，这其中，全国的数据是根据人口普查统计中的城乡人口权重，调整混合城乡住户样本计算出来的（参见附录）。计算结果表明，收入最高

**表 4–3　2006 年的居民收入分布**

| 顶端高收入人群占样本总人口的比重 | 年平均收入（元） | | | 收入份额（%） | | |
|---|---|---|---|---|---|---|
| | 全国 | 城镇 | 农村 | 全国 | 城镇 | 农村 |
| 1% | 52353.67 | 62680.82 | 21187.72 | 6.75 | 4.99 | 5.62 |
| 5% | 32953.91 | 41776.08 | 12719.68 | 21.25 | 16.57 | 16.82 |
| 10% | 26076.72 | 33823.04 | 10191.75 | 33.62 | 26.69 | 26.95 |
| 25% | 18083.95 | 24749.94 | 7415.09 | 58.29 | 48.82 | 49.02 |
| 50% | 12680.61 | 18673.54 | 5611.85 | 81.74 | 73.67 | 74.18 |

资料来源：国家统计局 2006 年住户样本中的子样本。总样本量为 18071 户、65281 人。其中，农村 10751 户、43776 人，城镇 7320 户、21505 人。如果未做特别说明，此后表格的数据来源相同。

的 1% 人口在全国全部收入中获得的份额为 6.75%。进一步讲，占总人口 50% 的高收入组在全国全部收入中大约获得了 81.74% 的份额。与此相对应，其余 50% 的低收入人群获得的收入，仅占全国全部收入的 18.26%；这与收入最高的 5% 人口在全国全部收入中获得的份额（近 21.25%）相比，大约还低了 3 个百分点。而在 2002 年，50% 的低收入人群在全国全部收入中获得的份额为 19.2%；收入最高的 5% 人口获得的收入份额约为 20.4%，收入最高的 1% 人口获得的收入份额近 6.5%（未列表）。显然，与 2002 年的情况相比，2006 年的居民收入分布更加不均等了。

其次，我们还关注最高和最低收入组之间的平均收入差距，尤其是低收入组的人口构成。这些要点都包括在表 4-4 之中，其计算

**表 4–4　十等分组的组内平均收入及城乡人口构成**

| 十等分组 | 2002 年 | | | 2006 年 | | |
|---|---|---|---|---|---|---|
| | 组内平均收入（元） | 组内人口比（%） | | 组内平均收入（元） | 组内人口比（%） | |
| | | 城镇 | 农村 | | 城镇 | 农村 |
| 最低组 | 812.09 | 0.82 | 99.18 | 1151.59 | 3.38 | 96.62 |
| 第二组 | 1346.94 | 2.87 | 97.13 | 2060.48 | 4.50 | 95.50 |
| 第三组 | 1776.36 | 4.32 | 95.68 | 2790.97 | 7.12 | 92.88 |
| 第四组 | 2248.50 | 9.45 | 90.55 | 3590.47 | 15.45 | 84.55 |
| 第五组 | 2802.10 | 19.77 | 80.23 | 4575.33 | 27.11 | 72.89 |
| 第六组 | 3541.02 | 36.06 | 63.94 | 5894.85 | 48.10 | 51.90 |
| 第七组 | 4583.29 | 55.50 | 44.50 | 7658.30 | 69.49 | 30.51 |
| 第八组 | 6105.41 | 77.02 | 22.98 | 9997.56 | 82.81 | 17.19 |
| 第九组 | 8312.36 | 87.73 | 12.27 | 13772.89 | 92.24 | 7.78 |
| 最高组 | 15174.86 | 93.51 | 6.49 | 26076.72 | 96.67 | 3.33 |
| 全部 | 4670.98 | 38.71 | 61.29 | 7757.39 | 44.69 | 55.31 |

注：2002 年结果根据国家统计局 2002 年住户样本中的子样本数据集计算。总样本量为 16035 户、58601 人。其中，农村 9200 户、37969 人，城镇 6835 户、20632 人。

步骤与表 4-3 的相似。先将样本人口按人均收入额由低向高排序，然后将此序列分成十个等分组。2002 年，序列顶端 10% 人群的平均收入，约为底部 10% 人群的 18.7 倍。2006 年，这两个组别之间的平均收入差距约为 22.64 倍。此间，底部 10% 人群的平均收入也明显增加。这里需要注意的是，与 2002 年样本的城乡人口构成（约 38.71 ∶ 61.29）相比，2006 年城镇人口的比重增加了 6 个百分点（约 44.69 ∶ 55.31），这是城市化进展的一个标志。此间，在最低收入组、第二组和第三组当中，城镇人口的比重分别提高了 2.56、1.63 和 2.8 个百分点，这表明城镇户籍贫民的增加。但是，这并没有从根本上改变乡村人口聚集于收入底层的状况。在这三个组别即收入最低的 30% 人群当中，乡村人口都占到 90% 以上。可见，贫穷和低收入主要还是一种乡村现象。

## 二、收入差距解析

针对收入高度不均等的状态，需要从诸多影响因素中确认那些影响显著而且有可能通过政策调整发生改变的因素。以下，首先采用泰尔指数分解的方法，观察城乡之间和地区之间的居民收入差距及其对全国居民收入差距的影响。其次采用基尼系数分解的方法，确认不同收入组成部分对个人收入总额的差距产生的影响。简单来说，在反映收入不均等程度方面，两种指数的区别可以理解为，基尼系数强调特定群体中任意两个人的收入之差（的绝对值）与该群体人均收入的比值；泰尔指数强调特定群体中每个人的收入与该群体人均收入的比值。泰尔指数的特点还在于，它可以分解成不同特征组的组内差异和组间差异（参见附录）。

表 4-5 列出的数据，是根据 2006 年样本户的常住地区和城乡特征所做的交叉分组收入统计。从分地区的居民人均收入额来看，中西部之间的差距低于二者与东部地区的差距。中部地区的年人均收入高于西部地区约 18.21%，而东部地区的年人均收入高于西部地

区近109.89%，高于中部地区约77.55%。从不同地区居民收入的基尼系数来看，西部地区的基尼系数最高，达0.459，比中部地区高3.90个百分点，比东部地区高1.70个百分点。对照不同地区内的城乡人均收入水平，西部地区的城乡差距最高，其比值（农村人均收入=1）达3.45 ∶ 1；中部地区的城乡差距次之，收入比为3.18 ∶ 1；东部城乡差距最低，收入比为2.98 ∶ 1。这表明，在全国范围内，西部地区乡村人口的收入水平最低。这种统计结果的政策含义在于，西部地区的乡村发展应当作为地区援助项目（如国家西部大开发计划）的重点。

**表4-5　2006年中国居民收入城乡—地区交叉统计概览**

| 项目 | 全部 | 城镇 | 农村 |
|---|---|---|---|
| 样本人均收入（元/年） | | | |
| 东部 | 10586.40 | 15420.73 | 5167.52 |
| 中部 | 5962.41 | 10025.70 | 3157.50 |
| 西部 | 5043.90 | 9391.91 | 2719.93 |
| 全国 | 7757.39 | 12676.50 | 3783.21 |
| 样本收入份额（%） | | | |
| 东部 | 59.07 | 62.28 | 50.40 |
| 中部 | 26.31 | 24.74 | 30.55 |
| 西部 | 14.62 | 12.99 | 19.05 |
| 总计 | 100.0 | 100.0 | 100.0 |
| Gini 系数 | | | |
| 东部 | 0.442 | 0.354 | 0.341 |
| 中部 | 0.420 | 0.266 | 0.309 |
| 西部 | 0.459 | 0.342 | 0.304 |
| 全国 | 0.468 | 0.350 | 0.355 |

表4–6和表4–7的统计数据，是分别从城乡和地区两个维度，对2002年和2006年全国范围内的居民收入差距加以分解的结果。

首先，以2002年的计算结果为对照，2006年全国居民个人收入的泰尔指数值增加了0.02，达到0.37。泰尔指数的这种变化，与同期基尼系数表达的收入分配变动趋势相同（见表4–2）。其次，城乡之间收入差距对全国居民收入差距的贡献，大于地区之间收入差距的贡献。与2002年相比，2006年二者对全国泰尔指数的贡献虽然此消彼长，但对原有格局未产生实质性的影响，前者的贡献达42.2%（见表4–6），后者的贡献为13.2%（见表4–7）。再次，城镇内部收入差距对全国收入差距的影响，高于农村内部收入差距。这种态势，2006年比2002年还要鲜明。此间城镇人口份额增大和城镇内部收入差距加大，对计算结果影响显著。最后，东部地区内部收入差距对全国收入差距的贡献高于其他地区，2002年和2006年的贡献分别为50.7%和52.2%（见表4–7）。

**表4–6 全国个人收入差距的城乡分解**

| 组别 | 人口比重 | 人均收入（元） | 泰尔指数 | 绝对贡献 | 相对贡献（%） |
|---|---|---|---|---|---|
| 2002年 | | | | | |
| 城乡之间 | | | 0.15 | 0.15 | 43.0 |
| 城镇 | 0.39 | 7792.60 | 0.18 | 0.12 | 34.7 |
| 乡村 | 0.61 | 2560.41 | 0.23 | 0.08 | 22.3 |
| 全国 | 1 | 4585.77 | 0.35 | 0.35 | 100.0 |
| 2006年 | | | | | |
| 城乡之间 | | | 0.16 | 0.16 | 42.2 |
| 城镇 | 0.45 | 12340.93 | 0.21 | 0.15 | 41.3 |
| 乡村 | 0.55 | 3796.90 | 0.22 | 0.06 | 16.5 |
| 全国 | 1 | 7615.00 | 0.37 | 0.37 | 100.0 |

注：考虑到泰尔指数的计算要求，去掉了收入不为正值的户。最终用于计算的2002年城镇样本6832户、20645人，农村样本9194户、37947人。最终用于计算的2006年城镇样本7318户、21499人，农村样本10726户、43687人。因此，表中的人均收入与其他各表可能有所不同。

**表 4–7　全国个人收入差距的地区分解**

| 组别 | 人口比重 | 人均收入（元） | 泰尔指数 | 绝对贡献 | 相对贡献（%） |
|---|---|---|---|---|---|
| 2002 年 | | | | | |
| 地区之间 | | | 0.03 | 0.03 | 9.9 |
| 东部地区 | 0.42 | 6018.14 | 0.32 | 0.18 | 50.7 |
| 中部地区 | 0.35 | 3683.40 | 0.27 | 0.08 | 21.8 |
| 西部地区 | 0.23 | 3392.37 | 0.36 | 0.06 | 17.6 |
| 全国 | 1 | 4585.77 | 0.35 | 0.35 | 100.0 |
| 2006 年 | | | | | |
| 地区之间 | | | 0.05 | 0.05 | 13.2 |
| 东部地区 | 0.43 | 10325.29 | 0.33 | 0.19 | 52.2 |
| 中部地区 | 0.34 | 5951.70 | 0.29 | 0.08 | 20.6 |
| 西部地区 | 0.23 | 4929.63 | 0.36 | 0.05 | 14.0 |
| 全国 | 1 | 7615.00 | 0.37 | 0.37 | 100.0 |

此外，为了进一步确认不同地区的城乡差距对全地区收入差距的影响，我们还分别对东、中、西三大地区个人收入的泰尔指数加以分解（未列表）。结果表明，2006 年东部地区城镇内部的收入差距，对全地区个人收入差距的贡献高达 50%；而在 2002 年，这个数值为 38.3%。中部和西部地区城镇内部的收入差距，对各自地区收入差距的贡献虽然也高于农村，但贡献最大的因素是城乡之间的收入差距。2006 年，这一因素对中部和西部地区收入差距的贡献分别为 54.2% 和 49.1%。参照表 4–6 和表 4–7 的数据，可以说，地区之间的收入差距更多地表现为中、西部地区与东部地区的差距，城乡之间的收入差距更多地表现为中、西部地区的城乡差距。

以下通过分解基尼系数的方法，确认居民收入的不同组成部分对收入总额的不均等程度产生的影响。此前，为了弄清不同收入水平的人群在收入来源上的差异，我们分别计算了2006年城乡样本人口十等分组的收入构成（未列表）。从中了解到，首先，在城镇居民可支配收入中，工资及补贴和离退休金是分别居于第一和第二位的收入来源。这两类收入在最低收入组的全部可支配收入中分别占68%和17.9%，低于所有其他收入组。然而其经营收入和其他劳动收入的份额，在所有等分组中最高。这表明，城镇底层收入人群更多地在非正规产业就业或从事经营活动。此外，这一组别的财产收入份额也是城镇居民中最低的，仅为1%。但其获得的转移收入（包括救济）份额最高，达10.2%。这反映出城镇底层收入人群获得了较强的社会支持。不过该组的社会保险缴费和所得税支出份额高于其他绝大多数组别，将近-9.7%，这显示出二者的"累退"现象。

其次，在农村居民纯收入中，工资性收入和家庭经营收入分别居于第一和第二位的收入来源。这其中，收入越高的组别，从本地获得的工资性收入在全部收入中所占的份额越大。就外出务工收入的份额而言，中高收入组的务工收入份额在23%～27%，而在最低收入组只有18.5%。此外，收入越低的组别，家庭经营收入的份额越大。底层收入组的家庭经营收入份额在54%左右，其财产性收入份额还不足1%，但转移性收入份额高达11.5%。还值得注意的是，自2006年起，国家全面取消农业税。这反映在农村居民收入统计上，税费所占份额微小。即便如此，这个项目也有"累退"现象。扣除政府的农业生产补贴及其他补贴，底层收入组获得的国家集体净转移支付，占其纯收入的份额接近-2.8%，高于顶端收入组2.54个百分点。

基于上述描述统计来审视表4-8和表4-9的计算结果：第一，在城镇居民可支配收入中，将近占95%的工资及补贴收入和离退休金，对城镇基尼系数（0.350）的贡献大约为95.1%。与此相似，在农村居民纯收入中，大约占92.3%的工资性收入和家庭经营收入，对农村基尼系数（0.355）的贡献接近90.2%。第二，特定分项收入的集中率表达的是该项收入在收入总额水平不同的人群中的分布。低于收入总额基尼系数者具有缩小收入总额不均等程度的作用。如此看来，在城镇居民的分项收入当中，离退休金、其他劳动收入和经营性收入具有这样的影响。其解释因素，在于离退休金发放不均等程度较低，以及底层收入人群多从事非正规产业经营和劳动。相形之下，在对城镇基尼系数产生扩大作用的分项收入当中，财产收入的分布首当其冲。第三，在农村居民的分项收入中，从非企业组织获得的工资性收入，主要为政府机构和事业单位工资以及村干部的补贴。这项收入与财产收入的分布都极其不均等，与本地工资性收入一起，对农村基尼系数产生扩大作用。农村家庭经营收入以农业生产为主，在底层收入人群的来源中举足轻重。自20世纪80年代以来，这项收入的分布一直对农村基尼系数产生缩小作用（卡恩、李思勤，2008）。外出务工收入的分布不仅具有平抑农村收入不均等的作用，而且由于它提高了农村居民的收入，有助于缩小城乡收入差别，因此能够降低全国的收入不均等程度。

**表4–8　2006年城镇居民可支配收入差距按构成分解**

| 项目 | 占收入总额份额（%） | 集中率 | 对基尼系数的贡献（%） |
|---|---|---|---|
| 工资及补贴收入 | 75.74 | 0.365 | 79.05 |
| 离退休金 | 18.93 | 0.296 | 16.03 |
| 其他劳动收入 | 1.69 | 0.219 | 1.06 |
| 经营性收入 | 5.68 | 0.332 | 5.39 |
| 财产性收入 | 2.07 | 0.541 | 3.20 |
| 其他转移收入 | 5.40 | 0.366 | 5.63 |
| 社会保险及所得税 | −9.50 | 0.381 | −10.35 |
| 可支配收入总额 | 100.0 | 0.350（基尼系数） | 100.0 |

表 4-9　2006 年农村居民纯收入差距按构成分解

| 项目 | 占收入总额份额（%） | 集中率 | 对基尼系数的贡献（%） |
|---|---|---|---|
| 工资性收入 | 46.02 | 0.387 | 50.14 |
| 其中：非企业组织 | （4.90） | （0.612） | （8.45） |
| 本地劳动 | （19.01） | （0.424） | （22.73） |
| 外出务工 | （22.10） | （0.304） | （18.97） |
| 家庭经营收入 | 46.24 | 0.307 | 40.01 |
| 财产性收入 | 2.41 | 0.702 | 4.76 |
| 转移性收入 | 5.65 | 0.332 | 5.30 |
| 税费 | −0.32 | 0.238 | −0.21 |
| 纯收入总额 | 100.0 | 0.355（基尼系数） | 100.0 |

根据世界银行最近的估计，每五个农村劳动力中就有一个进城务工者，近一半的农村住户中有 1～2 人外出务工。目前，农村转移劳动力大约占城镇就业总人数的 1/3（世界银行驻中国代表处，2008）。这个估计，与农业部的农村固定观察点抽样调查结果一致。我们采用该调查系统 2007 年的部分数据集，分别计算了务工收入占农民家庭人均现金纯收入和纯收入的份额。纳入这一统计的 16 个省份当中，中西部省份占绝大多数。2007 年，外出务工收入平均占 16 个省份农民家庭人均现金纯收入的 40.82%（图 4-1）、人均纯收入的 34.1%（未列图表）。这里我们尤其关注农村居民获得的现金纯收入，因为它能够表达农村住户有多大能力支付现金消费项目。在市场经济中，这些消费项目，例如教育、医疗、交通、通信以及非自产的多样性食品等，对于满足农村居民的基本生活需求越来越重要。图 4-1 显示，外出务工收入平均占 16 个省份农民家庭人均现金纯收入的 40.82%。在河南、广西和吉林，这个份额在 50% 左右；在湖北和重庆，达到 55%～59%；而在农村劳动力转移大省

四川，外出务工收入在农民家庭人均现金纯收入中所占的份额高达近 75%。

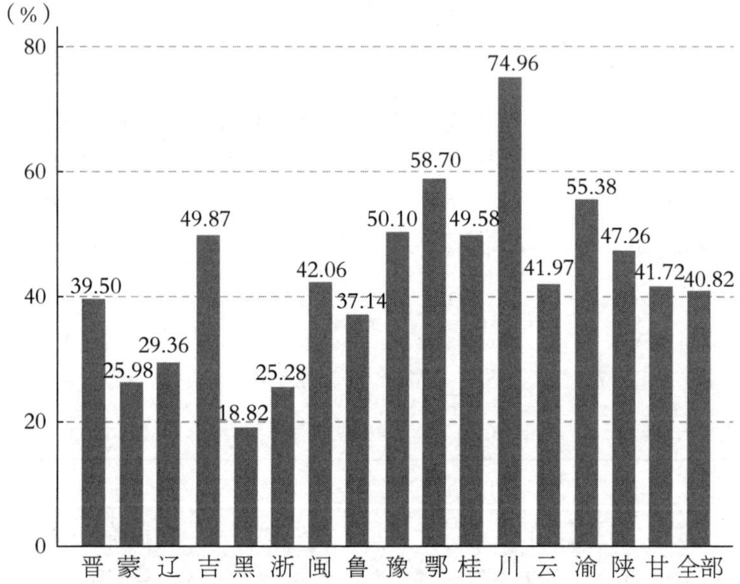


**图 4-1　2007 年外出务工收入平均占农民家庭人均现金纯收入的份额**

资料来源：农业部农村固定观察点抽样调查 2007 年数据集，总样本量为 18255 户。纳入本图计算的样本量为 11590 户、45504 人。

## 三、对分析结果的讨论及政策性结论

以上描述统计和分析统计结果可以归纳如下：第一，自 20 世纪 80 年代后半期以来，全国居民的收入不均等程度逐渐提高，城乡居民的收入差距逐渐扩大。2006 年，居民收入差距可以扼要表达为，基尼系数达 0.468，城镇居民的名义收入相当于农村的 3.33 倍。与 2002 年的状况相比，底层收入群体的收入水平明显提高，但在居民全部收入中占有的份额减少，而顶端收入群体获得的份额大幅增加。这说明，前者的收入增长速度远低于后者。2006 年，占全部人口 50% 的低收入人群，从全部收入中分享的份额不足 19%。这种收入分配状态，与世界上其他国家相比，特别是与东亚其他国家和地区相比，显然属于高度不均等之列。

第二，城市化进程明显地影响到不同收入组的人口构成，然而在收入最低的 30% 人口当中，90% 以上依然是农村人口。

第三，城乡之间的收入差距对全国居民收入差距的影响，高于地区之间收入差距的影响；城镇内部的收入差距对全国居民收入差距的影响，高于农村内部收入差距的贡献。地区之间的收入差距，更多地表现为中西部地区与东部地区的差距；城乡之间的收入差距，更多地表现为中西部地区的城乡差距。

第四，城镇底层收入群体多从事非正规产业经营和劳动；农村底层收入群体多从事家庭农业；农村劳动力进城务工，成为农村住户最重要的一个现金收入来源。2007 年，在中西部农村劳动力转移大省当中，外出务工收入至少占农民家庭人均现金纯收入的 40%、人均纯收入的 34%。可以说，农村劳动力转移对于缩小城乡和地区收入差别、降低全国居民收入的不均等程度，有着举足轻重的作用。

如此看来，全球性金融危机和经济增长速度下滑对中国居民收入分配格局的影响，主要通过如下路径发生作用：海外订单减少→企业减产、停产、倒闭→就业困难、特别是农村迁移工人（农民工）失业增加→农村居民收入来源减少、收水平下降→城乡和地区收入差距加大→全国居民收入的不均等程度提高。虽然，危机的影响的传递机制远比这一推论复杂，危机对中国经济的波及也比目前显示出来的现象深远，但可以肯定的是，中国的制造业以及与之紧密相关的产业首当其冲受到打击。尽管企业主和城镇户籍就业者也面临着收入下降的威胁，然而他们的社会保障程度以及出售资产和启用储蓄应急的能力，明显地高于农村的农业劳动者和外出务工人员。因此，即使在城乡居民收入都下降的情况下，农村户籍人口的收入下降程度也会比城镇严重。

这其中的逻辑，既为决策者所把握，也为研究者所熟悉。否则，预计大约2000万农村迁移工人（农民工）的就业受到危机影响的消息，就不至于引起国内外媒体和政界的高度关注。目前中国政府采取的危机应对措施都具有很强的针对性。我们的研究，一方面可以从统计分析角度支持现有的措施，另一方面还可以根据分析结果，提供与收入分配和再分配密切相关的补充性政策建议。

（1）强化社会紧急救助。现有最低生活保障制度针对的是城乡居民中的特困群体，或者说长期性的极端贫困人口。但在危机冲击下，那些生活在贫困线边缘的人遭遇生存威胁的风险更高。因此需要社会紧急救助项目，通过现有民政部门和社区行政机构的救助系统，对遭遇生存困难的低收入人群特别是妇女儿童，予以及时援助。

（2）就业和创业促进。扩大就业，能够有效地降低收入不均等（蔡昉，2008）。国家通过大规模投资拉动经济增长的措施，无疑有利于创造就业岗位。可是如果依然强化资本密集型投资，却未必能够达到预期的就业扩大目标。因此，重点刺激劳动密集型行业的发展，可以收到转变经济增长方式和扩大就业的双重政策效果。此外，鉴于非正规产业能够有效吸纳城镇底层收入群体和农村迁移劳动者，放松对此类就业者如流动摊贩的行政管制，有利于提高底层收入群体的就业率。更重要的是，危机来临之际，也是促使各级政府采取有力措施破除行业垄断之机。放开垄断领域，维护平等竞争的市场秩序，对于激励国民创业可谓一项效率最高的创业和就业促进政策。

（3）扩大社会保障覆盖面。将农村迁移工人纳入城镇基本社会保障体系的政策，已经处在试点阶段。这既是危机时刻稳定社会的关键手段，又是在长期的城市化进程中强化社会包容性、减少收入不均等程度的重要战略。在以往的20多年里，这一流动性很强的人群虽然实际上属于城镇底层收入群体，但相对于其在农村家乡的收入水平，他们及其留守家庭的经济状况得到了改善。这是中国收入不均等程度虽然提高，但农村户籍人口对自身相对收入水平仍具有正面判断的决定性因素。可是危机凸显了迁移劳动者的脆弱性，此时推行包容这一群体的社会保障制度，对于维护他们的经济安全可以立见成效。需要注意的是，正因为农村迁移劳动者就业不稳定，流动性强，非正规就业者多，从制度创立伊始就需要“量体裁衣”的保障项目。具有灵活性的制度设计，将不但有利于增强企业和迁移劳动者的参保意愿，而且也有利于维护保障制度的可持续性。

（4）在国家经济刺激计划中，增加中西部乡村基础设施投资和农业投资。这样做不仅有助于提高中西部农村居民的收入，从而降低全国的收入不均等程度，而且有助于改善当地贫困人口的食品保障状况。

（5）改革税制，减少乃至消除个人所得税中的累退性。税制与所有住户的生计相关，“牵一发而动全身”，其任何改变都不可能一蹴而就。但在收入高度不均等的情况下和危机期间，公众对于社会平等和公正的诉求会比平常时期强烈。若在此期间开始酝酿改善税制，可谓正当其时。

本章的实证研究部分，主要涉及的是现实的收入分配状况。由此引申出来的政策备选方案背后的理念是“机会平等”和“条件平等”。“机会平等”不仅强调不同个人具有同等的创业和就业机会，而且也强调个人对社会承担同等的责任（福格尔，2003）。“条件平等”的着眼点主要在于，个人进入市场的初始条件原本就不同，例如父母和家庭状况、受教育机会、保健机会和社会关系等，因此需要通过政府采取再分配和公共服务项目，既保障底层收入人群的生存，同时又缓和不利的初始条件对个人获得经济机会的不利影响（杨春学，2009）。然而，对于转型中的中国社会而言，从根本上扭转目前的收入分配格局，还取决于重大生产要素分配制度的变革，因为资源配置格局决定了收入分配的初始状况。具体到本章重点关注的城乡收入差距问题，只有强化农村人口参与公共资源配置决策的权利、改革歧视性的户籍制度，才有可能从根本上改变城乡差距扩大的趋势。

# 附　录

## 一、样本概览

附表 1　2002 年国家统计局城镇住户调查子样本概览

| 省 / 市 | 样本人口 | 样本户数 | 样本户均人口 | 样本人均纯收入（元） |
|---|---|---|---|---|
| 北京 | 1459 | 484 | 3.01 | 11976.41 |
| 山西 | 1940 | 640 | 3.03 | 6354.10 |
| 辽宁 | 2111 | 697 | 3.03 | 7209.82 |
| 江苏 | 2165 | 729 | 2.97 | 8305.98 |
| 安徽 | 1479 | 493 | 3.00 | 6167.17 |
| 河南 | 2088 | 680 | 3.07 | 6213.63 |
| 湖北 | 2064 | 673 | 3.07 | 6661.43 |
| 广东 | 1766 | 544 | 3.25 | 11415.05 |
| 重庆 | 829 | 279 | 2.97 | 7354.30 |
| 四川 | 1704 | 585 | 2.91 | 6761.95 |
| 云南 | 1852 | 636 | 2.91 | 7219.82 |
| 甘肃 | 1195 | 395 | 3.03 | 5914.12 |
| 全部 | 20652 | 6835 | 3.02 | 8014.64 |

附表 2　2002 年农村住户调查子样本概览

| 省 / 市 / 区 | 样本人口 | 样本户数 | 样本户均人口 | 样本人均纯收入（元） |
|---|---|---|---|---|
| 北京 | 563 | 160 | 3.52 | 4733.38 |

续表

| 省／市／区 | 样本人口 | 样本户数 | 样本户均人口 | 样本人均纯收入（元） |
|---|---|---|---|---|
| 河北 | 1513 | 370 | 4.09 | 2670.85 |
| 山西 | 1622 | 400 | 4.06 | 2149.58 |
| 辽宁 | 1583 | 450 | 3.52 | 2511.03 |
| 吉林 | 1763 | 480 | 3.67 | 2418.79 |
| 江苏 | 1594 | 440 | 3.62 | 4418.85 |
| 浙江 | 1932 | 520 | 3.72 | 5024.14 |
| 安徽 | 1837 | 440 | 4.18 | 2047.38 |
| 江西 | 1927 | 430 | 4.48 | 2347.89 |
| 山东 | 2343 | 630 | 3.72 | 3088.82 |
| 河南 | 2219 | 530 | 4.19 | 2221.25 |
| 湖北 | 2093 | 520 | 4.03 | 2448.40 |
| 湖南 | 1848 | 450 | 4.11 | 2257.90 |
| 广东 | 2483 | 530 | 4.68 | 4263.27 |
| 广西 | 2025 | 400 | 5.06 | 1724.70 |
| 重庆 | 677 | 200 | 3.39 | 2273.70 |
| 四川 | 1832 | 500 | 3.66 | 2257.24 |
| 贵州 | 1825 | 400 | 4.56 | 1366.93 |
| 云南 | 1199 | 260 | 4.61 | 1619.01 |
| 陕西 | 1641 | 370 | 4.44 | 1588.05 |
| 甘肃 | 1449 | 320 | 4.53 | 1661.86 |
| 新疆 | 2001 | 400 | 5.00 | 2136.89 |
| 全部 | 37969 | 9200 | 4.13 | 2559.19 |

附表 3　2006 年城镇住户调查子样本概览

| 省 / 市 | 样本人口 | 样本户数 | 样本户均人口 | 样本人均纯收入（元） |
|---|---|---|---|---|
| 北京 | 1440 | 500 | 2.88 | 19086.51 |
| 山西 | 2339 | 800 | 2.92 | 9657.46 |
| 辽宁 | 2521 | 899 | 2.80 | 11062.50 |
| 江苏 | 2949 | 1000 | 2.95 | 13555.84 |
| 安徽 | 2331 | 800 | 2.91 | 10667.86 |
| 湖北 | 2094 | 700 | 2.99 | 9656.30 |
| 广东 | 2743 | 842 | 3.26 | 17706.90 |
| 四川 | 2311 | 800 | 2.89 | 9392.35 |
| 云南 | 1143 | 400 | 2.86 | 9756.23 |
| 甘肃 | 1634 | 579 | 2.82 | 8775.56 |
| 全部 | 21505 | 7320 | 2.94 | 12676.50 |

附表 4　2006 年农村住户调查子样本概览

| 省 / 市 | 样本人口 | 样本户数 | 样本户均人口 | 样本人均纯收入（元） |
|---|---|---|---|---|
| 北京 | 780 | 225 | 3.47 | 7668.14 |
| 山西 | 3416 | 840 | 4.07 | 3173.17 |
| 辽宁 | 2577 | 756 | 3.41 | 3862.69 |
| 江苏 | 5109 | 1360 | 3.76 | 5769.10 |
| 安徽 | 6323 | 1550 | 4.08 | 2967.34 |
| 湖北 | 5386 | 1320 | 4.08 | 3376.49 |
| 广东 | 6402 | 1280 | 5.00 | 5016.84 |
| 重庆 | 1977 | 540 | 3.66 | 2861.69 |
| 四川 | 8487 | 2160 | 3.93 | 2885.74 |
| 甘肃 | 3319 | 720 | 4.61 | 2106.20 |
| 全部 | 43776 | 10751 | 4.07 | 3783.21 |

## 二、泰尔（TheiI）指数与基尼（Gini）系数计算公式

设某一人群的总人口是 $n$，第 $i$ 个人的收入是 $x_i$，该人群的人均收入是 $\bar{x}$，该人群的收入方差 $D^2=\frac{1}{n-1}\sum_{i\in\mathbf{N}^*}(x_i-\bar{x})^2=\frac{1}{n-1}\sum_{i\in\mathbf{N}^*}(x_i^2-\bar{x}^2)$，$\mathbf{N}^*=\{1,2,\cdots,n\}$ 是自然数指标集。

（1）Gini 系数：

$$\text{Gini}=\frac{1}{2\bar{x}n^2}\sum_{(i,j)\in\mathbf{N}^*\times\mathbf{N}^*}|x_i-x_j|$$

（2）广义熵指数：

$$GE(\theta)=\frac{1}{\theta(\theta-1)n}\sum_{i=1}^{n}\left[\left(\frac{x_i}{\bar{x}}\right)^{\theta}-1\right]，\theta\text{ 是整数参数}$$

Theil 指数（$GE$（1））：

$$GE(1)=\text{Theil}=\lim_{\theta\to 1}\frac{1}{\theta(\theta-1)n}\sum_{i=1}^{n}\left[\left(\frac{x_i}{\bar{x}}\right)^{\theta}-1\right]=\frac{1}{S}\sum_{i=1}^{n}x_i\ln x_i-\ln\bar{x}=\frac{1}{n}\sum_{i=1}^{n}\frac{x_i}{\bar{x}}\ln\frac{x_i}{\bar{x}}$$

平均对数离差（$GE$（0））：

$$GE(0)=\lim_{\theta\to 0}\frac{1}{\theta(\theta-1)n}\sum_{i=1}^{n}\left[\left(\frac{x_i}{\bar{x}}\right)^{\theta}-1\right]=\ln\bar{x}-\frac{1}{n}\sum_{i=1}^{n}\ln x_i=\frac{1}{n}\sum_{i=1}^{n}\ln\frac{\bar{x}}{x_i}$$

$$GE(2)=\frac{(n-1)D^2}{2n\bar{x}^2}，GE(-1)=\frac{1}{2n}\sum_{i=1}^{n}\frac{\bar{x}}{x_i}-\frac{1}{2}$$

在测量一个人群的收入不均等程度方面：

广义熵指数，出发点是该人群中每个人的收入与该人群的人均收入之比（对这个比值的重要性的强调，由 $\theta$ 的大小来表示）。

当 $\theta=0$ 或 1 时，无论该人群的收入分布情况如何，总有：

$$\sum_{i=1}^{n}\left[\left(\frac{x_i}{\bar{x}}\right)^{\theta}-1\right]=0$$

为了使广义熵指数当 $\theta\to 0$ 或 1 时有意义（不能恒为 0），需要在定义中补充 $\theta$（$\theta$−1）这个分母。数学形式上，$\frac{1}{\theta(\theta-1)}\sum_{i=1}^{n}\left[\left(\frac{x_i}{\bar{x}}\right)^{\theta}-1\right]$ 共有 $n$ 个项相加，分母中出现 $n$，相当于求这 $n$ 个项的算术平均值。

Gini 系数，出发点是该人群中任意两个人的收入之差（的绝对值）与该人群的人均收入之比。

数学形式上，$\sum_{(i,j)\in \mathbf{N}^*\times\mathbf{N}^*}^{n}\frac{1}{\bar{x}}|x_i-x_j|$ 共有 $n^2$ 个项相加，分母中出现 $n^2$，相当于求这 $n^2$ 个项的算术平均值。同时，除了指标值组合（1，1），（2，2），⋯，（$n$，$n$）对应的项外（这些项的特点是：无论收入分布情况如何，它们各恒为 0，因为它们对应自己与自己相减），其他项（即不恒为 0 的项）事实上各出现了两次，因此分母中再补充 2（对前面的算术平均值再取半）。这种分母的设计可使 Gini 恒属于 [0，1]，并且 0 与 1 各代表一种极端情况（即分别代表“最平均”与“最不平均”的收入分布情况）。

仅从累加项看，$GE$（1）与 $GE$（0）的差别是：

（1）ln 的自变量，用每个人的收入与人均收入之比还是用其倒数；

（2）1n 前的倍数，有没有每个人的收入与人均收入之比。

与 $GE$（0）相比，$GE$（1）更强调了每个人的收入与人均收入之比的重要性。

## 三、城乡样本加权混合调整的方法

设：

（1）总人口中，城镇人口比重为 $p_1$，乡村人口比重为 $p_2$（$p_1+p_2=1$）；

（2）城镇人口中，东部人口、中部人口、西部人口的比重分

别为 $q_1$、$q_2$、$q_3$（$q_1+q_2+q_3=1$）；

（3）乡村人口中，东部人口、中部人口、西部人口的比重分别为 $q_4$、$q_5$、$q_6$（$q_4+q_5+q_6=1$）；

（4）城镇东部人口中，样本省人口的比重为 $s_1$，非样本省人口的比重为 $s_2$（$s_1+s_2=1$）；

（5）城镇中部人口中，样本省人口的比重为 $s_3$，非样本省人口的比重为 $s_4$（$s_3+s_4=1$）；

（6）城镇西部人口中，样本省人口的比重为 $s_5$，非样本省人口的比重为 $s_6$（$s_5+s_6=1$）；

（7）乡村东部人口中，样本省人口的比重为 $s_7$，非样本省人口的比重为 $s_8$（$s_7+s_8=1$）；

（8）乡村中部人口中，样本省人口的比重为 $s_9$，非样本省人口的比重为 $s_{10}$（$s_9+s_{10}=1$）；

（9）乡村西部人口中，样本省人口的比重为 $s_{11}$，非样本省人口的比重为 $s_{12}$（$s_{11}+s_{12}=1$）；

（10）城镇东部样本省人口中，省 i 的人口的比重为 $1vi$（$\sum 1vi=1$）；

（11）城镇东部非样本省人口中，省 i 的人口的比重为 $2vi$（$\sum 2vi=1$）；

（12）城镇中部样本省人口中，省 i 的人口的比重为 $3vi$（$\sum 3vi=1$）；

（13）城镇中部非样本省人口中，省 i 的人口的比重为 $4vi$（$\sum 4vi=1$）；

（14）城镇西部样本省人口中，省 i 的人口的比重为 $5vi$（$\sum 5vi=1$）；

（15）城镇西部非样本省人口中，省 i 的人口的比重为 $6vi$（$\sum 6vi=1$）；

（16）乡村东部样本省人口中，省 i 的人口的比重为 $7vi$（$\sum 7vi=1$）；

（17）乡村东部非样本省人口中，省 i 的人口的比重为 8$v$i（$\sum$8$v$i=1）；

（18）乡村中部样本省人口中，省 i 的人口的比重为 9$v$i（$\sum$9$v$i=1）；

（19）乡村中部非样本省人口中，省 i 的人口的比重为 10$v$i（$\sum$10$v$i=1）；

（20）乡村西部样本省人口中，省 i 的人口的比重为 11$v$i（$\sum$11$v$i=1）；

（21）乡村西部非样本省人口中，省 i 的人口的比重为 12$v$i（$\sum$12$v$i=1）；

（22）样本省 j 的城镇人口中，收入水平为 $x$i 的人口的比重为 j$f$i（$\sum$j$f$i=1）；

（23）非样本省 k 的城镇人口中，收入水平为 $x$i 的人口的比重为 k$f$i（$\sum$k$f$i=1）；

（24）样本省 l 的乡村人口中，收入水平为 $x$i 的人口的比重为 l$f$i（$\sum$l$f$i=1）；

（25）非样本省 m 的乡村人口中，收入水平为 $x$i 的人口的比重为 m$f$i（$\sum$m$f$i=1）。

在实际操作的数据库中，$p$ 系列变量（即（1））可统一由变量“$p$”表示；$q$ 系列变量（即（2）～（3））可统一由变量“$q$”表示；$s$ 系列变量（即（4）～（9））可统一由变量“$s$”表示；$v$ 系列（即（10）～（21））变量可统一由变量“$v$”表示；$f$ 系列变量（即（22）～（25））可统一由变量“$f$”表示。这样，在数据库中，各收入水平对应的人口占总人口的比重可统一表示为“$pqsvf$”。

其中，$p$、$q$、$s$、$v$ 系列变量（即（1）～（21））都可以从《中国统计年鉴》中获得。而（22）、（24）可以通过样本获得（用样本情况代表实际或总体情况）；但由于没有采样，（23）、（25）是不了解的。为了使计算可能，假设 $s$ 系列变量不起作用，即 $s$ 系列变量在数据库中对应于常数 1（这种假设对应的统计学意义是：

就东中西部地区而言，所选择的样本省是可以完全代表东、中、西部地区的，或者说，非样本省的情况不会影响所欲考察的情况，这也正是以抽样代表总体的基本含义）。于是，在数据库中，各收入水平对应的人口占总人口的比重可统一表示为“*pqvf*”。


**参考文献**

[1] 蔡昉．刘易斯转折点——中国经济发展新阶段 [M]. 北京：社会科学文献出版社，2008.

[2] 福格尔．第四次大觉醒及平等主义的未来 [M]. 王中华，刘红，译．北京：首都经济贸易大学出版社，2003.

[3] 卡恩，李思勤．中国居民收入增长与分配 [M]// 李实，史泰丽，别雍・古斯塔夫森．中国居民收入分配研究Ⅲ．北京：北京师范大学出版集团，2008.

[4] 李实，史泰丽，古斯塔夫森．中国居民收入分配研究Ⅲ [M]. 北京：北京师范大学出版集团，2008.

[5] 李实，罗楚亮．对城乡居民收入差距的重新估计 [M]// 李实，史泰丽，别雍・古斯塔夫森．中国居民收入分配研究Ⅲ．北京：北京师范大学出版集团，2008.

[6] 梅尔，劳赫．经济发展的前沿问题 [M]. 7 版．黄仁伟，吴雪明，等译．上海：上海人民出版社，2004.

[7] 世界银行驻中国代表处．中国第十一个五年规划——中期进展情况评估 [OL].（2008-12-18）[2009-02-13]http//siteresources.worldbank.org/EXTEAPCHINAINCHINESE/Resources/China_11th_Five_Year_Plan_maln_report_chn. Df.

[8] 魏众，罗楚亮，邓曲恒．深化收入分配制度改革 [M]// 刘树成，吴太昌．中国社会科学院文库・中国经济改革开放 30 年研究丛书：中国经济体制改革 30 年研究．北京：经济管理出版社，2008.

[9] 杨春学．和谐社会的政治经济学基础 [J]. 经济研究，2009（1）：30-41.

[10] 殷浩强 . 试析伊朗社会变化过程中宗教的作用 [J/OL]. 西亚非洲，1990（2）[2009-02-17]. http：//iwaas.cass.cn/SuoKan/show_SuoKan_ls. asp？ id=1243.

[11] 张东生 . 中国居民收入分配年度报告（2008）[M]. 北京：经济科学出版社，2008.

（本章作者：朱玲　金成武　原载于《管理世界》2009 年第 3 期）

# 第五章　城乡分割、就业状况与主观幸福感差异

**【内容提要】**本章讨论了不同人群主观幸福感的影响因素，并在对概率模型进行分解分析的基础上，对城乡之间以及城镇失业与就业居民之间的主观幸福感差异进行了比较分析。本章的结论发现，农村居民的主观幸福感高于城镇居民主要是由于预期的满足程度、收入变化预期、对生活状态改善的评价等差异所引起的，城镇失业与就业居民的主观幸福感差异则主要是由收入效应导致的。

**【关键词】**主观幸福感　预期　城乡分割　就业

## 一、引言

我国的经济改革与经济转型促进了国民经济以较高的速度持续增长，这也导致了居民收入水平的不断增长与消费水平的不断改善。1979—2004 年期间，我国人均国民生立总值年均增长 8.1%，同期城乡人均收入也分别以 7.1% 和 6.8% 的年均增长率高速增长（国家统计局，2005）。因此，改革以来我国居民物质福利不断获得巨大的改善。

在这一改善过程中至少也有两个值得注意的问题：一是城乡之间的分割依然严重存在，城乡居民之间的收入差距总体上表现出扩大的趋势。特别是 20 世纪 90 年代中后期以来，城乡差距的持续扩张趋势长期未能出现逆转的倾向，2002 年城乡居民货币收入比

例已经超过了3倍，如果考虑到城镇居民所实际享有的各种隐性福利补贴，这一比例将在4倍以上。城乡居民收入差距长期存在并持续扩大的趋势表明了我国城乡被严重分割的现实。尽管市场化改革已经推行了二十多年，但农村居民仍然通过户口体制被限制在农村地区，从而使城乡实际上处于两个不同的社会系统。二是经济增长的成果、福利改善程度在社会不同人群中的分布是非常不平衡的，这不仅表现为收入差距的持续扩大、收入分配方式的混乱，更表现在20世纪90年代中后期以来的相关改革措施增大了经济中的不确定性，并使得部分居民成为改革的受损者，部分城镇居民在企业改革中陷入失业状态，从而无法分享经济增长成果，这些改革中的受损者与受益者在社会经济生活中可能也存在诸多显著的差异性。

收入水平或物质福利的总体增长或许并不能够充分地表明居民福利状况的改善，福利（welfare或well-being）具有更为丰富的内涵。尽管在现代经济学中，经济增长或收入增长仍是经济研究的核心命题，但它们可能并不是目标本身，而在更大程度上表现为实现人们“幸福”（happiness）的手段，“幸福”才是人们最终所求的。从这一意义出发，本章试图讨论我国不同人群的主观幸福感（subjective well-being或happiness）特征，因为主观幸福感不仅体现了居民对主观福利状况的自我评价，更重要的是这种评价可能来自经济转轨与经济发展对居民福利水平的综合性影响。

近年来，在我国也出现了一些关于主观幸福感的讨论。但在一些讨论中，我们不难发现仍然大量存在收入与主观幸福感相混淆的情形。如《2005年中国社会形势分析与预测》对中国城乡居民的生活满意度进行了初步的统计分析，得出了“近八成农民感到生活幸福，农村居民幸福感强于城镇居民”的判断（曾慧超、袁岳，2005），引起了比较强烈的社会反响。许多对这一结论表示怀疑乃至否定的看法实际上仍隐含地假定收入与主观幸福感是相同的，认为由于农村居民的收入水平低于城镇居民，因此农村居民的主观幸福感程度也“应当”不高于城镇居民。然而，罗楚亮（2006）利用全国城乡住户调查的数据再次证实，农村居民的主观幸福感程度高于城镇居民这一结论是成立的。这就意味着，更为重要的可能是如何对城乡居民主观幸福感差异进行解释。

20 世纪 90 年代中后期以来，我国城镇企业改革采取了更为激进的方式，出现了大量的失业下岗现象，长期构成我国经济中的一个重要社会问题，而根据相关研究文献，这也将对居民的主观幸福感产生不利的影响。城镇居民中所存在的这种就业特征差异可能将城镇居民也划分为两个不同的群体。因此，城乡居民之间的主观幸福感差异同时也应当考虑到城镇居民内部所存在的这一差异性，这就意味着本章将分析三类人群的主观幸福感特征及其差异性：农村居民、城镇中的改革受益者（就业人群）和城镇中的改革受损者（失业人群）。本章将对这三类人群主观幸福感的影响因素等进行经验研究，并讨论不同人群主观幸福感差异的形成原因。本章其余部分的安排如下：第二部分将对主观幸福感研究进行简单的回顾，目的在于得出对我国城乡居民主观幸福感可能具有影响力的潜在因素；第三部分将对本章所使用的数据、计量分析方法和变量定义等问题进行描述；第四部分和第五部分分别是对主观幸福感决定的 logit 与排序 logit 模型估计结果及在此基础上的分解分析结果；最后是本章的总结。

## 二、主观幸福感研究的简要回顾

自从 Easterlin 于 1974 年对美国跨时期的收入变化与主观幸福感变化之间关系论述的文章发表以来，主观幸福感逐渐吸引了大量经济学家的关注。特别是 20 世纪 90 年代以来，从经济学的角度讨论主观幸福感的文献大量出现。应当说明的是，主观幸福感一直是社会学与心理学研究的重要主题，他们通过对主观幸福感的测量以获得主观幸福感的主要决定因素或影响因素，这一方面的文献描述以及在这一思路主导下对我国居民主观幸福感的研究可参见邢占军（2005）的《测量幸福——主观幸福感测量研究》一书。经济学家在对主观幸福感的研究中，更加强调一些可观测的经济特征与主观幸福感之间的关联，Oswald（1997）、Frey 与 Stutzer（2002）曾从经济学的角度对主观幸福感的影响因素进行过较为详细的总结。

收入与主观幸福感的关系是经济学家所关注的重要议题。在相当长的一段时期中，经济增长成为一个社会所追求的最终目标，这就隐含地假定收入增长与福利改善二者基本上是相同的，然而这将与两个方面的经验观测所不一致：从时间序列上看，一个经济体居民收入水平的跨时期增长并不会导致居民主观幸福感程度的相应提高，Easterlin 于 1974 年指出这一现象后，Easterly（2001）、Frey 与 Stutzer（2002）再次重申了这一结论，美国 1991 年的人均实际收入是 1946 年的 2.5 倍，但自我评估的主观幸福感程度基本上保持不变，日本的情形也类似；从横向跨国比较来看，尽管在收入水平较低的阶段，收入水平越高的国家主观幸福感程度相对也较高，但在一定阶段以后，主观幸福感并不会随着收入的增长而继续增长，而是保持比较平稳的状态。

在收入与主观幸福感的联系中，多数研究都并不否认收入水平甚至绝对收入水平的重要性，如 Frijters 等（2004）根据德国的情况给出了绝对收入影响主观幸福感的经验证据。但多数研究似乎认为绝对收入与主观幸福感之间可能只具有微弱的联系，如 Easterlin（2001）发现收入与主观幸福感之间的相关系数只有 0.2 左右，而中国城乡居民的这一相关系数低于 0.2（罗楚亮，2006）；因此更为强调相对收入与主观幸福感之间的联系，如 Clark 与 Oswald（1996）、McBride（2001）、Ravallion 与 Lokshin（2001）、Ferrer-i-Carbinell（2002）。值得指出的是，相对收入效应可能在讨论不同人群的主观幸福感决定中会更有意义，而对于某一特定时点上的同一人群来说，相对收入效应与绝对收入效应可能具有相同的含义，因为在具有相同的参照对象的前提下，只有绝对收入水平较高者才能同时具有较高的相对收入水平。此外，由于相对收入并不是一个直接的观测指标，因此变量的构造方式以及参照人群组的选择也可能会影响到研究的结论。相对收入的另一个含义是实际的收入水平与欲望（aspiration）之间的联系，显然欲望越强烈则相对收入水平越低，从而主观幸福感程度也相对较低。

影响主观幸福感的另一个与收入相关的因素是对未来收入变动的预期以及过去的收入变动状况。Graham 与 Pettinato（2001）检验了当前经济状况与过去的比较、对未来经济状况改善的预期以及对所处社会中经济地位的自我评价三个变量对主观幸福感的影响，结果表明它们对主观幸福感都具有显著的正效应。对于正处于转型时期的我国城乡居民来说，不同年份之间的收入可能具有更强的不稳定性，从而成为主观幸福感的一个不可缺少的决定因素。

就业状况是另一类解释主观幸福感的重要变量，这不仅仅是因为失业可能具有比较严重的社会影响，还因为就业者的主观幸福感状况也将影响到他们是否会采取“跳槽”等行为，从而影响到雇主的经济收益。多数的研究强调，失业会导致居民主观幸福感程度的显著下降，如 Murphy 与 Athanasou（1999）、Clark 与 Oswald（1994）、Korpi（1997）、Gerlach 与 Stephan（1996）、Winkelmann 与 Winkelmann（1998）。即使在控制失业所导致收入损失的情况下，失业对主观幸福感仍具有非常强烈的负效应。Winkelmann 与 Winkelmann（1998）的研究表明，以主观幸福感度量的失业的非货币性损失要远远高于其货币成本（收入下降）。

在影响主观幸福感的其他个人特征变量中还包括年龄、婚姻、受教育程度、性别等。Oswald（1997）以发达经济为背景，对影响主观幸福感的人口特征进行了概括，认为幸福感程度较高的人群特征包括已婚、高收入者、白人、受过良好的教育、自我雇用（self-employed）[1]、退休及家庭照看者等。Oswald 认为，这些结论在不同的时期、不同的国家甚至对主观幸福感的不同测度形式都应当成立。但事实上，除了多数研究发现年龄与主观幸福感之间表现出非线性关系外，[2] 婚姻、受教育程度、性别等变量对主观幸福感的影响程度在不同的研究者的结论之间存在着某些差异。

由于主观幸福感的研究到目前为止主要仍是经验性的，因此，这些结果既是估计我国居民主观幸福感影响因素的基础，也是检验我国居民主观幸福感影响因素的基准。

## 三、数据、方法与变量描述

本章所使用的数据来自中国社会科学院收入分配课题组于 2002 年针对全国城乡居民所做的住户调查。这次调查专门询问了主观幸福感的情况，根据国际上相关研究的通用询问方式以及我国居民的理解，城镇中这一问题表述为“总的来说，您现在幸福吗”；农村问卷中，该问题为“现在幸福吗”，要求被调查者在“非常幸福、比较幸福、不好也不坏、不太幸福、很不幸福及说不清”六种选择中做出判断，要求家庭户主或家庭中的一名主要成员回答。尽管将回答对象限定为户主或家庭主要成员将导致个人对这一问题的判断

[1] Frey 与 Stutzer（2002）发现，在瑞士这一效应也是正的，但 Graham 与 Pettinato（2001）发现，拉美国家中，自我雇用对高收入者主观幸福感没有显著的影响，对中低收入者的影响显著为负。Graham 与 Pettinato（2002）对此的解释是，发达经济中，“自我雇用”通常是自愿选择的；而在低收入者中，“自我雇用”意味着在别无选择的情况下不得不从事的非正规就业。

[2] 在一定年龄之前，主观幸福感程度随着年龄的增长而下降；但在这一年龄点之后，主观幸福感将随着年龄的增长而上升。这一转折点一般出现在 35～40 岁。

在较大程度上具有家庭层面上的意义，但在本章中，我们除了以家庭收支情况和人口构成特征来度量家庭状况外，在个人特征方面，仍以回答者的个人信息为主。

表 5–1 给出了城乡居民主观幸福感分布的基本特征。城乡居民主观幸福感程度的比较可以从两个方面来进行，一是比较不同人群中，感觉“幸福”的人群比例高低；二是将不同主观幸福感程度进行赋值，进而比较两类人群的主观幸福感均值水平。

**表 5–1　分城乡及就业特征的主观幸福感分布**

| | 城镇无失业住户 | | 城镇有失业住户 | | 全部城镇住户 | | 全部农村住户 | |
|---|---|---|---|---|---|---|---|---|
| | 数量（户） | 比重（%） | 数量（户） | 比重（%） | 数量（户） | 比重（%） | 数量（户） | 比重（%） |
| 非常幸福 | 414 | 7.55 | 64 | 4.86 | 478 | 7.03 | 1340 | 15.35 |
| 比较幸福 | 2791 | 50.89 | 503 | 38.19 | 3294 | 48.43 | 3966 | 45.45 |
| 不好也不坏 | 1675 | 30.54 | 449 | 34.09 | 2124 | 31.23 | 2542 | 29.13 |
| 不太幸福 | 456 | 8.32 | 233 | 17.69 | 689 | 10.13 | 705 | 8.08 |
| 很不幸福 | 96 | 1.75 | 55 | 4.18 | 151 | 2.22 | 90 | 1.03 |
| 说不清 | 52 | 0.95 | 13 | 0.99 | 65 | 0.96 | 84 | 0.96 |
| 合计 | 5484 | 100 | 1317 | 100 | 6801 | 100 | 8727 | 100 |
| 主观幸福感程度[1] | 均值 | 标准差 | 均值 | 标准差 | 均值 | 标准差 | 均值 | 标准差 |
| | 3.547 | 0.821 | 3.221 | 0.939 | 3.484 | 0.855 | 3.667 | 0.871 |

根据第一种比较方式，我们将主观幸福感定义为哑变量：[2] 若回答是“非常幸福”或“比较幸福”，则记为 1；否则记为 0。在城

[1] “很不幸福”为 1，“非常幸福”为 5，中间类推。此外，在计算均值时，不包括选择“说不清”的样本。

[2] Winkelmann 与 Winkelmann（1998）在讨论失业对主观幸福感的影响时利用的是二元概率模型（Binary Probability Model）。

乡两类样本中选择“说不清”或缺失的样本比例基本相同。农村居民中选择“非常幸福”与“比较幸福”的两类人群要高于城镇住户5.3个百分点。若设主观幸福感由收入及一系列其他特征决定，则个人主观幸福感的概率模型可表示为：

$$\mathrm{pr}\left(\mathrm{Hap}=1 \mid X\right)=\Phi\left(X'\beta\right) \qquad (1)$$

其中，$\Phi$ 为概率分布函数，本文将采用 Logit 模型进行估计，即设定 $\Phi$ 为逻辑分布的分布函数。在变量 $X$ 中，包括相关的收入变量，如绝对收入水平、相对收入状况及收入变化及其预期等，此外还将对一些个人特征和家庭结构进行控制。

为了得到不同人群个人主观幸福感差异的形成原因，我们可以在 EVen 与 Macpherson（1993）的基础上对主观幸福感的平均预测概率按其影响因素进行分解分析。[1] 根据 Logit 模型的估计系数，某人群中自我评价为幸福的平均预测概率为：

$$\mathrm{pr}\left(\mathrm{Hap}=1 \mid X, \hat{\beta}\right)=\frac{1}{N}\sum_{i=1}^{N}\Phi\left(\hat{X}_i\hat{\beta}\right) \qquad (2)$$

其中，$N$ 为人群组的样本数。对于两组人群 $R$ 与 $U$ 来说，自我评价为幸福的预测概率总体差异可以表示为：

总体差异（$T$）：

---

[1] 另一种概率分解方法是 Doiron 与 Riddell（1994）提出的基于 Probit 模型的一阶泰勒展开式的分解，罗楚亮（2006）采用了这一方法。这一方法的优势在于，分解结果不依赖于参照组的选择，缺陷在于分解的精确度不确定，因为关于使得误差项最小的泰勒级数展开点没有非常简明的计算方法。而 Even 与 Macpherson（1993）能够得到比较直观的分解结果，并且可以分解全部差异而没有误差项，但各变量的相对贡献大小与参照组（同度量标准）的选择相关。在本文中选择 Even 与 Macpherson（1993）分解，是因为希望得到比较直观的分解结果，同时增加了绝对收入项后采用 Doiron 与 Riddell（1994）的泰勒展开式分解会得到比较大的误差项。感谢审稿人推荐了 Even 与 Macpherson（1993）分解方法。

$$T=\mathrm{pr}\left(\mathrm{Hap}=1 \mid X_R,\hat{\beta}_R\right)-\mathrm{pr}\left(\mathrm{Hap}=1 \mid \mathrm{X}_U,\hat{\beta}_U\right) \qquad (3)$$

进一步地，由于变量和系数造成的预测概率差异可以分别表示为（假定以人群组 $R$ 的系数、$U$ 的变量特征为参照）：

变量差异（$V$）：

$$V=\mathrm{pr}(\mathrm{Hap}=1 \mid X_R,\ \hat{\beta}_R)-\mathrm{pr}(\mathrm{Hap}=1 \mid X_U,\ \hat{\beta}_R) \qquad (4)$$

系数差异（$C$）：

$$C=\mathrm{pr}(\mathrm{Hap}=1 \mid X_U,\ \hat{\beta}_R)-\mathrm{pr}(\mathrm{Hap}=1 \mid X_U,\ \hat{\beta}_U) \qquad (5)$$

对于某特定的因素 $j$ 来说，对预测概率所造成的差异也包括变量差异与系数差异，可分别表示为：

第 $j$ 个因素的变量解释程度：

$$V^j=\left[\mathrm{pr}\left(\mathrm{Hap}=1 \mid X_R,\hat{\beta}_R\right)-\mathrm{pr}\left(\mathrm{Hap}=1 \mid X_U,\hat{\beta}_R\right)\right]\frac{\left(\overline{X}_U^j-\overline{X}_R^j\right)\hat{\beta}_R^j}{\left(\overline{X}_U-\overline{X}_R\right)\hat{\beta}_R} \qquad (6)$$

第 $j$ 个因素的系数解释程度：

$$C^j=\left[\mathrm{pr}\left(\mathrm{Hap}=1 \mid X_U,\hat{\beta}_R\right)-\mathrm{pr}\left(\mathrm{Hap}=1 \mid X_U,\hat{\beta}_U\right)\right]\frac{\overline{X}_U^j\left(\hat{\beta}_R^j-\hat{\beta}_U^j\right)}{\overline{X}_U\left(\hat{\beta}_R-\hat{\beta}_U\right)} \qquad (7)$$

因此，因素 $j$ 的总体贡献份额则为：$\left(V^j+C^j\right)/T$。

根据这一分析，我们可以得到农村居民中自我评价为幸福的人群比例高于城镇的原因解释以及每个解释变量对不同人群主观幸福感程度差异的相对贡献率。

在第二种比较方式中，我们可以将主观幸福感由低到高排列，“很不幸福”为 1，“非常幸福”为 5，中间类推，这样可以得到不同主观幸福感的均值。从表 5-1 中可以发现，根据这种度量方式，农村居民的主观幸福感程度也仍要高于城镇居民，城镇中有失业成员家庭的主观幸福感程度是最低的。

在主观幸福感的研究文献中，通常把回答者对主观幸福感程度的选择当作是一个排序的过程，因此在研究方法上多采用有序的概率模型❶（如有序 Logit 模型）来描述这一选择过程。这一选择过程可以描述为：

$$\begin{aligned}&\mathrm{pr}\left(\mathrm{Hap}=1 \mid X\right)=\Phi\left(\alpha_1-X\beta\right)\\&\mathrm{pr}\left(\mathrm{Hap}=1 \mid X\right)=\Phi\left(\alpha_l-X\beta\right)-\Phi\left(\alpha_{l-1}-X\beta\right)\\&\mathrm{pr}\left(\mathrm{Hap}=5 \mid X\right)=1-\Phi\left(\alpha_4-X\beta\right), l=2,3,4\end{aligned} \tag{8}$$

其中，$\Phi$ 为逻辑分布函数，这里采用有序 Logit 模型进行估计，解释变量与 Logit 模型相同。

在排序概率模型中，主观幸福感程度的预测均值为：

$$\mathrm{Hap}_{\mathrm{pred}}=\sum_{l=1}^{5} l \cdot \mathrm{pr}\left(\mathrm{Hap}=1 \mid X, \hat{\beta}\right) \tag{9}$$

其中，pr（Hap=1|$X$，$\hat{\beta}$）为主观幸福感为等级 1 的概率预测均值。

对于两组人群 $R$ 与 $U$ 来说，主观幸福感程度预测均值的差异可以表示为：

$$\mathrm{Hap}_{\mathrm{pred}}^{R}-\mathrm{Hap}_{\mathrm{pred}}^{U}=\sum_{l=1}^{5} l \cdot\left[\mathrm{pr}\left(\mathrm{Hap}=1 \mid X_R, \hat{\beta}_R\right)-\mathrm{pr}\left(\mathrm{Hap}=1 \mid X_U, \hat{\beta}_U\right)\right] \tag{10}$$

在 Even 与 Macpherson（1993）的基础上，方括号中的概率预

❶ 多数主观幸福感研究文献以有序概率模型作为基本的估计方法。但 winkelmann 与 winkelmann（1998）在估计失业的货币收益与非货币损失时采用了二元因变量的概率模型。Ferrer−i−Carbonell 与 Frijters（2004）比较了线性模型与有序概率模型的估计结果，发现两者之间的差异不大，但他们据此认为效用的基数假定与序数假定的区分并不重要可能缺乏充分的理由。估计方法得到相似的结果并不意味着关于效用或满足感的基数与序数意义不具有差别性，因为有可能这两种估计结果差异很小仅仅是由于线性概率模型与正态分布、逻辑分布概率模型的估计系数具有相似性造成的。John Knight 与宋丽娜（2004）也采用线性模型以 OLS 估计了中国农村居民的主观幸福感决定。

测值差异可以分解为（假定以人群组 $R$ 的系数、$U$ 的变量特征为参照）：

总体差异（$T$）：

$$T_1=\mathrm{pr}(\mathrm{Hap}=1 \mid X_R, \hat{\beta}_R)-\mathrm{pr}(\mathrm{Hap}=1 \mid X_U, \hat{\beta}_U) \quad (11)$$

变量差异（$V$）：

$$V_1=\mathrm{pr}(\mathrm{Hap}=1 \mid X_R, \hat{\beta}_R)-\mathrm{pr}(\mathrm{Hap}=1 \mid X_U, \hat{\beta}_R) \quad (12)$$

系数差异（$C$）：

$$C_1=\mathrm{pr}(\mathrm{Hap}=1 \mid X_U, \hat{\beta}_R)-\mathrm{pr}(\mathrm{Hap}=1 \mid X_U, \hat{\beta}_U) \quad (13)$$

因此，主观幸福感预测均值的差异可以分解为：

$$\mathrm{Hap}_{\mathrm{pred}}^{R}-\mathrm{Hap}_{\mathrm{pred}}^{U}=\sum_{l=1}^{5} l \cdot V_1-\sum_{l=1}^{5} l \cdot C_1 \quad (14)$$

等式右边由两项组成，分别表示变量差异和系数差异对两人群组中主观幸福感预测均值差异解释的绝对量。更进一步地，如果考虑第 $i$ 个因素对主观幸福感预测均值差异的贡献，则可参照 Even 与 Macpherson（1993）定义：

第 $i$ 个因素对主观幸福感为等级 1 的概率的变量贡献为：

$$V_1^i=\left[\mathrm{pr}\left(\mathrm{Hap}=1 \mid X_R, \hat{\beta}_R\right)-\mathrm{pr}\left(\mathrm{Hap}=1 \mid X_U, \hat{\beta}_R\right)\right] \frac{\left(\overline{X}_R^i-\overline{X}_U^i\right) \hat{\beta}_R^i}{\left(\overline{X}_R-\overline{X}_U\right) \hat{\beta}_R} \quad (15)$$

第 $i$ 个因素对主观幸福感为等级 1 的概率的系数贡献为：

$$C_1^i=\left[\mathrm{pr}\left(\mathrm{Hap}=1 \mid X_U, \hat{\beta}_R\right)-\mathrm{pr}\left(\mathrm{Hap}=1 \mid X_U, \hat{\beta}_U\right)\right] \frac{\overline{X}_U^i\left(\hat{\beta}_R^i-\hat{\beta}_U^i\right)}{\overline{X}_U\left(\hat{\beta}_R-\hat{\beta}_U\right)} \quad (16)$$

因此，第 $i$ 个因素对主观幸福感预测均值差异的总体贡献份额可表示为：

$$\omega^i = \frac{\sum_{l=1}^{5} l \cdot \left(V_l^i + C_l^i\right)}{\text{Hap}_{\text{pred}}^M - \text{Hap}_{\text{pred}}^N}$$

本章所选用的解释变量见表 5-2，表 5-2 同时给出了这些变量在不同人群中的均值。多数变量的含义如其字面意义所示。现对其中两个变量的构造方式略做解释：相对收入是通过住户人均收入除以当地县 / 市人均收入❶得到的，指家庭收入水平超出当地平均水平的幅度。在本次调查中，我们询问了住户的最低生活费用支出情况（或称主观贫困线）。本章以家庭的实际消费支出除以主观估计的维持最低生活标准所需要的货币量来描述家庭的预期实现程度。关于主观幸福感的多数研究中，一般都没有考虑家庭债务的影响。本章之所以引入这一变量，一方面是因为在一些回归结果中，我们发现该变量对主观幸福感有显著影响；另一方面，我国居民对于负债可能具有比较强的回避倾向，而近年来居民收支不确定性的增强以及住房、医疗和教育等刚性支出的增长使人们不得不借债以平衡消费。

**表 5-2　不同人群解释变量均值**

| 项目 | 全部城镇 | 城镇无失业 | 城镇有失业 | 农村住户 |
| --- | --- | --- | --- | --- |
| 家庭人均收入（元） | 8467.15 | 9054.76 | 6019.36 | 2630.89 |
| 相对收入 | 1.050 | 1.119 | 0.763 | 1.026 |
| 预期实现程度 | 1.522 | 1.557 | 1.377 | 2.579 |
| 家庭债务（元） | 5538.32 | 5957.78 | 3790.97 | 1246.01 |
| 预期收入大幅度增长（0-1 变量）❷ | 0.023 | 0.025 | 0.015 | 0.096 |

❶ 农村住户除以县人均收入，城镇居民除以市人均收入。相应的人均收入水平都是根据抽样调查计算得到。

❷ 对收入变化特征的预期来自问题“在未来 5 年中，您家收入会发生怎样的变化？”，参照组为“不变”。

续表

| 项目 | 全部城镇 | 城镇无失业 | 城镇有失业 | 农村住户 |
|---|---|---|---|---|
| 预期收入小幅度增长（0-1 变量） | 0.463 | 0.473 | 0.419 | 0.681 |
| 预期收入下降（0-1 变量） | 0.190 | 0.182 | 0.223 | 0.041 |
| 比过去改善（0-1 变量）[1] | 0.221 | 0.237 | 0.156 | 0.610 |
| 比过去恶化（0-1 变量） | 0.209 | 0.181 | 0.327 | 0.048 |
| 户主（0-1 变量） | 0.660 | 0.670 | 0.618 | 0.749 |
| 女性（0-1 变量） | 0.546 | 0.549 | 0.533 | 0.251 |
| 有配偶（0-1 变量） | 0.936 | 0.936 | 0.940 | 0.952 |
| 离异（0-1 变量） | 0.016 | 0.017 | 0.013 | 0.003 |
| 丧偶（0-1 变量） | 0.027 | 0.028 | 0.022 | 0.024 |
| 大学及以上（0-1 变量） | 0.079 | 0.091 | 0.028 | 0.002 |
| 大专（0-1 变量） | 0.183 | 0.203 | 0.104 | 0.005 |
| 中专（0-1 变量） | 0.130 | 0.136 | 0.104 | 0.027 |
| 高中（0-1 变量） | 0.263 | 0.258 | 0.285 | 0.138 |
| 初中（0-1 变量） | 0.283 | 0.252 | 0.412 | 0.469 |
| 年龄（岁） | 46.590 | 46.616 | 46.483 | 45.333 |
| 家庭人口数（人） | 3.019 | 2.964 | 3.247 | 4.144 |
| 0～10 岁儿童比例 | 0.067 | 0.071 | 0.051 | 0.091 |
| 65 岁以上老人比例 | 0.079 | 0.089 | 0.040 | 0.051 |
| 家庭中身体欠佳成员比例 | 0.059 | 0.056 | 0.075 | 0.051 |
| 样本数 | 6736 | 5432 | 1304 | 8643 |

[1] 对生活状态评价的问题为“与 5 年前相比，您现在的生活如何？”，参照组为“差不多”。

从表 5-2 中可以看到：①农村居民的预期实现程度远远高于城镇居民，结合考虑到农村居民的实际消费支出低于城镇居民的现实，我们不难推断，农村居民预期的最低生活费用标准也要大大低于城镇居民。②农村居民对于未来的收入增长也具有更加良好的预期，预期收入大幅度增长或小幅度增长的人群比例都要大大高于城镇居民。农村居民中预期未来收入增长的人群大约占到 78%，而城镇中则不到 50%；相反，城镇居民中预期收入下降的比例大大高于农村居民，前者在 20% 左右，而后者则只有 4% 左右。③与过去生活状态比较，农村居民对目前生活具有更为积极的评价，61% 的农村居民认为当前的生活状况获得了相对改善，而城镇居民中这一比例则低得多。从表 5-2 中还不难发现，有失业成员的城镇住户中，对未来的预期最为悲观，认为当前生活状况相对于过去有更为严重的恶化趋向。

造成城乡居民这种预期与评价差异的主要原因可能在于经济改革的不同影响。在我们调查的这一时期中，与城镇改革相联系的就业机会下降、收入与支出不确定性的增强使得城镇居民难以对未来形成良好的预期；但对于农村居民来说，尽管城乡居民收入差距依然存在，但似乎仍不时有一些“利好”的消息，如税费减免、对约束农村外出打工的制度壁垒的逐渐消除等，当然，农村居民所处的相对较低的比较起点可能是更为主要的原因。

在城镇的就业与失业群体之间，相对收入及预期实现程度都存在着比较明显的差异性，并且失业群体明显处于不利地位。失业群体对未来收入变化的预期，以及对当前生活状态相对于过去状态比较的评价也都要低于就业群体。因此，失业人群不仅所获得的收入水平相对较低，并且预期状态也更为悲观。而生活状况的相对恶化则可能是这一人群主观幸福感程度相对较低的重要原因。

## 四、农村居民幸福人群比例高于城镇：Logit 模型

### （一）Logit 模型的估计结果

Logit 模型的估计结果可见表 5-3，该表给出了各解释变量对主观幸福感的边际概率。在针对全部住户的回归分析中，以虚拟变量的形式描述不同类型家庭对主观幸福感的影响，假定不同人群的主观幸福感决定方程具有相同的系数特征，他们之间的主观幸福感差异由虚拟变量所表征。为了便于城乡比较，在所使用的概率模型中，我们采用相同的解释变量。

第一列给出的是城乡样本混合时的主观幸福感的概率模型的估计结果。当控制住绝对收入、相对收入、预期、家庭债务及回答者的其他相关特征以后，相对于没有失业成员的城镇住户而言，有失业成员的住户的主观幸福感要更低，但农村住户的主观幸福感程度相对较高。就幸福的边际概率而言，有失业的城镇住户比无失业的城镇住户低 6.3 个百分点，而农村住户则比无失业的城镇住户高 7.5 个百分点。如果将全部城镇住户作为参照组，则农村住户这一虚拟变量的边际概率系数为 0.093，这一系数在 1% 的水平下仍是显著的，也就是说，在控制其他因素的情况下，农村居民中感觉幸福的人群比例比城镇居民要高 9.3 个百分点。因此，在控制住影响城乡居民主观幸福感的一般因素后，农村居民的主观幸福程度仍要显著高于城镇居民，而失业的因素导致城镇居民感到幸福的概率比农村居民要低 13.8 个百分点。

收入对主观幸福感的影响一直是主观幸福感文献关注的重要内容。参照 clark 与 Oswald（1996）的思路，本章的解释变量中同时考虑了绝对收入与相对收入水平，其中绝对收入是以家庭人均收入水平的对数及其平方项衡量，相对收入的定义如前所述。从估计结果中可以发现，同时考虑绝对收入与相对收入效应时，绝对收

**表 5–3　不同人群主观幸福感差异的边际效应（Logit 模型）**

| 项目 | 全部样本 | | 全部城镇 | | 城镇无失业 | | 城镇有失业 | | 农村 | |
|---|---|---|---|---|---|---|---|---|---|---|
| | 边际效应 | $z$ 值 | 边际效应 | $z$ 值 | 边际效应 | $z$ 值 | 边际效应 | $z$ 值 | 边际效应 | $z$ 值 |
| 家庭经济状况 | | | | | | | | | | |
| 家庭人均收入对数 | −0.075 | 1.03 | 0.288 | 1.14 | −0.020 | 0.07 | 0.820 | 1.26 | −0.173 | 1.37 |
| 人均收入对数平方 | 0.010 | 2.28$^{**}$ | −0.014 | 0.98 | 0.003 | 0.16 | −0.047 | 1.21 | 0.019 | 2.26$^{**}$ |
| 相对收入 | 0.004 | 0.14 | 0.244 | 6.16$^{***}$ | 0.218 | 5.37$^{***}$ | 0.357 | 3.17$^{***}$ | −0.119 | 3.45$^{***}$ |
| 相对收入平方 | 0.000 | 0.02 | −0.031 | 3.97$^{***}$ | −0.028 | 3.84$^{***}$ | −0.042 | 1.61 | 0.021 | 2.31$^{**}$ |
| 预期实现程度 | 0.044 | 7.83$^{***}$ | −0.008 | 0.49 | 0.001 | 0.05 | −0.062 | 1.56 | 0.050 | 8.14$^{***}$ |
| 预期实现程度平方 | −0.003 | 6.13$^{***}$ | 0.000 | 0.12 | −0.001 | 0.51 | 0.011 | 1.98$^{**}$ | −0.003 | 6.8$^{***}$ |
| 家庭负债 | −0.035 | 4.94$^{***}$ | −0.035 | 2.52$^{**}$ | −0.044 | 2.82$^{***}$ | 0.014 | 0.47 | −0.038 | 3.75$^{***}$ |
| 家庭负债平方 | 0.003 | 3.57$^{***}$ | 0.003 | 1.89$^{*}$ | 0.003 | 2.3$^{**}$ | −0.003 | 0.83 | 0.003 | 2.77$^{***}$ |
| 预期收入大幅度增长 | 0.180 | 11.39$^{***}$ | 0.216 | 6.14$^{***}$ | 0.205 | 5.71$^{***}$ | 0.207 | 1.76$^{*}$ | 0.150 | 7.91$^{***}$ |
| 预期收入小幅度增长 | 0.084 | 8.12$^{***}$ | 0.108 | 7.41$^{***}$ | 0.112 | 6.99$^{***}$ | 0.091 | 2.73$^{***}$ | 0.057 | 3.83$^{***}$ |
| 预期收入下降 | −0.106 | 6.62$^{***}$ | −0.119 | 6.31$^{***}$ | −0.116 | 5.51$^{***}$ | 0.123 | 3.19$^{***}$ | −0.044 | 1.39 |
| 生活状态比过去改善 | 0.156 | 16.64$^{***}$ | 0.032 | 1.97$^{**}$ | 0.036 | 2.06$^{**}$ | 0.006 | 0.15 | 0.224 | 19.24$^{***}$ |

续表

| 项目 | 全部样本 | | 全部城镇 | | 城镇无失业 | | 城镇有失业 | | 农村 | |
|---|---|---|---|---|---|---|---|---|---|---|
| | 边际效应 | $z$ 值 | 边际效应 | $z$ 值 | 边际效应 | $z$ 值 | 边际效应 | $z$ 值 | 边际效应 | $z$ 值 |
| 生活状态比过去恶化 | −0.089 | 6.15*** | −0.107 | 6.31*** | −0.100 | 5.04*** | −0.106 | 3.27*** | −0.073 | 2.58*** |
| 回答者特征 | | | | | | | | | | |
| 户主 | −0.031 | 2.52*** | −0.039 | 2.55** | −0.034 | 2.06** | −0.065 | 1.83* | −0.017 | 0.66 |
| 女性 | 0.023 | 1.89* | 0.036 | 2.41** | 0.036 | 2.19** | 0.028 | 0.81 | 0.015 | 0.61 |
| 有配偶 | 0.047 | 1.41 | 0.076 | 1.45 | 0.065 | 1.12 | 0.044 | 0.4 | 0.016 | 0.36 |
| 离异 | −0.184 | 3.16*** | −0.124 | 1.61 | −0.131 | 1.56 | −0.121 | 0.72 | −0.192 | 1.87* |
| 丧偶 | −0.139 | 3.14*** | −0.057 | 0.84 | −0.063 | 0.85 | −0.092 | 0.62 | −0.188 | 3.16*** |
| 大学及以上 | 0.071 | 2.74*** | 0.057 | 1.55 | 0.051 | 1.29 | 0.111 | 1.02 | −0.066 | 0.48 |
| 大专 | 0.034 | 1.71* | 0.009 | 0.27 | 0.007 | 0.18 | 0.031 | 0.4 | 0.105 | 1.36 |
| 中专 | 0.047 | 2.49*** | 0.033 | 1.00 | 0.020 | 0.56 | 0.104 | 1.33 | 0.045 | 1.28 |
| 高中 | 0.047 | 3.32*** | 0.035 | 1.14 | 0.044 | 1.28 | 0.020 | 0.29 | 0.043 | 2.46** |
| 初中 | 0.043 | 3.77*** | 0.033 | 1.11 | 0.020 | 0.6 | 0.104 | 1.59 | 0.039 | 3.04*** |
| 年龄 | −0.006 | 1.63* | −0.012 | 2.08** | −0.013 | 2.15** | −0.001 | 0.07 | −0.002 | 0.37 |

续表

| 项目 | 全部样本 | | 全部城镇 | | 城镇无失业 | | 城镇有失业 | | 农村 | |
|---|---|---|---|---|---|---|---|---|---|---|
| | 边际效应 | $z$ 值 | 边际效应 | $z$ 值 | 边际效应 | $z$ 值 | 边际效应 | $z$ 值 | 边际效应 | $z$ 值 |
| 年龄平方 | 0.009 | 2.53*** | 0.015 | 2.53** | 0.017 | 2.66*** | 0.002 | 0.12 | 0.005 | 0.97 |
| 家庭人口特征 | | | | | | | | | | |
| 0～10 岁儿童比例 | −0.016 | 0.43 | −0.031 | 0.51 | −0.060 | −0.91 | 0.090 | 0.58 | −0.012 | −0.26 |
| 65 岁以上老人比例 | 0.068 | 2.1** | 0.073 | 1.53 | 0.036 | 0.71 | 0.146 | 0.89 | 0.047 | 1 |
| 身体欠佳成员比例 | −0.297 | 9.66*** | −0.313 | 7.29*** | −0.316 | 6.7*** | −0.261 | 2.69*** | −0.293 | 6.69*** |
| 家庭人口总数 | −0.008 | 1.94** | 0.025 | 2.68*** | 0.028 | 2.6*** | 0.028 | 1.35 | −0.012 | −2.7*** |
| 有失业的城镇住户 | −0.063 | 3.66*** | | | | | | | | |
| 农村住户 | 0.075 | 3.85*** | | | | | | | | |
| 样本数 | 15379 | | 6736 | | 5432 | | 1304 | | 8643 | |
| 预测概率 | 0.600 | | 0.566 | | 0.599 | | 0.424 | | 0.628 | |
| 对数似然值（LR） | −9470.31 | | −4186.613 | | −3360.637 | | −808.588 | | −5191.55 | |
| Wald $\chi^2$ | 1598.71 | | 733.55 | | 540.90 | | 143.88 | | 973.51 | |

注：***、**、* 分别表示 1%、5%、10% 的显著性水平（表 5−4、表 5−6、表 5−7 同）。本表给出的是各解释变量对主观幸福感的边际效应，其中连续变量在均值处计算、离散变量取 0 到 1 之间的变化；$z$ 统计量绝对值已进行异方差调整。

入的影响一般都不显著，只有全部混合样本及农村住户中人均收入对数的平方项是显著的；在不同人群组内部，相对收入效应对于主观幸福感的决定具有更为重要的作用。在城镇无失业成员的住户中，主观幸福感首先随着相对收入的增加而上升，随后依相对收入的增加而下降；在有失业成员的城镇住户中，相对收入对主观幸福感的影响则基本上表现为线性递增的。出现这一现象的原因可能是，当相对收入水平较低时，个人的相对地位改善可能具有比较大的空间，并且可能也具有比较强的向上层流动的趋向；当相对收入水平较高时，由于“由俭入奢易、由奢入俭难”导致相对地位具有向下调整的刚性，为了维持既有的相对地位可能需要付出更大的努力，这就是所谓的“守业更难”。但农村居民中，相对收入效应对主观幸福感的影响方式则是完全不同的。当相对收入水平较低时，主观幸福感随着相对收入的增加而降低；但当相对收入水平较高时，主观幸福感随着相对收入的增加而增强。这可能体现了城乡居民的观念意识差异导致的主观幸福感决定方式差异。

预期的实现程度对于无失业成员的城镇住户没有显著的影响，但正向地影响有失业成员的城镇住户的主观幸福感程度。预期实现程度越高或者说预期的最低生活标准越低，则越容易获得满足。这一变量对于农村居民的主观幸福感程度的作用是显著的，并且也具有非线性特征。这一变量对于城乡居民主观幸福感的作用方式具有明显的差异，这也暗示城乡居民的主观幸福感差异可以在一定程度上由预期及预期实现程度的差异所解释。

相对收入强调的是居民收入水平的横向比较，而预期的实现程度强调实际生活状态与期望达到的状态或欲望（aspiration）之间的比较。在城镇居民中，前一变量具有显著作用，但后一变量的作用是不显著的；在农村居民中，这两个变量都具有显著的效应。这可能表明，城镇居民的主观幸福感在更大程度上取决于本人在当地的相对状况，因此“炫耀性”或“示范性”特征更为明显；而农村居民的相对满足感尽管同时取决于这两方面的因素，但预期的满足则似乎更加表现为提高主观幸福感的积极因素。这两个变量在城乡之间所表现出的这一差异性可能是由两类人群的经济发展程度差异造成的。当经济发展程度处于较低的水平时，对基本生存条件的满足能带来较强的幸福感；而当经济发展达到一定阶段后，幸福感则更主要的是来自于与他人比较所具有的相对优势地位。

家庭债务对于主观幸福感通常具有显著的影响。无论城乡，我国传统的社会意识都不支持家庭的负债行为。因此，家庭债务一般都会被认为是一种应当尽快偿还的负担，为偿还债务可能会对居民的主观幸福感造成消极影响。但负债同时也与居民对未来的预期相关，对未来具有悲观预期的家庭，可能会更为谨慎地对待是否举债的选择。因此，较高负债的家庭也可能是对未来具有较好预期的家庭，从而具有较高的主观幸福感。一个有意思的现象是，在有失业的城镇住户中，债务对主观幸福感没有显著的影响。对于这一现象有两种可能的解释，一是没有考虑到债务的来源，如果有失业成员的家庭债务主要是由于亲友接济形成的，则对主观幸福感可能没有显著的影响；二是债务对主观幸福感的负效应被其他因素如失业所掩盖。

对未来收入变化趋势的预期与主观幸福感之间存在显著的关联性。以预期未来收入没有变化为参照组，如果未来的收入变化具有增长的趋势，则主观幸福感程度相对较高；相反，如果预期未来收入是下降的，则主观幸福感程度相对较低。并且，如果预期收入有大幅度增长趋势，则其主观幸福感程度也要高于预期收入有小幅度增长的住户。应当注意的是，预期收入下降对农村居民造成的主观幸福感损失是不显著的，这可能也在一定程度上表明城乡居民心态上的差异性。当前相对于过去的生活改善状况与主观幸福感之间的联系通常也是显著的。在农村居民中，不仅有更多的人认为生活状态获得了改善，而且这种改善对于主观幸福感的影响程度也要大大高于城镇居民。对收入变化的预期及对生活状态改善状况的评价表明，主观幸福感具有纵向意义上的相对性，并且具有向下调整的刚性。良好的预期能导致主观幸福感的增强，但一旦生活状态变差，则可能会对人们的主观幸福感构成严重的打击。

主观幸福感决定方程中，除了包括以上具有明确经济含义的解释变量外，还根据多数研究文献的变量选取方式，对回答者的个人特征和家庭构成进行控制。选取的变量包括回答者是否为户主、性别特征、婚姻状况、教育程度及年龄等；家庭构成主要考虑的是家庭人口规模、儿童与老人比例以及家庭成员的健康状况。

表 5-3 的估计结果显示，户主的幸福感程度相对较低，[1]但农村样本中这一变量的作用不显著。性别的影响则不确定，在无失业成员的城镇住户中，女性具有更高的幸福感程度，但在有失业成员的城镇住户及农村住户中，这种性别差异则是不显著的。在城镇居民的主观幸福感决定因素中，婚姻状况似乎并不具有显著的影响，但“离异”或“丧偶”的农村回答者的幸福感程度则显著较低。在业已控制收入的情形下，教育程度对城镇居民的主观幸福感没有显著的影响，但农村居民中的“高中”与“初中”人群[2]相对于小学及以下（参照组）人群具有更强的主观幸福感，因此农村居民对教育的偏好似乎超出了单纯的获取收入的动机。在家庭无失业成员的城镇回答者中，回答者的年龄与主观幸福感之间表现出“U”形关系，即在一定年龄之前，主观幸福感随着年龄的增长而降低，此后则随之增高，这也是与多数的研究结论基本一致的。但这一效应在有失业成员的城镇家庭及农村住户中却不存在。即使只考虑年龄的一次项，家庭中有失业成员的城镇回答者的年龄与主观幸福感之间没有显著的联系，但农村回答者中则存在着主观幸福感随着年龄的增大而增强的线性关系。

---

[1] 不难理解，户主通常承担更多的社会及家庭责任。

[2] 从表 5-2 的描述性统计中也可发现，农村居民中“高中以上”文化程度是极为罕见的。

在家庭人口构成中，儿童与老人比例对主观幸福感通常没有显著的影响，但家庭成员的健康状况则对主观幸福感具有显著的作用，不健康成员越多的家庭主观幸福感程度也越低。值得注意的是，家庭人口数对主观幸福感的影响具有明显的城乡差异性，家庭人口数量对无失业成员城镇居民的主观幸福感具有正向的影响，人口数量越多的家庭幸福感程度相对较高；但对农村住户的影响则是相反的；而对有失业成员城镇居民的主观幸福感则没有显著的影响。这其中的联系机制不难理解，如果家庭具有较强的经济能力，并且家庭规模相对较低时，则家庭人口数量较多能带来相对较高的主观幸福感；相反，如果家庭的经济能力较差，并且家庭规模相对较大，则家庭人口数量对主观幸福感的影响可能是负面的。

### （二）总体回归系数差异显著性检验

在本章中，我们将全部样本划分成了几个不同的人群组。这也就隐含地假定不同人群组中，主观幸福感方程具有不同的决定形式，在决定因素（即解释变量）相同的情况下，不同人群组主观幸福感决定形式的差异将主要表现为总体估计系数之间的显著差异。

为了检验这种模型设定差异的显著性，我们采用了 Hausman 检验：记两人群组 $R$ 与 $U$ 的估计系数向量分别为 $\hat{\beta}_R$ 和 $\hat{\beta}_U$，估计系数向量对应的方差—协方差矩阵分别为 var（$\hat{\beta}_R$）和 var（$\hat{\beta}_U$），则统计量 $\left(\hat{\beta}_R-\hat{\beta}_U\right)'\left[\mathrm{var}\left(\hat{\beta}_R\right)-\mathrm{var}\left(\hat{\beta}_U\right)\right]^{-1}\left(\hat{\beta}_R-\hat{\beta}_U\right)$ 服从自由度为两个方程中相同解释变量的数量的 $\chi^2$ 分布。

表 5-4 的检验结果表明，农村住户与城镇住户之间的主观幸福感决定方式中存在着显著的差异，因此主观幸福感的决定方式中存在着比较明显的城乡差异，并且这种差异是一种结构性的差异。城镇内部失业与非失业住户中的总体系数差异也是显著的，因此城镇

有失业成员的住户的主观幸福感相对较低也在一定程度上可以归结为主观幸福感决定方程的结构性差异。总体上说，这种不同人群的分割特征是显著的，为了简化，我们也将不同人群之间的这种分割属性看成是外生给定的。

**表 5–4 不同人群组主观幸福感 logit 模型估计系数总体性差异检验**

| 项目 | 全部样本 | 全部城镇 | 城镇无失业 | 城镇有失业 |
|---|---|---|---|---|
| 全部城镇 | 70.30*** | — | … | … |
| 城镇无失业 | 1336.12*** | 30.23 | — | … |
| 城镇有失业 | 51.37** | 23.53 | 41.89* | — |
| 农村住户 | 201.81*** | 1396.25*** | 773.12*** | 114.73*** |

注：本表给出的是根据各人群组主观幸福感 Logit 方程中各解释变量估计系数 Hausman 检验的 $\chi^2$ 统计量。

### （三）影响因素的分解分析

鉴于前一部分的讨论，由于不同人群的主观幸福感决定方式之间存在差异性（主观幸福感的 Logit 模型的估计系数整体上具有显著的差异性），为了进一步确认导致不同人群主观幸福感差异的各因素的相对贡献大小，我们对各人群主观幸福感决定的 Logit 模型的估计结果进行分解分析，主要考虑两类主观幸福感差异：城乡差异以及就业状态差异。表 5–5 给出了具体的分解结果，包括变量和系数差异对主观幸福感差异的总体解释程度，以及各类变量对不同人群主观幸福感差异的总体解释份额。[1] 由于在 Even–Macpherson 分解中，参照组的选择将影响到单个因素对总体差异贡献大小的解释，因此我们分别给出了两种参照组的分解结果。

[1] 在考虑具体变量对主观幸福感差异的解释时，没有对系数差异与变量进行进一步的区分。

**表 5–5　各因素对城乡居民主观幸福感差异的解释效应（基于 Logit 分解）**

| 项目 | 城乡分割 | | | | | | 就业分割 | |
|---|---|---|---|---|---|---|---|---|
| | 农村—全部城镇 | | 农村—城镇无失业 | | 农村—城镇有失业 | | 无失业—有失业 | |
| | 数量 | 百分比 | 数量 | 百分比 | 数量 | 百分比 | 数量 | 百分比 |
| 平均预测概率总差异 | 0.054 | 100.00 | 0.024 | 100.00 | 0.179 | 100.00 | 0.155 | 100.00 |
| 项目 | 以农村系数、城镇变量为参照 | | | | | | 以有失业系数、无失业变量为参照 | |
| 变量总差异 | −0.071 | −131.48 | −0.088 | −366.67 | −0.002 | −1.12 | 0.105 | 67.74 |
| 系数总差异 | 0.125 | 231.48 | 0.112 | 466.67 | 0.181 | 101.12 | 0.050 | 32.26 |
| 绝对收入 | −1.342 | −2484.58 | −0.191 | −794.07 | −3.309 | −1848.84 | 2.473 | 1595.45 |
| 相对收入 | −0.254 | −471.23 | −0.242 | −1007.84 | −0.294 | −164.52 | 0.159 | 102.40 |
| 预期实现程度 | 0.074 | 136.67 | 0.066 | 273.67 | 0.119 | 66.60 | −0.045 | −29.04 |
| 家庭债务 | −0.005 | −9.63 | −0.006 | −24.65 | −0.003 | −1.49 | −0.002 | −1.16 |
| 收入变化预期 | 0.017 | 31.43 | 0.013 | 53.33 | 0.033 | 18.41 | −0.007 | −4.34 |
| 与过去状态的比较 | 0.125 | 231.91 | 0.120 | 500.83 | 0.139 | 77.57 | −0.001 | −0.84 |
| 其他变量 | 0.040 | 74.47 | 0.060 | 248.22 | −0.144 | −80.34 | 0.287 | 184.98 |
| 常数项 | 1.399 | 2590.95 | 0.204 | 850.51 | 3.638 | 2032.62 | −2.709 | −1747.44 |

续表

| 项目 | 城乡分割 | | | | | | 就业分割 | |
|---|---|---|---|---|---|---|---|---|
| | 农村—全部城镇 | | 农村—城镇无失业 | | 农村—城镇有失业 | | 无失业—有失业 | |
| | 数量 | 百分比 | 数量 | 百分比 | 数量 | 百分比 | 数量 | 百分比 |
| 平均预测概率总差异 | 0.054 | 100.00 | 0.024 | 100.00 | 0.179 | 100.00 | 0.155 | 100.00 |
| 项目 | 以城镇系数、农村变量为参照 | | | | | | 以无失业系数、有失业变量为参照 | |
| 变量总差异 | 0.005 | 9.26 | 0.014 | 58.33 | 0.136 | 75.98 | 0.096 | 61.94 |
| 变系数总差异 | 0.049 | 90.74 | 0.010 | 41.67 | 0.043 | 24.02 | 0.059 | 38.06 |
| 绝对收入 | −1.370 | −2536.71 | −0.156 | −650.78 | −6.489 | −5191.06 | 4.467 | 2882.00 |
| 相对收入 | −0.258 | −477.75 | −0.189 | −789.15 | −0.670 | −536.14 | 0.162 | 104.52 |
| 预期实现程度 | 0.074 | 136.88 | 0.045 | 186.90 | 0.161 | 128.80 | −0.072 | −46.45 |
| 家庭债务 | −0.007 | −13.37 | −0.010 | −41.64 | −0.013 | −10.43 | 0.006 | 3.74 |
| 收入变化预期 | 0.027 | 50.60 | 0.031 | 130.52 | −0.009 | −6.96 | −0.012 | −7.63 |
| 与过去状态的比较 | 0.133 | 246.38 | 0.101 | 420.88 | 0.258 | 206.39 | −0.015 | −9.46 |
| 其他变量 | 0.041 | 75.54 | 0.048 | 197.98 | −0.304 | −243.01 | 0.490 | 315.90 |
| 常数项 | 1.414 | 2618.43 | 0.155 | 645.29 | 7.190 | 5752.40 | −4.871 | −3142.63 |

**1. 城乡分割**

首先我们考虑主观幸福感差异的城乡分割特征，以农村居民自我评价为幸福的平均预测概率减去城镇居民的这一平均预测概率为分解对象。

从变量和系数对城乡主观幸福感差异的总体解释效果来看，在两种参照组的选择方式下，系数的总体差异对主观幸福感总体差异的解释程度通常要大于变量的解释作用。在以农村系数、城镇变量为参照组的分解结果中，变量总差异的解释作用总是为负的，而系数的总体解释作用总是为正的。导致变量总差异的解释作用为负的主要原因在于，城镇居民的绝对收入水平高于农村居民，即绝对收入水平对于城乡居民主观幸福感差异没有起到正向的解释作用。从表 5-3 中的估计结果可以看出，相对收入效应对于不同人群内部的主观幸福感决定具有较强的解释作用，但对于不同人群之间的主观幸福感差异也没有正向的解释作用。无论是绝对收入效应还是相对收入效应都无法解释城乡居民之间的主观幸福感差异。

对城乡居民主观幸福感差异具有重要解释作用的变量预期实现程度、对收入变化预期和对生活状态相对于过去状况的比较。预期实现程度对于农村与有失业城镇住户之间的主观幸福感差异具有较强的解释效应。事实上，以实际消费支出与主观估计的最低生活标准的比值所度量的预期实现程度在有失业成员的城镇住户中要更低于农村居民。在有失业成员的城镇住户中，这一较低值主要是由于实际消费支出较低造成的；而农村居民中，这一指标值较高是由于主观估计的最低生活标准较低造成的。[1] 应该指出的是，由于

---

[1] 城镇中有失业与没有失业成员的家庭的人均实际消费水平分别为 4839 元和 6847 元，前者比后者要低 2008 元，农村居民中这一数值为 1832 元；但从主观估计的每月最低生活支出来看，城镇中有失业与没有失业成员的家庭中分别为 970 元和 1122 元，前者比后者低 152 元，农村居民中的主观估计月最低生活支出只有 461 元，不到有失业的城镇住户的一半。

主观估计的最低生活支出中包含的是一个家庭中最为必要的生活开支，因此主观估计的最低生活支出差异在一定程度上可能反映了生活费用的差异，这在城镇有无失业成员的家庭中差异较小而城乡之间的差异较大的现象中也可以体现出来。这就意味着，城镇居民较低的主观幸福感与城镇相对较高的生活费用不无关联。在通常情况下，对“收入变化的预期”及“与过去状态的比较”在城乡居民主观幸福感差异中具有非常重要的解释作用，对于农村居民与全部城镇样本及无失业成员的城镇样本中尤其如此。这可能与这一段时期中相关改革措施的推行是有关联的。对生活状态改善的评价差异可能是与 20 世纪 90 年代后期以来在城市推行的相关改革措施相关的。直接影响到城镇居民福利水平的住房、医疗、教育支出预期的增长，由于失业率上升导致的收入及预期收入水平的下降，使得城镇居民对当前生活状态改善状况的悲观评价及对未来收入增长的悲观预期，从而使得城镇居民的主观幸福感低于农村居民，而相关的改革措施可能对农村居民未能造成直接的影响或影响程度相对较轻。

此外，常数项差异也具有较强的解释作用，而这一变量可能在更大程度上度量的是主观幸福感在城乡之间不可解释的差异部分，体现了城乡分割对于主观幸福感决定的影响。

**2. 就业分割**

在就业分割中，我们以没有失业成员的城镇家庭自我评价为幸福的平均预测概率减去有失业成员的城镇住户的这一平均预测概率为分解对象。从表 5–5 的分解结果可以看出，失业状态差异造成的主观幸福感差距则主要地来自收入效应，绝对收入效应与相对收入效应对这一差异都具有非常强的解释作用。相反，那些在主观幸福感的城乡差异中具有重要解释作用的因素，如预期实现程度、收入变化预期以及与过去状态比较，对于城镇居民就业状态差异而造成的主观幸福感差异的解释作用却是微不足道的。常数项对不同就业状态城镇居民的主观幸福感差异具有非常强的负解释效应，这一项度量的是这两类人群主观幸福感差异中不可解释的部分，体现的是一些未能观测到的因素的影响。

## 五、农村居民的主观幸福感高于城镇：有序 Logit 分析

表 5–6 和表 5–7 分别给出了有序 Logit 模型的估计结果及不同人群概率模型系数总体差异的显著性检验结果。表 5–6 给出的是有序 Logit 模型的估计系数。根据这些估计系数，可以确定解释变量对不同人群主观幸福感的影响形式，包括影响的显著性及影响的方向，但不能据此断定某特定变量对主观幸福感程度的边际贡献。表 5–7 的结果表明不同人群的主观幸福感决定方式存在显著的结构性差异。

具有显著影响的大多数解释变量在有序 Logit 模型与 Logit 模型中具有相同的系数符号，采用 Logit 与有序 Logit 模型并不改变这些变量对主观幸福感的总体作用形式，因此不再赘述。但关于家庭绝对收入水平的变量有非常大的改变。在 Logit 模型中，除了其平方项在城镇总样本及农村样本中显著以外，家庭人均收入对数及人均收入对数平方对主观幸福感的影响从总体上说都是不显著的。但在有序 Logit 模型中，绝对收入水平对城镇居民的主观幸福感程度有非常显著的影响，无论家庭成员中有无失业都是如此。[1] 这就意味着，主观幸福感决定中，绝对收入效应仍可能具有显著的作用，即使控制了相对收入的影响。

---

[1] 对于城镇居民中，绝对收入变量在 Probit 模型与有序 Probit 模型中的影响为什么不一样，我们还没有很好的解释。我们的猜测是，在有序概率模型中，被解释变量取值的变动性更强，因此对解释变量的变化可能会更为敏感。

**表 5–6　不同人群组主观幸福感的影响因素（有序 Logit 模型）**

| 项目 | 全部样本 | | 全部城镇住户 | | 无失业的城镇住户 | | 有失业的城镇住户 | | 农村住户 | |
|---|---|---|---|---|---|---|---|---|---|---|
| | 系数 | $z$ 值 | 系数 | $z$ 值 | 系数 | $z$ 值 | 系数 | $z$ 值 | 系数 | $z$ 值 |
| 家庭经济状况 | | | | | | | | | | |
| 家庭人均收入对数 | 0.138 | 0.46 | 3.997 | 4.33*** | 2.926 | 2.64*** | 5.591 | 2.61*** | −0.475 | 0.84 |
| 人均收入对数平方 | 0.02 | 1.08 | −0.21 | 4.02*** | −0.151 | 2.43** | −0.318 | 2.53** | 0.064 | 1.73* |
| 相对收入 | −0.06 | 0.77 | 0.878 | 6.97*** | 0.797 | 6.06*** | 1.447 | 3.50*** | −0.397 | 4.21*** |
| 相对收入平方 | 0.005 | 0.38 | −0.097 | 5.15*** | −0.089 | 5.05*** | −0.181 | 2.30** | 0.054 | 3.00*** |
| 预期实现程度 | 0.175 | 8.50*** | −0.045 | 0.65 | 0.006 | 0.09 | −0.269 | 2.03** | 0.193 | 8.82*** |
| 预期实现程度平方 | −0.013 | 7.13*** | 0.001 | 0.07 | −0.007 | 0.68 | 0.038 | 2.62*** | −0.014 | 7.75*** |
| 家庭负债 | −0.157 | 5.99*** | −0.158 | 3.15*** | −0.18 | 3.13*** | −0.035 | 0.32 | −0.186 | 4.74*** |
| 家庭负债平方 | 0.012 | 4.40*** | 0.011 | 2.33** | 0.014 | 2.48** | −0.002 | 0.18 | 0.017 | 3.66*** |
| 预期收入大幅度增长 | 0.913 | 11.82*** | 1.352 | 6.54*** | 1.395 | 6.33*** | 0.931 | 1.65* | 0.759 | 8.86*** |
| 预期收入小幅度增长 | 0.338 | 8.94*** | 0.377 | 6.91*** | 0.391 | 6.36*** | 0.353 | 2.90*** | 0.294 | 5.36*** |
| 预期收入下降 | −0.574 | 9.75*** | −0.669 | 9.61*** | −0.679 | 8.53*** | −0.657 | 4.43*** | −0.292 | 2.40** |
| 生活状态比过去改善 | 0.678 | 18.99*** | 0.145 | 2.43** | 0.162 | 2.49** | 0.046 | 0.29 | 0.954 | 21.22*** |
| 生活状态比过去恶化 | −0.466 | 8.29*** | −0.514 | 7.91*** | −0.445 | 5.80*** | −0.612 | 4.92*** | −0.554 | 4.43*** |

续表

| 项目 | 全部样本 | | 全部城镇住户 | | 无失业的城镇住户 | | 有失业的城镇住户 | | 农村住户 | |
|---|---|---|---|---|---|---|---|---|---|---|
| | 系数 | $z$ 值 | 系数 | $z$ 值 | 系数 | $z$ 值 | 系数 | $z$ 值 | 系数 | $z$ 值 |
| 回答者特征 | | | | | | | | | | |
| 户主 | −0.109 | 2.44** | −0.138 | 2.41** | −0.14 | 2.20** | −0.149 | 1.09 | −0.076 | 0.80 |
| 女性 | 0.097 | 2.21** | 0.128 | 2.29** | 0.127 | 2.02** | 0.127 | 0.99 | 0.064 | 0.68 |
| 有配偶 | 0.267 | 1.92* | 0.35 | 1.88* | 0.334 | 1.54 | 0.093 | 0.23 | 0.221 | 1.07 |
| 离异 | −0.784 | 3.34*** | −0.525 | 1.86* | −0.582 | 1.83* | −0.56 | 0.85 | −1.019 | 2.07** |
| 丧偶 | −0.553 | 3.11*** | −0.184 | 0.76 | −0.242 | 0.87 | −0.209 | 0.36 | −0.728 | 2.79*** |
| 大学及以上 | 0.209 | 2.37** | 0.119 | 0.88 | 0.101 | 0.67 | 0.29 | 0.81 | −0.201 | 0.42 |
| 大专 | 0.177 | 2.42** | 0.006 | 0.05 | −0.003 | 0.02 | 0.08 | 0.29 | 0.412 | 1.20 |
| 中专 | 0.156 | 2.22** | 0.037 | 0.30 | 0.005 | 0.03 | 0.232 | 0.87 | 0.143 | 1.09 |
| 高中 | 0.187 | 3.38*** | 0.079 | 0.67 | 0.112 | 0.84 | 0.049 | 0.20 | 0.183 | 2.71*** |
| 初中 | 0.182 | 4.09*** | 0.094 | 0.84 | 0.051 | 0.40 | 0.325 | 1.39 | 0.174 | 3.60*** |
| 年龄 | −0.038 | 2.80*** | −0.059 | 2.80*** | −0.064 | 2.75*** | −0.017 | 0.32 | −0.028 | 1.51 |
| 年龄平方 | 0.052 | 3.66*** | 0.069 | 3.17*** | 0.076 | 3.21*** | 0.018 | 0.33 | 0.041 | 2.10** |

续表

| 项目 | 全部样本 | | 全部城镇住户 | | 无失业的城镇住户 | | 有失业的城镇住户 | | 农村住户 | |
|---|---|---|---|---|---|---|---|---|---|---|
| | 系数 | $z$ 值 | 系数 | $z$ 值 | 系数 | $z$ 值 | 系数 | $z$ 值 | 系数 | $z$ 值 |
| 家庭人口特征 | | | | | | | | | | |
| 0～10 岁儿童比例 | −0.139 | 1.02 | −0.186 | 0.83 | −0.289 | 1.18 | 0.115 | 0.19 | −0.107 | 0.62 |
| 65 岁以上老人比例 | 0.206 | 1.83 | 0.273 | 1.65* | 0.147 | 0.82 | 0.605 | 1.03 | 0.18 | 1.07 |
| 身体欠佳成员比例 | −1.41 | 12.21*** | −1.469 | 9.36*** | −1.455 | 8.03*** | −1.408 | 4.19*** | −1.433 | 8.30*** |
| 家庭人口总数 | −0.027 | 1.74* | 0.11 | 3.30*** | 0.125 | 3.19*** | 0.096 | 1.37 | −0.047 | 2.68*** |
| 有失业的城镇住户 | −0.285 | 4.59*** | | | | | | | | |
| 农村住户 | 0.509 | 7.18*** | | | | | | | | |
| 阈值 1 | −1.645 | | 14.754 | | 9.826 | | 21.449 | | −4.481 | |
| 阈值 2 | 0.500 | | 16.749 | | 11.792 | | 23.545 | | −2.096 | |
| 阈值 3 | 2.484 | | 18.710 | | 13.829 | | 25.324 | | −0.045 | |
| 阈值 4 | 5.119 | | 21.804 | | 16.956 | | 28.256 | | 2.369 | |
| 样本数 | 15379 | | 6736 | | 5432 | | 1304 | | 8643 | |
| 拟对数似然值 | −17908.256 | | −7586.716 | | −5970.920 | | −1589.448 | | −10121.918 | |
| Wald $\chi^2$（25） | 2372.38 | | 1116.39 | | 775.90 | | 276.11 | | 1345.60 | |

注：本表给出的是各解释变量对主观幸福感的有序 Logit 模型的估计系数，而非边际效应。

表 5-7 不同人群组主观幸福感有序 Logit 模型估计系数差异检验

| 项目 | 全部样本 | 全部城镇 | 城镇无失业 | 城镇有失业 |
|---|---|---|---|---|
| 全部城镇 | 362.47*** | — | … | … |
| 城镇无失业 | 12690.76*** | 15.51 | — | … |
| 城镇有失业 | 65.16*** | 107.88*** | 472.60*** | — |
| 农村住户 | 301.75*** | 376.61*** | 205.81*** | 199.60*** |

注：本表给出的是根据各人群组主观幸福感有序 Logit 方程中各解释变量估计系数 Hausman 检验的 *z* 统计量。

其他系数特征变化明显的变量包括，在城乡混合及城镇总样本中，“有配偶”能显著地提高主观幸福感程度，而农村样本中“离异”则会导致主观幸福感的显著下降。在农村住户中，“预期收入下降”这一变量在有序 Logit 模型中的影响显著为负，而这一变量在 Logit 模型中则是不显著的；主观幸福感的年龄效应也变得明显，在无失业的城镇住户中，系数符号仍符合“U”形特征；农村居民的主观幸福感程度则随着年龄的增长而提升。

表 5-8 给出了根据有序 Logit 模型，各因素对主观幸福感程度的城乡差异进行分解的结果。这里是对农村居民主观幸福感程度的预测均值减去城镇居民主观幸福感程度预测均值的差额为分解对象。

尽管有序 Logit 模型中，绝对收入的影响是显著的，但如果以农村系数、城镇变量均值为参照，不难发现绝对收入对主观幸福感城乡差异的解释程度总体上仍是比较低的。在以城镇系数、农村变量为参照的分解中，绝对收入对城乡主观幸福感差距具有正的解释效应，这种正的解释效应来源于这一变量的系数效应，因此绝对收入对主观幸福感的影响程度取决于对不同人群组对绝对收入的评价的差异性。与 Logit 分解结果相同的是，收入变化预期及“与过去状态比较”对于城乡居民主观幸福感程度差异仍具有非常强的解释作用。

表 5–8　各因素对城乡居民主观幸福感差异的解释效应（基于有序 Logit 模型）

| 项目 | 城乡分割 | | | | | | 就业分割 | |
|---|---|---|---|---|---|---|---|---|
| | 农村—全部城镇 | | 农村—城镇无失业 | | 农村—城镇有失业 | | 无失业—有失业 | |
| | 数量 | 百分比 | 数量 | 百分比 | 数量 | 百分比 | 数量 | 百分比 |
| 预测均值总差异 | 0.184 | 100.00 | 0.120 | 100.00 | 0.448 | 100.00 | 0.328 | 100.00 |
| 项目 | 以农村系数、城镇变量为参照 | | | | | | 以有失业系数、无失业变量为参照 | |
| 变量总差异 | −0.097 | −52.72 | −0.134 | −111.67 | 0.057 | 12.72 | 0.231 | 70.43 |
| 系数总差异 | 0.281 | 152.72 | 0.254 | 211.67 | 0.391 | 87.28 | 0.097 | 29.57 |
| 绝对收入 | −0.012 | −6.63 | −0.062 | −51.74 | 0.170 | 38.03 | 0.097 | 29.72 |
| 相对收入 | 0.021 | 11.27 | 0.032 | 26.69 | −0.010 | −2.13 | 0.163 | 49.81 |
| 预期实现程度 | 0.008 | 4.11 | 0.005 | 4.50 | 0.013 | 2.97 | −0.012 | −3.77 |
| 家庭债务 | −0.024 | −13.07 | −0.026 | −21.29 | −0.019 | −4.28 | 0.004 | 1.21 |
| 收入变化预期 | 0.066 | 36.10 | 0.064 | 53.29 | 0.080 | 17.84 | 0.024 | 7.36 |
| 与过去状态的比较 | 0.186 | 100.97 | 0.173 | 144.34 | 0.245 | 54.79 | 0.040 | 12.29 |
| 其他变量 | −0.060 | −32.75 | −0.067 | −55.80 | −0.032 | −7.24 | 0.011 | 3.39 |

续表

| 项目 | 城乡分割 | | | | | | 就业分割 | |
| --- | --- | --- | --- | --- | --- | --- | --- | --- |
| | 农村—全部城镇 | | 农村—城镇无失业 | | 农村—城镇有失业 | | 无失业—有失业 | |
| | 数量 | 百分比 | 数量 | 百分比 | 数量 | 百分比 | 数量 | 百分比 |
| 预测均值总差异 | 0.184 | 100.00 | 0.120 | 100.00 | 0.448 | 100.00 | 0.328 | 100.00 |
| 项目 | 以城镇系数、农村变量为参照 | | | | | | 以无失业系数、有失业变量为参照 | |
| 变量总差异 | −0.117 | −63.59 | −0.122 | −101.67 | 0.214 | 47.77 | 0.199 | 60.67 |
| 系数总差异 | 0.301 | 163.59 | 0.242 | 201.67 | 0.234 | 52.23 | 0.129 | 39.33 |
| 绝对收入 | 0.021 | 11.18 | 0.009 | 7.63 | 0.052 | 11.59 | 0.169 | 51.56 |
| 相对收入 | 0.010 | 5.40 | −0.005 | −4.18 | 0.119 | 26.56 | 0.087 | 26.63 |
| 预期实现程度 | −0.023 | −12.37 | −0.040 | −33.41 | 0.060 | 13.34 | −0.005 | −1.39 |
| 家庭债务 | −0.021 | −11.45 | −0.025 | −20.55 | −0.001 | −0.30 | 0.008 | 2.34 |
| 收入变化预期 | 0.120 | 65.19 | 0.114 | 94.69 | 0.116 | 25.84 | 0.025 | 7.56 |
| 与过去状态的比较 | 0.051 | 27.48 | 0.040 | 33.16 | 0.072 | 16.00 | 0.030 | 9.20 |
| 其他变量 | 0.027 | 14.58 | 0.027 | 22.67 | 0.031 | 6.98 | 0.013 | 4.10 |

从城镇内部的就业分割特征来看，绝对收入效应与相对收入效应仍是造成城镇居民不同就业状态之间主观幸福感差异的主要原因。从表 5-8 中，我们还发现，“收入变化预期”及“与过去状态的比较”对于不同就业特征人群之间的主观幸福感差异也具有一定的解释作用，显然，失业人群对未来有更为悲观的预期，生活状态也更加趋向于恶化而非改善。

## 六、总结

城乡分割以及城镇失业是我国当前比较突出的两大社会问题。本章在住户调查数据的基础上，讨论了城乡分割与就业状态差异对不同人群主观幸福感差异的影响，并进一步分解分析了不同人群之间主观幸福感差异的形成原因。

从主观幸福感的决定因素来看，收入、对收入变化的预期以及生活改善状况对不同人群的主观幸福感程度都具有重要的影响。预期实现程度对于农村居民的主观幸福感具有重要的作用，这一变量也是导致主观幸福感的城乡差异的重要原因。对农村居民的主观幸福感程度高于城镇居民这一现象具有解释作用的其他变量包括，对收入变化的预期和对当前生活状态相对于过去的变化特征的评价。

总体上说，农村居民具有较高的主观幸福感程度在较大程度上是与较低的预期或欲望相联系的。而这一特征又可能在很大程度上与城乡被严重分割成两个不同的社会系统相关。城乡之间的藩篱最终将被打破，这是进一步市场化改革的基本要求和必然结果。在这种情况下，农村居民的主观幸福感将会发生怎样的变化？可能不是令人乐观的。如果我们将农村中有无外出务工成员住户的主观幸福感进行比较，则会发现有外出务工成员住户的主观幸福感程度远远低于没有外出务工成员的家庭。[1] 因此，当前农村居民主观幸福感程度高于城镇居民这一现象是农村仍具有严重的封闭性的结果，在逐步打破城乡分割的市场化改革过程中可能不具有稳定性。

本章的另一组对比分析对象是城镇居民中的就业人群与失业人群。与城乡分割的主观幸福感差异的解释因素不同的是，城镇居民中不同就业状态人群的主观幸福感差异主要是由收入效应所引起的。这是否意味着失业的非货币性的心理损失不重要？可能有待于进一步的研究。但既然收入效应是导致城镇失业人群主观幸福感较低的重要原因，那么不难预期，针对失业人群的收入补偿等社会保障措施应当能够发挥良好的效应。

**参考文献**

[1] 国家统计局 . 中国统计摘要 2005[M]. 北京：中国统计出版社，2005.

[2] 罗楚亮 . 预期、相对收入与城乡主观幸福感差异 [J]. 中国社会科学评论（待发表），2006.

[3] 邢占军 . 测量幸福——主观幸福感测量研究 [M]. 北京：人民出版社，2005.

[4] 曾慧超，袁岳 .2004 年中国居民生活质量报告 [M]// 汝信，等 .2005 年：中国社会形势分析与预测 . 北京：社会科学文献出版社，2005.

[5]ALESINA A，DI TELLA R，MACCULLOCH R. Inequality and Happiness：Are Europeans and Americans Different ？ [J]. Journal of Public Economics，2004，88（9–10）：2009–2042.

[6]CLARK A E，OSWALD A J. Unhappiness and Unemployment[J].

[1] 我们在另一项关于农村外出务工与主观幸福感关系的研究中发现，有外出务工成员家庭认为幸福的比例比没有外出务工成员的家庭要低 15 个百分点。

Economic Journal, 1994 (104) 424: 648–659.

[7]CLARK A E, OSWALD A J. Satisfaction and Comparison Income[J]. Journal of Public Economics, 1996 (61) 3: 359–381.

[8]D' AMBROSIO C, FRICK J R. Subjective Well–Being and Relative Deprivation: An Empirical Link[J]. IZA DP, 2004 (1351).

[9]DOIRON D, RIDDELL W C. The Impact of Unionization on Male–Female Earnings Differences in Canada[J]. Journal of Human Resources, 1994, 29 (2): 504–534.

[10]EASTERLIN R A. Income and Happiness: Towards a Unified Theory[J]. Economic journal, 2001 (111) 473: 465–484.

[11]EVEN W E, MACPHERSON D A. The Decline of Private–Sector Unionism and the Gender Wage Gap[J]. Journal of Human Resources, 1993, 28 (2): 279–296.

[12]FERRER–I–CARBONELL A. Income and Well–being: An Empirical Analysis of the Comparison Income Effects[G]. Tinbergen Institute Discussion Paper, TI 2002–019/3.

[13]FERRER–I–CARBONELL A. Frijters P. How Important Is Methodology for the Estimates of the Determinants of Happiness[J]. Economic Journal, 2004, 114 (497): 641–659.

[14]FREY B, STUTZER A. What Can Economist Learn from Happiness Research? [J]. Journal of Economic Literature, 2002, XL (2): 402–435.

[15]FRIJTERS P, SHIELDS M, HATSKEN–DENEW J. Money Does Matter!Evidence from Increasing Real Incomes in East Germany following Reunification[J]. American Economic Review, 2004, 94 (3): 730–741.

[16]GERLACH K, STEPHAN G. A Paper on Unhappiness and Unemployment in Germany[J]. Economics Letter, 1996, 52 (3): 325–330.

[17]GRAHAM C, PETTINATO S. Happiness, Markets, and Democracy: Latin America in Comparative Perspective[J]. Journal of Happiness Studies, 2001, 2 (3), 237–268.

[18]GRAHAM C, PETTINATO S. Frustrated Achievers: Winners, Losers and Subjective Well_Being in New Market Economies[J]. Journal of Development Studies, 2002, 38 (4): 100–140.

[19]KNIGHT J, SONG L. Subjective Well–being and its Determinants in Rural China[C]. Conference Discussion paper in "Income Inequality and Public Policy in China", 2004.

[20]KORPI T. Is Utility Related to Employment Status ? Employment, Unemployment, Labor Market Policies and Subjective Well–Being among Swedish Youth[J]. Labour Economics, 1997, 4 (2): 125–147.

[21]MCBRIDE M. Relative Income Effects on Subjective well–Being in the Cross–Section[J]. Journal of Economic Behavior and Organization, 2001, 45 (3): 251–278.

[22]MURPHY G, ATHANASON J. The Effect of Unemployment on Mental Health[J]. Journal of Occupational and Organizational Psychology, 1999, 72 (1): 83–99.

[23]OSWALD A J. Happiness and Economic Performance[J]. Economic Journal, 1997, 107 (445): 1815–1831.

[24]RAVALLION M, Lokshin M. Identifying welfare Effects from Subjective Questions[J]. Economica, 2001, 68 (271): 335–357.

[25]WINKELMANN L, WINKELMANN R. Why Are the Unemployed So Unhappy ? Evidence from Panel Data[J]. Economica, 1998, 65 (257): 1–15.

[26]WOODRIDGE J. Econometric Analysis of Cross Section and Panel Data[M]. Cambridge: The MIT Press, 2002.

（本章作者：罗楚亮　原载于《经济学（季刊）》2006 年第五卷第 3 期）

# 第六章　中国当前的收入分配状况及对策分析*

**【内容提要】**中国当前收入差距扩大表现在宏观层面的劳动者报酬乃至居民收入比重下降和微观层面的居民收入差距扩大。本章分别从资产收益率、地方政府行为、迁移工人议价能力、垄断性行业和竞争性行业、企业内部收入差距以及城市化进程等多个视角出发，对这两个表象背后的原因进行了分析，进而提出了相关的政策建议。

**【关键词】**收入分配　劳动者报酬　迁移工人　薪酬制度　工会

中国经济快速增长的同时，也同样遗留着多个谜局等待破解，其中重要的一个谜局就是中国 GDP 中消费率过低的谜局。已经有很多文献从居民收入分配的视角出发试图对这一谜题给出解释，即收入分配不平等导致了消费率过低的现象。这当然是一个重要的突破和认识，但该理由并不全面，因为国民经济中的消费率并不仅仅是居民消费，它还包括了政府的消费。而在中国，政府储蓄率与居民储蓄率相比则更高。以同为发展中大国的印度而言，其收入基尼系数也达到了将近 0.5，略高于中国的水准。受其影响，其消费率在全球比较中处于较低的水平，但仍高于中国 19 个百分点，这就不是

* 本章在写作过程中，吴太昌研究员在工资制度及其经济史案例方面提供了有益的帮助；邓曲恒提供了一些相关资料并参与讨论；何伟帮助进行了部分计算工作并参与讨论。此外，朱玲、李实、赵人伟、杨春学、蒋中一都曾提出各种有益的修改意见，在此一并感谢。

居民收入分配不均等所能够解释的了。可见，国民经济的消费率取决于两方面的因素：居民收入分配的均等程度以及宏观分配格局中居民收入所占比重。

在宏观分配格局问题上，进入21世纪以来，我国政府在收入再分配政策方面已有多项措施出台，也取得了一定的效果，在以后的工作中应延续并加强目前的收入再分配政策。但根据我们对国民收入初次分配的研究发现，当前收入分配领域存在的问题主要在于国民收入初次分配阶段。因此，本章研究亦将重点放在国民收入初次分配问题方面。

受到数据的限制，关于中国宏观分配格局和居民收入分配的讨论大多只能截至2007年左右。近期的研究已经发现，中国宏观分配格局在将近十年的时间里出现的一个最为突出的问题是劳动者报酬占比下降的问题。尽管统计局的收入法GDP核算口径发生了一定的变化，有关学者的研究结论也有所差异，但基本的结论是一致的，即劳动者报酬占比出现了较为持续的下降（李扬、殷剑锋，2007；李稻葵、刘霖林、王红领，2009；白重恩、钱震杰，2009；张车伟，2009；常兴华、李伟，2009）。

居民收入分配状况则延续了收入差距持续扩大的势头。根据北师大收入分配课题组最新的计算结果，2007年全国居民收入的基尼系数为0.475。这样的收入差距从全球的情况来看，也处于比较高的程度。以下为对上述情况的进一步分析。

## 一、收入分配状况分析

### 1. 以劳动者报酬为代表的居民收入在GDP中的比重持续下降

从国民收入初次分配阶段的功能性分配方面看，劳动者报酬所占比重经历了先上升再下降的过程。特别是近几年劳动者报酬所占比重经历了一个较为迅速的下降过程，由此导致在让劳动者分享更多的经济发展成果方面，我们又或多或少向改革初期的原点回归。

在近期的相关研究中，住户部门收入占比持续下降的趋势比较明显。在以收入法核算的 GDP 中，劳动报酬所占比重持续下降，其所占比重在 1995—2006 年下降了将近 10 个百分点，[1]即便是进行了某种调整的计算，也有 5 个百分点的下降（张车伟，2009）。而从再分配收入的分配格局出发，居民部门的可支配收入也出现了明显的下降，达到 9 个百分点（常兴华等）。由于 2004 年我国国民经济核算体系发生了一定的变化，将自我雇用者营业收入的分类由原来的劳动者报酬转变为营业盈余，造成了一定程度上数据的不可比性，为劳动者报酬占比的估计变化造成了一定的困难。我们对 1996—2007 年的劳动者报酬进行了一个较为简单初步的估算（见附录），总体判断劳动者报酬占 GDP 比重下降了大约 9.3 个百分点，其中 3.3 个百分点是由于就业非正规化造成原属于劳动者报酬的自雇者营业盈余被纳入企业营业盈余之中，而其他 6 个百分点则来自于实实在在的劳动者报酬下降。[2]

从收入法 GDP 出发，在劳动者报酬下降的同时，政府的生产税收入上升 2.2 个百分点，固定资产折旧占比上升了 1.4 个百分点，营业盈余上升了 5.7 个百分点，其中，2.4 个百分点的上升来自正规企业的营业盈余，而其余 3.3 个百分点的上升则来自自雇者营业盈余的变动。

受其影响，在 20 世纪 90 年代中期以来的多数年份中，居民收入增长率低于 GDP 增长率（见图 6–1）。[3]这一现象也间接证实了劳动者报酬占 GDP 份额下降的趋势。

---

[1] 见李稻葵等（2009）、白重恩等（2009）、李扬等（2007）。

[2] 具体的调整方法见附录。

[3] 因为初次分配格局基于现价 GDP 进行计算，所以本文在比较居民与 GDP 增长率时均采用可同比的名义增长率进行比较。

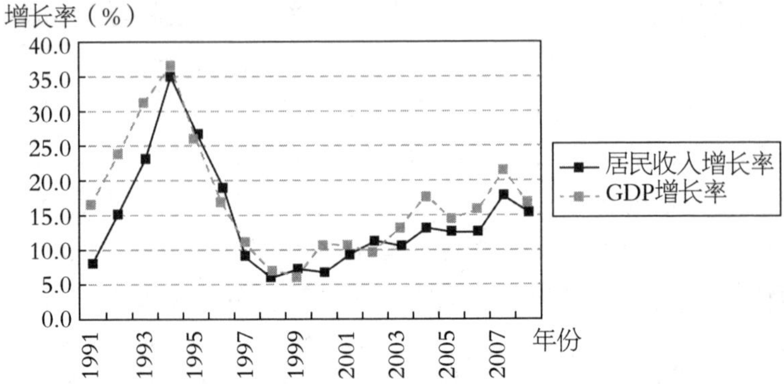


**图 6–1　居民收入增长率与 GDP 增长率的关系（均为名义增长率）**

与其他国家相比，我国劳动者报酬所占比重处于相对较低的水平。在将自我雇佣者的营业盈余扣除之后，OECD 国家的劳动者报酬占比大约为 45%，而拉丁美洲国家占比大约为 35%。2007 年，我国劳动者报酬占比约为 40%，但考虑到我国劳动者报酬中已经包括了企业社会保障缴款，因而与对方可比的我国劳动者净报酬所占比重应与拉美国家的情况相对更为接近。

从历史的视角看，英美两国在 1860—1940 年，包括了自我雇佣者营业收入和资本家的劳动收入的劳动者报酬所占比重分别为 77.5% 和 66.5%。而我国当前按可比口径计算的水平估计大体在 46% 左右，则我国的劳动者报酬占比同样也处于相对较低的水平。

**2. 居民收入差距持续扩大**

在我国居民收入分配格局的演变中，最突出的特征是收入差距的扩大。其中，在改革前期，由于农村经济体制改革的效应，城乡居民收入差距曾出现缩小的趋势。而且，行业之间、地区之间的收入差距也都曾出现过缩小的趋势。但这种趋势持续的时间相对较为短暂，而随后的差距扩大过程则持续时间更长。而且总体而言，城乡内部以及全国的居民收入差距则几乎一直处于扩大的过程中。

城乡差距自20世纪80年代中期以来几乎一直处于扩大的趋势之中（见图6-2），城乡差距对全国基尼系数的贡献高达40%以上。而地区之间的收入差距也在扩大，特别是90年代初期以来，地区间收入差距也处于不断扩大的态势之中，但相较前者，地区差距问题处于相对次要的地位。

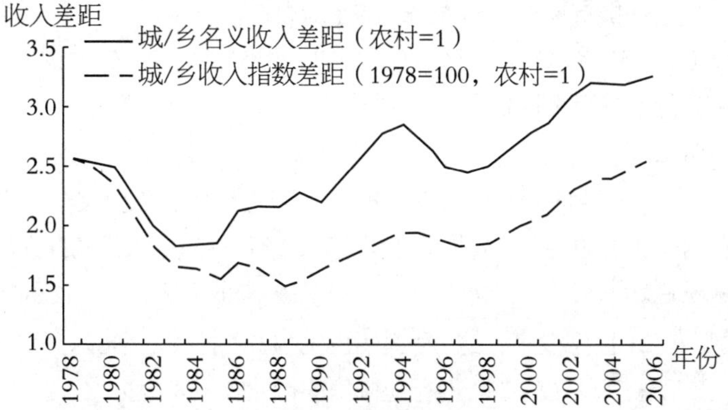


**图6-2　城乡居民收入差距**

根据目前已经获得的数据资料，在2007年全国居民收入分配的基尼系数已达0.475。基于我们课题组的计算，2006年城镇居民收入分配的基尼系数为0.32，同期农村居民收入分配的基尼系数为0.38（见图6-3）。

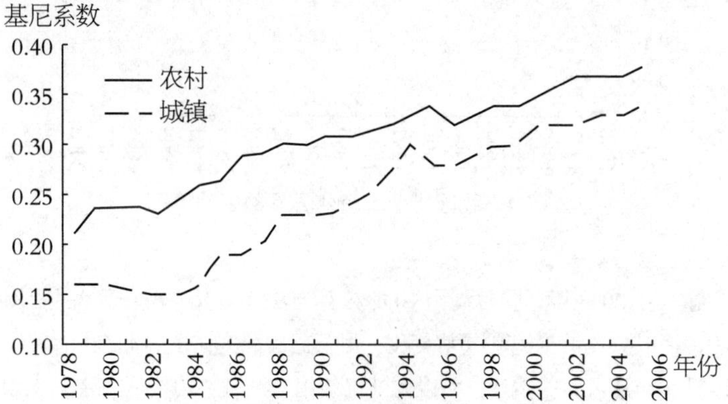


**图6-3　城市和农村内部收入差距的基尼系数变动趋势**

我国居民收入分配的不均等状况在全球范围内也处于比较高的水平上。我国全国居民收入的基尼系数在亚洲属于比较高的，且明显高于经济发展程度较好的亚洲国家；我国的这一指标远高于所有的 OECD（经济合作与发展组织）国家；与转型国家相比，除去中亚等少数相对欠发达的转型国家外，我国的全国居民收入基尼系数超过了包括俄罗斯在内的多数东欧转型国家；大体处于拉美及加勒比海国家的中等水平，但较为明显地低于巴西的居民收入差距。

**3. 行业差距迅速扩大**

自 20 世纪 90 年代以来，我国行业之间工资差距不断扩大（见图 6–4）。[1]这种行业工资差距的扩大与垄断行业工资增长速度过快有相当重要的关系。垄断行业与竞争性行业在 90 年代初期人均工资比率均在 1.1 以内，90 年代中后期则逐步扩大到 1.1～1.3 的幅度范围内。21 世纪以来，这一比率超过了 1.3。种种证据说明自 90 年代以来我国出现了向垄断性行业倾斜的行业收入差距扩大。

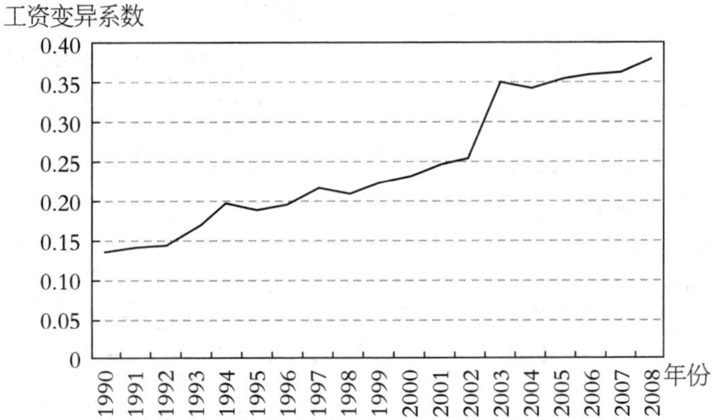


**图 6–4　我国行业工资变异系数变动情况**

[1] 在 2004 年，同时受到 GDP 核算方法变更及经济普查调整因素的影响，造成数据结果出现异常变化。尽管已有研究试图对此进行调整，但至今没有非常可靠的估计，所以此处仍使用未经调整的数据。除去 2004 年一年的异常变动，行业工资差距持续扩大的趋势还是清晰可见的。

以上的统计均来自可获得的数据资料。如果考虑到大量低工资收入的迁移工人大多进入了竞争性行业，而其工资收入很大程度上并未纳入统计的因素，以及垄断企业发放的奖金数量远远超过竞争性行业，则行业间就业者人均收入差异会远远大于上述的估计。基于中国社会科学院经济研究所课题组 1988 年、1995 年和 2002 年居民收入数据做出的的研究，我们发现，垄断性行业的就业者人力资本水平较高的确对行业之间收入差距产生了一定的影响，但这些行业从业人员其行业垄断获得的收益对收入差距的贡献一直在扩大，并在 2002 年以来成为行业间收入差距扩大的最主要原因。

从国外的经验看，拉丁美洲收入差距较大的一个重要原因是拉美国家在分配关系问题上多向大资产阶级和官僚资产阶级倾斜，而我们现行的工资和奖金制度则较为明显地向垄断企业和国有企业倾斜。尽管社会制度不同，倾斜原因有异，但其对收入差距扩大的作用方向还是比较一致的。

## 二、收入分配问题的原因分析

**1. 技术进步和资产收益率提高**

资本收益率的提高是劳动者报酬下降的原因之一。而资本收益率的提高来自三个方面：技术进步和产业结构升级、经济虚拟化和资本证券化、全球化条件下资本的全球流动。

我国的工业化进程伴随着技术进步和产业结构升级，该部分的变动直接造成了企业固定资产折旧速度加快，从而挤占了劳动者报酬占比。此外，由于虚拟经济和实体经济资本收益率的较大差异，造成了实体经济的资本更多地投入到虚拟经济中去，造成了“经济虚拟化和资产证券化”，这提高了资本的收益率和企业营业盈余的份额，进而造成劳动者报酬下降。尽管这是一个较为自然的过程，但我们需采取办法减缓这一过程对劳动者报酬比重的挤压。

自 20 世纪 70 年代以来，全球各国的收入差距进入了一个扩大的时期。从规模收入分配的角度看，无论是 OECD 国家还是“东亚模式”诸国，全国居民收入差距都有所扩大。而从功能性收入分配的角度看，OECD 国家和“东亚模式”诸国的劳动者报酬与 60 年代相比也都有较为明显的下降。

究其原因，这是全球化导致的。由于全球化造成了资本在全球的相对自由流动，造成了投资大多发生在资本回报率较高的地区。从全球情况来看，劳动份额受到挤占与经济全球化有相当重要的关系。

需要指出的是，经济全球化是我国的外生条件，不是中国一国可以改变的，所以这一因素对我国宏观分配格局以及居民收入差距的影响在相当的时期内仍将继续存在。

**2. 地方政府经济增长优先战略的影响**

在我国，各级政府长期受到经济增长优先战略的影响。受到这一战略的影响，出于促进本地区经济发展的目的，各地政府在招商引资等活动中，大多给投资者以各种税收优惠政策，从而最大限度地保障了投资者的利益。

这一战略在某些方面是成功的，其最大的成功之处在于从整体上扩大了中国经济增长的规模，保证了中国经济的快速增长并扩大了就业。但其缺点也是明显的，即各级政府往往过度保护了投资者，甚或帮助投资者一起压低受雇者（尤其是供给较为充裕的普通劳动者）的工资水平，从而使受雇者在劳资博弈中处于相对弱势的地位。地方政府对投资者的过度保护和压低受雇者工资两方面原因结合在一起在国民经济统计中就最终体现为劳动者报酬占比的下降。

**3. 迁移工人比重上升，但议价能力不强**

如果仅仅参照《中国统计年鉴》有关数据，很难得到中国就业扩大的有关证据。因为从 1996 年以来，全国职工总人数下降了约 23%。其中 1996—2004 年，职工总人数下降了 30%，2005 年以来职工总人数才又有所增加。这一现象与中国统计制度滞后有巨大的关系，因为规模较小的民营企业的职工人数以及工资收入遗漏较多。

中国职工总人数缩小，而经济保持了快速增长，其背后的原因则在于大量以农民工为代表的迁移工人进入第二和第三产业当中。根据有关统计，我国外出农民工数量在2008年年底已达到1.5亿人，他们的工资水平多未列入统计，其经济贡献也被低估，造成了工资增长与GDP关系的错误估计。

但中国宏观格局中劳动者报酬下降以及全国居民收入差距扩大与迁移工人的存在及其低工资有着相当重要的联系。中国的迁移工人，特别是农民工进入城市以后，也将中国特有的巨大城乡差距带到了城市的劳动力市场，农民工迁入地的劳动力市场分割造成了本地城镇居民就业者——迁移工人这样的二元劳动力市场，而在农村，同样也存在着非农就业和农业就业两个劳动力市场。这样在全国范围内，形成了双重二元劳动力市场结构。

迁移工人进入了大量低端的劳动力市场，但他们却没有受到足够的劳动保护覆盖。更由于他们来自四面八方，很难形成与投资者相抗衡的势力，严重缺乏工资的议价能力。因而造成受雇的迁移工人工资远远低于国有部门职工的工资收入水平。随着迁移工人逐步成为中国产业工人的主力军，其在就业人群中的比重不断上升，因而从整体上看，劳动者报酬占比偏低的现象就不可避免地在中国出现了。

迁移工人进入城市部门同时还造成了非正规就业快速增长的局面。在城市的非正规就业部门中，自我雇佣者所占比重增加。这些自我雇佣者，其营业收入被计入营业盈余，因而部分造成了劳动者报酬比重偏低的结果。但与就业结构中迁移工人比重迅速上升的因素相比，自我雇佣者因素仅处于相对次要的地位。

迁移工人大多数是来自农村的农民工，他们收入的提高不仅有助于提高劳动者报酬占GDP的比重，也有助于缩小城乡差别，从而缩小全国居民收入差距。迁移工人中的一个值得注意的群体是大学毕业生群体，由于他们所占比重不算很高，因而从统计上看，对收入差距的作用不大。但作为被压低工资群体中的精英分子，其对社会稳定的影响不容小视，且随着大学毕业生越来越难以进入正规部门，他们对收入差距和社会稳定的影响将越来越大。

**4. 正规部门就业下降与垄断行业工资增长过快**

以国有经济为代表的规模以上正规企业，其工资增长也不尽如人意。尽管人均工资水平名义增长率超过了 GDP 名义增长率。但由于这些正规部门容纳就业的规模萎缩，特别在 1997 年和 1998 年下降迅速，因而在 1996 年以来的十多年时间中，该部门的工资总额增长率低于 GDP 增长。其中，目前讨论热烈的 1996 年至 2004 年的总就业人数（即全国职工总人数）下降了 29%。人均工资增长和总就业人数下降共同作用的结果是，规模以上正规企业在将近十年的时间里，对劳动者报酬的总体贡献为 -10%。由此可见，作为一个整体，正规部门对劳动者报酬的贡献总体为负。从该数据可以得到的另外一个印象是，我国经济非正规化的过程正在加快。

在正规部门中，又可以进一步细分为垄断性行业和竞争性行业。即便在正规部门内部，垄断行业以及部分垄断行业的工资增长率也超过竞争性行业。我国在这方面目前面临的主要问题是市场垄断与行政垄断的结合，使相关垄断行业以合理或不合理手段、市场与非市场手段乃至合法与不合法手段牟取部门利益的能力进一步加强。与此同时，对垄断行业的监管却十分缺乏。一方面，其劳动力市场缺乏有效的竞争机制，劳动力无法在工资机制的调节下自由流入，市场机制在其就业岗位的分配中是乏力的。另一方面，由于基本薪酬作用的缺失，无法对其利润的分配进行监管。不仅如此，这些行业中的垄断企业还是市场上的价格制定者，因此能够借助自己的销售价格方便地转嫁其运营成本，并在此基础上使其成员获得远高于社会平均水平的高津贴和高额奖金。

**5. 管理层与普通工人收入差距过大**

管理层与普通工人的收入差距也在扩大，不要说在非国有企业内部早已存在的企业高管与普通工人之间的收入差距过大问题，就是在国有企业以及国有控股企业内部，管理层与普通工人之间的收入差距也在扩大。

这种扩大来自三个方面。其一，基于国家有关工资决定机制制定的工资体系内的差异，这是在工资制度内的差距。由于职级工资的设定，这种差异本身就已经存在，且对我们目前的收入差距实际还起到缩小的作用，所以我们无须对该部分进行调整。其二，非工资性的工资收入造成的巨大差异。企业高层管理者，特别是大型国有部门的企业高层管理者利用各种有利条件为自己制定远超过工资体系的超高工资水平，这既破坏了工资体制，又造成了巨大的收入差距，这种非工资性收入是需要严格控制的。[1]其三，奖金和津贴部分既造成了巨大的企业和行业间差距，又造成了企业内部的较高收入差距。一些垄断企业为自己的员工发放高额津贴和奖金，造成了全社会收入差距的扩大，而以年终奖名义颁发的奖金则进一步造成了收入分配向管理者自身的进一步倾斜，从而首先对整个企业的收入差异扩大起到了非常重要的作用。而基于我们的调查了解，在极个别大型国有企业，企业总经理的年终奖与刚刚进入企业的普通员工之间的差距高达 100 倍以上。

由此可见，在国有企业内部，如何控制高层管理者的收入增长过快是新形势下的新挑战。

**6. 快速城市化过程与收入分配**

中国自 20 世纪 90 年代中期开始了一轮快速城市化的进程，城镇居民在全国人口中所占比重从 1996 年的 29% 迅速提高到 2008 年的 45%。快速城市化进程对宏观分配格局和居民收入分配均产生了影响。

[1] 通过资本市场的有关统计数据，我们很容易计算出上市企业中最高管理者与该企业内部普通劳动者之间的巨大收入差距。

在宏观格局方面，由于农业劳动者报酬占农业总收入比重远高于城镇本地工商业从业人员的这一比重，而从农业转化为非农的就业者其劳动者报酬占比又远低于城镇本地工商业就业者的相应比重。在一定程度上造成了在全国范围内劳动者报酬偏低的局面，从这个角度看，在其他条件不变的情况下，劳动者报酬占 GDP 比重下降是一个必然的结果。

而基于传统发展经济学理论，在城市化过程中，由于传统部门和现代部门的收入水平差异，作为一个经济体的收入差距会出现先扩大再缩小的趋势。在我国这一效应也恰好正处于扩大的过程中。因为在这一快速城市化过程中，由农村居民转化为城市居民的主要有两类人群。一类是农村中收入相对较高的城郊地区或较大的集镇居民，另一类是较早进入城市打工或从事个体经营活动的农村迁移工人。他们同属于农村收入状况较好的群体，但受制于中国巨大的城乡差距，在城市化后他们却沦为城镇中的中低收入群体。从而一方面进一步扩大了城镇居民的收入差距，另一方面则继续了我国城乡差距较大的局面。基于工业化进程的需要，城市化是一个不可逆转的进程，在目前城镇居民比例仍相对较低的情况下，收入差距本身有一定扩大的趋势。

在这一城市化进程中，需要注意的是在一些地区农村居民的耕地被廉价占用，并产生了一批失地农民，他们是城市化进程中的利益受损者。据估计，仅农地转为建设用地，地方财政因而获益 5.2 万亿元，同时造成 6000 万失地农民，农民又一次成为城市化进程的受损群体。这不仅造成农村内部收入差距的扩大，而且在某种程度上扩大了城乡之间的收入差距。

## 三、政策建议

劳动者报酬比重下降以及居民收入差距不断扩大的形势意味着，从相对状况来看，只有少数的高收入群体才可能从经济增长中获益，而大量的中等收入和低收入人群在经济增长中获得的份额不断下降。尽管针对城乡低收入群体实施的一系列保障制度都大大减缓了城乡人口贫困发生率，但上述以贫困人群为目标的社会政策对扭转居民收入差距的影响甚微。因此，在收入分配方面需要从提高劳动者报酬比重和缩小居民收入差距的双重任务中寻找对策。

基于前面的分析，笔者认为需要在如下几个方面改进收入分配制度：

（1）正确理解我国的收入分配指导方针，深入探讨按劳分配原则中简单劳动和复杂劳动关系问题。对劳动以外的要素参与分配，既要承认，也要抑制。

按劳分配原则是社会主义的分配原则，而我国政府进一步提出的“完善按劳分配为主体、多种分配方式并存的分配制度，坚持各种生产要素按贡献参与分配”的原则则是在中国特色社会主义建设过程中对按劳分配原则的发展创新。

在按劳分配这一主体性原则中，当前需要注意的是简单劳动和以管理、技术为代表的复杂劳动之间的分配关系。受到全球化、产业结构以及技术进步等多种因素的共同作用，管理、技术因素分配份额在劳动份额中的比重上升，而普通劳动所占份额下降，这是当前居民收入差距扩大的一个重要原因。掌握了话语权的精英阶层过分夸大了管理和技术的贡献，因而压低了简单劳动的贡献。在这方面，补偿性工资理论的研究和探讨有着较为重要的现实意义。基于这一理论，在有害环境下工作的工人应获得相应的补偿，将有助于提高简单劳动的收入份额。可惜的是，在我们对农民工的相关研究中却并没有发现补偿性工资的存在。因此，如何对简单劳动和复杂劳动的关系进行分析研究是当前贯彻按劳分配原则的一个重点。

“坚持各种生产要素按贡献参与分配”这一指导方针，从理论上对马克思主义的分配原则进行了发展，并有助于理顺中国特色社会主义建设过程中的分配关系。这无疑是必要的。但与此同时，随着对其他要素参与分配的承认，存在对这些要素参与分配的一些不正当认识，即扩大这些要素在分配中的份额。笔者认为这与我们的“按劳分配为主体”的首要原则发生了冲突。目前存在的问题是对于这些要素如何参与分配，在分配中应占有什么样的比例等较为细致的问题认识不足，从而对劳动者报酬占比下降以及居民收入差距扩大都起到了一定的作用。笔者认为，需要正确认识当前的收入分配指导方针，对于劳动以外的其他生产要素参与分配，既要承认其合法性，又要适当抑制其在分配中的比例，即仍应将“以按劳分配为主体”作为我国收入分配的首要原则，并强调其重要地位。

（2）应在政府考核指标体系中明确提出劳动者报酬增长率要快于人均 GDP 增长率。

宏观分配格局中劳动者报酬偏低的问题是当前收入分配问题的主要矛盾，因而最为直接的一个考虑就是在政府的经济发展目标中，明确提出居民收入超 GDP 增长这样一个目标。因为从宏观格局变动情况来看，只有居民收入增长超过 GDP 增长率，劳动者报酬比重才会渐次提高。而如果居民收入增长率始终低于 GDP 增长率，则无法想象劳动者报酬占比会上升。

（3）政府部门应适度调减生产环节税收，为提高劳动者报酬比重做出表率。

近年来，我国出现的税收超 GDP 增长成为经济发展的一个重要表现，殊不知这正是劳动者报酬占比下降的一个重要原因。作为初次分配中政府部门的主要收入，生产税超 GDP 增长造成了其占 GDP 比重的较快提高，并同时挤占了劳动者报酬比重。应当承认，我国名义税负相对较重，而由于监管不力造成实际税负远不似名义税负那样高。但该情况近年来有了明显的改善，税收监管的加强造成了税收超 GDP 增长的局面，实际税负水平逐步提高。但从改变国民核算初次分配中劳动者报酬下降趋势的角度出发，我们应在加强税收监管的同时，降低生产环节税的名义税率，两相抵消后尽可能造成实际宏观税负的下降。

减少生产税进而适当缩小政府收入所占比重也是我国经济活动中扩大消费的必然要求。在最终消费构成的两个部分中，居民消费倾向在近些年有所提高，但受制于劳动者报酬比重降低，其提升消费的作用比较有限；而政府部门收入比重提高，但其消费倾向持续下降，造成政府部门最终消费率下降。两者共同作用的结果是我国最终消费率较低且呈继续下降趋势。因而政府应适当考虑调减生产税税率，让利于民。在具备良好的企业分成制度的前提下，生产税调减既有利于提高劳动者报酬比重，也有利于扩大消费。该政策方向也与我国经济体制改革“富民”目标相一致。但要防止政府降低生产税后，企业主将所获利益不用于增加工人工资，而是增加自己的利润。

（4）建立健全以工资为主体的收入形成机制，严格控制国有垄断企业和权力机构的收费和利润转化为收入的比例。

目前我国多种薪酬制度同时并存的局面在一定程度上造成了工资制度的名存实亡。而类似多种薪酬制度并存的局面曾在我国南北朝时期北魏政权中出现过，并留下了历史教训。在北魏政权建立早期，为激励军事扩张，摒弃薪俸制，采用以论功行赏的“班赐”制为主的多种薪酬制度。该薪酬制度在保证了北魏政权军事扩张的同时也造成了大量的社会问题。为此，北魏孝文帝的改革以相当惨重的代价实施“班禄”制，回归官员的薪俸制度。因此，至少首先在国有企事业单位内部，我们需要确立以工资机制为主的收入形成机制。

我国目前多种薪酬制度并存局面既是垄断行业收入水平超常规增长的原因，也是国有企业内部收入差距扩大的原因。因而规范收入形成机制对缩小居民收入差距至关重要。

在我国的国有经济部门内部存在着多种不和谐的劳动关系，这些不和谐的劳动关系可以大体概括为物质生产部门与非物质生产部门从业者收入差距过大、不同地区公务员收入差距过大、垄断部门与非垄断部门从业者收入差距过大、企业内部高层管理者和普通工人之间收入差距过大等现象。

所有这些现象的根源在于收入形成机制混乱和工资调节收入分配功能弱化。在国有经济部门中，在那些市场垄断企业以及行政性垄断部门，工资收入往往只占从业人员全部收入的少部分，工资几乎丧失了收入分配调节作用；在那些地方财政较为宽裕的地区，公务员的收入水平要远远高于财政紧张的地区，这是在工资制度上各个地方政府各自为政的结果；在国有企业内部，高层管理者的收入水平远远高于普通工人，这更是企业高管自行其是、缺乏监督的结果。因此，至少在国有部门内建立健全全国统一的、以工资为主的薪酬收入形成机制是调节收入差距的必然要求。

在这一薪酬收入机制建立之前，收入分配监督的重点在于有收费权力的政府机构和大型垄断性企业。对前者需严防其将利用行政权力收取的费用转化为奖金内部分配，对于后者则控制压低其奖金分配在利润中所占的比重。

在居民收入分配指导方针中，国有部门收入形成机制的建立健全有助于“调节高收入者收入和扩大中等收入群体”目标的同步实现。

在建立以工资为主的收入形成机制的同时，需要建立工资的稳定增长机制。细细观察近几年的工资增长率变动情况我们不难发现，工资增长率呈现较为明显的波动现象，与 GDP 增长率的相对稳定形成了鲜明的对照。因而在以国有经济为主的正规部门，需要建立稳定的工资增长机制，稳定劳动者的收入预期，同时也为有效解决劳动者报酬比重偏低问题做出贡献。与此同时，国有企事业单位工资稳定增长机制的建立将可以对非国有部门的薪酬制度建立产生影响。

上述建议旨在将能够统一的薪酬制度统一起来。但它可能会造成体制内和体制外的收入差距清晰化，这需要在今后一个较长的时期内，通过不断加强劳动力市场建设，促进劳动力自由流动来打破。

（5）规范用工制度，建设工会，集体谈判。在国有部门内部，存在着大量的非制度性用工的存在。这些非制度性用工以合同工或临时工的身份存在于这些大大小小的国有部门中，但在经济收入方面与该国有企事业单位相应职位的正式职工相比则俨然是楚河汉界相对。这应当是国有部门中对同工同酬制度的最大破坏，为此，我们应通过规范用工制度实现国有企事业单位内部的同工同酬。

在非国有部门，应通过加强工会建设，以工资集体谈判机制尽最大可能保障这些部门的劳动者权益。

与代表了垄断性行业和正规部门的国有部门不同，在非国有经济部门，如民营企业中的工人和个体劳动者，他们的工资收入是劳资双方协商的结果，政府并不能通过一纸命令让企业主提高他们的工资。

在非国有部门，近年来政府推出的最低工资标准对于减缓普通劳动者工资相对份额的下滑起到了一定的作用，但需要看到的是，最低工资并不能最终解决职工工资的增长问题。由于工会作用的缺位，在这些部门中普通劳动者在工资的议价过程中处于分散和被动的状态，其工资增长被压在尽可能低的水平上。为此，应加快在非国有部门建设真正由普通劳动者控制的工会，并以这个工会代表普通劳动者与企业就劳动工资问题进行集体谈判。

非国有部门的就业者中，来自农村的迁移工人占了相当重要的比重，他们工资收入的较快增长一方面有助于提高劳动者报酬在GDP中的比重，另一方面则有助于弥合城乡差距。从这个意义上讲，通过工资集体谈判提高非国有经济部门职工工资收入对收入分配的两个方面都有着重要的作用。

从调节居民收入分配的角度出发，提高迁移工人的工资收入会同时具有“提高低收入者收入”和“扩大中等收入群体”的双重作用。

（6）在城市化和工业化过程中增加农村居民收入。在改善全国收入差距方面，增加农民收入进而缩小城乡差别是必要的。尽管在发展中国家普遍存在城乡二元结构，但城乡差距达到3倍以上的国家并不多。根据我们使用2002年居民收入调查数据进行的测算，在中国城乡居民所占比重保持不变、城乡内部收入差距保持不变的前提下，如果城镇居民收入为农村居民收入的1.5倍，[1]则在2002年我国全国收入的基尼系数将变为0.368，大体相当于印度全国消费基尼系数的水平，在全球各国中大体处于中等水平。在降低城镇居民收入不现实的情况下，提高农村居民收入而缩小城乡差别的重要性由此可见一斑。

当前的问题是，在我国快速城市化和工业化进程中，城乡差距仍有继续扩大的趋势。这其中有些原因在前面已经分析过，如农民工收入水平被压低等。但仍存在另外两个与城乡差距有关的问题需要解决。其中一个问题是城市化和工业化过程中对农村居民土地使用权补偿问题。在城市化和工业化过程中存在农用地转为建设用地情况，建立在此基础上的土地财政收益据估算有5.2万亿元之多，但农村居民从中获益不多，出现了失地农民现象。如何让农民分享出售土地的收益是值得认真研究的，如果这一环节解决得好，则有助于城乡差距的缩小；反之，倘若农民很少或不能从中获益，则城乡差距还会扩大。另一个问题是农产品价格问题。从我国改革的历史来看，农产品价格上涨意味着农业贸易条件的改善，而每一次农产品价格上涨都伴随着一定程度的城乡差距缩小。让农民从农业种植业中获得更多的益处也是增加农民收入的重要手段。在这方面有两项措施值得考虑：设法提高农产品价格，以及增加种植业补贴的范围和力度。笔者已有研究证实，现已进行的种粮直补对缩小城乡差距起到了一定的作用，但补贴的力度较小且仅仅集中在粮食作物上，所以其缩小城乡差距的作用还不够显著，在“十二五”期间可以考虑提高粮食作物直补幅度，或者将补贴范围扩大到整个的种植业。

[1] 根据印度全国居民消费调查数据，印度全国城乡居民消费比为1.5∶1。

# 附　录

## 关于收入法 GDP 核算的调整

基于未调整的中国收入法 GDP 计算，初次分配中劳动者报酬的比重出现了大幅度下降，从 1996年到2007 年劳动者报酬占 GDP 比重下降了 13.7 个百分点。但这其中，在 2004 年，同时受到国民经济核算制度调整和第一次全国经济普查进行数据调整的影响，该年度数字与前后各年均无法衔接。[1] 所以对该数字进行调整是必要的，但由于缺乏足够的国民经济核算资料，进行极其精确的估算在现阶段是很难的，虽然已经有过各式各样的估计，但仍各自有各自的缺陷。因为受到国民经济核算制度改变和经济普查结果影响的主要为营业盈余和劳动者报酬两项，而生产数净额和固定资产折旧是不会改变的，所以这里我们以较为简捷直观的移动平滑方法对劳动者报酬和营业盈余进行调整。

这一调整首先从劳动者报酬开始。全球劳动者报酬比重大体使用两个标准：包含了自雇者营业盈余的劳动者报酬，或剔除了自雇者营业盈余的劳动者报酬。其中我国在 1996—2004 年采用包含了自雇者营业盈余的劳动者报酬标准，而 2005 年以后采用了剔除自雇者营业盈余的劳动者报酬标准。我们首先测算了 1996—2003 年劳动者报酬比重的每年平均下降速度约为 0.55 个百分点，2005—2007 年该比重每年平均下降速度为 0.85 个百分点。对该两项下降速度进行简单平均则大致可得到 2003—2005 年平均下滑速度为每年下降约 0.7 个百分点。使用这样的方法进行初步的估计，则可以得到这样的结果：基于原来的国民经济核算体系，包含了自雇者营业盈余的劳动

[1] 因为没有证据显示在 2003 年、2004 年和 2005 年劳动者报酬会出现如此巨大的变动。

者报酬从1996年的53.4%下降到2007年的46.5%，大约下降6.9个百分点。而基于新的国民经济核算体系，同期剔除了自雇者营业盈余的劳动者报酬则从1996年的46.6%下降到2007年的39.7%，则大约下降6.9个百分点。

但上述估算存在两方面的误差，都与中国正在出现的劳动就业非正规化有关。对于包含了自雇者营业盈余的劳动者报酬估算，则2005—2007年的劳动者报酬变动中该因素早已剔除，需要重新加上自雇者营业盈余，故而存在对劳动者报酬比重下降的高估问题；而对于未包含自雇者营业盈余的劳动者报酬，1996—2003年劳动者报酬变动中则未考虑自雇者营业盈余也在变化，存在对剔除自雇者劳动者报酬比重下降幅度的低估问题。所以两个初步计算都要进行必要的调整。我们的进一步调整如下：

以1996—2003年每年0.55个百分点为准，调整计算2004—2007年包含了营业盈余的劳动者报酬比重，则这一比重会从1996年53.4%下降到2007年的47.4%，大致下降了6个百分点，这是劳动者报酬下降的较为真实的情况。而以2005—2007年每年0.85个百分点的下降速度重新调整1996—2004年剔除自雇者营业盈余的劳动者报酬比重，则1996—2007年劳动者报酬比重下降了大约9.3个百分点。这其中，在劳动者报酬比重下降的9.3个百分点中，真实的劳动力报酬下降为6个百分点，而另外大约3.3个百分点是统计标准变动造成的。[1]

---

[1] 这部分自雇者的营业盈余变动之所以只具有统计意义，是因为对于自雇者而言，其营业盈余纳入国民经济核算的劳动者报酬或者营业盈余项下是没有区别的，自雇者将其净劳动者报酬和营业盈余一起视为自己的全部收入。另外，自雇者营业盈余的增加并不必然意味着单个自雇者营业盈余的增加，在现阶段，自雇者营业盈余的增加主要是因为自我雇用者在整个劳动力市场中的比重上升。这一比重的上升就是我们文章中提到的就业非正规化过程。

**对收入法 GDP 的初步估算**

单位：%

| 年份 | 劳动者报酬 | 未经调整的收入法 GDP | | 营业盈余 | 劳动者报酬变动 | 根据原核算体系的初步调整 | | 基于现核算体系的初步调整 | | 根据原核算体系及考虑到就业非正规化进行的调整 | | 根据现核算体系并考虑到就业非正规化进行的调整 | |
|---|---|---|---|---|---|---|---|---|---|---|---|---|---|
| | | 生产税 | 固定资产折旧 | | | 劳动者报酬 1 | 营业盈余 1 | 劳动者报酬 2 | 营业盈余 2 | 劳动者报酬 3 | 营业盈余 3 | 劳动者报酬 4 | 营业盈余 4 |
| 1996 | 53.40 | 12.60 | 12.80 | 21.20 | | 53.40 | 21.20 | 46.60 | 28.00 | 53.40 | 21.20 | 49.00 | 25.60 |
| 1997 | 52.80 | 13.10 | 13.60 | 20.30 | −0.60 | 52.80 | 20.50 | 46.00 | 27.30 | 52.80 | 20.50 | 48.10 | 25.20 |
| 1998 | 53.10 | 13.30 | 14.40 | 18.90 | 0.30 | 53.10 | 19.20 | 46.30 | 26.00 | 53.10 | 19.20 | 48.10 | 24.20 |
| 1999 | 52.40 | 13.50 | 15.10 | 19.00 | −0.70 | 52.40 | 19.00 | 45.60 | 25.80 | 52.40 | 19.00 | 47.10 | 24.30 |
| 2000 | 51.40 | 14.20 | 15.40 | 19.10 | −1.00 | 51.40 | 19.00 | 44.60 | 25.80 | 51.40 | 19.00 | 45.80 | 24.60 |
| 2001 | 51.50 | 14.10 | 15.70 | 18.80 | 0.10 | 51.50 | 18.70 | 44.70 | 25.50 | 51.50 | 18.70 | 45.60 | 24.60 |
| 2002 | 50.90 | 14.00 | 15.70 | 19.40 | −0.60 | 50.90 | 19.40 | 44.10 | 26.20 | 50.90 | 19.40 | 44.70 | 25.60 |
| 2003 | 49.60 | 14.30 | 15.90 | 20.20 | −1.30 | 49.60 | 20.20 | 42.80 | 27.00 | 49.60 | 20.20 | 43.10 | 26.70 |
| 2004 | 45.50 | 15.40 | 14.20 | 24.90 | −0.70 | 48.90 | 21.50 | 42.10 | 28.30 | 49.05 | 21.35 | 42.25 | 28.15 |

续表

| 年份 | 劳动者报酬 | 未经调整的收入法 GDP | | 营业盈余 | 劳动者报酬变动 | 根据原核算体系的初步调整 | | 基于现核算体系的初步调整 | | 根据原核算体系及考虑到就业非正规化进行的调整 | | 根据现核算体系并考虑到就业非正规化进行的调整 | |
|---|---|---|---|---|---|---|---|---|---|---|---|---|---|
| | | 生产税 | 固定资产折旧 | | | 劳动者报酬 1 | 营业盈余 1 | 劳动者报酬 2 | 营业盈余 2 | 劳动者报酬 3 | 营业盈余 3 | 劳动者报酬 4 | 营业盈余 4 |
| 2005 | 41.40 | 14.90 | 14.10 | 29.60 | −0.70 | 48.20 | 22.80 | 41.40 | 29.60 | 48.50 | 22.50 | 41.40 | 29.60 |
| 2006 | 40.60 | 14.20 | 14.60 | 30.70 | −0.80 | 47.40 | 23.80 | 40.60 | 30.60 | 47.95 | 23.25 | 40.60 | 30.60 |
| 2007 | 39.70 | 14.80 | 14.20 | 31.30 | −0.90 | 46.50 | 24.50 | 39.70 | 31.30 | 47.40 | 23.60 | 39.70 | 31.30 |
| 总体变动 | −13.70 | 2.20 | 1.40 | 10.10 | | −6.90 | 3.30 | −6.90 | 3.30 | −6.00 | 2.40 | −9.30 | 5.70 |

注：因为数据调整过程较为简单，当中历年的情况是否如表中结果仍有疑问，但起始和最终年份的情况较为可信。

（本章作者：魏众　原载于《经济学动态》2010 年第 8 期）

# 第三篇

# 3

# 城乡居民的就业与收入

# 第七章　初次就业搜寻时间及其失业、收入效应

【内容提要】我国城镇新增劳动力初次就业搜寻时间对随后劳动力市场上的表现（失业与收入）具有一定的影响。初次就业搜寻时间越来越长，本人的人力资本特征、是否高考以及父母身份对于初次就业搜寻时间都有显著的影响。尽管初次就业搜寻时间延长将导致就业者接受不稳定的就业机会，对工资收入也在较长时期中具有负效应，但其再就业概率在上升，失业持续时间有所缩短。

【关键词】初次就业搜寻时间　新增劳动力失业

20世纪90年代中后期以来，我国城镇就业形势较为严峻。就公开的城镇登记失业率来看，1996年超过3%，2002年则达到4%以上。有研究指出以城镇登记失业率来度量城镇就业状况可能会存在偏差。胡鞍钢（1997）、陈淮（1999）、蔡昉、张车伟、李实和邓曲恒（2004）、薛进军和魏众、丁仁船、王大犇等都试图对相关年份的真实失业率或调查失业率进行估算或推算，估算结果通常都远高于登记失业率。失业下岗或许仅仅描述了严峻的劳动力市场的一个方面，体现的是曾获得工作岗位者的就业机会，但并不能直接描述劳动力市场新进入者所面临的就业形势。新进入市场的劳动力失业情况或青年失业，也越来越成为劳动力市场中的严峻问题。对于新进入劳动力市场群体的失业情况通常缺乏详尽的统计信息，最近几年来的大学毕业生较低的就业签约率或许能在一定程度上描述劳动力市场新进入者的严峻状态。

劳动力市场新进入者的就业问题主要表现为初次就业等待时间或搜寻时间的延长。这种延长既可能表现为经济结构调整而导致就业机会下降的结果，也可能表现为劳动力市场转型而导致的谋职行为改变的结果。前一因素意味着就业机会的下降导致初次搜寻时间的被迫延长，后一因素则体现人们为改善就业匹配质量而做出的权衡选择。这两种不同原因所造成的就业搜寻时间差异对以后的劳动力市场表现会具有不同的影响。如果初次就业搜寻时间由于经济环境的影响而被迫延长，则意味着初次就业搜寻时间越长者所面临的劳动市场状况越糟，因此就业搜寻时间的延长成为劳动力市场失败者的标记；而如果初次就业搜寻时间是初次就业者在谋求更为匹配的职位而做出的自主选择，则搜寻时间越长者的劳动力市场匹配质量会越好。根据这样两种作用机制，可以从初次就业搜寻时间与后来的劳动力市场表现中去推测初次就业搜寻时间究竟是由哪类因素造成的。据此根据城镇住户调查数据，分析新增劳动力初次就业搜寻时间的影响因素及其对随后的劳动力市场表现的影响。

## 一、数据与描述

数据来自中国社会科学院经济研究所收入分配课题组于 2002 年所做的城镇住户调查，全部样本来自国家统计局的常规住户调查样本框，共包含 6835 户城镇住户，分布在 12 个省份之中。调查由国家统计局的调查系统负责实施，调查问卷由课题组的中外专家联合设计完成。数据的基本信息及抽样调查方式参见 Li Shi 等（2007）的描述。

**1. 个人特征与初次就业搜寻时间**

调查询问了被调查者第一次参加工作的年份以及“在获得第一个工作之前，您花了多长时间寻找（或等待分配）工作”。分析样本限定在：初次就业年龄处于 15～25 岁，2002 年年龄在 60 岁以内的就业与失业个人。表 7–1 给出了样本的描述性特征，全部样本共包含 9495 人，其中初次就业搜寻时间为 0 的占 57.91%，0～6 个月的样本占 29.03%，因此 86.94% 的个人初次就业搜寻时间在半年以下。在全部样本中，初次就业搜寻时间平均为 3.4 个月。在初次就业出现过等待经历者，平均等待时间为 8 个月。

从表 7–1 的描述性统计量来看，受教育年限与初次就业搜寻时间长短之间表现出了反向变动关系，即受教育年限越长，则等待时间越短。这一特征在图 7–1（a）中表现得更为明显。受教育程度较低者比较高者的等待时间明显要低得多，但初次就业搜寻时间的变异系数在不同受教育程度之间没有明显的差异性。

从表 7–1 中，初次就业搜寻时间与初次进入劳动力市场的年龄之间没有明显的差异性，但这在图 7–1（b）中则有不同的表现，大约在 21 岁之前，初次就业搜寻时间随着初次就业年龄的增长而缩短，但此后就业搜寻时间随着初次就业年龄的增长而延长。初次进入劳动力市场时的年龄对就业搜寻时间的影响可能体现了劳动力的人力资本积累与今后的预期工作年限之间的矛盾，初次进入劳动力市场时的年龄越大意味着人力资本积累时间较长，但同时也意味着预期工作年限的缩短。

年龄组效应或许能在一定程度上体现劳动力市场的宏观状况变化特征，表 7–1 的描述性结果显示，初次就业等待时间为 0 者的平均年龄比经历过等待者要高出 1 岁左右。总体来说，2002 年年龄较大者初次就业平均等待时间相对要短一些。图 7–1（c）进一步给出了新增劳动力初次就业的不同年份与平均等待月份数之间的关系，表现出明显的上升趋势，新增劳动力的初次就业搜寻时间越来越长。

由于人们对新增劳动力就业机会的关注多集中在大学生（或高学历人群），因此可以简单地看一下初次就业不同年份中不同受教育程度者的平均等待时间的差异性。在图 7–1（d）中，横轴表示初次就业年份，纵轴表示该年份不同受教育群体中的平均等待时

表 7–1　个人特征与初次就业搜寻时间描述性统计

| 项目 | 0 个月 | 0～6 个月 | 6～12 个月 | 12～24 个月 | 24 个月以上 | 全部样本 |
|---|---|---|---|---|---|---|
| 样本数量（人） | 5499 | 2756 | 659 | 363 | 218 | 9495 |
| 样本比例（%） | 57.91 | 29.03 | 6.94 | 3.82 | 2.30 | 100 |
| 搜寻时间（月） | 0.000 | 2.815 | 10.838 | 21.039 | 45.546 | 3.419 |
| 受教育年限（年） | 11.578 | 11.589 | 11.058 | 10.950 | 10.271 | 11.491 |
| 初次就业年龄（岁） | 18.734 | 19.028 | 18.763 | 18.419 | 18.555 | 18.805 |
| 2002 年年龄（岁） | 41.609 | 38.807 | 38.806 | 38.532 | 40.408 | 40.456 |
| 男性（=1/0） | 0.585 | 0.533 | 0.487 | 0.466 | 0.431 | 0.555 |
| 汉族（=1/0） | 0.956 | 0.968 | 0.980 | 0.964 | 0.936 | 0.961 |
| 大学为高考录取（=1/0） | 0.144 | 0.145 | 0.077 | 0.055 | 0.032 | 0.134 |
| 父母之一为党员（=1/0） | 0.378 | 0.358 | 0.372 | 0.350 | 0.280 | 0.368 |

续表

| 项目 | 0 个月 | 0～6 个月 | 6～12 个月 | 12～24 个月 | 24 个月以上 | 全部样本 |
|---|---|---|---|---|---|---|
| 父母之一文化程度为大学以上（=1/0） | 0.103 | 0.104 | 0.080 | 0.077 | 0.073 | 0.100 |
| 有过失业下岗经历（=1/0） | 0.195 | 0.258 | 0.276 | 0.355 | 0.376 | 0.229 |
| 2002 年全年总收入（元）* | 13015.27 | 12594.10 | 11021.05 | 10607.38 | 9645.34 | 12605.38 |
| 2002 年全年工薪收入（元） | 12177.76 | 11572.21 | 10029.12 | 9410.56 | 7818.71 | 11671.86 |
| 总收入对数（元） | 9.262 | 9.220 | 9.081 | 9.040 | 8.971 | 9.224 |
| 工薪收入对数（元） | 8.937 | 8.787 | 8.588 | 8.200 | 7.583 | 8.817 |
| 最近失业持续月份数（月）** | 21.569 | 20.418 | 18.830 | 22.147 | 25.512 | 21.147 |

注：* 2002 年全年总收入、工薪收入及其对数形式的计算只以 2002 年全年就业样本为基础。

** 计算这一变量的样本范围进一步限定为有过失业经历者。

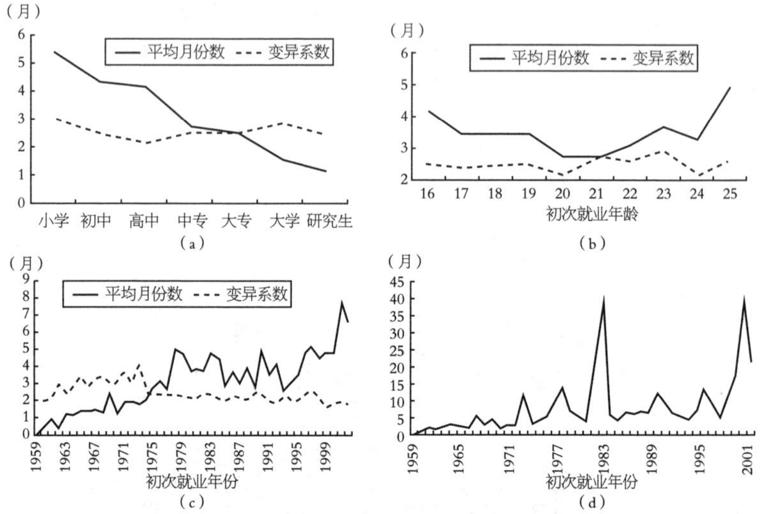


**图 7–1　不同人群的初次就业搜寻时间**

间极值差。尽管在图像上存在着一定的波动性，并且若干年份的异常变化可能掩盖了趋势性特征，但总体上仍表现为这一极值差随着时间的推移而扩大的趋势。这可能意味着当前高学历者在初次就业市场上所遭遇的困境并不表明教育收益率的下降或教育在职业获得中的作用下降，相反，教育在获取工作中的作用仍是在上升的，而这种就业困境则在更大程度上可能与宏观环境相关联。这一判断同时也可以从“大学为高考录取”这一变量中得到证实。在就业搜寻时间为 0 与等待时间为半年以内这两类样本中，这一变量均值并无明显差异，但在就业搜寻时间为半年以上的样本中，“大学为高考录取”的比例则随着就业搜寻时间延长而明显下降，在初次就业搜寻时间超过 2 年的人群中，上大学通过高考录取的人群仅为 3.2%。

与女性就业者相比，男性的初次就业搜寻时间要相对较短，整个样本中男性的平均初次就业搜寻时间为 2.89 个月，但女性则达 4.07 个月，比前者高出 41%。这也与通常所观察到的现象相吻合，女性的就业形势更为严峻。

以父母之一是否具有党员身份和父母之一是否为大学生这两个变量分别从政治资本与人力资本来度量家庭出身。父母之一为党员者的初次就业平均等待时间为3.64个月，比父母均不具有党员身份者要低出0.6个月。父母之一为大学生的初次就业者平均等待时间为3.47个月，反之则为2.94个月。在表7-1中，初次就业搜寻时间为0的人群中，父母之一具有党员身份的比例为37.8%，而在初次就业搜寻时间为两年以上的人群中，这一比例为28%，低于前者将近10个百分点。类似地，在初次就业搜寻时间为0或不到半年的人群中，父母之一具有大学文化程度的占10%左右，但初次就业搜寻时间达两年以上的人群中，这一比例为7.3%。因此描述性统计量的结果表明，这两类因素可能都对初次就业搜寻时间起作用。家庭出身所具备的政治资本与人力资本有助于增强劳动力市场上的竞争能力。

**2. 初次就业搜寻时间与失业、收入**

从表7-1来看，初次就业搜寻时间越长，则有过失业下岗经历者的比重也越高。初次就业搜寻时间为0者，有过失业下岗经历的比重为19.5%，随着初次就业搜寻时间的延长，这一比例也在逐步上升，在初次就业搜寻时间为两年以上的人群中，有过失业下岗经历的比重达到37.6%，比前者高出18个百分点。

即便只考虑2002年全年就业的样本，初次就业搜寻时间与收入之间的反向联系仍是明显的，初次就业搜寻时间越长者，其收入水平相对越低。如果初次就业搜寻时间在2年以上，则其全年总收入比初次就业搜寻时间为0的样本要低约3370元，全年工薪收入要低4359元，分别相当于初次就业搜寻时间为0者的26%和36%左右；即使在初次就业搜寻时间在半年以内，其总收入与工薪收入比初次就业搜寻时间为0者也分别低约421元和605元，这一差额分别相当于后者的3%和5%左右。

但初次就业搜寻时间与最近失业持续月份数之间的关系却有所不同。初次就业搜寻时间为0者的最近失业持续月份数甚至略高于初次就业出现过等待的样本。而从初次就业搜寻时间来看，当等待时间处在6～12个月时，失业持续时间最短；在此之前，则失业持续月份数与初次就业搜寻时间之间是反向变动关系，此后则表现为正向关联。这可能意味着，一定的初次就业搜寻时间或许能够增长就业搜寻经验，同时也可能降低其保留工资率，这两方面的因素将有助于他们在失业状态下较快地获得再就业机会。而教育程度、家庭背景乃至性别与初次就业搜寻时间之间的关联却意味着初次就业搜寻时间较长者在劳动力市场上同时具有某种程度上的劣势。

**3. 初次就业搜寻时间与就业分布特征**

初次就业搜寻时间可能是出于对更加有利的就业机会的期待，也可能是缺乏就业机会的无奈。遗憾的是，目前所使用的数据不能在一般意义上对这两种情形进行有效的区分。一个替代的办法是，讨论初次就业搜寻时间与就业分布特征之间的关系，因为人们大体上对各类单位之间的收益差异都有所认识。同时，将讨论的样本范围限定在没有变换过工作单位的人群中，所涉及的就业分布特征包括行业、所有制、机关企事业性质以及职业特征等。

从行业分布来看，在就业搜寻各时间区间中，制造业的比重总是最高的，但初次就业搜寻时间在2年以上的样本中，从业于制造业的比例还是要大大高于搜寻时间相对较短的人群，当然，在初次就业搜寻时间与制造业就业比重之间也不存在单调关系，初次就业搜寻时间在6个月以下或1～2年，该行业的从业人员比例都是最低的。除此之外，初次就业搜寻时间在2年以上的人群分布于“社会服务业”“批发和零售贸易、餐饮业”和“采掘业”中的比重也是最高的，分别为17%、16%和7%，其分布比例远高于初次就业搜寻时间相对较短的人群，在“社会服务业”中尤其如此，比全部样本的分布比例要高出10个百分点以上。在初次就业搜寻时间为0或6个月以下的样本中，所从事行业相对更多地集中于“卫生、体育和社会福利业”“教育、文化艺术和广播电影电视业”“科学研究和综合技术服务业”以及“国家机关、党政机关和社会团体”。而在金融保险、水电煤气等行业中，初次就业搜寻时间大多集中在6～24个月。从结果来看，社会管理部门的初次就业搜寻时间较短，具有垄断性的经济部门居中，竞争性经济部门的搜寻时间最长。

从所有制类型来看，初次就业搜寻时间较短的样本大多集中在“中央省国有独资”或“国家控股”部门，而初次就业搜寻时间在2年以上的样本则大多集中在“地方国有独资”、城镇集体部门以及私营部门。职业种类与职业性质上大体表现出，工作稳定性较强的职业中，初次就业搜寻时间相对较短，而不稳定的职业中的初次就业搜寻时间相对较长。如初次就业搜寻时间在2年以上人群的职业种类多集中于“私营企业主/个体户主”以及“商业和服务业人员”，而就业搜寻时间为0或半年以下人群的职业种类主要集中于专业技术人员、单位/部门负责人以及办事人员。从职业性质来看，初次就业搜寻时间不到半年的人群中，大多能够成为企事业单位的固定职工；而在半年到1年之间，则以长期合同工为主；除此而外，则大多为临时工、没有合同的员工或从事私营、个体经营人员。如果将就业单位划分为机关事业单位以及企业，初次就业搜寻时间较短的人群明显地要更加集中于机关事业单位，在初次就业搜寻时间为0或不到半年的样本中，就业于事业单位或党政机关的样本比例分别为23%、7%～8%，而初次就业搜寻对间在2年以上的人群中，这一比例则分别为12.5%、2.88%。如果初次就业搜寻时间不是太长，如半年到1年，则仍以较大比例集中于盈利企业，更长的搜寻时间则有可能导致就业者更加向亏损企业或其他类型集中。

这也就意味着，初次就业搜寻时间与随后所获工作的稳定性、收入水平之间可能存在着反向关系。如果大多数人更偏好于稳定、高收入的工作，那么，搜寻时间的延长在更大程度上应归结为一种被动的无奈的选择。

## 二、初次就业搜寻时间的影响因素

表 7–2 给出了初次就业搜寻时间的影响因素的估计结果，不仅给出了直接以搜寻月份数为被解释变量的 OLS 估计结果，此外，从描述性分析中也可以看出，初次就业搜寻时间为 0 以及搜寻时间为 6 个月以下的样本占了很大比重，因此表 7–2 也分别以搜寻时间是否为 0、是否在 6 个月以下（包括搜寻时间为 0 的情形）为被解释变量估计了 Probit 模型。在 Probit 模型的估计结果中，所给出的是各解释变量对因变量边际概率影响系数。为了讨论就业特征的影响，还进一步给出了未更换工作单位样本中控制就业特征（所有制、行业、职业种类、职业类型以及省份）后的估计结果比较。因此，表 7–2 共包含了 6 个方程的估计结果。

对于已经更换过工作单位的样本，缺乏他们第一份工作的相关信息，因此在全部样本中，无法控制就业特征。但对利用全部样本和未更换工作单位样本的估计结果进行比较，发现如果只以个人特征对搜寻时间进行解释，则两种情况下的估计结果差异根据 Hausman 检验多数在 10% 的水平下不能拒绝原假设，即可以认为两者的估计系数差异总体上不具有统计显著性。

初次就业年龄与初次就业搜寻时间之间通常表现出较为显著的非线性关系，搜寻月份数首先随着初次就业年龄的增长而下降，经过最低点后，两者之间表现出递增关系。这一特征与图 7–1（b）中所显示的结果相吻合。人力资本积累与预期工作年限同初次就业年龄之间存在着两种相反的效应，从而导致初次就业年龄与搜寻时间之间的非线性联系。在全部样本的估计结果中，男性具有相对较短的初次就业搜寻时间，这一效应具有显著性。在控制其他因素的情形下，男性比女性的初次就业平均搜寻时间要缩短一个月左右，而概率模型的估计结果则显示，与女性相比，男性初次就业搜寻时间在 0 以上或半年以上的概率分别要降低 4.6 个或 3.3 个百分点。在

**表 7-2　初次就业搜寻时间的影响因素**

| 被解释变量 | 搜寻月份数（OLS） | | 搜寻时间大于 0（dprobit） | | 搜寻时间大于 6 个月（dprobit） | |
|---|---|---|---|---|---|---|
| 样本范围 | 全部样本 | 未更换工作单位样本 | 全部样本 | 未更换工作单位样本 | 全部样本 | 未更换工作单位样本 |
| 编号 | 1 | 2 | 3 | 4 | 5 | 6 |
| 初次就业年龄 | −2.197<br>[3.50]*** | −2.219<br>[2.49]** | −0.008<br>[0.23] | −0.04<br>[0.74] | −0.064<br>[2.64]*** | −0.049<br>[1.48] |
| 初次就业年龄平方 | 0.056<br>[3.52]*** | 0.057<br>[2.55]** | 0<br>[0.52] | 0.001<br>[0.90] | 0.002<br>[2.56]** | 0.001<br>[1.41] |
| 男性 | −0.932<br>[5.27]*** | −0.474<br>[1.80]* | −0.046<br>[4.38]*** | −0.013<br>[0.86] | −0.033<br>[4.78]*** | −0.012<br>[1.20] |
| 汉族 | −0.065<br>[0.15] | 0.452<br>[0.67] | 0.084<br>[3.22]*** | 0.043<br>[1.06] | 0.024<br>[1.42] | 0.003<br>[0.11] |
| 受教育年限 | −0.228<br>[6.54]*** | −0.067<br>[1.18] | −0.01<br>[4.78]*** | −0.005<br>[1.38] | −0.007<br>[5.41]*** | −0.003<br>[1.33] |
| 大学为高考录取 | −1.323<br>[4.48]*** | −1.31<br>[3.23]*** | −0.064<br>[3.67]*** | −0.052<br>[2.16]** | −0.062<br>[5.40]*** | −0.058<br>[3.75]*** |
| 2002 年年龄 | −0.073<br>[7.18]*** | −0.033<br>[2.04]** | −0.009<br>15.33*** | −0.007<br>[7.60]*** | −0.003<br>[8.20]*** | −0.002<br>[3.01]*** |

续表

| 被解释变量 | 搜寻月份数（OLS） | | 搜寻时间大于 0（dprobit） | | 搜寻时间大于 6 个月（dprobit） | |
|---|---|---|---|---|---|---|
| 样本范围 | 全部样本 | 未更换工作单位样本 | 全部样本 | 未更换工作单位样本 | 全部样本 | 未更换工作单位样本 |
| 编号 | 1 | 2 | 3 | 4 | 5 | 6 |
| 父母之一为党员 | −0.443<br>[2.42]** | −0.551<br>[2.09]** | −0.021<br>[1.98]** | −0.012<br>[0.75] | −0.004<br>[0.51] | −0.008<br>[0.76] |
| 父母之一为大学以上文化程度 | −0.125<br>[0.42] | 0.156<br>[0.39] | −0.03<br>[1.71]* | −0.016<br>[0.68] | −0.021<br>[1.79]* | −0.003<br>[0.16] |
| 就业特征 | 否 | 是 | 否 | 是 | 否 | 是 |
| 常数项 | 31.165<br>[5.07]*** | 27.297<br>[3.06]*** | | | | |
| 样本量 | 9495 | 4695 | 9495 | 4695 | 9495 | 4695 |
| $R^2$ | 0.02 | 0.06 | | | | |

注：①就业特征中包括所有制、行业、职业种类、职业性质以及省份虚拟变量，具体结果未列出；②被解释变量为“搜寻时间大于 0”以及“搜寻时间大于 6 个月”的方程中，估计的是 Probit 模型，给出的系数为边际概率，[ ] 内为 $z$ 统计量绝对值；③在 OLS 估计中，[ ] 内给出的是 $t$ 统计量绝对值；④ ***、**、* 分别 1%、5%、10% 的显著性水平（表 7–3 和表 7–4 同）。

通常情况下，男性收入水平要高于女性，如果不同性别的就业者都以劳动力市场上的这种实际工资分布特征形成其保留工资，则男性的保留工资水平可能也要高于女性。如果不存在就业市场的性别歧视，则保留工资较低者应当更加易于获得就业机会，从而其初次就业搜寻时间将缩短。但性别之间的估计结果却显示相反。这或许是女性在就业市场上处于相对不利地位的另一种经验证据。

受教育年限能够显著地降低初次就业搜寻时间，增加 1 年教育可导致初次就业搜寻减少 0.2 个月，或者导致搜寻时间大于 0、大于 6 个月的概率分别下降 1 个或 0.7 个百分点。这一结果表明，人力资本存量对于就业搜寻具有显著的积极效应。除了人力资本积累外，教育的另一个重要功能便在于筛选与信号传递，“大学为高考录取”这一变量的估计结果便体现了这一效应。长期以来，社会赋予高考以极其重要的意义，人们寄希望于高考能筛选出社会“精英”，因此通过高考后所接受到的职业教育在获取就业机会方面具有了十分重要的优势。这导致在控制教育年限后，通过高考而获得大学学习机会者的初次就业搜寻时间仍将缩短 1.3 个月，搜寻时间大于 0 或大于 6 个月的概率均下降 6 个百分点。值得指出的是，图 7-1（d）的结果显示，到 2002 年为止，这种优势并没有减退。

在已经控制初次就业年龄的情形下，“2002 年年龄”这一变量的含义将与初次就业年份的意义相同，年龄越大，则意味着初次就业年份越早。这一变量的估计结果表明，初次就业年份越早，则初次就业搜寻时间将越长。初次就业年份提前 1 年，则初次就业搜寻时间将缩短 0.07 个月，搜寻时间大于 0 或大于 6 个月的概率也有显著的下降。这一特征与我国劳动力市场供求关系的变化特征是一致的，总体来说，就业难度在增加。

家庭出身对于初次就业搜寻时间也有较为显著的影响。“父母之一为党员”以及“父母之一为大学以上文化程度”分别从政治资本与人力资本两个方面度量家庭出身状况。在以搜寻月份数这一连续变量形式度量的估计结果中，父母的党员身份对搜寻时间有非常显著的影响，父母具有党员身份的新增劳动力的初次就业搜寻时间平均将缩短 0.44 个月；但父母文化程度为大学以上对初次就业搜寻时间的影响虽然仍为负，但是并不显著。这是否意味着家庭出身的政治资本对初次就业搜寻时间比人力资本具有更为重要的作用呢?从随后的两个估计结果来看，这一推论至少是不稳健的。因为在以搜寻时间是否大于 0 以及大于 6 个月的 Probit 模型估计中，父母之一为大学文化程度的新增劳动力的概率相应会分别下降 3 个和 2 个百分点。因此，所继承获得的政治资本与人力资本都将有助于缩短初次就业的搜寻时间。

如果把就业搜寻的结果理解为劳动力的供方与需方所达成的均衡状态，则搜寻时间的长短可能不仅取决于劳动力本身的人力资本特征，可能与就业特征工作单位状态之间也存在着一定的联系。表 7–2 中的估计结果 2、4、6 则控制了工作单位和就业特征，同时将估计样本限定在没有换过工作单位的样本。结果发现，一旦控制了工作单位和就业特征后，个人特征对于初次就业搜寻时间的影响大多是不显著的。只有两个变量在所有的识别方程中都是显著的："大学为高考录取"和"2002 年年龄"。前者体现高等教育在筛选和信号传递方面的功能，而后者意味着总体的就业环境、供求状态对就业搜寻的意义。在以搜寻月份数为被解释变量的估计结果中，初次就业年龄以及"父母之一为党员"的估计系数也是显著的。

## 三、初次就业搜寻时间与失业效应

从初次就业搜寻时间对失业影响的可能性以及是否影响到失业持续时间两个方面来讨论初次就业搜寻时间对失业的影响。

为了估计初次就业搜寻时间对失业概率的影响，我们采用了 Probit 模型。初次就业搜寻时间以三种形式来度量：一是搜寻时间是否大于 0；二是对搜寻时间划分为 5 个区间，并以搜寻时间为 0

作为参照组；三是搜寻月份对数的连续变量形式。在控制变量的选取上，所有的估计结果都包含了相应的个人特征，如性别、年龄等；作为比较，还分别给出了是否控制就业特征的估计结果。表7–3 给出了各估计方程中各变量对失业概率的边际影响。

**表 7–3　初次就业搜寻时间与失业概率的关系**

| 估计方程 | 1 | 2 | 3 | 4 | 5 | 6 |
|---|---|---|---|---|---|---|
| $S>0$ | 0.038<br>[4.53]*** | 0.063<br>[7.29]*** | | | | |
| 0<$S\leqslant$ 0.5 年 | | | 0.038<br>[3.96]*** | 0.058<br>[5.80]*** | | |
| 0.5 年< $S\leqslant$ 1 年 | | | 0.034<br>[2.07]** | 0.055<br>[3.18]*** | | |
| 1 年< $S\leqslant$ 2 年 | | | 0.073<br>[3.33]*** | 0.12<br>[5.17]*** | | |
| $S>2$ 年 | | | 0.02<br>[0.80] | 0.108<br>[3.74]*** | | |
| 搜寻月份数 | | | | | 0.015<br>[3.97]*** | 0.029<br>[7.53]*** |
| 就业特征 | 是 | 否 | 是 | 否 | 是 | 否 |
| LR $\chi^2$ | 2466.80 | 975.59 | 2469.71 | 983.52 | 2462.00 | 978.79 |
| 样本量 | 9443 | 9495 | 9443 | 9495 | 9443 | 9495 |

注：①被解释变量为是否失业过这个二元变量，如果失业过，则为 1；否则为 0；②估计的是 Problt 模型，给出的估计值为边际概率，[ ] 内为 $z$ 统计量绝对值；③就业特征中包括所有制、行业、职业种类、职业性质以及省份虚拟变量，具体结果未列出；④所有的估计方程中都包括了性别、2002 年年龄、2002 年年龄平方、健康状况、党员身份、受教育年限、大学为高考录取、民族、父母之一为党员、父母之一为大学以上文化程度等变量。

在全部样本的估计结果中，初次就业经历过搜寻的样本（$S>0$）比没有这种经历者出现失业的概率要高6.3个百分点。即使控制就业特征后，这一边际概率影响仍达3.8个百分点。如果把搜寻时间作为连续变量来处理，在不控制就业特征的情形下，初次就业搜寻增加1个月，失业概率将增加0.2个百分点。如果将初次就业搜寻时间划分为不同区段，则不难发现，如果不控制就业特征，初次就业搜寻时间在1年以内时，将比没有经历过搜寻者的失业概率要高出5～6个百分点；而如果初次就业搜寻时间在1年以上，则失业概率要高出11～12个百分点。一旦对就业特征进行了控制，则初次就业搜寻月份数的影响变得不显著，而初次就业搜寻时间在一年以内将导致失业概率增加3～4个百分点，而如果搜寻时间不超过两年，则失业概率增量将进一步上升到7个百分点。不过值得注意的是，当搜寻时间大于两年时，失业概率的边际效应将不再显著，这意味着这部分人群的失业特征主要由其就业类型、工作单位本身的不稳定性所解释。总体来说，控制就业特征后，初次就业搜寻时间的影响被低估，因为初次就业搜寻时间越长，则进入不稳定的就业部门的比例也在上升。

以搜寻时间是否为0为标准将失业人群样本划分为两种类型：$S=0$与$S>0$。图7-2给出了初次就业搜寻时间与失业持续时间关系（即生存函数）的非参数估计结果。不难发现，$S=0$所对应的生存曲线处在$S>0$的上方。给定相同的已经失业的月份数，初次就业没有经历过搜寻的样本比经历过搜寻者具有更高的概率继续处于失业状态；同样处于失业状态下，初次就业经历过搜寻的样本再就业的概率要高于初次就业没有经历过搜寻的样本。

假定失业持续时间服从威布尔分布，设$\lambda=\exp(\beta_s S+\beta_x X)$，$P=P(S)$，$S$为初次就业搜寻时间，$X$为其他控制变量，则失业人员再就业机会函数为：$h(t, X, S)=\exp(\beta_s S+\beta_x X)P(S)t^{P(S)-1}$，在估计这一模型的基础上，可以根据相关参数模拟出初次就业搜寻时间与失业持续时间之间的关系，如图7-3所示。图7-3（a）对应的机会函数中没有控制其他控制变量，而图 7-3（b）中控制了个人特征，图 7-3（c）同时控制了个人特征和就业特征。其他解释变量的取值都限定在其平均值水平，而只有初次就业搜寻时间可以变动，而被解释变量则取的是失业持续期中值的风险比例。❶结果表明，初次就业搜寻时间大约在 1 年时，失业持续期风险比率（再就业的概率）的中值达到最大。这在一定程度上表明，初次就业搜寻经历在一定程度上增强了劳动力适应市场的能力。

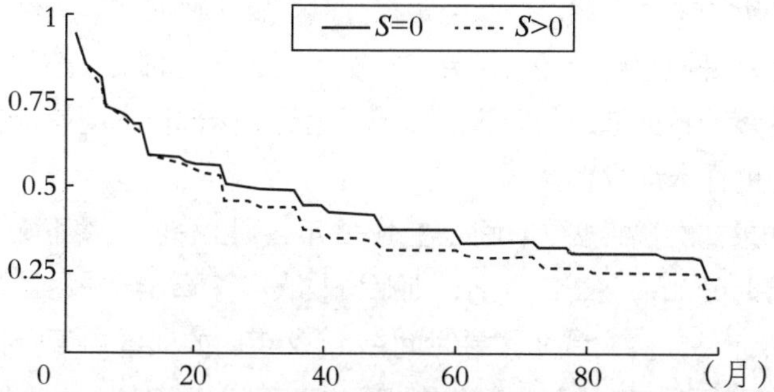


**图 7-2 初次就业搜寻时间与失业持续时间关系的非参数估计**

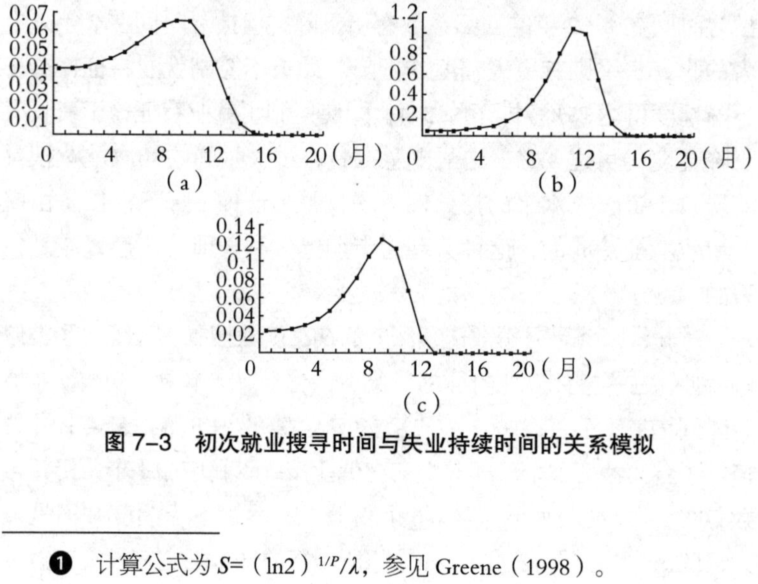


**图 7-3 初次就业搜寻时间与失业持续时间的关系模拟**

❶ 计算公式为 $S=(\ln 2)^{1/P}/\lambda$，参见 Greene（1998）。

## 四、初次就业搜寻时间的收入效应

在讨论初次就业搜寻时间对（当前）收入水平的影响时，将范围限制在2002年全年就业、没有失业的样本。在表7-4中，被解释变量为2002年全年工薪收入的对数。在未控制就业特征的情况下，初次就业有过搜寻经历者在2002年的工薪收入比不需要搜寻者低将近15%。当然，这一差距在控制了就业特征之后变得不再显著，也就是说，有无经历搜寻的补次就业者之间的收入差距主要是他们的就业特征造成的。这一结果无论是对全部样本还是未更换工作单位的样本都成立。

如果初次就业搜寻时间处在1～2年，则工资收入将下降39%；而搜寻时间如果在2年以上，则工资收入将下降64%。尽管在控制就业特征后，初次就业搜寻时间在1～2年内的样本的工资收入下降程度不再显著，但如果搜寻时间在2年以上，收入水平仍将下降36%。如果将样本范围局限在没有变换过工作单位者，初次就业搜寻时间在1～2年的回归系数有所下降，但搜寻时间在2年以上者的收入水平则有更大幅度的下降。如果不控制就业特征，这一下降幅度可达75%，即下降3/4；即使控制了就业特征，工资收入下降幅度仍可达47%。这至少意味着，过长时间的初次就业搜寻将导致工资收入水平的持久性下降，并且这种下降不仅仅是由就业单位特征造成的，这种劳动力市场上失利表现的伤疤效应是显著的。

对此，以搜寻月份数连续测度的初次就业搜寻仍表现出了类似的特征。在不控制就业特征的情况下，在全部样本中，初次就业搜寻时间增加1个月，2002年的工资收入将降低1.8个百分点；即便控制了就业特征，全部样本中初次就业搜寻时间增加1个月仍将导致2002年的收入水平下降0.6个百分点，尽管下降幅度并不是很大，但这一效应是显著的。如果将所考察的样本限定在没有变换过

**表 7-4 初次就业搜寻时间与 2002 年全年工资水平的关系**

| 估计方程 | 全部样本 | | | | | | 未更换工作样本 | | | | | |
|---|---|---|---|---|---|---|---|---|---|---|---|---|
| $S>0$ | −0.053 [1.64] | −0.162 [3.71]*** | | | | | −0.044 [1.12] | −0.138 [2.76]*** | | | | |
| $0<S\leqslant$ 0.5 年 | | | −0.013 [0.36] | −0.063 [1.30] | | | | | 0.01 [0.22] | −0.016 [0.29] | | |
| 0.5 年 $<S\leqslant$ 1 年 | | | −0.076 [1.21] | −0.14 [1.63] | | | | | −0.11 [1.48] | −0.14 [1.47] | | |
| 1 年 $<S\leqslant$ 2 年 | | | −0.102 [1.20] | −0.494 [4.25]*** | | | | | −0.001 [0.01] | −0.406 [3.04]*** | | |
| $S>2$ 年 | | | −0.447 [4.12]*** | −1.032 [6.94]*** | | | | | −0.626 [4.73]*** | −1.402 [8.22]*** | | |
| 搜寻月份数 | | | | | −0.006 [3.29]*** | −0.018 [7.26]*** | | | | | −0.007 [2.96]*** | −0.022 [7.63]*** |
| 就业特征 | 是 | 否 | 是 | 否 | 是 | 否 | 是 | 否 | 是 | 否 | 是 | 否 |
| 样本数 | 7958 | 7974 | 7958 | 7974 | 7958 | 7974 | 4458 | 4464 | 4458 | 4464 | 4458 | 4464 |
| $R-sq$ | 0.53 | 0.09 | 0.53 | 0.09 | 0.52 | 0.09 | 0.47 | 0.08 | 0.48 | 0.1 | 0.47 | 0.09 |

注：①被解释变量为 2002 年全年工薪收入总额；②就业特征中包括所有制、行业、职业种类、职业性质以及省份虚拟变量，具体结果未列出；③所有的估计方程中都包括了性别、2002 年年龄、2002 年年龄平方、健康状况、党员身份、受教育年限、大学为高考录取、民族、父母之一为党员、父母之一为大学以上文化程度等变量。

工作单位的范围内，则这一下降幅度进一步有所上升，是否控制就业单位特征造成的 2002 年工资收入下降幅度分别为 2.2 个、0.7 个百分点。

总之，初次就业搜寻时间对工资收入将具有长时期的负效应。

我国就业的严峻形势不仅表现在失业人员或失业率的增长，也表现在新增劳动力获取就业机会越来越困难，而这种获取就业机会的困难在劳动力市场上的表现之一为初次就业搜寻时间的延长。

通过对住户调查数据的描述，以就业年份所表征的宏观就业环境表现出越来越严峻的态势，初次就业年份越近的劳动力，其初次就业搜寻时间也越长。不过，针对社会公众所普遍关注的大学生等高学历人群的初次就业问题，结论显示，这类人群在就业市场上仍具有相对优势，并且这种相对优势越来越明显。在影响初次就业搜寻时间的诸因素中，不仅人力资本是重要的，以父母的政治资本、人力资本所度量的家庭出身也具有重要的影响。初次就业搜寻时间越长的新增劳动力所获得的就业机会越不稳定，因此初次就业搜寻时间的延长将导致失业概率的增加。不过在失业状态下，一定范围内的初次就业搜寻时间将有助于获得再就业机会，这或许表明，即便出自被迫的初次就业搜寻仍有助于增强搜寻者适应劳动力市场的竞争能力。当然，较长时间的初次就业搜寻对于工资收入的消极效应将具有长期性。

**参考文献**

[1]KNIGHT J，李实 . 中国城镇职工失业的持续性与再就业职工的收入 [M]// 李实，佐藤宏 . 经济转型的代价 . 北京：中国财政经济出版社，2004.

[2] 蔡昉 . 论就业在社会经济发展政策中的优先地位 [J]. 中国人口科学，2003（3）.

[3] 丁仁船，王大犇 . 1990 年以来我国城镇真实失业率有多高?[J]. 市场与人口分析，2007（6）.

[4] 赖德胜，等 . 中国大学毕业生失业问题研究 [M]. 北京：北京师范大学出版社，2008.

[5] 李实，丁赛 . 中国城镇教育收益率的长期变动趋势 [J]. 中国社会科学，2003（6）.

[6] 薛进军，魏众 . 中国城市失业、贫困和收入分配差距 [M]// 李实，佐藤宏 . 经济转型的代价 . 北京：中国财政经济出版社，2004.

[7] 杨伟国，孙媛媛 . 中国劳动力市场测量：基于指标与方法的双重评估 [J]. 中国社会科学，2007（5）.

[8] 张车伟 . 失业率定义的国际比较及中国城镇失业率 [J]. 世界经济，2003（5）.

（本章作者：罗楚亮　李实　原载于《改革》2009 年第 9 期）

# 第八章　城镇职工工资收入差异变动的原因

【内容提要】随着城镇企业改制和分配制度改革的推进，城镇职工工资差距开始不断拉大，已成为城镇内部居民收入分配不平等程度持续上升的重要推动因素。在中国社会科学院经济研究所收入分配课题组1988年、1995年、2002年的城镇住户调查数据基础之上，本章利用基于回归方程的分解方法，在工资函数回归分析结果的基础上对城镇职工收入不均等指数进行了分解分析，试图揭示城镇职工收入分配状况的影响因素及其影响程度的大小。本章的研究表明，性别、党员身份对工资分配的影响在三个调查年份大致保持不变。工作经验对工资分配不平等的贡献急剧下降。而教育和职业对工资分配状况的贡献逐渐上升。所有制变量和行业变量对工资分配的影响在逐渐增强，而地区变量在最近一段时间成为扩大工资不平等的最重要因素。

【关键词】工资收入不平等　基于回归方程的分解方法　中国城镇

## 一、引言

中国居民收入差距的不断扩大引起了人们越来越多的关注，而作为城镇居民收入重要来源的工资性收入的分配差距也就成为人们关注的焦点问题。从20世纪90年代中期以来，随着城镇企业改制和分配制度改革的推进，城镇职工工资差距开始不断拉大，已成为城镇内部居民收入分配不平等程度持续上升的重要推动因素（Gustafsson、Li，2001；Khan、Riskin，2005；Knight、Song，2006）。我们的计算结果显示，城镇职工工资收入的基尼系数从1988年的0.235，上升到1995年的0.302，进而又上升到2002年的0.342。而且城镇职工工资差距的扩大与城镇居民收入差距的扩大几乎是同步的。城镇职工工资收入不均等程度的扩大，既有合理的成分，也有不合理的成分。在中国经济转型的大背景下，城镇职工工资分配制度的演变及其所带来的工资收入差距的扩大是一个不可避免的过程。一方面，它体现了逐步增强的市场机制对工资分配过程的影响作用，使得个人工资收入的回报具有更直接的激励效应，满足了效率优先的原则；另一方面，不可否认，工资收入差距的扩大也反映了体制改革的振荡以及市场分割因素的作用。因此，如何理解当前城镇职工收入差距扩大的现象，厘清其中的积极因素和消极因素，无疑是一项重要的研究工作。

城镇职工工资收入差距扩大的背后是工资分配机制的变化，是各种工资决定因素相对重要性的变化。在传统计划经济体制下，工资增长的主要决定因素是资历，因而工龄的长短可以解释当时大部分的工资差异（奈特、宋丽娜，1994）。相比而言，在现有工资决定机制下，职工工资收入决定因素更加多元化，而且决定因素又是不断变化的。正如一些相关研究表明的，学历已经取代资历成为职工工资收入决定的一个最重要的因素（Knight、宋丽娜，2008）。在学历之外，一些制度性分割因素对职工工资收入的影响并没有随着市场化的进程而有所减弱，反而出现了不断强化的势头，这表现为劳动力市场中行业分割、地区分割、所有制分割等因素在工资收入决定中都起到至关重要的作用（Démurger等，2006）。在这种情况下，通过使用相关分析方法准确估计各种不同因素对职工工资收入的平均（或边际）效应，也就是常用的个人工资函数分析，应该是一种研究思路，然而按照这种研究思路所得到的研究结果不能充分解释职工之间工资收入差距。为了确定各种因素对城镇职工工资收入不均等的影响，我们需要对相应的不平等指数进行分解。在各种可供选择的分解方法中，有两种是较为常用的：一是按收入来源对基尼系数进行分解；二是按不同人群组对泰尔指数进行分解。[1]前一种分解可以看作一种收入结构的分析方法，后一种分解实际上是一种单因素分析方法。而近年来陆续出现的基于回归方程对不平等指数进行分解的一些方法则使得我们有可能直接考察收入决定因素对收入分配的贡献。本章利用 Fields（1998）、Morduch 和 Sicular（2002）、Shorrocks（1999）分别提出的三种方法，利用工资函数中回归分析结果对城镇职工收入不均等指数进行分解分析，试图揭示城镇职工收入分配状况的影响因素及其影响程度的大小。

本章的结构安排如下。第二节描述城镇职工收入分配状况发生演变的制度背景，同时穿插对相关文献的简要回顾。第三节对基于回归方程分解的不平等指数的三种方法加以简单介绍。第四节简要说明本文所用的数据和描述性统计量，并且分析工资收入的组成部分及其对工资分配不均等的贡献。第五节估计线性工资方程和对数工资方程。第六节结合工资方程，利用不同的方法对不平等指数进行分解。第七节是本章的研究结论以及相关政策含义。

## 二、制度背景与相关文献

中国城镇工资收入差距的变动与企业改制过程和劳动力资源逐渐走向市场化配置过程密不可分。在改革初期，与国有经济一统天下的状况相适应的是工资制度的高度集中管理。国有和集体企业的工资标准由政府确定，职工的工资由学历、工龄、职位和技术等级等综合决定（赵耀辉、李实，2004）。除了领取工资以外，国有企业职工还享受住房、医疗等补贴。企业盈利状况并不影响职工工资收入，而职工的劳动投入和最终产出对职工工资也没有什么影

[1] 有关这两种分解方法的例子，可参见 Gustafsson、Li（2001）对1988—1995 年中国城镇工资收入差距变动的分析。

响，工资的分配在这种“大锅饭”体制下具有很强的均等化特点（Knight、Song，2003）。

随着所有制的多元化，非国有经济逐渐发展起来。外资开始进入中国，个体、私营企业得以发展，缓解了当时城镇中的就业压力。非国有经济的劳动用工制度和薪酬模式从一开始就具有市场分配机制的特点，企业按工人生产力的高低做出是否雇佣的决策并制定相应的工资标准，生产率高的工人被雇用并得到高工资，而生产率低的工人则得到较低的工资甚至遭到淘汰。

与此同时，国有企业内部也在进行改革。国企改革的直接作用是使得国有企业的劳动用工体制和薪酬制度逐渐向非国有经济所遵循的市场化模式靠拢。国有企业在劳动力雇佣方面开始有了自主权，能够从效率的角度出发做出调整企业内劳动力规模和结构的决策。国有企业的工资制度也进行了修正，国企面临的预算约束得到硬化，“企业办社会”的模式被摒弃，住房、医疗等福利性补贴在职工收入结构中的比重逐渐减少。职工收入与产出的关系更加紧密，教育等人力资本也得到了更好的回报（Meng、Kidd，1997）。

国有企业用工制度的松动以及非国有经济的发展，使得劳动力配置的市场化程度越来越高。而20世纪90年代后期，大批国有企业职工的下岗失业，进一步扩大了劳动力重新配置的范围。[1]根据统计年鉴的数字，国有单位从业人员在城镇就业人员中的比例从1978年的78.32%下降到了2004年的25.34%（见图8-1），[2]这意味着就业于非国有单位的人员比例已高达3/4。

那么，在劳动力资源和工资决定机制逐渐市场化的过程中，工资收入分配状况又会有何变化呢？它与职工个人特征和就业特征之间又是何种关系呢？这成为不少学者所关心的问题。他们从不同的

---

[1] Knight和Yueh（2004）分析了城镇居民在劳动力市场上的自愿和非自愿的流动性。

[2] 国有单位包括国有企业、国家机关、事业单位和社会团体。

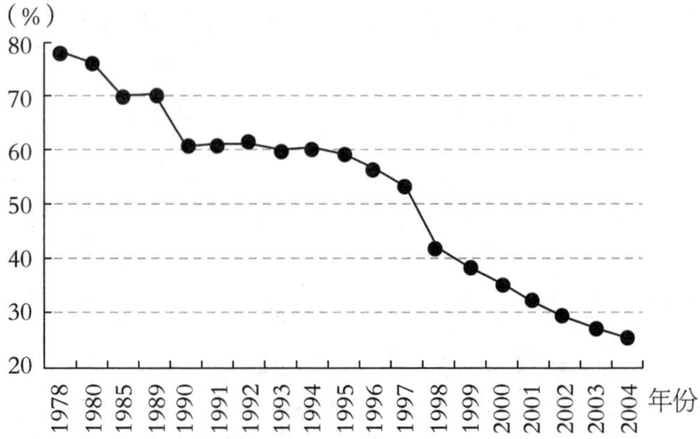


**图 8–1　国有单位职工在城镇就业人员中的比例**

资料来源：《中国统计年鉴 2005》。

角度对城镇职工的工资收入差异进行了分析。首先来看工资收入的性别差异。可以想象，原来在计划经济体制下受到抑制的工资收入的性别差异会逐渐显现并且出现不断扩大的趋势，尽管男女“同工同酬”的理念已经有了几十年的积淀（Démurger 等，2004）。例如，Gustafsson 和 Li（2000）发现 1988—1995 年城镇内部男女职工之间的收入差异有所扩大，而同期性别收入差异中由性别歧视解释的部分从 52.5% 上升到 58.9%。他们还发现，经济市场化程度较高的部门（沿海地区、企业）的工资收入的性别差异以及歧视因素在性别差异中的贡献要分别大于经济市场化进程较慢的部门（西部地区、机关事业单位）。Liu 等（2000）分别考察了国有企业、集体企业和个体私营企业内的收入性别差异，发现市场化程度越高的部门给予人力资本的回报越多，因而使得收入差距也越大。

教育是人力资本的重要组成部分，也是决定职工工资收入差距的重要解释因素。这主要表现在城镇个人教育收益率的逐渐提升过程。城镇教育收益率从 1988 年的 3.8%，上升到 1995 年的 5.7% 和 1999 年的 8.1%（李实和李文彬，1994；赖德胜，1999；李实和丁赛，2003）。Zhang 和 Zhao（2002）的估计更高，1988 年、1995

年、1999 年的城镇教育收益率分别为 4.7%、7.7%、11.5%。而且中国城镇的教育收益率呈现出一种递增性，即受到高等教育的年收益率要高于受到中等教育的年收益率。人力资本的另一种形式是工作经验，它对职工工资收入的影响来源于两个途径：论资排辈的文化传统和“干中学”带来的技能存量的增长。Meng 和 Kidd（1997）的研究表明，国有企业职工的工资收入在 1981 年到 1987 年间随着工作经验的增长而增长。而一些近期的研究则表明，进入 20 世纪 90 年代中期以后，城镇职工工资收入与资历之间的关系有所淡化（Knight 和宋丽娜，2008）。职业也是引致工资收入差异的重要变量。干部、专业人员和技术工人、私人企业主等的工资要高于普通工人，特别是非技术工人（Knight、Song，2003；Yueh，2004）。党员既可能是一种歧视因素，又可能是人力资本的一种形式。党员身份在 1995 年能使职工工资收入提高了 24 个百分点，但这一效应在 1999 年降为 17 个百分点（Knight、Song，2003）。

所有制、行业、地区等变量对职工工资收入都具有明显的影响作用，其作用的大小在很大程度上反映了劳动力市场的分割程度。如果劳动力市场是完全竞争的，那么相同人力资本的职工所获得的收入也应该一样，就不应该有所有制之间、行业之间和地区之间的差别。Zhao（2002）分析了国有企业和非国有企业的工资差距，发现外资企业的工资水平最高，个体私营企业的工资水平次之，国有企业的工资低于前两类企业，而集体企业的工资最低。更有意思的是，她发现低技能职工在国有企业的收入要高于外资企业，而高技能职工在国有企业的收入则要低于外资企业。Chen 等（2005）的判断稍微有所不同，他们认为外资企业的工资最高，集体企业的工资最低，但国有企业的工资则要高于个体私营企业。他们还对工资收入差异进行了分解，证实了所有制分割的存在。行业之间的工资差距也在逐年扩大，1988 年、1992 年、1995 年、1997 年行业间职工平均工资的基尼系数分别是 0.0554、0.0728、0.1052、0.1206（李实，2003）。城镇职工工资收入的地区差距在很大程度上体现了市场化程度的不同对工资收入差异的影响。李实和王亚柯（2005）发现 1995 年和 2002 年间东西部地区城镇企业职工收入差距略有扩大，西部地区职工工资收入在 1995 年为东部地区的 64%，到 2002 年这一比例为 63%。

以上提到的文献大多是对工资决定因素的分析，并没有综合考察不同因素对工资收入分配的影响。而且大部分文献是解释工资水平上的差异，而不是解释工资收入分配的不均等。相比而言，后一个方面的研究进展比较滞后。[1]

本章试图运用基于工资函数的回归分析的分解技术，考察性别、党员身份、工作经验、受教育程度、所有制、职业、行业、省份等诸因素对城镇在职职工的工资收入差距的影响，并通过比较 1988 年、1995 年和 2002 年的估计结果来考察各种因素的影响作用的变化情况。

## 三、基于回归方程的不平等指数分解

按人群组和按收入来源分解不平等指数是研究收入分配的常用方法。然而，这些传统方法也存在一些不足之处。首先，按人群组分解不平等指数，只能根据离散变量（如性别、地区、所有制等）来进行分组。而连续变量（年龄、受教育年限、工作经验等）等必须通过人为划分组别，转化为离散形式，才能进行分解分析。这样也就无法直接考察连续变量对收入不均等的影响（Morduch、Sicular，2002）。其次，在人群组之间和人群组内部收入差距加以

[1] 从现有的文献来看，在工资收入不均等的分解方面做出尝试的有 Gustafsson 和 Li（2001）、Knight 和 Song（2003）。前者对中国城镇工资收入不均等进行了一系列分解分析，但着重于对基尼系数按收入来源进行的分解，并且分人群组考察了 MLD 指数的变动并进行了分解；后者则运用 Fields（1998）的方法，结合收入方程对工资差距做了分解分析。

分解时，如按多个标准进行多重分组，所得到的人群组会成倍增加，而特定人群组内的观测值相应地就会大大减少，这会使得分解结果的可信程度大打折扣。按人群组进行分解也无法处理内生性问题，所使用的分组变量（如文化程度）可能与收入分配存在着互为因果的关系。按收入来源分解不平等指数也存在一些不足之处，这种方法只能告诉我们工资收入、财产收入、转移性收入等各项收入来源对收入不均等的影响。而性别、教育、年龄、职业、行业等各种决定因素（causal factors）对收入不均等的影响，我们却无从得知（Fields，1998）。

传统分解方法的缺陷催生了基于回归方程的不平等指数分解方法的发展，Fields（1998）、Bourguignon 等（2001）、Morduch 和 Sicular（2002）、Shorrocks（1999）等四种基于回归方程的分解方法应运而生。这些方法致力于估计各项收入决定因素对不平等指数的贡献。需要指出的是，基于回归方程的分解方法自身也并非十全十美，还处于不断完善的过程（Wan，2002、2004）。这些基于回归方程的分解方法是根据不同的原理得出的，所依托的回归方程也不一样，而且对回归方程的截距和残差项的处理方法也不同。可以想象，不同分解方法得出的估计结果肯定也大不一样。下面我们对本章所使用的分解方法进行简单介绍，这也是理解不同分解方法所得到的不同分析结果的前提。[1]

Morduch 和 Sicular（2002）将回归分析与按收入来源分解不平

[1] Bourguignon 等（2001）的方法是在 Blinder–Oaxaca 的框架上发展起来的，它特别适合于两个状态（如时点、部门、人群组、地区）之间的收入不平等的比较。因而，Bourguignon 等（2001）的方法是比较静态意义上的，不能用来分析静态意义上的收入不平等的影响因素。本文试图先对特定时点上的收入不平等指数进行分解，然后将三个时点上各个影响因素对收入分配状况的贡献进行比较。基于本文的这一分析思路，我们暂且不使用 Bourguignon 等（2001）的方法，而只关注其他三种方法。

等指数的传统方法结合在了一起。具体来说，Morduch 和 Sicular（2002）首先估计线性收入回归方程：

$$y = \beta_0 + \beta_1 X_1 + \beta_2 X_2 + \cdots + \beta_K X_K + \varepsilon$$

其中，$y$ 为收入，解释变量 $X_k$ 为性别、受教育年限、工龄、职业、行业、地区等；$\beta_k$ 为系数估计值；$\varepsilon$ 为扰动项。利用该收入方程的回归结果，可以得到各项收入决定因素的预测收入：

$$\hat{y}^k = \hat{\beta}_k x_k, k = 1, 2, \cdots, K$$

而归结于常数项和残差之上的收入分别为 $\hat{y}^c = \hat{\beta}_0, \hat{y}^r = e$。

如果将 $\hat{y}^k$ 视为收入来源，那么就可以应用 Shorrocks（1982）的分解方法，得出 $\hat{y}^k$ 对收入不平等的贡献为 $S\left(\hat{y}^k\right) = \sum_{i=1}^{N} a_i(y)\hat{y}_i^k$。[1] 同理可得，$\hat{y}^c$、$\hat{y}^r$ 对收入不平等的贡献为 $S\left(\hat{y}^c\right) = \sum_{i=1}^{N} a_i(y)\hat{\beta}_0$，$S\left(\hat{y}^r\right) = \sum_{i=1}^{N} a_i(y)e_i$。

Fields（1998）的分解方法则是 Shorrocks（1982）在对数收入方程上的应用。如果有对数收入方程 $\ln y_{it} = a_t' z_{it}$，其中 $\ln y$ 为收入的对数，$a_t = [\alpha_t\ \beta_{1t}\ \beta_{2t} \cdots \beta_{Jt} 1], z_{it} = [1 X_{i1t}\ X_{i2t} \cdots X_{iJt}\ \varepsilon_{it}]$。与上面的线性收入方程相类似，Fields（1998）把收入不均等分解为：

---

[1] 在满足一系列假设的前提下，Shorrocks（1982）认为，收入不平等指数可以写成 $I(y) = \sum_{i=1}^{N} a_i(y) y_i$，其中，$I(y)$ 为不平等指数，$a_i(y)$ 为权重，$N$ 为样本数。如果用总收入替代为分项收入总和，那么可以得到 $I(y) = \sum_{i=1}^{N}\sum_{j=1}^{M} a_i(y) y_i^j$，$M$ 为收入来源的种类。显而易见，分项收入对收入不平等指数的贡献为 $S\left(y^j\right) = \sum_{i=1}^{N} a_i(y) y_i^j, j = 1, 2, \cdots, M$。

$$s_j(\ln y)=\frac{\mathrm{cov}(a_j z_j,\ln y)}{\sigma^2(\ln y)}=\frac{a_j\sigma(z_j)\mathrm{cor}[z_j,\ln y]}{\sigma(\ln y)}$$

$s_j$（ln$y$）为$j$项收入来源对不平等指数的贡献份额，且 $\sum_{j=1}^{J+2}s_j(\ln y)=100\%$。而残差以外的模型的确定性部分（deterministic part）$\sum_{j=1}^{J+1}s_j(\ln y)$，能够解释不平等指数的 $R^2$（ln$y$）部分，$R^2$ 为收入回归方程的判定系数。

Wan（2004）的分解方法则是回归分析在 Shorrocks（1999）框架下的运用。Shorrocks（1999）根据要素对不平等指数的边际效应（marginal effect）来计算该要素对不平等的贡献，而边际效应是通过剔除该要素后，比较收入不平等指数的变动后得出的。由于剔除要素的途径或者方法并不唯一，要素对不平等指数的边际效应也就不止一个。[1]Shorrocks（1999）提供的解决办法是，考虑剔除某一要素的所有可能的途径，并以所有途径的边际效应的平均值来定义该要素对收入不平等的贡献。这种处理方法依据的是合作博弈理论中的 shapley 值，因而 Shorrocks（1999）将此称为 Shapley 值方法（Shapley decomposition or decomposition based on the Shapley value）。有关该方法的详细解释见本章的附录。

以上基于回归方程的几种分解方法来源于不同的理论前提，也各有其优缺点。例如，Fields（1998）只适用于对数收入方程，它所分解的实际上是对数收入而非原始收入的不平等指数。对变换后的收入指标进行不平等指数的分解，势必要影响到分析结果的可靠

❶ 这里的剔除只是指分离出（isolate）某种因素对收入分配的影响，并不一定意味着删除这一因素本身（Wan，2004）。Morduch 和 Sicular（2002）提供了几种分离特定因素对收入分配的影响的方法，如简单删除特定因素、用该分项收入的均值来替代分项收入本身等。而 Wan（2004）在文中并没有明确说明采用了何种方法来分离特定因素的影响。

性。Fields 的分解方法也没有正确处理常数项对收入不平等的影响。从 Fields 的分解公式可以得知，常数项对收入不平等没有任何作用。Morduch 和 Sicular（2002）对常数项和残差的处理也存在一些问题（Wan，2002）。Wan（2002、2004）对此做了一些改进。然而，正如上面的公式所反映的，Wan（2002、2004）处理常数项和残差的方式也并不完美，常数项和残差与解释变量的单项预测收入进行了不对等的处理，模型的确定性部分运用 Shapley 值方法得到了各个解释变量的预测收入的贡献，而常数项和残差的贡献只是通过简单相减得出。[1] 回归方程中虚拟变量的处理是所有这些分解方法共同面临的问题。回归方程中参照组的选择会影响到常数项的变动，进而影响到分解结果。Yue 等（2008）在 Morduch 和 Sicular（2002）的基础上对此进行了改进。其具体做法是，在估计收入方程以后，针对特定离散变量的所有虚拟变量的取值乘以该虚拟变量的回归系数，得到一个加总的虚拟变量。然后将加总的虚拟变量减去其样本均值，从而得到该离散变量的预测收入，最后再进行收入差距分解。经过处理以后，常数项包括了加总的虚拟变量的样本均值，因而离散变量的参照组的选择就不会影响到最后的分解结果。而 Wan（2004）首先估计对数收入方程，然后再将预测收入还原为原始收入，这种处理使得常数项成为影响收入大小的一个倍数，不再影响收入不平等。同样，Fields（1998）的分解方法无从反映常数项的贡献，因此不需要对此进行特别处理。

## 四、数据介绍、描述性统计量以及工资收入结构

本章所用的数据来自中国社会科学院经济研究所收入分配课题

[1] 如果按照 Wan（2004）的方法来处理常数项和残差，那么利用 Morduch 和 Sicular（2002）方法得到的常数项和残差的分解结果会得到很大的改善。

组 1988 年、1995 年和 2002 年城镇住户调查。[1]1988 年调查覆盖了北京、山西、辽宁、江苏、安徽、河南、湖北、广东、云南、甘肃 10 个省、市，1995 年调查增加了四川省，2002 年调查时因行政区划调整重庆市从四川省分离出来，被调查的省市增加到 12 个。1988 年、1995 年、2002 年调查的样本规模分别为 9009 户、31827 人，6931 户、21694 人，6835 户、20632 人。出于本章的研究目的，我们只保留了就业人员，并且剔除了工资收入信息缺失的样本，最后用于分析的三年的样本分别为 16991 个、10852 个和 9388 个职工。

表 8–1 给出了描述性统计量，其中 1995 年和 2002 年的工资都是以 1988 年的不变价格度量的。从表 8–1 可以看出，男性职工工资的增长要略微快于女性，男性职工的工资收入在 1988—2002 年增长了约 1.65 倍，而女性职工在此期间工资收入增长了约 1.61 倍。中共党员同期的工资增长（约 1.69 倍）快于非党员（约 1.56 倍）。直观上看，文化程度和工资收入的增长基本上是线性的，文化程度越高，工资收入的增长也越快。大学及大学以上文化程度职工的收入从 1988 年的 2313.59 元增加到 2002 年的 7155.70 元，增长了约 2.1 倍。而小学以下文化程度者的工资水平在此期间几乎没有什么变化。

从工资水平与工作经验之间的关系来看，1988 年工资水平并没有呈现出通常的倒“U”形变化，而是随着工作经验的增加而持续增长。这说明资历对当时的工资决定还是起了很大作用。到了 1995 年和 2002 年，工资水平随着工作经验增长出现了倒“U”形的变化，这说明工资决定中市场因素开始发挥更大的作用。

不同所有制单位的工资水平差异由来已久，我们的数据也给出了大致相同的结果。外资企业职员的工资收入最高，而集体所有制职工的工资收入最低，这在三个调查年份都是如此。值得注意的是，地方国有单位的工资水平在 1988 年与中央国有单位相差不大，但到了 1995 年和 2002 年，其工资水平要远低于中央国有单位。这与后来中央国有企业的垄断性不断上升的事实分不开。

[1] 对数据的详细说明，请参见 Eichen 和 Zhang（1993）、Khan 和 Riskin（1998）、Khan 和 Riskin（2005）。

**表 8–1　描述性统计量（1988 年价格）**

| 项目 | | 1988 年 | | 1995 年 | | 2002 年 | |
|---|---|---|---|---|---|---|---|
| | | 比重（%） | 工资（元） | 比重（%） | 工资（元） | 比重（%） | 工资（元） |
| 性别 | 男 | 52.57 | 1989.08 | 52.85 | 2991.71 | 55.63 | 5263.98 |
| | 女 | 47.43 | 1656.20 | 47.15 | 2489.81 | 44.37 | 4322.05 |
| 党员 | 是 | 24.20 | 2217.41 | 25.22 | 3361.82 | 29.87 | 5960.70 |
| | 否 | 75.80 | 1707.89 | 74.78 | 2550.41 | 70.13 | 4371.40 |
| 文化程度 | 大学及以上 | 6.34 | 2313.59 | 7.86 | 3567.43 | 10.76 | 7155.70 |
| | 大专 | 6.85 | 1964.79 | 15.60 | 3150.51 | 23.65 | 5553.30 |
| | 高中或中专 | 35.77 | 1788.62 | 41.29 | 2701.95 | 40.71 | 4521.37 |
| | 初中 | 38.73 | 1764.59 | 30.10 | 2495.67 | 22.38 | 3768.85 |
| | 小学 | 10.31 | 1873.31 | 4.86 | 2291.76 | 2.35 | 3214.74 |
| | 小学以下 | 2.00 | 1677.04 | 0.29 | 1717.16 | 0.16 | 1920.20 |
| 工作经验 | ≤ 10 年 | 20.40 | 1260.67 | 16.46 | 2091.26 | 13.54 | 4185.68 |
| | 11～20 年 | 28.13 | 1795.89 | 27.00 | 2611.60 | 25.55 | 4843.04 |
| | 21～30 年 | 31.39 | 2029.97 | 36.73 | 3010.93 | 34.75 | 4892.11 |
| | 31～40 年 | 16.28 | 2155.77 | 16.96 | 3104.03 | 22.98 | 5176.38 |
| | ≥ 41 年 | 3.79 | 2123.01 | 2.86 | 2573.77 | 3.18 | 4793.11 |

续表

| 项目 | | 1988年 | | 1995年 | | 2002年 | |
|---|---|---|---|---|---|---|---|
| | | 比重（%） | 工资（元） | 比重（%） | 工资（元） | 比重（%） | 工资（元） |
| 所有制 | 中央国有 | 39.07 | 1988.00 | 26.86 | 3119.12 | 45.88 | 5610.94 |
| | 地方国有 | 39.49 | 1821.65 | 55.10 | 2734.24 | 20.23 | 4399.11 |
| | 集体所有制 | 20.46 | 1543.01 | 15.55 | 2139.22 | 7.32 | 3317.16 |
| | 个体私营 | 0.22 | 1886.30 | 0.73 | 2446.97 | 9.66 | 3422.19 |
| | 外资企业 | 0.35 | 2842.11 | 1.27 | 3733.04 | 2.36 | 6377.01 |
| | 其他 | 0.41 | 1297.23 | 0.50 | 2598.00 | 14.55 | 4521.50 |
| 职业 | 专业技术人员 | 16.31 | 2055.15 | 22.59 | 3171.05 | 22.48 | 5911.17 |
| | 机关事业单位负责人 | 6.72 | 2329.19 | 11.82 | 3503.71 | 11.21 | 6710.60 |
| | 办事人员 | 23.91 | 1917.90 | 21.25 | 2717.59 | 21.33 | 5041.38 |
| | 工人 | 52.99 | 1660.46 | 39.14 | 2382.05 | 42.72 | 3786.03 |
| | 其他 | 0.08 | 1539.59 | 5.20 | 2205.42 | 2.27 | 3213.04 |
| 行业 | 农林牧渔业 | 0.99 | 1775.77 | 1.70 | 2978.54 | 1.27 | 4689.13 |
| | 制造业 | 43.09 | 1759.41 | 41.54 | 2573.42 | 26.52 | 4120.44 |
| | 采掘地质勘查 | 3.98 | 1812.64 | 1.03 | 2821.70 | 5.90 | 5055.93 |
| | 建筑业 | 3.46 | 1841.68 | 2.90 | 2847.00 | 3.36 | 5231.40 |

续表

| 项目 | | 1988 年 | | 1995 年 | | 2002 年 | |
|---|---|---|---|---|---|---|---|
| | | 比重（%） | 工资（元） | 比重（%） | 工资（元） | 比重（%） | 工资（元） |
| 行业 | 交通邮电 | 6.83 | 2014.41 | 5.10 | 3055.29 | 7.88 | 5232.06 |
| | 商业餐饮 | 14.16 | 1835.05 | 14.43 | 2439.18 | 10.15 | 3670.67 |
| | 房地产、公共事业 | 2.34 | 1656.86 | 3.90 | 2835.09 | 10.68 | 3980.85 |
| | 卫生、体育和社会福利 | 4.68 | 1890.45 | 4.68 | 3123.53 | 5.35 | 5723.72 |
| | 教育、文化、艺术 | 7.45 | 1966.36 | 7.34 | 3105.26 | 9.58 | 6100.73 |
| | 科研和技术服务 | 2.10 | 2051.26 | 2.45 | 3275.42 | 1.86 | 7371.91 |
| | 金融保险业 | 1.57 | 1740.75 | 2.02 | 3202.14 | 2.82 | 5817.56 |
| | 政府、政党和社会团体 | 8.63 | 1940.99 | 12.15 | 3007.03 | 12.62 | 5750.52 |
| | 其他 | 0.72 | 1460.35 | 0.75 | 2765.35 | 2.00 | 4583.41 |
| 省份 | 北京 | 4.56 | 1926.75 | 6.81 | 3775.81 | 8.76 | 7319.96 |
| | 山西 | 10.70 | 1617.28 | 9.68 | 2156.52 | 8.52 | 4022.53 |
| | 辽宁 | 10.94 | 1770.78 | 10.83 | 2468.19 | 10.85 | 4371.26 |
| | 江苏 | 13.38 | 1730.01 | 10.89 | 3015.38 | 9.92 | 5009.34 |
| | 安徽 | 9.75 | 1682.58 | 7.26 | 2175.52 | 6.76 | 4209.36 |
| | 河南 | 11.28 | 1488.41 | 8.53 | 2086.65 | 9.20 | 3517.45 |
| | 湖北 | 11.07 | 1731.26 | 10.24 | 2614.36 | 10.17 | 4183.16 |

续表

| 项目 | | 1988 年 | | 1995 年 | | 2002 年 | |
|---|---|---|---|---|---|---|---|
| | | 比重（%） | 工资（元） | 比重（%） | 工资（元） | 比重（%） | 工资（元） |
| 省份 | 广东 | 11.77 | 2652.49 | 8.67 | 4921.44 | 9.26 | 7544.94 |
| | 重庆 | — | — | — | — | 4.21 | 5022.60 |
| | 四川 | — | — | 11.79 | 2573.27 | 8.04 | 4096.86 |
| | 云南 | 10.30 | 1908.93 | 9.77 | 2542.48 | 8.70 | 4596.88 |
| | 甘肃 | 6.24 | 1802.23 | 5.53 | 2013.80 | 5.60 | 3889.45 |
| 工作经验（年） | | 20.79 | | 21.77 | | 23.05 | |
| 工作经验平方（年） | | 553.36 | | 579.02 | | 638.25 | |
| 受教育年限（年） | | 10.50 | | 10.77 | | 11.53 | |
| 工资（元） | | 1831.19 | | 2755.05 | | 4846.09 | |
| 对数工资 | | 7.41 | | 7.74 | | 8.27 | |
| 观测值数 | | 16691 | | 10852 | | 9388 | |

不同职业的工资水平也存在较大差异。可以看到，机关事业单位负责人的工资收入在三个调查年份都是最高的。而专业技术人员的工资收入仅次于机关事业单位负责人。办事人员和工人的工资收入水平最低。值得注意的是，机关事业单位负责人和专业技术人员的工资增长也最为迅速，1988—2002 年增长了约 188%，而工人的工资收入在此期间仅增长了约 128%。

行业间的工资收入差距历来是人们关心的问题。公共服务业（如机关事业单位、教育科研部门）以及垄断性行业（如交通邮电、金融保险等）的工资水平较高，相比之下，竞争性行业（如制造业和商业餐饮业）的工资处在较低的水平。从工资水平的增长速度来看，竞争性行业的工资增长也要慢于公共服务业和垄断性行业。例如，金融保险业的工资水平在 1988—2002 年增长了约 2.34 倍，而商业餐饮的平均工资在此期间只增长了约 1 倍。

表 8-1 还表明工资收入的地区差异也出现了扩大的趋势，主要表现为东部地区省份的工资增长大大超过了中西部地区省份。以北京和甘肃为例，1988 年北京的平均工资收入与甘肃相差无几，到 1995 年北京的平均工资收入则要高出甘肃 87.53%，而且这一差距幅度到 2002 年仍得以保持。从另外一个角度来看，北京的平均工资收入在 1988—2002 年增长了约 2.80 倍，而甘肃只增长了约 1.16 倍。

国有企业工资制度的改革以及非公有制经济实行的“效率导向”的工资制度，使得城镇职工的工资收入结构也发生了相应变化。[1] 表 8-2 描述了职工工资收入的构成。我们可以发现，工资结构在 1988—1995 年间没有发生什么变化，但到了 2002 年，则出现了比较明显的变化。基本工资在工资收入的比重大幅度上升，从 1988 年的 54.45% 上升到了 2002 年的 81.37%。奖金和补贴在工资收入中的比重大幅度下降，从 1988 年的 35.43% 下降到 2002 年的 15.29%。个体私营收入的比重有所上升，这可能反映了个体私营从业人员的

---

[1] 对国有企业工资制度的沿革，请参见 Yueh（2004）。

增加，特别是 20 世纪 90 年代后期大批下岗失业人员也加入了个体私营的队伍。

表 8-2　工资组成部分（1988 年价格）

| 项目 | 1988 年 | | 1995 年 | | 2002 年 | |
|---|---|---|---|---|---|---|
| | 比重（%） | 金额（元） | 比重（%） | 金额（元） | 比重（%） | 金额（元） |
| 基本工资 | 54.45 | 997.08 | 58.23 | 1604.16 | 81.37 | 3943.04 |
| 奖金 | 18.92 | 346.55 | 15.23 | 419.50 | 9.26 | 448.90 |
| 补贴 | 16.51 | 302.40 | 16.58 | 456.80 | 6.03 | 292.07 |
| 个体私营收入 | 0.12 | 2.16 | 0.54 | 14.83 | 1.17 | 56.76 |
| 其他工资收入 | 9.99 | 183.00 | 9.43 | 259.76 | 2.17 | 105.33 |

正如人们的感觉那样，工资收入的不平等程度在逐渐扩大，如表 8-3 所示，1988 年、1995 年、2002 年的基尼系数分别为 0.2354、0.3023、0.3418。图 8-2 画出了三个调查年份的工资收入分配的洛伦兹曲线，直观地显示了工资不平等程度在逐渐扩大。工资收入的各个组成部分对于不平等程度扩大的作用也是不同的。随着基本工资在工资收入中份额的增加以及自身分配不平等的加剧，基本工资对工资收入不平等的贡献也从 1988 年的 36.34% 上升到 2002 年的 73.129%。基本工资降低工资收入不平等的作用正在逐渐消退，这一点反映在基本工资的集中率与工资收入的基尼系数之间的差异变得越来越小。奖金起到了扩大工资收入不均等的作用，尽管它的贡献率在逐渐降低。补贴在 1988 年具有缩小工资收入分配不均等的作用，但是在 1995 年和 2002 年则加剧了工资收入不均等。与奖金一样，补贴由于其比重的降低对工资收入不均等的贡献也在逐渐减弱。个体私营收入则经历了加剧不均等、与工资收入的总体不均等保持一致、平抑不均等的过程，其集中率在 1988 年、1995 年、2002 年分别为 0.6914、0.2664、−0.0634。

**表 8-3　工资收入按来源分解**

| 项目 | 1988 年 | | 1995 年 | | 2002 年 | |
|---|---|---|---|---|---|---|
| | 集中率 | 贡献率（%） | 集中率 | 贡献率（%） | 集中率 | 贡献率（%） |
| 基本工资 | 0.1571 | 36.34 | 0.2219 | 42.75 | 0.3071 | 73.12 |
| 奖金 | 0.4091 | 32.89 | 0.5242 | 26.40 | 0.5791 | 15.70 |
| 补贴 | 0.2004 | 14.05 | 0.3255 | 17.85 | 0.5323 | 9.39 |
| 个体私营收入 | 0.6914 | 0.35 | 0.2664 | 0.47 | −0.0634 | −0.22 |
| 其他工资收入 | 0.3857 | 16.37 | 0.4016 | 12.53 | 0.3175 | 2.02 |
| 基尼系数 | 0.2354 | 100 | 0.3023 | 100 | 0.3418 | 100 |

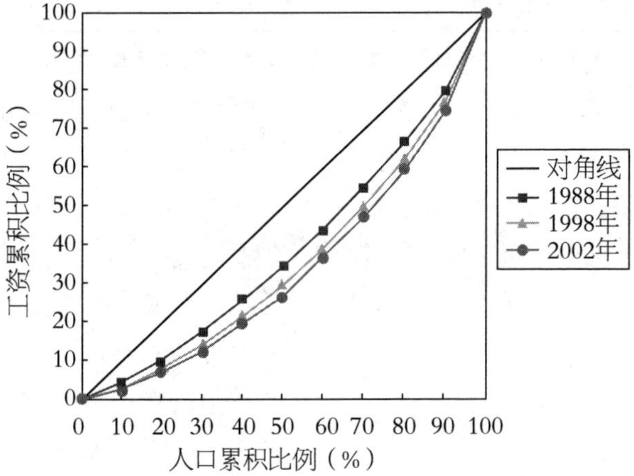


**图 8-2　三个调查年份的工资的洛伦兹曲线**

## 五、工资收入方程的估计结果

Fields（1998）、Shorrocks（1999）、Morduch 和 Sicular（2002）的分解方法，通常需要估计线性工资收入方程或对数工资收入方程，附表和表 8–4 提供了这两种回归方程的估计结果。为了节约篇幅，我们集中讨论表 8–4 中的结果。

**表 8–4　工资收入方程（因变量为对数工资）**

| 项目 | 1988 年 | 1995 年 | 2002 年 |
| --- | --- | --- | --- |
| 男性 | 0.095*** | 0.144*** | 0.138*** |
| 党员 | 0.061*** | 0.079*** | 0.084*** |
| 工作经验 | 0.042*** | 0.068*** | 0.030*** |
| 工作经验平方 | −0.001*** | −0.001*** | −0.0004*** |
| 受教育程度 | 0.026*** | 0.027*** | 0.047*** |
| 中央国有 | 0.189*** | 0.362*** | 0.326*** |
| 地方国有 | 0.107*** | 0.184*** | 0.168*** |
| 集体所有制 | — | — | — |
| 个体私营 | −0.244*** | 0.028 | 0.037 |
| 外资企业 | 0.301*** | 0.444*** | 0.462*** |
| 其他 | −0.298*** | 0.114 | 0.222*** |
| 专业技术人员 | 0.071*** | 0.186*** | 0.209*** |
| 机关事业负责人 | 0.099*** | 0.179*** | 0.232*** |
| 办事人员 | 0.050*** | 0.089*** | 0.121*** |
| 工人 | — | — | — |
| 其他 | 0.057 | −0.020 | −0.253*** |
| 农业牧渔 | −0.035 | −0.055 | 0.049 |
| 制造业 | — | — | — |
| 采掘地质勘查 | 0.041*** | −0.006 | 0.181*** |
| 建筑业 | 0.007 | 0.024 | 0.019 |

续表

| 项目 | 1988 年 | 1995 年 | 2002 年 |
|---|---|---|---|
| 交通邮电 | 0.009 | 0.071*** | 0.152*** |
| 商业餐饮 | −0.013 | −0.058*** | −0.121*** |
| 房地产、公共事业 | −0.093*** | −0.047 | −0.097*** |
| 卫生、体育和社会福利 | −0.045*** | 0.069** | 0.125*** |
| 教育、文化、艺术 | −0.049*** | 0.062*** | 0.130*** |
| 科研和技术服务 | −0.032* | 0.042 | 0.193*** |
| 金融保险业 | −0.069*** | 0.180*** | 0.139*** |
| 政府、政党和社会团体 | −0.088*** | −0.003 | 0.057*** |
| 其他 | −0.188*** | −0.137** | −0.029 |
| 北京 | — | — | — |
| 山西 | −0.215*** | −0.503*** | −0.640*** |
| 辽宁 | −0.019 | −0.349*** | −0.477*** |
| 江苏 | −0.008 | −0.086*** | −0.365*** |
| 安徽 | −0.108*** | −0.443*** | −0.568*** |
| 河南 | −0.241*** | −0.512*** | −0.707*** |
| 湖北 | −0.91*** | −0.295*** | −0.561*** |
| 广东 | 0.289*** | 0.330*** | 0.032 |
| 四川 | N.A. | −0.301*** | −0.430*** |
| 重庆 | N.A. | N.A. | −0.529*** |
| 陕西 | 0.010 | −0.334*** | −0.474*** |
| 甘肃 | −0.109*** | −0.544*** | −0.677*** |
| 截距 | 6.447*** | 6.634*** | 7.280*** |

续表

| 项目 | 1988 年 | 1995 年 | 2002 年 |
|---|---|---|---|
| Adj. $R^2$ | 0.4338 | 0.3219 | 0.3673 |
| F | 366.39 | 144.07 | 148.28 |
| 观测值数 | 16691 | 10852 | 9388 |

注：***、**、* 分别表示 1%、5%、10% 的显著性水平（附表同）。

对数工资方程的估计结果在很大程度上证实我们基于描述性统计量做出的判断。男性的工资收入要高于女性，而且工资收入的性别差异在逐渐拉大。1988 年男性比女性的工资收入高出 9.5%，而到了 2002 年则要高出 13.8%。党员比非党员的工资收入要高，而且这一差异有所扩大。正如我们所预期的，教育收益率在不断提高，在控制了相关变量以后，教育收益率从 1988 年的 2.6% 提高到 2002 年的 4.7%。这一点是与李实和丁赛（2003）以及 Zhang 和 Zhao（2002）研究结果是一致的。这也反映了工资决定机制越来越趋向市场化。工作经验及其平方的系数也符合人们的预期，呈现倒“U”形曲线的特征。一般而言，工资收入都是随着年龄的增长而增长，在壮年期达到最高点，然后又开始下降。

从所有制性质来看，外资企业的工资收入最高，而中央国有企业和地方国有企业的工资收入也要高于作为参照组的集体企业。值得注意的是，中央国有企业的工资水平高于地方国有企业，而且两者之间的工资收入差距在改革后期逐渐拉大。这也反映了中央国有企业和地方国有企业的不同运营绩效和垄断程度。个体私营从业人员的工资收入在 1988 年要低于集体企业职工，但到 1995 年和 2002 年则与集体企业职工不存在显著差异。

职业也是影响工资高低的一个变量。可以看到，工人几乎是所有职业里面工资最低的，机关事业单位负责人和专业技术人员则拥有最高水平的工资收入。紧随其后的是办事人员。与工人相比，专业技术人员、机关事业单位负责人、办事人员的相对工资水平逐年上升。

不同行业虚拟变量系数估计值的大小，反映了行业之间工资收入的差异。与其他行业相比，制造业的工资水平在 1988 年并不低，但在 1995 年和 2002 年则相对有所下降，这也体现了产品市场上的变化。总体而言，竞争性行业（如制造业、商业餐饮）的工资水平较低，而具有垄断性质的行业（如交通邮电）的工资水平较高。

省份之间也存在较大的工资收入差距。除了广东以外，北京的工资水平高于其他省份。江苏等东部地区的工资水平要高于河南、甘肃等中西部地区。值得注意的是，落后地区的工资水平与参照组北京之间的差距在逐渐拉大。例如，甘肃的工资水平在 1988 年比北京低 10.9%，到 1995 年则比北京低 54.4%，而在 2002 年要比北京低 67.7%。

## 六、对分解结果的讨论

本节在工资回归方程的基础上，分别利用 Fields（1998）、Morduch 和 Sicular（2002）、Shorrocks（1999）的方法，对工资收入的不平等指数进行了分解。表 8-5～表 8-7 报告了分解结果。其中表 8-5 给出了基于对数工资方程，应用 Fields（1998）的方法得到的分解结果，分解的对象是对数工资的不平等指数。表 8-6 是基于工资方程，应用 Morduch 和 Sicular（2002）的方法得出的分解结果，分解的对象是工资的不平等指数。[1] 表 8-7 的分解结果则是 Shorrocks（1999）的方法的应用，首先根据对数工资方程得出对数工资的预测值，然后将其进行指数运算还原成工资，这样分解对象仍是工资的不平等指数，而常数项则成为一个倍数，对不平等指数不起任何作用。

[1] 这里的虚拟变量依照 Yue 等（2008）的方法进行了相应处理，因此表 8-6 的分解结果不受到参照组选择的影响。

表 8-5 Fields 方法的工资不平等分解结果

| 项目 | 1988 年 | 1995 年 | 2002 年 |
| --- | --- | --- | --- |
| 男性 | 0.0219 | 0.0163 | 0.0160 |
| 党员 | 0.0163 | 0.0102 | 0.0136 |
| 工作经验 | 0.2157 | 0.0807 | 0.0243 |
| 受教育程度 | 0.0167 | 0.0218 | 0.0563 |
| 所有制 | 0.0403 | 0.0363 | 0.0545 |
| 职业 | 0.0213 | 0.0309 | 0.0543 |
| 行业 | −0.0016 | 0.0083 | 0.0381 |
| 省份 | 0.1045 | 0.1196 | 0.1129 |
| 残差 | 0.5650 | 0.6759 | 0.6302 |
| 总和 | 1.00 | 1.00 | 1.00 |

表 8-6 Morduch and sicular 方法的工资不平等分解结果

| 年份 | 变量 | Gini | (%) | Theil | (%) | $CV^2$ | (%) |
| --- | --- | --- | --- | --- | --- | --- | --- |
| 1988 | 男性 | 0.0064 | 2.72 | −0.0006 | −0.54 | 0.0043 | 1.44 |
|  | 党员 | 0.0067 | 2.83 | 0.0026 | 2.45 | 0.0044 | 1.48 |
|  | 工作经验 | 0.0469 | 19.91 | −0.0077 | −7.24 | 0.0290 | 9.74 |
|  | 文化程度 | 0.0044 | 1.88 | −0.0228 | −21.54 | 0.0031 | 1.04 |
|  | 所有制 | 0.0085 | 3.59 | 0.0063 | 5.97 | 0.0061 | 2.07 |
|  | 职业 | 0.0048 | 2.02 | 0.0034 | 3.18 | 0.0030 | 0.99 |
|  | 行业 | −0.0008 | −0.33 | −0.0005 | −0.46 | −0.0003 | −0.10 |
|  | 省份 | 0.0323 | 13.73 | 0.0247 | 23.38 | 0.0304 | 10.23 |
|  | 常数项 | 0 | 0 | −0.0245 | −23.14 | 0 | 0 |
|  | 残差 | 0.1263 | 53.66 | 0.1247 | 117.94 | 0.2175 | 73.10 |
|  | 总和 | 0.2355 | 100 | 0.1057 | 100 | 0.2975 | 100 |

续表

| 年份 | 变量 | Gini | (%) | Theil | (%) | $CV^2$ | (%) |
|---|---|---|---|---|---|---|---|
| 1995 | 男性 | 0.0051 | 1.70 | −0.0045 | −2.81 | 0.0047 | 1.23 |
| | 党员 | 0.0047 | 1.55 | 0.0011 | 0.68 | 0.0041 | 1.09 |
| | 工作经验 | 0.0222 | 7.34 | −0.0616 | −38.43 | 0.0177 | 4.69 |
| | 文化程度 | 0.0091 | 3.00 | −0.0420 | −26.19 | 0.0080 | 2.13 |
| | 所有制 | 0.0144 | 4.75 | 0.0141 | 8.78 | 0.0116 | 3.07 |
| | 职业 | 0.0108 | 3.58 | 0.0112 | 6.99 | 0.0094 | 2.49 |
| | 行业 | 0.0033 | 1.09 | 0.0031 | 1.91 | 0.0033 | 0.86 |
| | 省份 | 0.0656 | 21.71 | 0.0663 | 41.40 | 0.0834 | 22.05 |
| | 常数项 | 0 | 0 | −0.0321 | −20.03 | 0 | 0 |
| | 残差 | 0.1671 | 55.28 | 0.2046 | 127.70 | 0.2359 | 62.39 |
| | 总和 | 0.3023 | 100 | 0.1602 | 100 | 0.3781 | 100 |
| 2002 | 男性 | 0.0057 | 1.68 | −0.0076 | −3.75 | 0.0057 | 1.12 |
| | 党员 | 0.0053 | 1.55 | 0.0010 | 0.51 | 0.0053 | 1.05 |
| | 工作经验 | 0.0076 | 2.24 | −0.0645 | −31.95 | 0.0069 | 1.36 |
| | 文化程度 | 0.0237 | 6.94 | −0.0867 | −42.95 | 0.0251 | 4.96 |
| | 所有制 | 0.0156 | 4.55 | 0.0169 | 8.37 | 0.0143 | 2.82 |
| | 职业 | 0.0226 | 6.60 | 0.0252 | 12.50 | 0.0235 | 4.65 |
| | 行业 | 0.0155 | 4.54 | 0.0169 | 8.36 | 0.0148 | 2.92 |
| | 省份 | 0.0516 | 15.11 | 0.0591 | 29.30 | 0.0688 | 13.59 |
| | 常数项 | 0 | 0 | −0.0076 | −3.75 | 0 | 0 |
| | 残差 | 0.1942 | 56.81 | 0.2490 | 123.37 | 0.3416 | 67.52 |
| | 总和 | 0.3418 | 100 | 0.2019 | 100 | 0.5059 | 100 |

表 8-7　Shorrocks 方法的工资不平等分解结果

| 年份 | 变量 | Gini | % | Atkinson | % | Thei1 | % | M1D | % | $GE$（2） | % |
|---|---|---|---|---|---|---|---|---|---|---|---|
| 1988 | 男性 | 0.0103 | 4.39 | 0.0022 | 2.28 | 0.0022 | 2.12 | 0.0022 | 2.22 | 0.0023 | 1.58 |
| | 党员 | 0.0063 | 2.67 | 0.0016 | 1.67 | 0.0016 | 1.55 | 0.0016 | 1.64 | 0.0017 | 1.14 |
| | 工作经验 | 0.0638 | 27.08 | 0.0199 | 20.84 | 0.0189 | 17.85 | 0.0204 | 20.25 | 0.0182 | 12.26 |
| | 文化程度 | 0.0137 | 5.82 | 0.0019 | 2.01 | 0.0022 | 2.07 | 0.0019 | 1.93 | 0.0025 | 1.68 |
| | 所有制 | 0.0170 | 7.20 | 0.0039 | 4.08 | 0.0039 | 3.68 | 0.0040 | 3.97 | 0.0040 | 2.68 |
| | 职业 | 0.0089 | 3.80 | 0.0021 | 2.22 | 0.0022 | 2.06 | 0.0022 | 2.17 | 0.0023 | 1.54 |
| | 行业 | 0.0019 | 0.80 | −0.0002 | −0.20 | −0.0002 | −0.23 | −0.0002 | −0.21 | −0.0003 | −0.19 |
| | 省份 | 0.0412 | 17.49 | 0.0109 | 11.37 | 0.0116 | 10.98 | 0.0111 | 11.05 | 0.0126 | 8.50 |
| | 残差 | 0.0724 | 30.75 | 0.0533 | 55.74 | 0.0633 | 59.91 | 0.0573 | 56.97 | 0.1053 | 70.81 |
| | 总和 | 0.2354 | 100 | 0.0957 | 100 | 0.1057 | 100 | 0.1006 | 100 | 0.1487 | 100 |
| 1995 | 男性 | 0.0137 | 4.52 | 0.0036 | 2.17 | 0.0037 | 2.33 | 0.0038 | 2.06 | 0.0040 | 2.10 |
| | 党员 | 0.0075 | 2.48 | 0.0023 | 1.39 | 0.0025 | 1.56 | 0.0025 | 1.34 | 0.0028 | 1.48 |
| | 工作经验 | 0.0421 | 13.94 | 0.0164 | 9.78 | 0.0152 | 9.49 | 0.0170 | 9.26 | 0.0147 | 7.80 |
| | 文化程度 | 0.0189 | 6.25 | 0.0051 | 3.03 | 0.0054 | 3.38 | 0.0053 | 2.88 | 0.0060 | 3.16 |
| | 所有制 | 0.0273 | 9.04 | 0.0080 | 4.76 | 0.0080 | 5.00 | 0.0083 | 4.51 | 0.0083 | 4.37 |

续表

| 年份 | 变量 | Gini | % | Atkinson | % | Thei1 | % | M1D | % | *GE*（2） | % |
|---|---|---|---|---|---|---|---|---|---|---|---|
| 1995 | 职业 | 0.0223 | 7.36 | 0.0069 | 4.09 | 0.0070 | 4.40 | 0.0072 | 3.90 | 0.0075 | 3.98 |
| | 行业 | 0.0079 | 2.62 | 0.0019 | 1.11 | 0.0019 | 1.21 | 0.0019 | 1.05 | 0.0021 | 1.12 |
| | 省份 | 0.0784 | 25.92 | 0.0297 | 17.68 | 0.0334 | 20.86 | 0.0308 | 16.75 | 0.0388 | 20.50 |
| | 残差 | 0.0843 | 27.87 | 0.0941 | 55.99 | 0.0829 | 51.76 | 0.1071 | 58.24 | 0.1049 | 55.48 |
| | 总和 | 0.3023 | 100 | 0.1681 | 100 | 0.1602 | 100 | 0.1840 | 100 | 0.1891 | 100 |
| 2002 | 男性 | 0.0119 | 3.49 | 0.0035 | 1.82 | 0.0035 | 1.74 | 0.0037 | 1.71 | 0.0037 | 1.46 |
| | 党员 | 0.0088 | 2.59 | 0.0031 | 1.60 | 0.0032 | 1.60 | 0.0032 | 1.52 | 0.0035 | 1.40 |
| | 工作经验 | 0.0196 | 5.73 | 0.0053 | 2.78 | 0.0053 | 2.62 | 0.0055 | 2.58 | 0.0055 | 2.16 |
| | 文化程度 | 0.0364 | 10.64 | 0.0128 | 6.64 | 0.0133 | 6.58 | 0.0133 | 6.26 | 0.0143 | 5.66 |
| | 所有制 | 0.0315 | 9.20 | 0.0117 | 6.08 | 0.0115 | 5.71 | 0.0122 | 5.74 | 0.0118 | 4.66 |
| | 职业 | 0.0321 | 9.38 | 0.0120 | 6.24 | 0.0122 | 6.05 | 0.0126 | 5.89 | 0.0129 | 5.12 |
| | 行业 | 0.0239 | 7.00 | 0.0082 | 4.25 | 0.0081 | 4.00 | 0.0086 | 4.01 | 0.0083 | 3.29 |
| | 省份 | 0.0705 | 20.62 | 0.0277 | 14.41 | 0.0309 | 15.29 | 0.0288 | 13.51 | 0.0354 | 14.00 |
| | 残差 | 0.1071 | 31.34 | 0.1079 | 56.18 | 0.1138 | 56.39 | 0.1254 | 58.77 | 0.1575 | 62.24 |
| | 总和 | 0.3418 | 100 | 0.1921 | 100 | 0.2019 | 100 | 0.2133 | 100 | 0.2530 | 100 |

正如前面所提到的，由于分析前提的不同，不同的分解方法所得到的分析结果在具体数值上存在一些差异。然而，它们所揭示出来的总体趋势大体上是一致的。我们可以看到，性别因素对工资不平等指数的贡献没有发生大的变动。当然这只是说明还有其他更为重要的因素在拉大工资分配的不均等，而不意味着性别因素可以被忽略。男性虚拟变量在工资方程中的系数估计值逐年上升这一事实就很清楚地说明了这一点。与性别因素一样，党员身份对工资分配不均等的贡献也是比较稳定的，尽管党员和非党员之间的工资差距在三个调查年份不断扩大。

工作经验对工资不平等指数的贡献越来越小。以表 8-7 中的结果为例，工作经验对工资的基尼系数的贡献从 1988 年的 27.08% 下降到 1995 年的 13.94%，进而又下降到 2002 年的 5.73%。实际上，工作经验对工资分配的不均等在 1988 年起到了最为重要的作用。一个可能的解释是，传统的工资制度下工作经验对工资决定的作用较大，而性别、文化程度、职业等因素对工资的作用较小（奈特和宋丽娜，1994）。尽管不同工龄的职工之间的工资差距较小，但对当时的“大锅饭”体制下的较为均等的工资分配，还是起到了一个可观的扩大（disequalizing）作用。❶

与工作经验的影响作用逐渐减弱形成反差的是，教育变量在影响工资收入分配不均等的过程中扮演着越来越重要的角色。仍以表 8-7 中基尼系数的分解结果为例，文化程度的贡献在 1988 年、1995 年、2002 年分别为 5.82%、6.25%、10.64%。这一变化充分反映了工资制度体现着越来越强的效率导向的特点，与生产力紧密相联的个人特征得到了更加合理的回报。❷

❶ Gustafsson 等（2003）得出了类似的结论，他们认为，中国的工资体制与苏联相比，更为强调资历的作用。

❷ 教育程度的分布在 3 个调查年份没有发生太大变化，根据我们的计算，1988 年、1995 年、2002 年受教育年限的基尼系数分别为 0.1462、0.1511、0.1422。

所有制、职业、行业等变量对工资分配不均等的贡献都在增长，这也是平均主义的工资制度逐渐被市场化取向的薪酬模式所取代的结果。相比之下，在这三类变量中所有制变量对工资分配不均等贡献最大，职业变量次之，而行业变量最小。然而，这三类变量对工资分配不均等贡献大小的相对差异在逐渐缩小。这说明了，改革初期个体私营企业和外资企业的发展壮大在很大程度上推动了职工工资差距的拉大。虽然这些非公有制经济采取市场化的工资制度，但因其在整个国民经济中的比重并不高而未占主体地位，这使得在控制了所有制等其他变量的情况下，职业对工资分配状况的影响不大。随着国有企业改革的进一步推进，效率导向的工资制度越来越成为主流，在这一背景下所有制对工资分配不均等的相对重要性就有所下降，而职业的贡献相应有所增加。类似地，行业对工资分配不均等的贡献的增大也体现了企业运行的外部环境的变化。改革初期，在国有经济占主导地位的情况下，不管所在行业的平均利润率如何，职工工资在很大程度上都是旱涝保收的，在数量上也不存在太大的差异。低盈利行业的职工的工资得到财政补贴和支持，而高盈利行业的国有企业的工资也受到监控，不能随意上涨。随着国有企业利润目标的重塑以及非公有制经济的增长，整个国民经济中职工工资水平与企业经营绩效的联系越来越紧密。这样一来，行业性质就通过影响企业利润进而影响到职工工资水平的高低。因而也就不难理解，在控制了所有制、职业等其他变量的情况下，行业对工资分配不均等的贡献不断扩大。

省份虚拟变量在1988年对工资分配的重要性仅次于工作经验，到1995年和2002年则成为决定工资分配不均等的最为重要的因素。这反映了不同省份在经济绩效和市场化进程上的差异以及城镇劳动力市场目前仍处于分割状态的事实（奈特等，1999；李实、王亚柯，2005）。可以预见的是，如果劳动力在不同地区之间能够较为自由地流动，那么城镇工资分配不均等状况就会得到一定程度的缓解。

## 七、主要结论

本章利用中国社会科学院经济研究所 1988 年、1995 年、2002 年的城镇住户调查数据，使用 Fields（1998）、Morduch 和 Sicular（2002）、Shorrocks（1999）的方法，结合回归方程对工资不平等指数进行了分解。本章的研究表明，城镇工资分配的不平等程度出现了逐渐扩大的趋势，1988 年、1995 年、2002 年的城镇工资的基尼系数分别为 0.235、0.302、0.342。

进一步的分解结果表明，性别、党员对工资分配的影响在三个调查年份大致保持不变。工作经验在 1988 年对工资分配不平等起到了第一位的作用，其贡献在 1995 年和 2002 年急剧下降。而教育程度对工资分配状况的贡献逐渐上升。作为人力资本因素的另一种重要形式，职业也起到扩大工资不平等的作用。这些变化体现了在逐渐占据主导地位的市场化工资制度下，与生产效率紧密相关的个人特征得到了越来越高的回报，也成为扩大工资收入不均等的重要原因。效率提升导致的工资差距的扩大无疑是公平的，它有利于提高人们的工作积极性，促进经济增长，我们对此应该持积极态度。

统一的城镇劳动力市场仍未成型，分割性依然是当前的城镇劳动力市场的一大特点，不同所有制部门之间，不同行业、不同地区之间的劳动力流动始终面临着一些障碍。这使得不同所有制部门之间、不同行业之间以及不同地区之间的工资不平等状况难以通过劳动力的自由流动来得到缓解。

劳动力市场分割导致工资分配的不平等，无疑是一种不公平的不均等，需要采用政策手段进行纠正。应该看到，劳动力市场的所有制分割、行业分割和地区分割对工资不平等的影响大小也是不同的，因而政策的设计和执行也必须有其重点和取舍。我们的研究表明，所有制变量和行业变量对工资分配的影响在逐渐增强，而地区变量在最近一段时间成为扩大工资不平等的最重要因素。这一变动趋势告诉我们，打破劳动力市场的地区分割是最为有效的缩小工资不平等的方法。而对垄断行业进行有效监管，限制工资的不合理增长，也会促进工资不平等状况的较大幅度的缓解。由于这些措施是对不合理的劳动力市场制度和工资模式的纠正，它们的推行在缩小工资不平等的同时，还会促进效率的提高。

## 附录

### 有关 Shapley 值分解方法的说明

我们可以用一个双要素的简单例子来说明Shapley值分解方法。假设 $A$、$B$ 是影响收入分配的两种因素，$I(A,B)$ 表示 $A$、$B$ 所致的收入不平等，$I(A)$、$I(B)$ 分别表示 $A$、$B$ 各自对收入不平等的影响，$I(\Phi)$ 表示 $A$、$B$ 不起作用时的收入不平等，且 $I(\Phi)=0$。

如附图所示，$A$ 对收入不平等的边际效应可以从两条路径得出，即 $[I(A,B)-I(B)]$ 和 $[I(A)-I(\Phi)]$，因此 $A$ 对收入不平等的贡献为 $[I(A,B)-I(B)+I(A)-I(\Phi)]/2$。同理可以得出，$B$ 对收入不平等的贡献为 $[I(A,B)-I(A)+I(B)-I(\Phi)]/2$。随着影响因素的增多，可能的剔除顺序也在增多。如果存在 $m$ 种因素，就存在 $m$ 条可能的剔除路径以及相应的边际效应，而某因素对不平等的贡献通过对此因素的 $m$ 个边际效应取算术平均即可求得。

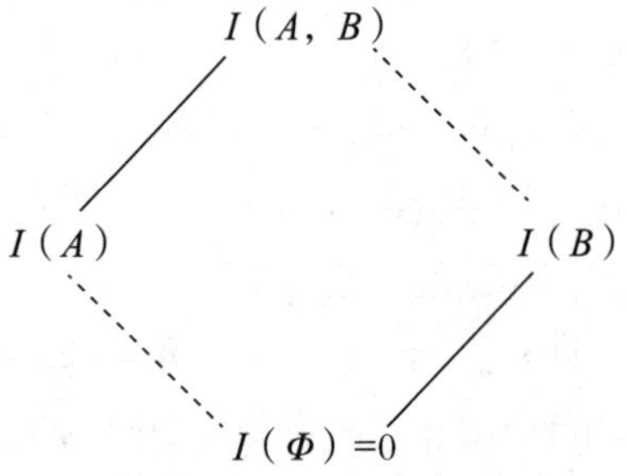


附图　Shapley 值分解方法的图解

Wan（2004）还重点考察了常数项和残差的影响。Wan（2004）把回归分析中的解释变量分为三类：常数项、残差和解释变量（资本、教育、家庭规模等变量）。在此基础之上，可以得到：

残差的贡献 =$I$（常数项、残差和解释变量，也即总收入）−$I$（常数项和解释变量）

常数项的贡献 =$I$（常数项和解释变量）−$I$（解释变量）

其中，$I$（·）表示根据括号内变量的预测收入计算的不平等指数。

**附表　工资收入方程（因变量为工资）**

| 项目 | 1988 年 | 1995 年 | 2002 年 |
|---|---|---|---|
| 男性 | 172.576*** | 283.016*** | 574.109*** |
| 党员 | 158.017*** | 204.248*** | 373.280*** |
| 工作经验 | 56.136*** | 108.397*** | 110.242*** |
| 工作经验平方 | −0.695*** | −1.844*** | −1.350*** |
| 受教育程度 | 45.161*** | 72.543*** | 222.327*** |
| 中央国有 | 291.750*** | 808.006*** | 1172.673*** |
| 地方国有 | 130.452*** | 352.637*** | 553.349*** |
| 集体所有制 | — | — | — |
| 个体私营 | 277.528* | −95.281 | 457.293*** |
| 外资企业 | 759.819*** | 1031.010*** | 2162.845*** |
| 其他 | −245.151** | 0.207 | 879.634*** |
| 专业技术人员 | 104.697*** | 364.310*** | 937.210*** |
| 机关事业负责人 | 151.559*** | 420.095*** | 1314.598*** |
| 办事人员 | 51.782*** | 117.870*** | 375.382*** |
| 工人 | — | — | — |
| 其他 | 210.412 | −34.352 | −1005.874*** |

续表

| 项目 | 1988年 | 1995年 | 2002年 |
|---|---|---|---|
| 农林牧渔 | −121.649* | 101.419 | 34.333 |
| 制造业 | — | — | — |
| 采掘地质勘查 | 54.633 | 29.308 | 915.778*** |
| 建筑业 | −3.595 | 190.509** | 442.275** |
| 交通邮电 | 40.213 | 278.462*** | 803.048*** |
| 商业餐饮 | 5.257 | −61.650 | −229.027** |
| 房地产、公共事业 | −141.683*** | 146.905** | −265.360** |
| 卫生、体育和社会福利 | −104.825*** | 204.081*** | 718.480*** |
| 教育、文化、艺术 | −95.100*** | 115.818** | 784.372*** |
| 科研和技术服务 | −59.085 | 123.552 | 1406.311*** |
| 金融保险业 | −164.575*** | 611.720*** | 822.809*** |
| 政府、政党和社会团体 | −172.553*** | 90.088* | 324.469*** |
| 其他 | −320.889*** | 90.048 | −33.175 |
| 北京 | — | — | — |
| 山西 | −292.313*** | −1387.826*** | −3334.356*** |
| 辽宁 | −63.270* | −1070.081*** | −2417.203*** |
| 江苏 | −29.579 | −405.152*** | −1920.400*** |
| 安徽 | −130.781*** | −1292.983*** | −2999.184*** |
| 河南 | −374.368*** | −1391.618*** | −3554.749*** |
| 湖北 | −160.829*** | −984.309*** | −3042.587*** |
| 广东 | 784.976*** | 1466.080*** | 546.562*** |
| 四川 | N. A. | −975.711*** | −2159.894*** |
| 重庆 | N. A. | N. A. | −2719.101*** |
| 陕西 | 40.049 | −1098.583*** | −2713.010*** |
| 甘肃 | −111.142*** | −1548.299*** | −3273.027*** |

续表

| 项目 | 1988 年 | 1995 年 | 2002 年 |
| --- | --- | --- | --- |
| 截距 | 295.267*** | 626.684*** | 854.399** |
| Adj. $R^2$ | 0.2674 | 0.3741 | 0.3221 |
| F | 175.07 | 181.14 | 121.53 |
| 观测值数 | 16691 | 10852 | 9388 |

**参考文献**

[1]KNIGHT J，YUEH L. 中国城市劳动力市场有流动性吗？[M]// 李实，佐藤宏 . 经济转型的代价——中国城市失业、贫困、收入差距的经验分析 . 北京：中国财政经济出版社，2004.

[2]KNIGHT J，宋丽娜 .1995—2002 年中国工资结构的变化 [M]// 李实，史泰丽，古斯塔夫森 . 中国居民收入分配研究Ⅲ . 北京：北京师范大学出版社，2008.

[3] 国家统计局 . 中国统计年鉴 [M]. 北京：中国统计出版社，2005.

[4] 奈特，李实，赵人伟 . 中国城镇工资和收入差异的区域分析 [M]// 赵人伟，李实，李思勤 . 中国居民收入分配再研究 . 北京：中国财政经济出版社，1999.

[5] 奈特，宋丽娜 . 中国城市工资差异的原因 [M]// 赵人伟，格里芬 . 中国居民收入分配研究 . 北京：中国社会科学出版社，1994.

[6] 赖德胜 . 教育、劳动力市场与收入分配 [M]// 赵人伟，李实，李思勤 . 中国居民收入分配再研究 . 北京：中国财政经济出版社，1999.

[7] 李实 . 中国个人收入分配研究回顾和展望 [J]. 经济学季刊，2003，2（2）.

[8] 李实，丁赛 . 中国城镇教育收益率的长期变动趋势 [J]. 中

国社会科学，2003（6）.

[9] 李实，李文彬 . 中国教育投资的个人收益率的估计 [M]// 赵人伟，格里芬 . 中国居民收入分配研究 . 北京：中国社会科学出版社，1994.

[10] 李实，王亚柯 . 中国东西部地区企业职工收入差距的实证分析 [J]. 管理世界，2005（6）.

[11]BOURGUIGNON，FRANCOIS，FOURNIER M，et al. Fast Development with a Stable Income Distribution：Taiwan，1979–94[J]. Revlew of Income and Wealth，2001（2）：139–163.

[12]CHEN Yi，DÉMURGER S，FOURNIER M. Earnings Differentials and Ownership Structure in Chinese Enterprises[J]. Economic Development and Cultural Change，2005，53（4）：933–958.

[13]DÉMURGER S，FOURNIER M，CHEN Yi. The Evolution of Gender Wage Gaps and Discrimination in Urban China：1988–1995[Z]. unpublished manuscript，2004.

[14]EICHEN M，ZHANG Ming. The 1988 Household Sample Survey–Data Description and Availabilitv[M]// GRIFFIN K，ZHAO Renwei. The Distribution of Income in China. London：Macmillan Press，1993：331–346.

[15]FIELDS G.Accounting for Differences in Income Inequality[D]. Ithaca：Mimeo Cornell Universlty，1998.

[16]GUSTAFSSON B，LI Shi. Economic Transformation and the Gender Earnings Gap in Urban China[J]. Journal of Population Economics，2000（13）：305–329.

[17]GUSTAFSSON B，LI Shi. The Anatomy of Rising Earnings Inequality in Urban China[J]. Journal of Comparative Economics，2001（29）：118–135.

[18]GUSTAFSSON B，LI Shi，NIVOROZHKINA L，et al.

Rubles and Yuan: Wage Functions for Urban China and Russia at the End of the 80s[J]. Economic Development and Cultural Change, 2003 (10).

[19]JUHN C, MURPHY K, PIERCE B. Accounting for the Slowdown in Black-White Wage Convergence[M]//KOSTERS M. Workers and Their Wages: Changing Patterns in the United States. Washington: American Enterprise Inst. Press, 1991: 107-143.

[20]KHAN A R, RISKIN C. Income Inequality in China: Composition, Distribution and Growth of Household Income, 1988 to 1995[J]. China Quarterly, 1998 (154): 221-253.

[21]KHAN A, RISKIN C. Household Income and Its Distribulion in China, 1995 and 2002[J]. China Quarterly, 2005 (6).

[22]KNIGHT J, SONG Lina. Increasing Urban Wage Inequality in china: Extent, Elements and Evaluation[J]. Economics of Transition, 2003, 11 (4): 597-619.

[23]LI shi, GUSTAFSSON B, Unemployment, Early Retirement and changes in Gender Income Gap in Urban China over 1995-2002[M]// GUSTAFSSON B, LI Shi, Terry Sicular. Inequality and Public Po1icy.Cambridge: Cambridge University Press, 2008.

[24]LIU Pak-wai, MENG Xin, ZHANG Junsen. Sectoral Gender Wage Differentials and Discrimination in the Transitional Chinese Economy[J]. Journal of Population Economics, 2000 (13): 331-352.

[25]MENG Xin, KIDD P M. Labor Market Reform and the Changing Structure of Wage Determination in China's State Sector during the 1980s[J]. Journal of Comparative Economics, 1997 (25): 403-21.

[26]MORDUCH J, SICULAR T. Rethinking Inequality Decomposition, with Evidence from Rural China[J]. Economic

Journal，2002（112）：93–106.

[27]SHORROCKS A F. Inequality Decomposition by Factor Components[J]. Econometrica，1982，50（1）：193–201.

[28]SHORROCKS A F. Decomposition Procedures for Distributional Analysis：a Unified Framework Based on the Shapley Value[D]. unpublished manuscript，Colchester：University of Essex，1999.

[29]WAN Guanghua. Regressio–based Inequality Decomposition–Pitfalls and a Solution Procedure[N]. WIDER discussion paper，2002（101）.

[30]WAN Guanghua. Accounting for Income Inequality in Rural China：a Regression–based Approach[J]. Journal of Comparative Economics，2004（32）：348–63.

[31]YUE Ximing，SICULAR T，LI Shi，et al. Explaining Incomes and Inequality in China[M]// GUSTAFSSON B，LI Shi，SICULAR T. Inequality and Public Pollcy. Cambridge：Cambridge University Press，2008.

[32]YUEH，L. Wage Reforms in China during the 1990s[J]. Asian Economic Joumal，2004，18（2）：149–164.

[33]ZHANG Junsen，ZHAO Yaohui. Economic Returns to Schooling in Urban China，1988–1999[R]. Working Paper，2002.

[34]ZHAO Yaohui. Earnings Differentials between State and Non–state Enterprises in Urban China[J]. Pacific Economic Review，2002，7（1）：181–197.

（本章作者：邓曲恒　李实）

# 第九章　城镇居民与流动人口的收入差异

【内容提要】本章利用中国社会科学院经济研究所收入分配课题组的2002年城镇住户和暂住户调查数据，对城镇居民与流动人口的工资收入差异进行了分解。Oaxaca-Blinder分解结果表明，城镇居民和流动人口收入差异的60%应该归结于歧视。而进一步的分位数分解结果显示，在低收入和中等收入人群中，歧视是造成城镇居民和流动人口收入差距的主要原因。但对处于收入的条件分布最高端的10%的人群而言，流动人口与城镇居民之间的收入差距主要是特征效应所致。

【关键词】城镇居民　流动人口　收入差距分解

## 一、引言

改革开放以来，农村到城市的流动人口规模不断扩大。相应地，劳动力流动问题也吸引了越来越多学者的关注。[1] 本章试图分析进城务工的流动人口与城镇居民之间收入差距的成因，进而估计流动人口在城镇劳动力市场上所受歧视效应的幅度。

相关文献普遍认为，农民流入城镇后，往往并不能与城镇居民在就业、工资、福利方面享有同等的待遇。李实（1997）认为，农民工进城后，主要进入市场主导部门，而政府控制部门对他们的

[1] Zhang（2005）对农村到城市的劳动力流动做了一个较为详尽的文献回顾和讨论。

进入采取了严格限制的措施。利用上海的微观调查数据，Meng 和 Zhang（2001）发现，城市居民和流动人口之间存在着较大的职业分割和工资收入差异。他们的分解分析表明，城市居民和流动人口收入差异的 50.82% 是流动人口所受的歧视所致。而 Maurer-Fazio 和 Dinh（2004）的估计结果较为乐观。她们发现，只有 24.89% 的收入差距是由流动人口遭受的歧视所致。

以往的研究大多建立在 Oaxaca-Blinder 方法的基础上，只是在条件均值的位置对城镇居民和流动人口之间的工资收入差异进行了分解，但对不同分位数上的工资收入差异则缺乏解释力。然而，城镇居民和流动人口的工资收入差异随着分位数的移动会有所不同，因此单纯依赖 Oaxaca-Blinder 分解结果可能就无法把握收入差距的总体态势。而分位数（quantile）分解方法则弥补了这一缺陷，它可以用来分析教育、工作经验等自变量对工资收入（因变量）的条件分布的影响。

本章利用中国社会科学院经济研究所收入分配课题组 2002 年调查数据，借助 Oaxaca-Blinder 和分位数分解方法，对城镇居民和流动人口对数小时工资的条件均值差异和条件分布差异进行了分解，同时对教育在其中所起的作用进行了特别考察。

## 二、数据与方法

本章所使用的数据来自中国社会科学院经济研究所收入分配课题组于 2002 年进行的城镇住户调查以及暂住户调查。这次调查覆盖了北京、山西、辽宁、江苏、安徽、河南、湖北、广东、重庆、四川、云南、甘肃 12 个省、直辖市，其中城镇住户 6835 户，共计 20632 人；农村流动户 2000 户，总计 5327 人。我们只保留了就业人员，并且剔除了遗漏个人信息和收入信息的观测，最后得到城镇居民样本 6658 人，流动人口样本 3298 人。

表 9-1 给出了城镇居民和流动人口的一些描述性统计量。从

表 9-1 可以看出，城镇居民和流动人口在性别比例上没有太大差异。这是因为我们的暂住户调查没有将一些没有固定住所或宿舍的流动人口包括进来，比如建筑工地上的民工，而这部分流动人口多为男性。城镇居民的文化程度要远高于流动人口，城镇居民的受教育年限为 10.82 年，高出流动人口将近 3 年。

**表 9-1　描述性统计量**

| 项目 | 城镇居民 | | | 流动人口 | | |
|---|---|---|---|---|---|---|
| | 全部 | 男性 | 女性 | 全部 | 男性 | 女性 |
| 男性（%） | 56.27 | | | 56.85 | | |
| 受教育年限（年） | 10.82 | 10.84 | 10.81 | 7.97 | 8.31 | 7.53 |
| 年龄（岁） | 40.31 | 41.64 | 38.60 | 34.68 | 35.55 | 33.53 |
| 本单位工作时间（年） | 14.70 | 16.09 | 12.91 | 5.13 | 5.44 | 4.74 |
| 本单位工作时间平方 | 320.67 | 375.61 | 249.95 | 44.46 | 50.26 | 36.81 |
| 其他工作经验（年） | 5.40 | 5.58 | 5.18 | 15.67 | 15.80 | 15.26 |
| 其他工作经验平方 | 15.57 | 15.80 | 15.26 | 99.69 | 104.12 | 93.98 |
| 小时工资（元） | 5.27 | 5.68 | 4.75 | 3.25 | 3.83 | 2.49 |
| 小时工资的对数 | 1.39 | 1.49 | 1.27 | 0.88 | 1.02 | 0.71 |
| 观测值 | 6658 | 3745 | 2913 | 3298 | 1875 | 1423 |

资料来源：中国社会科学院经济研究所收入分配课题组 2002 年城镇住户调查和暂住户调查数据。下同。

正如其他一些研究所显示的，流动人口总体而言比较年轻，比城镇居民年轻将近 6 岁。我们把城镇居民和流动人口在目前的单位所工作的时间定义为本单位工作时间。可以看出，城镇居民在目前单位工作时间为 14.70 年，几乎为流动人口的 3 倍。相反，如果把在目前单位以前的所有工作经历定义为其他工作经验，那么我们看到，流动人口的其他工作经验为城镇居民的 3 倍多。[1] 这在一定程度上反映了城镇居民所从事的工作要更为稳定。

城镇居民与流动人口之间的工资差异是我们最为关心的。可以看到，流动人口的小时工资仅为城镇居民的 61.67%。而城镇居民和流动人口的收入差异在不同分位数处也会有所不同。图 9–1 描述了按十等分组区分的对数小时工资差异。很明显，这是一个倒“U”形的曲线。城镇居民和流动人口的对数小时工资差异随着收入排序的提高而扩大，但到第七个等分组后则开始缩小。

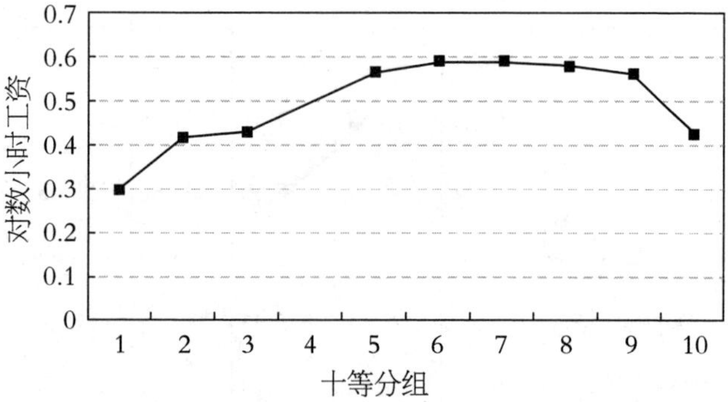


**图 9–1　城镇居民和流动人口的对数小时工资差异**

接下来，我们从性别视角来分别关注城镇居民和流动人口之间的差异。首先我们来看两者的教育水平。可以发现，男性城镇居民的受教育年限要高出男性流动人口 2.53 年，而女性城镇居民和流动人口的受教育年限相差 3.28 年。这在一定程度上说明了农村女性的教育状况十分低下。从本单位劳动时间来看，女性流动人口的工作稳定性最差。男性城镇居民和流动人口在小时工资上的差距为 1.85 元，而女性内部的这一差异则为 2.26 元。

对两个不同特征人群的收入差异进行分解可以沿着 Oaxaca–Blinder 的框架展开。为了分离各个因素对小时工资的影响，同时也

[1] 流动人口的其他工作终聆为在城镇参加工作的时间减去在现单位工作时间。

是出于下一步分解分析的需要，我们首先估计城镇居民和流动人口的工资收入函数：

$$\text{lhwage} = X\beta + \varepsilon \tag{1}$$

其中，因变量 lhwage 为小时工资的对数，$X$ 代表个人特征的向量，包括受教育年限、本单位工作时间及其平方、其他工作经验及其平方等，$\beta$ 为相应的系数估计值，$\varepsilon$ 为随机误差项。据此，我们可以将城镇居民和流动人口之间的收入差异分解为可解释部分，即可由城镇居民和流动人口在特征、禀赋上的差异来得到解释的部分；以及不可解释部分，这部分收入差异起因于城镇居民和流动人口各项特征的不同市场回报，它无法通过城镇居民和流动人口在特征上的差异得到解释。正式地，城镇居民和流动人口的平均对数小时工资分别为：

$$\overline{\text{lhwage}_u} = \overline{X}_u \hat{\beta}_u \tag{2}$$

$$\overline{\text{lhwage}_m} = \overline{X}_m \hat{\beta}_m \tag{3}$$

其中，下标 $u$ 代表城镇居民，$m$ 代表流动人口，$\overline{\text{lhwage}_u}$ 表示城镇居民的平均对数小时工资，$\overline{X}_u$ 为城镇居民样本中解释变量的均值，$\hat{\beta}_u$ 为方程（2）的回归系数。同理可知方程（3）各个变量的含义。城镇居民和流动人口之间的收入差异可以分解为：

$$\overline{\text{lhwage}_u} - \overline{\text{lhwage}_m} = \left(\overline{X}_u - \overline{X}_m\right)\hat{\beta}_m + \left(\hat{\beta}_u - \hat{\beta}_m\right)\overline{X}_u \tag{4}$$

方程（4）等号右边的第一部分即为可解释的部分（特征效应），第二部分则为不可解释的部分（系数效应），我们可以将系数效应视为对流动人口的歧视（discrimination）。[1]

[1] 当然，严格来说，歧视只是不可解释部分的一个子集。不管我们如何努力，我们总是无法在回归方程里包括所有影响小时工资的变量，这些被遗漏的变量对小时工资的影响有可能被体现在不可解释部分里。同样，变量的测量误差也会造成这一问题。

如同前面几个方程所显示的，Oaxaca–Blinder 的方法建立在 OLS 回归的基础之上，它所分解的是两个不同群体之间收入的条件均值的差异，对于在不同分位数上的收入差异则无能为力。从图 9–1 可以看出，城镇居民和流动人口的工资差异随着分位数的变化而变动，因此单纯依赖条件均值差异的分析结果可能就会造成误导。而分位数分解则能够揭示不同分位数上的工资收入差异，从而在一定程度上弥补了 Oaxaca–B1inder 方法的缺陷。分位数分解方法已经在分析工资收入的性别差距（Albrecht 等，2003）、城乡收入差距（Nguyen 等，2006）等方面得到了利用。本章则试图利用这一方法考察城镇居民和流动人口的工资收入差异。[1]

为了对城镇居民和流动人口的工资收入差异进行分位数分解，我们需要对其对数小时工资分别进行分位数回归。在控制相关特征变量的情况下，城镇居民和流动人口的对数小时工资的分位数回归模型分别为：

$$\text{lhwage}_u = X_u\beta_{u\theta} + \varepsilon_{u\theta}, \theta \in (0,1) \tag{5}$$

$$\text{lhwage}_m = X_m\beta_{m\theta} + \varepsilon_{m\theta}, \theta \in (0,1) \tag{6}$$

其中 $\beta_{u\theta}$、$\beta_{m\theta}$ 可以通过求解下式得到：

$$\min_{\beta_{ji}}\left(\sum_{i:\text{lhwage}_{ji}\geqslant x_{ji}\beta_{j\theta}}\theta_j\left|\text{lhwage}_{ji}-x_{ji}\beta_{j\theta}\right|+\sum_{i:\text{lhwage}_{ji}<x_{ji}\beta_{j\theta}}\left(1-\theta_j\right)\left|\text{lhwage}_{ji}-x_{ji}\beta_{j\theta}\right|\right),$$

$$j = u, m \tag{7}$$

方程（5）和（6）右边第一部分为 $Q_{j\theta}\left(\text{lhwage}_j \mid X_j\right) = X_j\beta_{j\theta}, j = u, m$，分别表示城镇居民和流动人口对数小时工资条件分

---

[1] 张车伟（2006）与 Knight 和 Song（2007）利用分位数回归分别估计了城乡混合样本和城镇居民的教育收益率，但他们没有对不同群体的收入差异进行分位数分解。

布的第 $\theta$ 个分位数。而 $Q_{j\theta}\left(\varepsilon_{j\theta}\mid X_j\right)=0\frac{1}{2}$。因此，城镇居民和流动人口工资收入的条件分布可以被分解为：

$$Q_{u\theta}-Q_{m\theta}=\left(Q_{u\theta}-Q_{\theta}^{*}\right)+\left(Q_{\theta}^{*}-Q_{m\theta}\right) \qquad (8)$$

其中 $Q_{\theta}^{*}$ 分别表示反事实状态（counterfactual）下的工资收入条件分布。这里的反事实状态是指赋予流动人口以城镇居民的特征，但是特征回报率仍保持不变。[1] 方程（8）等号右边的第一部分即为系数效应，而第二部分为特征效应。将方程（8）与方程（4）进行比较可知，分位数分解方法在本质上是与 Oaxaca–Blinder 方法相一致的，两者都是通过构造假想的公平状态来分离出歧视的影响。但分位数方法在不同分位数上对城镇居民和流动人口的工资收入条件分布进行了分解，而这是局限于条件均值分解的 Oaxaca–Blinder 方法所无法实现的。

## 三、估计结果与讨论

### 1. 城镇居民和流动人口工资收入的条件均值差异以及 Oaxaca-Blinder 分解

表 9–2 是根据 Mincer 方程对小时工资的对数进行 OLS 回归的估计结果。从表 9–2 可知，城镇居民的教育收益率为 8.17%。这一结果也是具有可比性的。李实和丁赛（2003）利用中国社会科学院经济研究所收入分配课题组的 1995 年和 1999 年住户调查数据，估算得出 1999 年城镇居民的教育收益率为 8.10%。Zhang 等（2005）利用六省市的 1988—2001 年的数据，估计出城镇居民 2001 年的教育收益率为 10.2%。令人吃惊的是，流动人口的教育收益率仅为

[1] 限于篇幅，这里没有详细说明构造反事实状态的步骤，有兴趣的读者可以参阅 Machado 和 Mata（2005）。

5.85%，比城镇居民低约 2.3 个百分点。[1] 这反映了流动人口的教育水平在劳动力市场上所得到的回报要远低于城镇居民这一事实。性别对收入的影响也是显著的，在控制了受教育年限以及工作经验后，男性城镇居民要比女性城镇居民多挣 14.81%，而男性流动人口则要比女性流动人口多挣 25.90%。从回归系数上看，对于城镇居民和流动人口而言，本单位工作时间对收入的影响是倒“U”形的，然而进一步的观察可以发现，本单位工作时间对收入的影响一直是以递减的速度增加的。[2] 其他工作经验对城镇居民和流动人口收入的影响不尽相同。我们可以看出，其他工作经验对城镇居民收入的影响是以递增的速度增加的。而对流动人口而言，其他工作经验对收入的影响是倒“U”形的，对于其他工作经验少于 15.7 年的那部分流动人口而言，其他工作经验对收入的影响是以递减的速度增加的；而对于其他工作经验长于 15.7 年的流动人口来说，其他工作经验对收入的影响则是递减的。其他工作经验在一定程度上可以衡量劳动力的流动性，其他工作经验对城镇居民和流动人口收入的不同影响可能体现了两者所面临的劳动力市场的不同特点。城镇居民工作的稳定性强，大部分人一直在一个单位或一个岗位工作，缺乏适度的流动，因此可以理解其他工作经验对城镇居民收入起到了一个以递增的速度增加的作用。而对于流动人口来说，他们更多为体力劳动者，处于劳动力市场竞争较为激烈的部分。他们可能迫于劳动力市场的压力，不得不频繁变更工作。由于工作变换过多，流动性过强，其他工作经验对于流动人口收入只是起到递减的正向作用（小于 15.7 年），其作用甚至还有可能是负向的（大于 15.7 年）。

---

[1] Maurer-Fazio 和 Djnh（2004）估计出城镇职工的教育收益率为 3.70%，农民工的教育收益率为 1.50%，前者比后者高出 2.2 个百分点。Meng 和 Zhang（2001）的估计结果则显示，流动人口的教育收益率反而要高于城镇居民。

[2] 城镇居民倒“U”形函数的顶点为 35.42 年，只有 1.64% 的城镇居民大于这个值。对于流动人口而言，最大值点在 19.15 年，只有不到 1% 的流动人口大于这个值。

**表 9–2　工资收入方程的 OLS 回归结果**

| 项目 | 城镇居民 | | | 流动人口 | | |
|---|---|---|---|---|---|---|
| | 全部 | 男性 | 女性 | 全部 | 男性 | 女性 |
| 受教育年限 | 0.0817*** | 0.0761*** | 0.0887*** | 0.0585*** | 0.0627*** | 0.0520*** |
| | （0.0030） | （0.0038） | （0.0047） | （0.0052） | （0.0074） | （0.0072） |
| 本单位工作时间 | 0.0425*** | 0.0383*** | 0.0492*** | 0.0383*** | 0.0380*** | 0.0398*** |
| | （0.0029） | （0.0037） | （0.0051） | （0.0072） | （0.0096） | （0.0121） |
| 本单位工作时间平方 | −0.0006*** | −0.0005*** | −0.0007*** | −0.0010** | −0.0009* | −0.0012 |
| | （0.0001） | （0.0001） | （0.0001） | （0.0004） | （0.0005） | （0.0008） |
| 其他工作经验 | 0.0109*** | 0.0108*** | 0.0097** | 0.0157*** | 0.0169*** | 0.0147*** |
| | （0.0028） | （0.0035） | （0.0047） | （0.0036） | （0.0050） | （0.0052） |
| 其他工作经验平方 | 0.0002* | 0.0001 | 0.0005** | −0.0005*** | −0.0004*** | −0.0005*** |
| | （0.0001） | （0.0001） | （0.0001） | （0.0001） | （0.0001） | （0.0001） |
| 男性 | 0.1481*** | | | 0.2590*** | | |
| | （0.0169） | | | （0.0236） | | |
| 截距 | −0.0929** | 0.1719*** | −0.2347*** | 0.0277 | 0.2269** | 0.1086 |
| | （0.0434） | （0.0565） | （0.0675） | （0.0698） | （0.1007） | （0.0986） |
| 调整 $R^2$ | 0.1715 | 0.1429 | 0.1685 | 0.1253 | 0.0708 | 0.0949 |
| $F$ 值 | 232.62 | 125.77 | 118.83 | 79.70 | 29.57 | 30.82 |
| 观测值 | 6658 | 3744 | 2909 | 3298 | 1875 | 1423 |

注：括号中的数字是标准误；***、**、* 分别表示 0.01、0.05、0.1 的显著性水平。表 9–4 同。

城镇居民和流动人口的对数小时工资的条件均值差异为 0.509。表 9–3 运用了 Oaxaca–Blinder 的方法，对城镇居民和流动人口收入的条件均值差距进行了分解。我们可以看到，两者收入差距的 40.47% 可由他们在特征上的差异得到解释，不可解释部分占 59.53%。城镇居民和流动人口在教育水平上的差异可以解释两者收入差异的 32.77%。Maurer–Fazio 和 Dinh（2004）的研究表明，城镇居民和流动人口之间收入差异的 75.11% 可以由特征差异得到解释，而教育可以解释两者收入差异的 52.15%。当然我们必须意识到，表 9–3 中的 Mincer 方程没有包括所有制、行业、职业、地区等更多解释变量。因此，体现在所有制、行业等变量上的城镇居民和流动人口的收入差异可能会有一部分反映在教育变量上。但不管怎样，这一结果还是体现了教育对收入差异的较大解释力度。

**表 9–3　城镇居民和流动人口收入差距的 Oaxaca–Blinder 分解**

| 项目 | 特征 | 百分比（%） | 系数 | 百分比（%） |
|---|---|---|---|---|
| 受教育年限 | 0.167 | 32.77 | 0.251 | 49.44 |
| 本单位工作时间 | 0.091 | 17.94 | 0.193 | 37.92 |
| 其他工作经验 | −0.050 | −9.93 | 0.042 | 8.15 |
| 男性 | −0.002 | −0.31 | −0.062 | −12.27 |
| 截距 | 0 | 0 | −0.121 | −23.71 |
| 总计 | 0.206 | 40.47 | 0.303 | 59.53 |

男性与女性的教育收益率也有所差异，城镇女性居民的教育收益率要高于男性，这跟以往的研究相吻合。[1] 有意思的是，女性流动人口的教育收益率是各人群中最低的，女性城镇居民的教育收

[1] 如李实和李文彬（1994）以及 Zhang 等（2005），他们还提供了女性的教育收益率高于男性的几种解释。

益率则是最高的。这或许反映了女性流动人口面临着最高的就业门槛，她们不得不更多从事于体力劳动或技术含量较低的事务性工作，即使她们受到过一定程度的教育。表 9-1 的描述性统计量告诉我们，男性城镇居民与男性流动人口的收入差异要小于女性城镇居民与女性流动人口的收入差异，而且男性之间在教育水平上的差异也没有两类女性之间在教育水平上的差异大。一个令人感兴趣的问题就是，性别内的教育水平的差异以及教育收益率的不同如何影响收入差异?

为了回答这一问题，我们对城镇居民和流动人口收入差异进行了分性别分解。[1] 结果表明，男性子样本中收入差异的 41.87% 可以由特征得到解释，而女性子样本中收入差异的 37.99% 可以由特征差异得到解释。这一结果给我们的直观印象就是，女性流动人口在劳动力市场上受到的歧视要略微大于男性流动人口。接下来，我们考察了教育对收入差异的贡献。对于男性子样本来说，受教育年限可以解释城镇居民和流动人口收入差距的 33.70%，而在女性子样本中，教育水平能够解释城镇居民和流动人口收入差距的 30.28%。

**2. 城镇居民和流动人口工资收入在不同分位数的差异以及分位数分解**

我们首先对城镇居民和流动人口的工资收入分别进行分位数回归。为了节约篇幅，这里仅讨论本章所重点关注的教育变量。表 9-4 报告了教育变量在几个分位数的系数估计值。可以看到，城镇居民教育收益率的 OLS 和分位数回归估计结果没有太大差异：其在不同分位数的教育收益率围绕在条件均值上的教育收益率上下波动。这一结果与 Knight 和 song（2007）不同。Knight 和 Song（2007）使用文化程度的离散变量形式，得出了教育收益率随着收入条件排序的提高而递增的结论。需要指出的是，他们估计的

---

❶ 限于篇幅，这里没有报告具体的分性别分解结果，感兴趣的读者请向作者索取。同样，后面的分位数分解也没有报告分性别的具体结果。

**表 9-4　城镇居民和流动人口教育收益率的分位数回归估计结果**

| 百分位数 | 城镇居民 | | | 流动人口 | | |
|---|---|---|---|---|---|---|
| | 全部 | 男性 | 女性 | 全部 | 男性 | 女性 |
| 5 | 0.0850*** | 0.0710*** | 0.1099*** | 0.0339*** | 0.0247 | 0.0348* |
| | （0.0068） | （0.0076） | （0.0092） | （0.0098） | （0.0160） | （0.0183） |
| 25 | 0.0775*** | 0.0711*** | 0.0911*** | 0.0465*** | 0.0455*** | 0.0527*** |
| | （0.0035） | （0.0047） | （0.0066） | （0.0055） | （0.0069） | （0.0089） |
| 50 | 0.0793*** | 0.0729*** | 0.0886*** | 0.0517*** | 0.0595*** | 0.0373*** |
| | （0.0035） | （0.0045） | （0.0059） | （0.0055） | （0.0072） | （0.0076） |
| 75 | 0.0798*** | 0.0762*** | 0.0857*** | 0.0692*** | 0.0857*** | 0.0459*** |
| | （0.0039） | （0.0050） | （0.0065） | （0.0076） | （0.0103） | （0.0099） |
| 95 | 0.0788*** | 0.0845*** | 0.0762*** | 0.0789*** | 0.0898*** | 0.0656*** |
| | （0.0090） | （0.0120） | （0.0147） | （0.0148） | （0.0213） | （0.0238） |

教育收益率是其他文化程度城镇居民相对初中毕业者的教育收益率，因而其度量的是不同文化程度城镇居民之间教育收益率的差别。而在没有考虑各类文化程度城镇居民分布比例及参照组教育收益率的情况下，一般而言难以推断出绝对水平的教育收益率的变动状况。更为细致的做法是在方程中采用受教育年限这一连续变量。[1]从表 9-4 还可以发现，流动人口教育收益率的分位数回归结果提供了比 OLS 估计结果更为丰富的信息：随着收入排序的提高，流动人口的教育收益率在逐渐上升。收入条件分布第 95 个百分位数流动人口的教育收益率为 7.89%，要高出第 5 个百分位数 2 倍多。

图 9-2 则更为直观地报告了教育变量的估计结果。图中较粗的虚线表示教育变量的 OLS 估计值，两条较细虚线之间的区域表示 OLS 估计值的置信度为 0.95 的置信区间。实线则是教育变量的分位数估计结果，而阴影部分是相应的置信区间（置信度为 0.95）。从图 9-2 可以看出，在城镇居民工资收入的不同分位数中，教育收益率没有太大变化，基本围绕 0.08 上下波动，而且变动幅度都在 OLS 估计值的置信度为 0.95 的置信区间之内。而流动人口的教育收益率随着收入排序的提高持续上升。从第 62 个百分位数开始，收入条

[1] 张车伟（2006）的结论与 Knight 和 song（2007）类似，但他的研究将城镇和农村这两个尚未完全统一的劳动力市场叠加在了一起。因此，张车伟（2006）的研究结论在一定程度上是城镇和农村劳动力市场之间差异的反映。受过较好教育且收入较高的城镇居民在相对成熟的城镇劳动力市场能够得到较高的教育收益率，而较低文化程度且收入较低的农村居民在农村劳动力市场上只能获得很低的教育收益率，因此就会出现收入越高，教育收益率也越高的现象。如果使用对数小时工资而非月平均工资性收入的对数作为因变量，这一趋势会更加明显。本章作者对城镇居民和流动人口的混合样本进行分位数回归，也发现了教育收益率随着收入条件分布的上升而递增的趋势。

件分布高端的流动人口的教育收益率要高于条件均值点的教育收益率。这或许意味着，城镇居民的同质性较强，而除了教育、工作经验等解释变量之外，其他省略变量对工资收入的影响较少。流动人口教育收益率在收入条件分布上的变动则说明了，教育对流动人口而言是极为重要的谋取高收入的手段。

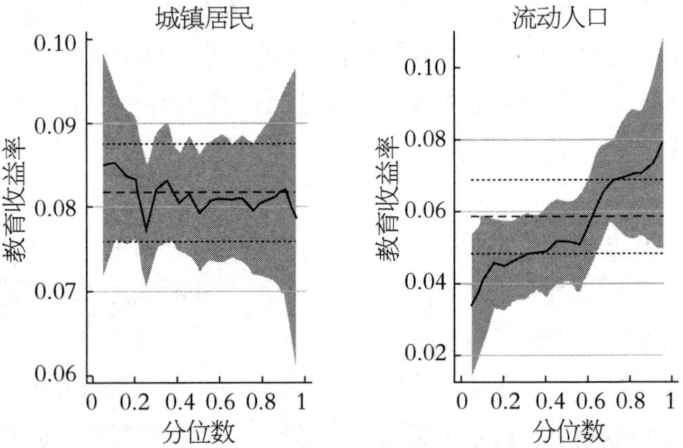


**图 9–2 城镇居民和流动人口教育收益率的 OLS 和分位数估计结果**

城镇居民和流动人口的工资收入差距是否会随着收入排序的变化而呈现不同的特征？为了回答这一问题，我们根据 Machado 和 Mata（2005）的方法，通过构建反事实状态对城镇居民和流动人口在不同分位数上的工资收入差距进行了基于分位数回归的分解。图 9–3 报告了城镇居民和流动人口工资收入差异的分位数分解结果。我们可以看到，系数效应和特征效应的大小及其相对比重随着收入排序的不同而发生变化。在收入的条件分布的最低端，系数效应构成了收入差异的主体。而特征效应在第 16 个到第 27 个百分位数之间是收入差异的主要组成部分。此后，系数效应的重要性逐渐上升，直到第 90 个百分位数为止。这说明，在低收入和中等收入人群中，歧视是造成城镇居民和流动人口收入差距的主要原因。但对处于收入的条件分布最高端 10% 的人群而言，流动人口与城镇居民之间的收入差距主要是由于前者在个人特征上的相对劣势所致。

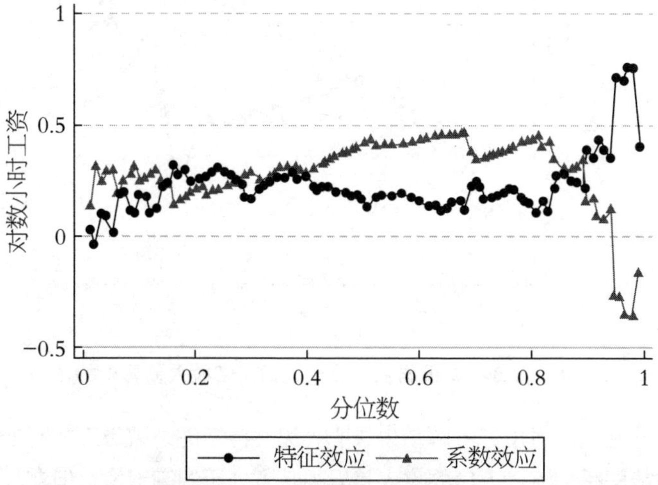


**图 9–3　城镇居民和流动人口工资收入差异的分位数分解结果**

我们还依照 Machado 和 Mata（2005）的方法，分离出了教育在城镇居民和流动人口之间的收入差异中的作用。图 9–4 报告了教育的特征效应。可以看出，教育对城镇居民和流动人口的收入差异的贡献基本随着收入排序的提高而上升，而且这一趋势在收入的条件分布的高端表现得尤为明显。这无疑说明了培植流动人口的教育禀赋对缩小其与城镇居民收入差异的重要性。但对处于工资收入条件分布的第 40 个百分位数和第 75 个百分位数之间的人群而言，教育特征效应的重要性在缩小。

进一步地，我们对样本按性别进行了细分。分析表明，不同分位数的城镇男性的教育收益率之间不存在单调关系，而对城镇女性而言，教育收益率随着收入排序的提高反而有所下降。有意思的是，流动人口教育收益率的分位数估计结果则呈现出完全不同的一番景象。男性流动人口的教育收益率随着收入排序的提高而上升，而女性流动人口的教育收益率在不同分位数之间没有呈现明显的线性关系。

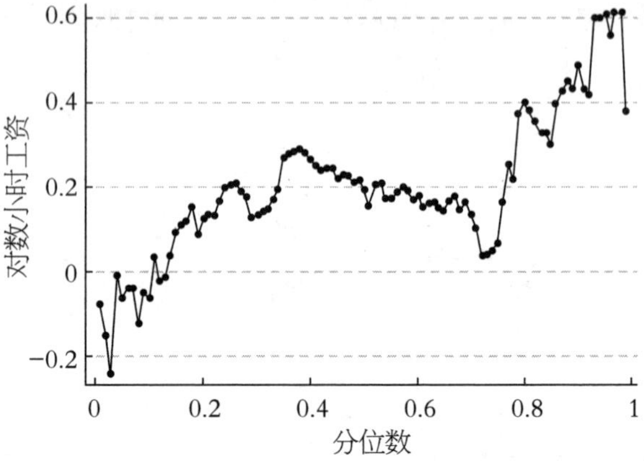


**图 9-4　教育在城镇居民和流动人口工资收入差异中的作用**

分性别的分位数分解结果表明，男性样本的系数效应和特征效应在城镇居民和流动人口的收入差异中基本处于同等地位，但在收入条件分布的最高端，特征效应居于主导。而在女性样本中，除了收入条件分布的最高端以外，系数效应在其他分位数都构成了收入差异的主要部分。这再次说明了女性流动人口是最容易受到歧视的人群。

## 四、结束语

本章利用中国社会科学院经济研究所收入分配课题组 2002 年的城市住户和暂住户调查数据，对城镇居民和流动人口之间的收入差异进行了 Oaxaca-Blinder 和分位数分解。在条件均值上进行的 Oaxaca-Blinder 分解表明，城镇居民和流动人口之间收入差异的 40.47% 可以由两者特征上的差异得到解释，而两者教育水平的高低可以解释收入差异的 32.77%。不同性别城镇居民和流动人口收入差异以及教育的贡献也有所不同。男性城镇居民和流动人口收入差异的 41.87% 可以由特征得到解释，而女性子样本中收入差异只有 37.99% 的部分可以由特征得到解释。教育可以解释男性城镇居民和流动人口的收入差异的 33.70%，而女性城镇居民和流动人口的收入差异的 30.28% 可以归因于教育。这意味着，女性流动人口受到的歧视是最大的，但是教育能够在一定程度上促进她们收入的提高。

为了弥补 Oaxaca–Blinder 方法无法分解不同分位数上的收入差距的缺陷，本章还使用了分位数分解方法。对工资收入方程的分位数回归结果显示，城镇居民在不同分位数的教育收益率与条件均值点的教育收益率相差不大。但对流动人口而言，不同分位数的教育收益率存在很大差异。随着收入排序的提高，流动人口的教育收益率在逐渐上升。对城镇居民和流动人口工资收入条件分布的分位数分解显示，系数效应和特征效应的大小及其相对比重随着收入排序的不同而呈现出不同的特征。在低收入和中等收入人群中，歧视是造成城镇居民和流动人口收入差距的主要原因。但对处于收入的条件分布最高端的 10% 的人群而言，流动人口与城镇居民之间的收入差距主要是特征效应所致。而教育对城镇居民和流动人口的收入差异的贡献基本随着收入排序的提高而上升，而且这一趋势在工资收入的条件分布的高端更为明显。

本章的政策含义是显而易见的。处于收入条件分布低端的流动人口通常是城镇劳动力市场的歧视对象。因此，取消职业和行业的进入限制，摒弃有意或无意的歧视政策，[1] 能够提高这部分流动人口的工资收入水平。而对处于收入条件分布高端的流动人口而言，他们在城镇劳动力市场上得到了较为合理的待遇。但与低收入流动人口一样，他们也在获取城镇公共服务、城镇户口、子女受教育权利等方面受到了不公平的对待。以户籍制度改革为中心环节的歧视性政策的取消，将有助于这部分流动人口真正融入城市。从长远来看，发展农村教育，改善教育服务的数量和质量，对缩小工资收入差距至关重要。

---

[1] 目前在一些城市实施的“最低工资”政策的本意在于保护低收入城镇居民，但其客观上使得低收入流动人口获得城镇工作的概率有所降低。当然，这一政策实际上也会使得一部分低收入城镇居民受损。

## 参考文献

[1] 李实，李文彬 . 中国教育投资的个人收益率的估计 [M]// 赵人伟，格里芬 . 中国居民收入分配研究 . 北京：中国社会科学出版社，1994.

[2] 李实 . 中国经济转轨中劳动力流动模型 [J]. 经济研究，1997（1）.

[3] 李实，丁赛 . 中国城镇教育收益率的长期变动趋势 [J]. 中国社会科学，2003（6）.

[4] 张车伟 . 人力资本回报率变化与收入差距："马太效应"及其政策含义 [J]. 经济研究，2006（12）.

[5]ALBRECHT J，BJÖRKLUND A，VROMAN S. Is There a Glass Ceiling in Sweden？ [J]. Journal of Labor Economics，2003（21）：145–77.

[6]BLINDER A S. Wage Discrimination：Reduced Form and Structural Estimates[J]. Journal of Human Resources，1973，8（4）：436–455.

[7]KNIGHT J，SONG Lina. China's Emerging Wage Structure，1995–2002[M]//GUSTAFSSON B，LI Shi，SICULAR T. Income Inequality and Public Policy in China. Cambridge：Cambridge University Press，Forthcoming.

[8]MACHADO J，MATA J. Counterfactual Decomposition of Changes in Wage Distrbutions Using Quantile Regression[J]. Journal of Applied Econometrics，2005（20）：445–465.

[9]MAURER–FAZIO M，DINH N. Differential Rewards to，and Contributions of，Education in Urban China' s Segmented Labor Markets[J]. Pacific Economic Review，2004，9（3）：173–189.

[10]MENG Xin，ZHANG Junsen. The Two–Tier Labor Market in Urban China–Occupational Segregation and Wage Differentials

between Urban Residents and Rural Migrants in Shanghai[J]. Journal of Comparative Economics，2001（29）：485–504.

[11]BINH N，ALBRECHT J，VROMAN S，et al. A Quantile Regression Decomposition of Urban–Rural Inequality in Vietnam[J]. Journal of Development Economics，2007.

[12]RONALD O. Male–Female Wage Differential in Urban Labor Markets[J]. International Economic Review，1973，14（3）：693–709.

[13]ZHANG Junsen，ZHAO Yaohui，Alhert Park，Song Xiaoqing. Economic Returns to Schooling in Urban China，1988–2001[J]. Journal of Comparative Economics，2005（33）：730–752.

[14]ZHONG Zhao. Migration，Labor Market Flexibility，and Wage Determination in China：A Revlew[J]. The Developing Economies，2005（43）：285–315.

（本章作者：邓曲恒　原载于《中国人口科学》2007 年第 2 期）

# 第十章　城镇劳动力市场上不同户籍就业人口的收入差异

**【内容提要】**本章利用国家统计局2006年城乡人口数据，运用多种方法考察了城镇劳动力市场上不同户籍就业人口（即农村外出务工人口与城镇就业人口）的收入差异。结果发现，在控制了个人特征后，城镇就业人口的人均收入一般高于农村外出务工人口；在控制了外出务工或就业的选择偏误后，两类人口的收入方程中的许多系数存在显著差异。进一步的分析表明，两类人口的收入差异并不能完全由个人特征差异及行业间差异解释。这些结果很可能反映了城镇劳动力市场上不同户籍的劳动者在经济福利方面事实上被区别对待。由于外出务工在许多地区已成为农村人口的主要收入来源，在城镇劳动力市场上降低劳动者因户籍身份而被区别对待的程度，对于缩小城乡收入差距将有重要意义。

**【关键词】**城镇劳动力市场　农村外出务工人口　城镇就业人口　收入差异

## 一、引言

城乡收入差距一直是国内外学者关心的热门话题。而在许多地区，外出务工收入已经成为农村人口的主要收入来源（朱玲等，2009），考察城镇劳动力市场上农村外出务工人口与城镇就业人口在收入方面的差异，在相同条件下农村外出务工人口能否获得与城镇就业人口相似的收入，成为理解城乡收入差距的一个重要角度。

农村外出务工人口与城镇就业人口的收入差异，既可能是由于个人禀赋的差异造成，比如个人的技术能力、受教育程度等的差异；也可能是由于制度层面对农村外出务工人口的不利因素造成，比如，在招工及工资方面，即使在个人条件上与城镇就业人口极为相似，农村外出务工人口也可能由于自己的户籍身份而面临更多的困难或障碍。

目前，从经验上研究我国城镇劳动力市场上不同户籍就业人口的工资差异及其影响因素的文献已有许多。这些文献大多采用了 Oaxaca–Blinder 分解或 Brown 分解，以及相关的扩展方法，讨论了城镇劳动力市场上不同户籍就业人口的工资差异中可解释的及不可解释的部分。其中，不可解释的部分通常被理解为劳动力市场上的工资歧视。王美艳（2003）考察了转轨时期农村迁移劳动力的工资歧视，并在考察我国城市劳动力市场上外来劳动力与本地劳动力的就业机会与工资差异时进一步考虑了职业分割的影响。姚先国等（2004）采用浙江省企业与农村劳动力流动调查数据分析了城镇劳动力市场上不同户籍劳动者在经济福利上的差异，他们同时考察了工资歧视以及各类保险、劳动合同签订、工会参与等方面的差异。钟笑寒（2006）统一解释了我国劳动力市场上的两种现象：外来劳动力与本地劳动力在职业与工资上的差别，以及劳动力流动没有伴随地区间工资差距缩小；他认为劳动力流动促进了劳动再分工，从而形成了职业差异并提高了本地劳动力的工资。任强等（2008）利用 2005 年全国 1% 人口抽样调查数据，分析了我国东南部十一省份不同户籍就业者的收入差异，并认为不同户籍的劳动者的工资差异可以由他们的教育回报差异解释，城乡间义务教育水平的差距引起了教育回报差异，从而导致了工资差异。

与上述文献不同，本章对城镇劳动力市场上农村外出务工人口与城镇就业人口的收入差异的考察，使用了国家统计局城调队与农调队 2006 年的个人及户数据集。该数据集来自对全体人群而非特定人群的抽样，具有很广泛的代表性。特别是，其中的农村外出务工人口的信息，本身属于农村人口的信息，而非来自对城镇中外出务工人口的抽样；而城镇就业人口的信息，本身属于城镇人口的信息，而非来自对城镇就业人口的抽样。这使得在考察农村外出务工人口及城镇就业人口的收入时可以处理可能存在的自选择偏误问题。这是本章与前述文献一个显著不同之处。此外，本章将使用多种方法实现上述考察，以期得出更稳健的结果。

## 二、样本的初步描述

本章样本的基本情况见表 10–1。考察农村外出务工人口时，一般来说，应该只针对有劳动能力的劳动年龄人口。不过，由于农村人口很可能在很年幼或很年长时已经或仍然参加生产劳动；同时，统计局调查在这方面的问题设计只针对满 16 岁的人口，因此，本章只考虑满 16 岁的且有劳动能力的人口，即剔除农村个人样本中未满 16 岁的或丧失劳动能力的人口（剔除后的人口以下统称为“农村劳动人口”）。剔除后，在农村样本中，23.6% 的农村劳动人口有外出务工经历[1]（以下统称这些人为“农村外出务工人口”）。考察城镇就业人口时，本章剔除城镇个人样本中未满 16 岁的、农业户口的、无劳动力的或离退休的人口（剔除后的人口以下统称为“城镇劳动人口”）。剔除后，在城镇样本中，64.5% 的城镇劳动人口就业（以下统称这些人为“城镇就业人口”）。

在本章考察的农村样本中，外出务工人口的务工所在地区遍布全国各省份甚至不在内地，而城镇样本只包括 10 个省份。为了使工作地区具有可比性，本章把农村外出务工人口的务工所在地区与城

[1] 需要说明的是，为务工而外出的农村劳动人口在城镇劳动力市场上未必总能找到工作。在本章中，“有外出务工经历”指有外出且找到工作（即就业）的经历。从而，外出务工人口不包括为务工而外出但未找到工作的劳动人口。

镇就业人口的所在地区分为三类：西部地区、中部地区以及其他地区（包括非内地）。以此三类地区表达两类人口的工作地区特征。[1]

表 10-1 样本基本情况

| 户籍省份 | 农村 | | | | 城镇 | | | |
|---|---|---|---|---|---|---|---|---|
| | 总户数 | 总人口 | 劳动人口 | 外出务工人口 | 总户数 | 总人口 | 劳动人口 | 就业人口 |
| 北京 | 225 | 780 | 634 | 67 | 500 | 1440 | 1300 | 827 |
| 山西 | 840 | 3416 | 2621 | 151 | 800 | 2339 | 1744 | 1142 |
| 辽宁 | 756 | 2577 | 2090 | 249 | 899 | 2521 | 2135 | 1263 |
| 江苏 | 1360 | 5109 | 4094 | 838 | 1000 | 2949 | 2322 | 1437 |
| 安徽 | 1550 | 6323 | 4854 | 1418 | 800 | 2331 | 1897 | 1234 |
| 湖北 | 1320 | 5386 | 4368 | 1290 | 700 | 2094 | 1660 | 1111 |
| 广东 | 1280 | 6402 | 4659 | 1125 | 842 | 2743 | 2008 | 1393 |
| 重庆 | 540 | 1977 | 1605 | 498 | | | | |
| 四川 | 2160 | 8487 | 6461 | 1911 | 800 | 2311 | 1746 | 1135 |
| 云南 | | | | | 400 | 1143 | 841 | 529 |
| 甘肃 | 720 | 3319 | 2340 | 424 | 579 | 1634 | 1283 | 847 |
| 全部 | 10751 | 43776 | 33726 | 7971 | 7320 | 21505 | 16936 | 10918 |

## 三、城镇劳动力市场上不同户籍就业人口的收入差异分析

本节分析本章的核心问题：城镇劳动力市场上不同户籍就业

[1] 在本章中，西部地区指重庆、四川、贵州、云南、西藏、陕西、甘肃、青海、宁夏、新疆等省（直辖市、自治区）；中部地区指山西、内蒙古、吉林、黑龙江、安徽、江西、河南、湖北、湖南等省（自治区）；其他地区指我国西部地区与中部地区以外的地区（包括非内地）。

人口（即农村外出务工人口与城镇就业人口）的收入差异。基于数据的可获得性，在本章中，农村外出务工人口的收入指当年外出务工所获得的净收入（总收入扣除外出务工交通费用）的月平均值，城镇就业人口的收入指当年的可支配收入（工资性收入、经营性收入、财产性收入与转移性收入之和扣除社会保障支出与所得税）的月平均值。在分析收入差异的同时，本章还进一步分析这种差异形成的原因，特别是这种差异在多大程度上可以由不同人口的个人禀赋特征来解释。

为了实现这些研究目标，应首先了解一下两类人口的收入分布情况（见表 10–2 与图 10–1）。由表 10–2 可知，无论是收入的样本均值还是样本中位数，城镇就业人口都高于农村外出务工人口。Wilcoxon 秩和检验进一步表明两类人口的收入分布存在显著差异。图 10–1 则直观地表现了两类人口的收入分布情况。可以看到，只是在极低收入端，农村外出务工人口的样本分布函数在城镇就业人口的下方，即只是对于较小的值 $P$，农村外出务工人口的收入分布的左侧 $P$ 分位数高于城镇就业人口。

**表 10–2　农村外出务工人口与城镇就业人口的收入情况**

单位：[ 元 /（人・月）]

| 项目 | 样本量 | 均值 | 标准差 | 最小值 | 中位数 | 最大值 |
| --- | --- | --- | --- | --- | --- | --- |
| 农村 | 7966 | 1001.03 | 697.37 | 22.73 | 900 | 20800 |
| 城镇 | 10918 | 1478.40 | 1235.29 | −1810 | 1200 | 23487.50 |
| Wilcoxon 检验 | $z=-29.778$，$P>\|z\|=0.0000$ | | | | | |

注：“$P>x$”指基于统计量 $x$ 的显著性检验中的弃真错误概率（表 10–3、表 10–5、表 10–6 同）。

上面的分析没有控制可能与收入有密切关系的因素（特别是个人特征），下面进一步通过控制一些个人特征来考察农村外出务工人口与城镇就业人口的收入差异。由于个人特征对应的变量（特

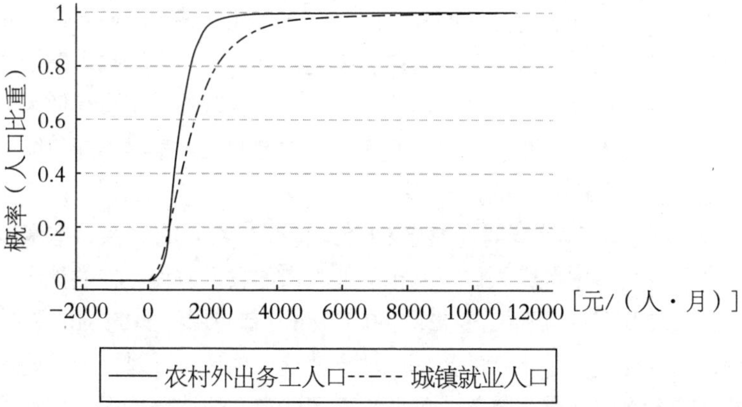


**图 10-1　城镇劳动力市场上不同户籍就业人口的收入的样本分布函数**

注：样本分布函数应该是非降的、右连续的、阶梯状的函数，这里为了绘图方便绘成了连续的曲线。此外，为了节约篇幅，这里只画出了各样本分布函数累积概率未超过 99.5% 的部分。

别是分类变量）很多，并且每一变量又常有许多取值（类别），为同时控制多种个人特征而对样本进行的分组，很可能使某些组的样本量过小（甚至为 0），从而使分组比较失去意义。因此，本章只选择一些比较重要的个人特征进行分析，并且将某些变量的某些值（类别）做了合并或舍弃。❶具体地，最后考虑的变量包括：所在地区（包括西部、中部与其他三类；对于农村外出务工人口，所在地区指务工地区）、性别（包括男、女两类）、所在产业（包括第一产业、第二产业、第三产业三类）、受教育程度（小学及以下、初中、高中或中专、大专及以上四类）。这里没有考虑年龄变量，主要是因为：①与其他变量不同，年龄是连续变量；②在考察的样本中，年龄与受教育程度有较大的相关性。于是，农村外出务工人口与城镇就业人口分别分成了 72 组。本章采用 Wilcoxon 秩和检验方法对具有同一特征的农村外出务工人口与城镇就业人口的收入分布分别进行比较，结果见表 10-3。由表 10-3 可知，对于 10% 的显

❶ 即使按如此方式进行的分组，某些组的样本量仍然很小，甚至是 0。

著水平，对于许多可比较的样本组，同一特征的城镇就业人口与农村外出务工人口的收入分布有显著差别，且前者的人均收入高于后者。这说明在地区、性别、行业、受教育程度以外，还有其他因素影响着两类人口的收入差异，换言之，两者的收入差异不能单纯由上述四类个人特征的差别来解释。

为了更细致地同时考察各种个人特征与收入的关系，本章还估计了农村外出务工人口与城镇就业人口的收入方程。在估计中，本章只使用了基于原始变量的回归，而没有使用经典的 Mincer 方程，这主要是由于本章的数据无法支持这一估计。同时，为了处理城乡劳动人口在外出务工或就业方面可能存在的选择偏误，本章采用了 Heckman 两阶段模型进行估计。其中，在选择方程中，本章采用 Probit 模型考察了农村劳动人口外出务工以及城镇劳动人口就业的概率及其与之有密切关系的个人特征。所考虑的个人特征有：是否是户主、年龄、性别、受教育程度、户籍省份；对于农村劳动人口，还考虑了是否曾受过技能培训、以往是否外出务工、户内人均房屋价值❶。相关变量的描述性统计见表 10-4，估计结果见表 10-5。在收入方程中，所考虑的个人特征包括是否是户主、性别、年龄、受教育程度、所在行业以及所在地区（对于农村外出务工人口，指务工地区）；对于农村外出务工人口，还考虑了是否曾受过技能培训。❷相关变量的描述性统计见表 10-4，估计结果见表 10-6。从表 10-6 中可以看到，对于农村外出务工人口，收入方程中的行业变量普遍是不显著的；而对于城镇就业人口，收入方程中的许多行业变量是显著的。这说明同前者相比，城镇就业人口的收入与其所在行业有更重要的关系。此外，逆 Mills 比率（$\lambda$）在各样本的估计中均显著，这说明处理选择性偏误是必要的。

❶ 该变量是指所在家庭的房屋价值（单位：元）与所在家庭的人口之比，以表征农村劳动人口的资产状况。

❷ 由于以往外出务工人口全部会在当年继续外出务工，因此这里不考虑以往是否外出务工这个特征。

表 10-3　城镇劳动力市场上各类人口的收入差异

| 分组（代码） | 农村外出务工人口 | | 城镇就业人口 | | 城乡人均收入之差［元/（人·月）］ | Wilcoxon 检验 | |
|---|---|---|---|---|---|---|---|
| | 组样本量 | 组人均收入［元/（人·月）］ | 组样本量 | 组人均收入［元/（人·月）］ | | $z$ | $P>\|z\|$ |
| 1022 | 95 | 873.01 | 74 | 775.35 | −97.66 | −2.350 | 0.019 |
| 1031 | 50 | 686.23 | 40 | 596.67 | −89.56 | −2.177 | 0.030 |
| 1032 | 156 | 793.03 | 185 | 672.51 | −120.51 | −4.303 | 0.000 |
| 1033 | 35 | 748.97 | 327 | 948.30 | 199.33 | 1.117 | 0.264 |
| 1121 | 139 | 935.59 | 31 | 904.56 | −31.03 | −1.447 | 0.148 |
| 1122 | 383 | 1006.09 | 127 | 871.21 | −134.88 | −3.090 | 0.002 |
| 1123 | 60 | 987.03 | 168 | 1027.43 | 40.40 | −1.031 | 0.303 |
| 1131 | 73 | 796.23 | 41 | 796.07 | −0.16 | −0.407 | 0.684 |
| 1132 | 246 | 996.52 | 204 | 951.86 | −44.66 | −2.455 | 0.014 |
| 1133 | 65 | 939.12 | 298 | 1140.25 | 201.12 | 1.448 | 0.148 |
| 2022 | 49 | 838.69 | 87 | 726.32 | −112.37 | −2.486 | 0.013 |
| 2031 | 30 | 878.72 | 17 | 860.93 | −17.79 | −1.063 | 0.288 |

续表

| 分组（代码） | 农村外出务工人口 | | 城镇就业人口 | | 城乡人均收入之差[元/（人·月）] | Wilcoxon 检验 | |
|---|---|---|---|---|---|---|---|
| | 组样本量 | 组人均收入[元/（人·月）] | 组样本量 | 组人均收入[元/（人·月）] | | $z$ | $P>\|z\|$ |
| 2032 | 107 | 793.68 | 166 | 773.10 | −20.58 | −1.844 | 0.065 |
| 2033 | 25 | 721.55 | 474 | 998.32 | 276.77 | 2.515 | 0.012 |
| 2112 | 27 | 2207.61 | 60 | 1742.95 | −464.66 | 1.826 | 0.068 |
| 2122 | 234 | 1078.96 | 142 | 1040.81 | −38.15 | −1.804 | 0.071 |
| 2123 | 41 | 1053.07 | 236 | 1243.01 | 189.94 | 1.470 | 0.142 |
| 2132 | 152 | 971.41 | 169 | 1273.12 | 301.72 | 4.594 | 0.000 |
| 2133 | 42 | 1055.78 | 440 | 1360.02 | 304.24 | 2.761 | 0.006 |
| 3022 | 870 | 875.90 | 116 | 892.44 | 16.54 | −2.393 | 0.017 |
| 3023 | 120 | 946.23 | 161 | 1293.39 | 347.15 | 3.019 | 0.003 |
| 3031 | 198 | 800.24 | 33 | 824.51 | 24.27 | −0.889 | 0.374 |
| 3032 | 646 | 936.61 | 299 | 999.83 | 63.23 | −1.548 | 0.122 |
| 3033 | 126 | 1000.62 | 740 | 1385.82 | 385.20 | 2.822 | 0.005 |

续表

| 分组（代码） | 农村外出务工人口 | | 城镇就业人口 | | 城乡人均收入之差[元/(人·月)] | Wilcoxon 检验 | |
|---|---|---|---|---|---|---|---|
| | 组样本量 | 组人均收入[元/(人·月)] | 组样本量 | 组人均收入[元/(人·月)] | | $z$ | $P>\|z\|$ |
| 3034 | 24 | 1566.29 | 712 | 2002.92 | 436.63 | 2.112 | 0.035 |
| 3121 | 221 | 979.51 | 18 | 1138.74 | 159.23 | −1.312 | 0.190 |
| 3122 | 1533 | 1058.35 | 200 | 1275.19 | 216.84 | 2.747 | 0.006 |
| 3123 | 305 | 1099.25 | 304 | 1734.93 | 635.68 | 6.416 | 0.000 |
| 3124 | 24 | 1441.17 | 187 | 2532.74 | 1091.58 | 2.955 | 0.003 |
| 3131 | 107 | 1017.89 | 31 | 1128.20 | 110.32 | −0.018 | 0.986 |
| 3132 | 873 | 1106.62 | 364 | 1357.93 | 251.30 | 5.220 | 0.000 |
| 3133 | 245 | 1126.71 | 655 | 1825.97 | 699.26 | 8.496 | 0.000 |
| 3134 | 34 | 1579.40 | 937 | 2797.14 | 1217.74 | 4.328 | 0.000 |

注：人均收入的单位是元/（人·月）。分组（首列）中的四位数代码表示个人特征的所有可能的组合，其中第一个代码表示所在地区（1：西部。2：中部。3：其他），第二个代码表示性别（0：女性。1：男性），第三个代码表示所在产业（1：第一产业。2：第二产业。3：第三产业），第四个代码表示受教育程度（1：小学及以下。2：初中。3：高中或中专。4：大专及以上）。考虑到检验结果的稳健性，只有两组的样本量均大于 14 时才对两组的收入分布进行同分布检验。为了节约篇幅，这里只列出可进行检验的检验结果。

表 10–4 城乡各类劳动人口的情况

| 样本 | | 农村 | | | 城镇 | | |
|---|---|---|---|---|---|---|---|
| 分组 | | 劳动人口分组比重（%） | 外出务工人口分组比重（%） | 外出务工人口比重（%） | 劳动人口分组比重（%） | 就业人口分组比重（%） | 就业人口比重（%） |
| 全部 | | 100 | 100 | 23.63 | 100 | 100 | 64.47 |
| 户主 | 是 | 30.88 | 21.72 | 16.62 | 41.41 | 48.03 | 74.78 |
| | 否 | 69.12 | 78.28 | 26.77 | 58.59 | 51.97 | 57.18 |
| 年龄（岁） | [16，20] | 14.81 | 16.92 | 27.01 | 8.36 | 0.19 | 1.48 |
| | （20，30] | 19.08 | 42.23 | 52.31 | 11.46 | 13.36 | 75.17 |
| | （30，40] | 21.16 | 26.41 | 29.49 | 20.31 | 31.22 | 99.13 |
| | （40，50] | 21.73 | 10.99 | 11.95 | 24.90 | 36.61 | 94.78 |
| | （50，60] | 18.03 | 3.05 | 4.00 | 20.53 | 17.50 | 54.96 |
| | >60 | 5.18 | 0.40 | 1.83 | 14.44 | 1.11 | 4.95 |
| 性别 | 男 | 52.21 | 63.66 | 28.82 | 51.23 | 55.60 | 69.96 |
| | 女 | 47.79 | 36.34 | 17.97 | 48.77 | 44.40 | 58.70 |

续表

| 样本 | | 农村 | | | 城镇 | | |
|---|---|---|---|---|---|---|---|
| 分组 | | 劳动人口分组比重（%） | 外出务工人口分组比重（%） | 外出务工人口比重（%） | 劳动人口分组比重（%） | 就业人口分组比重（%） | 就业人口比重（%） |
| 全部 | | 100 | 100 | 23.63 | 100 | 100 | 64.47 |
| 受教育程度 | 小学 - | 6.04 | 1.51 | 5.89 | 1.67 | 0.24 | 9.19 |
| | 小学 | 24.10 | 14.19 | 13.91 | 5.62 | 2.17 | 24.92 |
| | 初中 | 51.08 | 68.92 | 31.89 | 24.37 | 20.61 | 54.51 |
| | 高中 | 13.27 | 10.00 | 17.81 | 25.86 | 26.61 | 66.34 |
| | 中专 | 2.94 | 3.89 | 31.28 | 11.23 | 11.86 | 68.09 |
| | 大专 + | 2.57 | 1.49 | 13.73 | 31.25 | 38.51 | 79.44 |
| 曾受培训 | 是 | 19.86 | 37.54 | 44.66 | | | |
| | 否 | 80.14 | 62.46 | 18.42 | | | |
| 曾外出务工 | 是 | 21.36 | 90.37 | 100.00 | | | |
| | 否 | 78.64 | 9.63 | 2.90 | | | |

续表

| 样本 | | 农村 | | | 城镇 | | |
|---|---|---|---|---|---|---|---|
| 分组 | | 劳动人口分组比重（%） | 外出务工人口分组比重（%） | 外出务工人口比重（%） | 劳动人口分组比重（%） | 就业人口分组比重（%） | 就业人口比重（%） |
| 全部 | | 100 | 100 | 23.63 | 100 | 100 | 64.47 |
| 户内人均房屋价值 | Ⅰ | 21.33 | 23.67 | 26.23 | | | |
| | Ⅱ | 25.41 | 27.45 | 25.53 | | | |
| | Ⅲ | 20.93 | 22.13 | 24.99 | | | |
| | Ⅳ | 32.33 | 26.75 | 19.55 | | | |
| 户籍省份 | 北京 | 1.88 | 0.84 | 10.57 | 7.68 | 7.57 | 63.62 |
| | 山西 | 7.77 | 1.89 | 5.76 | 10.30 | 10.46 | 65.48 |
| | 辽宁 | 6.20 | 3.12 | 11.91 | 12.61 | 11.57 | 59.16 |
| | 江苏 | 12.14 | 10.51 | 20.47 | 13.71 | 13.16 | 61.89 |
| | 安徽 | 14.39 | 17.79 | 29.21 | 11.20 | 11.30 | 65.05 |

续表

| 样本 | | 农村 | | | 城镇 | | |
|---|---|---|---|---|---|---|---|
| 分组 | | 劳动人口分组比重（%） | 外出务工人口分组比重（%） | 外出务工人口比重（%） | 劳动人口分组比重（%） | 就业人口分组比重（%） | 就业人口比重（%） |
| 全部 | | 100 | 100 | 23.63 | 100 | 100 | 64.47 |
| 户籍省份 | 湖北 | 12.95 | 16.18 | 29.53 | 9.80 | 10.18 | 66.93 |
| | 广东 | 13.81 | 14.11 | 24.15 | 11.86 | 12.76 | 69.37 |
| | 重庆 | 4.76 | 6.25 | 31.03 | | | |
| | 四川 | 19.16 | 23.97 | 29.58 | 10.31 | 10.40 | 65.01 |
| | 云南 | | | | 4.97 | 4.85 | 62.90 |
| | 甘肃 | 6.94 | 5.32 | 18.12 | 7.58 | 7.76 | 66.02 |
| 务工或工作所在行业 | 1 | | 1.57 | | | 0.79 | |
| | 2 | | 1.57 | | | 2.23 | |
| | 3 | | 33.67 | | | 20.75 | |

续表

| 样本 | | 农村 | | | 城镇 | | |
|---|---|---|---|---|---|---|---|
| 分组 | | 劳动人口分组比重（%） | 外出务工人口分组比重（%） | 外出务工人口比重（%） | 劳动人口分组比重（%） | 就业人口分组比重（%） | 就业人口比重（%） |
| 全部 | | 100 | 100 | 23.63 | 100 | 100 | 64.47 |
| 务工或工作所在行业 | 4 | | 0.78 | | | 3.14 | |
| | 5 | | 21.82 | | | 2.97 | |
| | 6 | | 3.51 | | | 7.75 | |
| | 7 | | 4.38 | | | 11.98 | |
| | 8 | | 6.50 | | | 2.60 | |
| | 9 | | 11.45 | | | 9.88 | |
| | 10 | | 0.40 | | | 7.04 | |
| | 11 | | 0.88 | | | 4.54 | |

续表

| 样本 | | 农村 | | | 城镇 | | |
|---|---|---|---|---|---|---|---|
| 分组 | | 劳动人口分组比重（%） | 外出务工人口分组比重（%） | 外出务工人口比重（%） | 劳动人口分组比重（%） | 就业人口分组比重（%） | 就业人口比重（%） |
| 全部 | | 100 | 100 | 23.63 | 100 | 100 | 64.47 |
| 务工或工作所在行业 | 12 | | 0.51 | | | 1.47 | |
| | 13 | | 12.96 | | | 24.86 | |
| 务工或工作地区 | 西部 | | 18.44 | | | 23.00 | |
| | 中部 | | 10.78 | | | 31.94 | |
| | 其他 | | 70.78 | | | 45.06 | |

注：表中“外出务工人口比重”指各农村人口分组中，外出务工人口占劳动人口的比重；“就业人口比重”指各城镇人口分组中，就业人口占劳动人口的比重。户内人均房屋价值的分组 I～IV 组为根据该变量对全部农村人口做的第一个至第四个四分位组。受教育程度分组中，“小学 –”指小学以下程度，“大专 +”指大专及以上程度。所在行业各代码的意义是，1：农业；2：矿业；3：制造业；4：电力、煤气、自来水业；5：建筑业；6：交通、仓储、邮政业；7：批发、零售业；8：住宿、餐饮业；9：居民服务业；10：教育业；11：卫生、保健、福利业；12：文艺、体育、娱乐业；13：其他。

表 10-5 城乡劳动人口外出务工或就业概率分析（Probit 估计）

| 样本 | 农村劳动人口 | | | 城镇劳动人口 | | |
|---|---|---|---|---|---|---|
| 自变量 | $b$ | $z$ | $P>\|z\|$ | $b$ | $z$ | $P>\|z\|$ |
| 户主 | −0.22 | −7.9 | 0.00 | 0.37 | 10.2 | 0.00 |
| 男性 | 0.53 | 25.19 | 0.00 | 0.66 | 20.41 | 0.00 |
| 年龄 | 0.07 | 14.68 | 0.00 | 0.54 | 73.31 | 0.00 |
| 年龄$^2$ | 0.00 | −23.21 | 0.00 | −0.01 | −76.08 | 0.00 |
| 曾受培训 | 0.68 | 33.92 | 0.00 | | | |
| 小学 | 0.17 | 2.97 | 0.00 | 0.11 | 0.55 | 0.58 |
| 初中 | 0.30 | 5.53 | 0.00 | 0.28 | 1.5 | 0.13 |
| 高中 | −0.25 | −4.27 | 0.00 | 0.50 | 2.64 | 0.01 |
| 中专 | −0.05 | −0.71 | 0.48 | 0.91 | 4.81 | 0.00 |
| 大专 + | −0.63 | −7.92 | 0.00 | 0.90 | 4.81 | 0.00 |

续表

| 样本 | 农村劳动人口 | | | 城镇劳动人口 | | |
|---|---|---|---|---|---|---|
| 自变量 | $b$ | $z$ | $P>\|z\|$ | $b$ | $z$ | $P>\|z\|$ |
| 西部 | 0.21 | 9.45 | 0.00 | −0.11 | −2.83 | 0.01 |
| 中部 | 0.10 | 4.87 | 0.00 | −0.15 | −4.39 | 0.00 |
| 房屋价值 | 0.00 | −13.86 | 0.00 | | | |
| 常数项 | −1.56 | −16.33 | 0.00 | −9.82 | −41.47 | 0.00 |
| $\chi^2$ 检验 | $\chi^2$=8185.77，$P>\chi^2$=0.000 | | | $\chi^2$=13175.1，$P>\chi^2$=0.000 | | |
| 样本量 | 33726 | | | 16936 | | |

注：$b$ 指自变量的系数估计值（向量）；$z$ 指单参数显著性检验中的 $z$ 统计量；$\chi^2$ 检验即联合参数显著性检验（表 10−6 同）。

表 10-6　农村外出务工人口及城镇就业人口的收入方程（Heckman 两阶段估计）

| 样本 | 农村外出务工人口 | | | 城镇就业人口 | | | 系数相等 $F$ 检验 | |
|---|---|---|---|---|---|---|---|---|
| 自变量 | $b$ | $z$ | $P>\|z\|$ | $b$ | $z$ | $P>\|z\|$ | $F$ | $P>F$ |
| 户主 | −46.96 | −1.54 | 0.124 | 348.54 | 14.83 | 0.000 | 85.384 | 0.000 |
| 男性 | 348.27 | 9.93 | 0.000 | 322.80 | 12.93 | 0.000 | 0.271 | 0.602 |
| 年龄 | 78.53 | 11.18 | 0.000 | 172.02 | 11.21 | 0.000 | 33.897 | 0.000 |
| 年龄 $^2$ | −1.34 | −10.62 | 0.000 | −1.93 | −10.21 | 0.000 | 6.371 | 0.012 |
| 小学 | 190.58 | 2.74 | 0.006 | −84.89 | −0.38 | 0.703 | 1.673 | 0.196 |
| 初中 | 343.29 | 4.98 | 0.000 | 64.65 | 0.30 | 0.762 | 1.846 | 0.174 |
| 高中 | 35.10 | 0.47 | 0.635 | 309.32 | 1.45 | 0.146 | 1.743 | 0.187 |
| 中专 | 249.80 | 3.07 | 0.002 | 612.71 | 2.85 | 0.004 | 2.911 | 0.088 |
| 大专 + | 246.48 | 2.36 | 0.019 | 930.65 | 4.36 | 0.000 | 8.941 | 0.003 |
| 行业 1 | 393.33 | 6.21 | 0.000 | −179.21 | −1.51 | 0.130 | 17.867 | 0.000 |
| 行业 2 | 149.88 | 2.35 | 0.019 | 106.71 | 1.44 | 0.150 | 0.153 | 0.695 |

续表

| 样本 | 农村外出务工人口 | | | 城镇就业人口 | | | 系数相等 $F$ 检验 | |
|---|---|---|---|---|---|---|---|---|
| 自变量 | $b$ | $z$ | $P>\|z\|$ | $b$ | $z$ | $P>\|z\|$ | $F$ | $P>F$ |
| 行业 3 | −33.28 | −1.34 | 0.181 | −333.76 | −10.45 | 0.000 | 46.276 | 0.000 |
| 行业 4 | 162.27 | 1.81 | 0.070 | −31.57 | −0.51 | 0.612 | 2.114 | 0.146 |
| 行业 5 | 60.38 | 2.21 | 0.027 | −130.63 | −2.04 | 0.041 | 8.102 | 0.004 |
| 行业 6 | 174.45 | 3.68 | 0.000 | −178.65 | −4.10 | 0.000 | 22.661 | 0.000 |
| 行业 7 | 27.97 | 0.67 | 0.502 | −302.06 | −8.01 | 0.000 | 24.581 | 0.000 |
| 行业 8 | −12.23 | −0.33 | 0.739 | −338.78 | −4.98 | 0.000 | 17.702 | 0.000 |
| 行业 9 | −33.30 | −1.09 | 0.277 | −443.20 | −11.12 | 0.000 | 56.118 | 0.000 |
| 行业 10 | 205.27 | 1.72 | 0.086 | −26.05 | −0.59 | 0.557 | 1.768 | 0.184 |
| 行业 11 | −43.06 | −0.51 | 0.608 | 63.23 | 1.20 | 0.232 | 0.717 | 0.397 |
| 行业 12 | 144.76 | 1.36 | 0.174 | 41.78 | 0.48 | 0.633 | 0.381 | 0.537 |

续表

| 样本 | 农村外出务工人口 | | | 城镇就业人口 | | | 系数相等 $F$ 检验 | |
|---|---|---|---|---|---|---|---|---|
| 自变量 | $b$ | $z$ | $P>\|z\|$ | $b$ | $z$ | $P>\|z\|$ | $F$ | $P>F$ |
| 西部 | −83.38 | −3.66 | 0.000 | −693.37 | −25.67 | 0.000 | 256.342 | 0.000 |
| 中部 | −45.40 | −1.76 | 0.079 | −653.17 | −26.39 | 0.000 | 218.544 | 0.000 |
| 曾受培训 | 372.77 | 9.38 | 0.000 | | | | | |
| $\lambda$ | 740.66 | 9.00 | 0.000 | 355.45 | 7.27 | 0.000 | | |
| 常数项 | −1398.0 | −7.01 | 0.000 | −2589.4 | −6.72 | 0.000 | 7.987 | 0.005 |
| | $\rho$=0.8158，$\sigma$=907.84 | | | $\rho$=0.3252，$\sigma$=1093.05 | | | 35.073 | 0.000 |
| $\chi^2$ 检验 | $\chi^2$=5981.31，$P>\chi^2$=0.0000 | | | $\chi^2$=9523.24，$P>\chi^2$=0.0000 | | | （联合参数检验） | |
| 样本量 | $N$=33721，$UN$=7966 | | | $N$=16936，$UN$=10918 | | | | |

注：各行业哑元的意义参见表 10−4 注。Heckman 模型中，$\lambda$ 为逆 Mills 比率；两个扰动项服从二元正态分布 $N^2$（0，0；1，$\sigma^2$，$\rho$）；$N$ 是总样本量，$UN$ 是未截断样本量（本表中样本量与前面各表中样本量可能不符，这是因为有些人口的收入存在缺失值）。

基于上面的估计结果，本章进一步考察农村外出务工人口与城镇就业人口的收入方程是否存在结构性差异。具体地，本章对两类人口的收入方程的系数进行了 $F$ 检验，既进行了单参数检验，又进行了多参数联合检验，检验结果同见表 10–6。可以看到，农村外出务工人口与城镇就业人口的收入方程中的许多系数存在显著差异（从而易见联合参数检验的结果），两类人口的收入方程的结构性差异较为明显。由此，本章再对农村外出务工人口与城镇就业人口的收入差异进行了 Brown 分解。因为本章重点关心的是，农村外出务工人口进入城镇务工后在就业及收入方面能否表现得像城镇就业人口那样，所以本章在分解中，以城镇就业人口的行业分布以及收入方程的系数估计值[1]作为 Brown 分解中的标准值[2]，并将人口的行业分布视作外生的。[3]分解结果见表 10–7。表 10–7 显示，行业内由个人特征差异解释的差异占总差异的 80% 以上，行业间的差异占 5.71%；而行业内由收入方程系数估计值差异解释的差异占 13.43%，这亦是总差异中由个人特征差异及行业间差异所不能解释

[1] 讨论 Brown 分解时，由于需要考虑人口的行业分布情况，所以在本章中，此时的收入方程中不含行业变量（但仍含逆 Mills 比率，并将该比率视作个人特征之一）。

[2] 这种标准值常被称作“无歧视状态”下的取值。

[3] 限于篇幅，这里没有详细介绍 Brown 分解的计算过程，请参见 Brown（1980）。本章的计算基于其中的公式：两类人口的（人均）收入差异 =WD+PD+OCC，但本章以城镇就业人口的行业分布及收入方程的系数估计值为标准值。

还需要说明的是，这里假设（城镇就业）人口的行业分布是外生的，这主要是因为：①本章的行业种类较多，而样本中用于解释劳动人口行业选择的变量并不多，并且多为定类变量，内生化行业分布，其估计结果的可靠程度可能较差；②本章已经将劳动人口在外出务工或就业方面的选择内生化，如果在此基础上再内生化行业分布，模型的表述与估计过程将非常复杂，现有样本也未必可以支持这样的估计。

的部分。它说明了，在相同的（前面所考虑的）个人特征条件下，即使考虑了行业间差异，农村外出务工人口得到的收入仍将低于城镇就业人口。而这既可能是由未被观测的其他因素（比如未由现有样本信息体现的个人特征）的差异造成的，也可能说明了在城镇劳动力市场上，外出务工人口与城镇就业人口事实上被区分对待（即使其他条件相同）。现实中，由于劳动者所享受的除劳动报酬以外的各种福利（特别是各类社会保障）常常与户籍制度联系在一起，农村外出务工人口事实上常常难以获得与城镇就业人口相同的福利待遇。这样，户籍身份本身事实上也正是城镇劳动力市场上劳动者被区别对待的关键因素。本章所发现的城镇劳动力市场上两类人口的不能由个人特征解释的收入差异（见表 10–5），以及收入方程的系数间的差异（见表 10–6），很可能与表 10–7 一起反映了这种由户籍身份决定的差异。

**表 10–7　农村外出务工人口与城镇就业人口收入差异的 Brown 分解**

| 项目 | 差异<br>[元/（人·月）] | 比重<br>（%） |
| --- | --- | --- |
| 由个人特征差异解释的差异（PD） | 385.96 | 80.85 |
| 由收入方程系数差异解释的差异（WD） | 64.13 | 13.43 |
| 行业间差异（OCC） | 27.28 | 5.71 |
| 总差异（人均工资差异） | 477.37 | 100 |

## 四、结论

本章利用国家统计局 2006 年城乡人口数据，考察了城镇劳动力市场上不同户籍就业人口（即农村外出务工人口与城镇就业人口）的收入差异。结果发现，在控制了个人特征后，城镇就业人口的人均收入一般高于农村外出务工人口；在控制了劳动人口外出务工或就业的选择偏误后，城镇就业人口与农村外出务工人口的收入方程存在结构性差异，并且其中许多系数存在显著差异。就农村外出务工人口与城镇就业人口的收入差异而言，这种差异并不能完全由个人特征差异及行业间差异解释，这可能是由于未考虑的因素（比如受教育程度的异质性、劳动技能的差异等）也在收入决定中起作用，更可能反映了城镇劳动力市场上不同户籍的劳动者在经济福利方面事实上被区别对待。由于外出务工在许多地区已成为农村人口的主要收入来源，因此通过本文的结论可以判断，在城镇劳动力市场上降低甚至消除劳动者因户籍身份而被区别对待的程度，对于缩小城乡收入差距将有重要意义。特别地，政府应考虑在社会福利覆盖方面降低由户籍身份导致的门槛。当然，相比于城镇人口，农村外出务工人口的流动性、季节性都较大，同时，各地经济社会发展水平不同，社会福利制度也相差较大，完全将社会福利与户籍脱钩，在目前看来也有相当大的难度，也不是短时期内可以完成的工作。不过，即使不能在短时期内解决这一问题，也应该尽可能保证农村外出务工人口的各种权益，从而不让城镇劳动力市场上的这种差异变得更大。

**参考文献**

[1] 任强，傅强，朱宇姝 . 基于户籍制度的教育回报差异：对工资歧视的再考察 [J]. 人口与发展，2008（3）.

[2] 王美艳 . 转轨时期的工资差异：歧视的计量分析 [J]. 数量经济技术经济研究，2003（5）.

[3] 王美艳 . 城市劳动力市场上的就业机会与工资差异——外来劳动力就业与报酬研究 [J]. 中国社会科学，2005（5）.

[4] 姚先国，赖普清 . 中国劳资关系的城乡户籍差异 [J]. 经济研究，2004（7）.

[5] 钟笑寒 . 劳动力流动与工资差异 [J]. 中国社会科学，2006（1）.

[6] 朱玲，金成武 . 中国居民收入分配格局与金融危机应对 [J]. 管理世界，2009（3）.

[7]BLINDER A S. Wage Discrimination：Reduced Form and Structural Estimates[J]. Journal of Human Resources，1973，8（4）：436–455.

[8] BROWN R S，MOON M，ZOLOTH B S. Incorporating Occupational Attainment in Studies of Male–Female Earnings Differentials [J]. Journal of Human Resources，1980，15（1）：3–28.

[9] OAXACA R. Male–Female Wage Differentials in Urban Labor Markets[J]. International Economic Review，1973，14（3）：693–709.

（本章作者：金成武　原载于《中国人口科学》2009 年第 4 期）

# 第十一章 中国农村收入分配分析

【内容提要】在回顾中国农村收入分配改革历程以及相关文献的基础上，本章使用“构建和谐社会的公共政策选择”课题中国农村住户抽样调查数据，分析了中国农村收入分配和收入差距情况，并使用分解方法对影响居民收入的构成和特征做了描述，发现外出务工收入和家庭经营收入有助于缩小农村收入差距，应当加快城市化发展进程，减少地区间的收入差距，引导农村劳动力向外转移，提高他们的工资水平，同时巩固提高农村居民家庭经营收入。

【关键词】农村　收入分配　收入不均等



## 一、导论

进入21世纪以来，党的十六大及十六届三中全会、四中全会，从全面建设小康社会、开创中国特色社会主义新局面的全局出发，提出了构建社会主义和谐社会的战略任务。社会主义和谐社会的重要含义就是公平正义，其中应该包含着个人的基本需要得到保障、要降低不公平的不均等（杨春学，2007）。分析公平正义时，可以用人的可行能力来判断其处境，收入对个人的福利和可行能力至关重要（Lambert，1989），低收入可能会剥夺人的可行能力，收入不均等是重要的不均等（森，2002）。城乡之间的收入差距问题是目前中国经济社会发展过程中的一个突出问题，农村与城市分割的二元社会造成了城乡的差距。而在农村内部，由于地区、禀赋、发展水平等不同，也存在不均等。

政府因素和市场因素被认为是影响收入分配不均等的深层次原因，其中政府因素在居民收入差距扩大的过程中起着主要和主导性的作用，城乡分割、限制生产要素特别是劳动力的流动、税收的累退性以及公共服务的地区差别性等制度和政策都起着扩大不公平的作用（李实、赵人伟，2007）。因此，降低不合理的不均等，需要制定出有利于农村、农民和农业的政策。21 世纪初期是我国三农政策取得重大突破的时期。同时，市场因素也在改变着农村的劳动力等资源配置。新政策、新形势的出现会对农村内部收入分配产生影响。研究农村内部的收入变化及差距，对于建设社会主义和谐社会具有重要的现实意义。

## 二、中国农村的收入分配体制变迁

中国目前的农村收入分配格局，是经过几十年的不断探索和改革而形成的。改革开放前，农村的分配格局主要是计划和平均分配，农民收入来源单一，以家庭农业经营为主，农民的收入普遍较低。由于体制和政策方面的原因，改革开放前的中国农村均等化程度较高，这种情况一直维持到改革之初，一些学者所估计的 1978 年中国农村的基尼系数在 0.2～0.24，在当时低于世界大多数发展中国家（李实、赵人伟，1997）。但是，这种均等是相对的。虽然基尼系数较低，不平等仍然存在。在人民公社和生产队里面，可能由于大锅饭和平均主义，内部人员分配较为公平，可在生产队与生产队之间、地区与地区之间就存在着差距。而且，由于偏重工业和二元经济结构的存在，当时农村和城市之间还存在着较大的不均等。

1978 年底开始，我国对 20 世纪 50 年代逐步形成的高度集权的计划经济体制进行了根本性改革，从计划转向市场。农村改革是整个经济体制改革的起点和重要组成部分，而家庭联产承包责任制则拉开了农村改革的序幕。在家庭联产承包责任制下，农民以家庭为土地承包单位，通过超产增收扩大个人收入所得，农民个体经济地位得以确立。进入 21 世纪，更是提出了“多予少取放活”和“工业反哺农业，城市支持农村”等政策。

这些方针政策主要围绕促进粮食生产、减轻农民负担、增加农村收入、保护农民利益、农村基础设施建设等方面。第一，农村税费改革。农村税费改革是我国继土地改革、家庭承包经营制之后的又一次农村经济体制改革。其主要内容为取消生猪屠宰税，取消乡镇统筹款、农村教育集资等专向农民征收的行政事业性收费及政府性基金和收费，农村公益事业项目所需资金采取“一事一议”办法，调整农业税政策、调整农业特产税征收办法。2000 年中央决定在安徽省进行农村税费改革试点，以后几年试点规模逐步扩大，2003 年开始在全国所有省区市进行试点。税费改革取得了很大成效。有资料表明，2002 年试点省份农民人均税费负担由 2001 年的 91.2 元下降到 78.7 元，减幅为 13.7%，农民税费负担占人均纯收入的比重为 3.2%，比 2001 年下降 0.7 个百分点，税费负担下降直接拉动 2002 年农民收入增长 0.5 个百分点。基于县级层面数据的一些研究也对税费改革政策有较高的评价（周黎安、陈烨，2005）。随着税费改革进一步深化，从 2004 年起，全国取消除烟叶外的所有农业特产税，推进减征、免征农业税改革试点，用 5 年时间在全国范围内全面取消农业税。2004 年当年全国减免农业税 234 亿元，免征农业特产税 68 亿元，2005 年全国有 28 个省宣布免征农业税，2006 年全国取消农业税。第二，农业补贴，包括种粮农民直接补贴、良种补贴和农机具购置补贴。2004 年，对种粮农民直接补贴工作在全国范围内全面推开。在实施当年全国 29 个省的直接补贴总额为 116 亿元，良种补贴 28 亿元，农机具购置各级财政补贴共 4 亿多元。第三，制定了重点粮食品种的最低收购价。2005 年该政策开始在早籼稻和中晚籼稻主产省启动，2006 年又将小麦纳入收购范围，并在六个小麦主产省实施。同时国家对化肥、农资等生产和流通环节进行监管，控制化肥、农资价格上涨。

除了这些与农业生产有关的支农惠农政策外，2002 年，党中央和国务院发布了《关于进一步加强农村卫生工作的决定》，决定在农村地区推行新型农村合作医疗制度来解决农民因病致贫、因病返贫问题，到 2007 年，新型农村合作医疗在全国农村地区的覆盖率达到了 86%（中宣部理论局，2008）。另外，实施医疗救助制度，帮助困难家庭。2007 年开始，全国农村义务教育阶段学生全部免除学杂费，对家庭经济困难学生免费提供教科书并补助寄宿生生活费。

在市场因素方面，农民自身具有较大的主动性。以家庭承包责任制为切入点的农村改革，在推动农业生产迅速发展的同时，也使大量劳动力从农业生产中分离出来。20 世纪 80～90 年代我国一些农村地区乡镇企业发展迅速。在这种情况下，农民可以“离土不离乡”，进入乡镇企业工作，获得非农劳动收入。20 世纪 90 年代中后期，由于市场竞争变得越来越激烈，乡镇企业吸纳劳动力的能力下降，农民剩余劳动力开始向外部流动，规模逐年变大。1995 年全国农村外出打工劳动力（以下简称农民工）大约为 4500 万人（李实、魏众，1999），而到了 2004 年我国农民工数量约为 1.2 亿，占农村劳动力总数的 21%（国务院研究室课题组，2006）。除了非农就业，从事二、三产业家庭经营的农民也越来越多，农村居民家庭平均每人纯收入中非农家庭经营收入的比重，1995 年为 9.11%，2006 年为 11.42%（国家统计局，2007）。农业劳动力向城镇和非农产业转移对改变城乡二元经济结构和我国走向全面小康和现代化有着重要意义。

## 三、文献综述

关于中国农村收入分配的研究文献已经相当多，本部分主要对涉及中国农村收入分配的文献做一梳理，其中要先对研究收入分配的一些方法做简要的介绍，这也是本章分析的基础。

### （一）收入分配研究方法概述

国内外的学者对收入分配做了深入的研究，提出很多可行的研究方法和符合现实的观点。这些方法集中在国内外众多的文献里，并且已经成熟，为我们利用调查数据研究我国农村收入分配和差距提供了技术支持和方法基础。这些方法涉及如何描述收入的分布，用指标来测度衡量收入不平等的程度，以及对收入不平等进行分解。当然，判断什么样的收入分配是“好”还是“坏”的方法（主要是指标）必须基于一定的道德和价值评价标准（Cowell，1998）。以是否包含价值判断来对收入分配研究方法进行分类，有实证和规范两种（Sen，1973）。前者如常用的洛伦兹曲线和基尼系数，后者如阿特金森指数。实证和规范两种测度方法之间的区别并不是十分严格（Sen，1973）。

可以将收入分配的研究方法分为图示法和指标方法。比较直观的图示有队列图（parade approach）、频数图、洛伦兹曲线、广义洛伦兹曲线。指标法中常用的收入不平等测量指标有绝对均值离差、变异系数、基尼系数等。其中，绝对均值离差、变异系数等属于统计学中的指标，而且许多指标源于图形法（万广华，2004）。如果需要进一步了解影响收入不平等的因素，仅仅依靠单一的指标远远不够，需要对收入不平等的因素进行分解。收入差距的分解一般通过三种途径进行：来源、群组、回归影响因素。满足良好性状的分解指标包括基尼系数和泰尔指数。由于基尼系数在进行人群分解时，除了产生组内差距和组间差距，还会产生交叉项，而这个交叉项的经济学含义众说纷纭（刘学良、田青，2009）。目前多用泰尔指数做人群间收入不平等的分解。基于回归的不平等分解方法可以消除按照来源和人群分解的缺陷（Fields，2002；Morduch、Sicular，2002）。通常情况下，对收入分配状况进行研究，是多角度和多种方法共同使用的结果。

### （二）研究国内收入分配常用的数据

研究收入分配，除了方法，还要有数据作支撑，否则就有很大的局限性。我国较早研究收入分配问题的学者赵人伟教授曾提出有数据支撑的实证才是真正的实证（赵人伟，2007）。就经验研究而言，数据本身的质量将影响到研究结论的质量和可信度。对于收入分配研究来说，数据的可信性和代表性更加重要。由于近年来规模性收入分配研究得到加强和深化，包含了更多个人行为信息家计调查微观数据得到许多研究人员的重视。但是具有高质量的家计调查数据需要花费较大成本才能获得，所以可使用的家计调查数据有限。通过对现有收入分配经验研究文献进行总结，所使用的数据主要来源途径有以下几种：国家统计局城市和农村调查队家计调查数据；中国社会科学院经济研究所居民收入分配课题组家计调查数据（CHIPS）；中国居民健康与营养调查数据（CHNS）；农业部固定观察点数据。除了这些规模较大的家计调查微观数据，一些文献使用了某一个省的微观调查数据（如王春超，2008）甚至县级家计调查数据（如夏庆杰、Colin Simmons，2007），不过研究结果的解释范围受到一定的限制。

鉴于微观家计调查数据难以获得，还有一些文献使用的是宏观收入数据，具体包括各种年鉴上面的加总收入数据，有《中国统计年鉴》《中国农村统计年鉴》等。实际上这些宏观加总数据也是统计局全国性的家庭调查数据进行处理所得到的（如邹薇、张芬，2006；蔡昉等，2006；薛宇峰，2005）。这些数据容易得到，并且容易进行多年连续数据长期变化趋势的研究，但是不能反映某些群体的收入情况及特征。

虽然不同文献所使用的研究方法和数据不同，但从中反映出的收入变化及其影响因素却有许多共同之处。本部分将对这些有关中国农村收入分配的经验研究文献进行梳理，这些文献主要集中在总体水平描述和影响因素分析两方面。对这些文献的总结有助于本章使用新的农村收入调查数据描述总体水平和分析影响因素。另外，也可以通过接下来的分析与以往的研究结论做比较。

### （三）农村居民收入分配及不平等：总体水平及差异

从对中国农村的收入分配体制变迁的描述可以看出，我国农村居民的收入快速增长，开始于改革开放之后。学者们多对这之后的收入分布变动总体趋势做了相关研究，基于总体收入不平等的分析，引申出不同人群、不同的收入来源等因素对不平等影响程度的大小的分析。王洪亮等（2006）研究了1983—2003年这20年间省际农民收入的不平等状况，发现省际间不平等状况呈现扩大的趋势。梁勤、米建伟（2007）使用农业部固定观察点调查数据，分别按照收入来源（分项收入）、农户所属省份、农户主业类型、农户受教育程度等特征对中国农村居民内部收入差距进行了测算及分解。中国农村居民内部收入差距在报告期的十多年中有了较大幅度的上升，总体收入差距的上升主要来自家庭经营收入的差异和外出务工收入的差异，省际差异和发达省份的内部差异，种植业与其他非种植行业之间的收入差距，种植业、工业及服务业的行业内收入差距和各教育组内部的收入差距。

### （四）农村居民收入分配及不平等：影响因素及分解

收入的产生和分配受到多种因素的影响。邹薇、张芬（2006）利用国家统计年鉴数据，按照收入来源对农村各地区的收入差异进行了分解，发现农村地区间收入差异的扩大主要来自农村地区间工资性收入的差异，工资性收入水平又与各地农民的受教育程度相关。邓曲恒（2009）较为系统地分析了教育与农村收入之间的关系。张晓辉（2001）使用1986—1999年农村固定观察点数据，建立影响基尼系数变化的模型，自变量选取人均净收入、非农产业收入占净收入份额、从集体经济获得收入占总收入比重、家庭经营收入占总收入比重、家庭土地面积、劳动力受初中以上教育的比例，因变量是各年基尼系数，进行固定效应回归。结果表明净收入和非农产业收入对基尼系数有正向影响，家庭经营收入比例、集体经济收入比例、土地面积、受初中教育以上人口比例对不平等有负向作用。万广华、周章跃、陆迁（2005）使用农业部农研中心 1995—2002 年广东、湖北、云南三省数据，对四年的收入影响因素进行了分析，并分解了各因素的贡献，结果表明，在影响农村收入差距的因素中，地理因素占较大比重，不过比重在下降；资本投入越来越导致收入不平等；劳动力比例、行业因素也导致了收入不平等；土地减少了不平等；教育、年龄和培训等人力资本因素对不平等的贡献较小。龙翠红（2008）采用湖南省农村抽样面板数据，构建了一个固定效应模型，选取变量为土地、劳动力数量、家庭成员受教育水平等，发现有家庭成员受到更好教育的农户能够迅速对市场变化做出调整，把更多的资本和劳动力投入非农活动中，因此教育为农户收入持续增加做出了突出贡献。

## 四、数据的介绍和处理

本章所使用的数据来自中国社会科学院经济研究所“构建和谐社会的公共政策选择”2004 年和 2006 年的农村住户调查（见表 11-1、表 11-2）。该调查属于家计调查微观数据，内容涵盖农村居民生产、收入、消费、积累和社会活动情况，涉及村、住户、个人。样本户来自于国家统计局常规住户调查样本框，它采取首先抽选大样本网点，然后在大样本网点中抽选小样本网点的原则，在农村范围内抽选。2004 年和 2006 年数据的抽样省份均为 10 个省、自治区、直辖市，分别是北京、山西、辽宁、江苏、安徽、湖北、广东、重庆、四川、甘肃。2004 年样本户数为 10751，样本户的家庭成员总数为 43935，户均人口为 4.09；2006 年样本户数为 10751，样本户的家庭成员总数为 43776，户均人口为 4.07。两年的户均人口与统计局公布的当年农村户均人口较接近（2004 年为 4.08，2006

年为 4.05），说明选取的省份及人口代表性较高。

**表 11-1　2004 年农村样本概览**

| 省（市） | 样本户数 | 样本人口 | 样本户均人口 | 样本人均纯收入（元） |
|---|---|---|---|---|
| 北京 | 225 | 794 | 3.53 | 6077.05 |
| 山西 | 840 | 3452 | 4.11 | 2629.36 |
| 辽宁 | 756 | 2642 | 3.49 | 3157.72 |
| 江苏 | 1360 | 5133 | 3.77 | 4704.99 |
| 安徽 | 1550 | 6334 | 4.09 | 2526.06 |
| 湖北 | 1320 | 5325 | 4.03 | 2926.41 |
| 广东 | 1280 | 6446 | 5.04 | 4132.87 |
| 重庆 | 540 | 2017 | 3.74 | 2450.75 |
| 四川 | 2160 | 8436 | 3.91 | 2440.89 |
| 甘肃 | 720 | 3356 | 4.66 | 1808.93 |
| 全部 | 10751 | 43935 | 4.09 | 3101.05 |

**表 11-2　2006 年农村样本概览**

| 省（市） | 样本户数 | 样本人口 | 样本户均人口 | 样本人均纯收入（元） |
|---|---|---|---|---|
| 北京 | 225 | 780 | 3.47 | 7668.14 |
| 山西 | 840 | 3416 | 4.07 | 3173.17 |
| 辽宁 | 756 | 2577 | 3.41 | 3862.69 |
| 江苏 | 1360 | 5109 | 3.76 | 5769.10 |
| 安徽 | 1550 | 6323 | 4.08 | 2967.34 |
| 湖北 | 1320 | 5386 | 4.08 | 3376.49 |
| 广东 | 1280 | 6402 | 5.00 | 5016.84 |

续表

| 省（市） | 样本户数 | 样本人口 | 样本户均人口 | 样本人均纯收入（元） |
|---|---|---|---|---|
| 重庆 | 540 | 1977 | 3.66 | 2861.69 |
| 四川 | 2160 | 8487 | 3.93 | 2885.74 |
| 甘肃 | 720 | 3319 | 4.61 | 2106.20 |
| 全部 | 10751 | 43776 | 4.07 | 3711.04 |

另外，两次调查所覆盖的省份完全一样，而且每个省两年样本户数相同，不仅可以对两个年份的农村居民收入情况进行分别描述，还有助于本章比较 2004 年和 2006 年间农村居民收入所发生的变化情况。所选取的 10 个省市既有东部发达省市，也有中部省市和西部经济欠发达省市，既有粮食主产区省市，也有二、三产业为主导的省市。这方便了本章从地区角度对我国农村居民的收入分配状况进行分析和比较。

### （一）收入指标的确定

衡量居民的收入不均等，明确收入的定义至关重要。使用不同的收入定义会有不同的结果。Whiteford 和 Kennedy（1994）的研究表明，衡量不平等的收入项目如果不包含非现金性的收入，特别是医疗保障、教育补助以及自有住房的租金，会降低所衡量不平等的程度。对 1995 年中国农村收入基尼系数的估算就因为不同的研究者所使用的收入定义不同而差别很大。国家统计局使用纯收入来估计农村收入的不平等，得出的基尼系数为 0.34，而卡恩和李思勤（1999）的估算为 0.416。国家统计局的纯收入定义没有包括自己生产自己消费的农产品的价值，也没有包含自有房屋的租金价值，同时对农产品价格的规定模糊不清（李实等，2008）会造成对收入差距的低估。

在收入分配的研究中，明确收入的定义至关重要。从实际需要和数据情况出发，本文采用纯收入作为衡量农村居民收入情况的指标，而不添加自有住房的租金。为了从来源上分析各种因素对纯收入的影响，将纯收入分为工资收入、家庭经营纯收入、财产性收入、转移性收入和税费支出几种。纯收入及其构成的关系见表 11-3。

**表 11-3　本章使用的纯收入及其分项收入来源**

<table>
<tr><th colspan="2">总收入</th><th>减项</th><th>纯收入</th></tr>
<tr><td rowspan="4">现金总收入</td><td>工资收入</td><td>—</td><td>工资纯收入</td></tr>
<tr><td>财产收入</td><td>—</td><td>财产纯收入</td></tr>
<tr><td>转移收入</td><td>—</td><td>转移纯收入</td></tr>
<tr><td>家庭经营现金收入</td><td rowspan="2">家庭经营费用<br>生产性固定资产折旧</td><td>家庭经营纯收入</td></tr>
<tr><td colspan="2">非现金（实物）收入</td><td>税费支出</td></tr>
</table>

### （二）从家庭纯收入到人均纯收入

通过观察现有的农村数据可以发现，我们无法直接得到每个人的收入数据，对农村的收入调查是以家庭为单位进行的，原因就在于一些家庭收入的不可分性。在家庭总收入当中，有家庭成员单独获得的收入，如外出打工收入，也有家庭所有成员共同获得的收入，还有社会再分配得到的收入。以农村居民收入中占相当比例的农业生产收入来说，农业生产工作空间广大，生产时间分散，劳动时间有较大的不确定性，这决定了农业生产需要一种灵活的、适应性强的生产方式，因此以家庭为单位的小规模经营被广泛采用。而这种经营具有单个人劳动无法体现出的规模经济性。在这种情况下，必须通过某种方法得到以个人为单位的收入数据。Cowell（1998）在其文章中提到了一种家庭收入转化为个人收入的方法，即构建一种家庭生产函数，自变量有年龄、性别、个人健康状况等。Lambert（1989）的方法是给家庭成员设定一个权重，成年劳动力的权重大，儿童的权重小，将家庭总收入依家庭成员的权重分配为个人收入。这两种方法，前者很复杂，后者较主观。简单可行并且被学者使用的方法就是用家庭收入除以家庭人口，得到家庭人均收入。将这些家庭内部成员的收入视为平均分配，是在有限的条件下采取的一种较好的选择。

### （三）2004 年收入数据的平减

本章需要对 2004 年和 2006 年的农村居民收入进行比较，并分析其变化特征，这种比较不能直接用两年的原始数值进行计算。例如，某农村居民 2004 年的年收入为 3000 元，2006 年的年收入为 3200 元。从表面上看，2006 年该居民当年得到收入比 2004 年当年得到的收入高。但实际上，收入数据提高的原因也可能是两个年份之间物价水平提高了。因此，要比较 2004—2006 年中国农村居民收入的变化情况，需要扣除物价变化因素。按照国家统计局公布的数字，以 1985 年为基期，该年消费价格指数为 100，2004 年农村居民消费价格指数为 335.6，2006 年农村居民消费价格指数为 348.1。也就是说，2004—2006 年农村消费价格指数上升了 3.72%。以此作为平减因子，得到按照 2006 年农村消费价格度量的 2004 年的实际收入。从文献中看，利用价格指数对收入进行平减来比较不同年份的收入情况这种方法比较常见（高梦滔、姚洋，2006；万广华，2006）。

## 五、中国农村居民的收入与构成变化情况

上文已经描述了收入分配研究的常用方法，并对所使用的数据进行了处理，对使用的收入指标进行了说明。下面就利用这些方法对 2004 年和 2006 年中国农村的收入和构成进行描述和分析。2004 年和 2006 年的人均纯收入及其分项收入的计算结果见表 11-4。

**表 11–4　各年农村人均纯收入**

| 项目 | 2002 年 | | 2004 年[1] | | 2006 年 | |
|---|---|---|---|---|---|---|
| | 数量（元） | 比重（%） | 数量（元） | 比重（%） | 数量（元） | 比重（%） |
| 工资性收入 | 927.92 | 33.94 | 1289.04 | 40.54 | 1708.07 | 46.17 |
| （1）非企业组织 | — | — | （146.27） | （4.60） | （180.02） | （4.87） |
| （2）本地劳动 | — | — | （499.57） | （15.71） | （695.72） | （18.80） |
| （3）外出务工 | — | — | （643.2） | （20.23） | （832.33） | （22.50） |
| 家庭经营收入（未扣税） | 1725.17 | 63.1 | 1708.18 | 53.72 | 1694.37 | 45.80 |
| 财产性收入 | 55.97 | 2.05 | 64.68 | 2.03 | 93.57 | 2.53 |
| 转移性收入 | 108.44 | 3.97 | 154.65 | 4.86 | 215.04 | 5.81 |
| 税费支出 | −83.47 | −3.05 | −36.88 | −1.16 | −11.65 | −0.31 |
| 人均纯收入 | 2734.03 | 100 | 3179.68 | 100 | 3699.40 | 100 |

注：2002 年数据来自《中国统计年鉴 2003》，根据 2006 年农村消费价格指数进行了平减。

[1] 2004 年的各项收入都按照历年全国农村消费者价格指数进行了调整，因此本文所给出的 2004 年的各项收入都以 2006 年价格度量，下同。

2004年农村居民人均纯收入为3179.68元。2006年农村人均纯收入为3699.40元，与此相对应，国家统计局公布的2004年和2006年农村居民家庭人均纯收入分别为3045.77元和3587.04元。本章所使用的数据计算出来的农村情况和国家统计局公布的数字比较接近。因此，列出了2002年的农村收入情况以便比较。

从构成上看，农村居民家庭经营收入和工资性收入是农村居民收入的主要构成部分。2002年农村家庭人均纯收入为2734.03元，其中家庭经营收入所占比重最大，为63.1%，其次是工资性收入，占33.94%。在这一年，农村税费改革已经在一些省份进行了试点，当年全国农村居民人均税费支出为83.47元。到了2004年，农村人均纯收入为3179.68元，其中非企业组织工资收入为146.27，元，本地劳动收入为499.57元，外出务工收入为643.2元，三者占当年人均纯收入的比重为40.54%。2004年家庭经营收入为1708.18元，占纯收入比重为53.72%。2004年农村居民税费支出为36.88元，税费支出有了明显的下降。2006年农村居民人均纯收入为3699.40元，其中工资性收入为1708.07元，比重为46.17%；家庭经营收入为1694.37元，比重为45.80%；财产性收入为93.57元，比重为2.53%；转移性收入为215.04元，比重为5.81%；税费支出为11.65元，占总收入的比重很小，取消农业税切实减轻了农民的负担。

从三年的收入数据可以看出一个趋势，就是人均纯收入在逐年增加，但是其内部分项收入的变化却存在不同，工资性收入一直增加，而家庭经营收入从金额和占纯收入比重看却变化不大，转移性收入和财产性收入也有所增加，税费支出在逐年减少。为了进一步说明人均纯收入及其分项收入的变化情况，本章计算了2004—2006年平均每年分项收入的增长率及在收入增加额中所占份额情况，见表11-5。

表 11-5　2004—2006 年农村居民收入增长率

| 项目 | 在收入增加额中所占份额（%） | 平均每年实际增长率（%） |
| --- | --- | --- |
| 工资性收入 | 80.61 | 15.11 |
| （1）非企业组织 | （6.49） | 10.94 |
| （2）本地劳动 | （37.73） | 18.01 |
| （3）外出务工 | （36.39） | 13.75 |
| 家庭经营收入 | −2.64 | −0.41 |
| 财产性收入 | 5.56 | 20.29 |
| 转移性收入 | 11.62 | 17.92 |
| 税费支出 | 4.85 | −43.80 |
| 人均纯收入 | 100 | 7.87 |

从表 11-5 可知，人均纯收入在 2004—2006 年平均每年的增长率为 7.87%。农村人均纯收入的增长，从结构上看，来自农村居民工资性收入、财产性收入和转移性收入的增加以及税费负担的下降；从宏观上看，则是我国这几年来经济发展和制定的一些惠农政策的结果。

家庭经营性收入有所降低，对总收入增加的贡献为负。经过改革开放以来农村经济体制的改革，农业生产率和粮食产量在 20 世纪 80 年代有了快速提高，到现在，耕地的生产潜力得到了充分释放（蔡昉、都阳、王美艳，2003）。与此同时，农村人口在不断增加，农村耕地有限、农村劳动力过剩的现实使得以农业经营收入为主的家庭经营收入很难大幅增加。

工资性收入的增长在收入增加额中所占份额最大，达到 80.61%，突出表现为本地劳动收入和外出务工收入的增长中。农民本地劳动收入（主要是在乡镇企业中的收入）在收入增加额中占

37.73%，平均每年增长率为 18.01%；外出务工收入在收入增加额中占 36.39%，年均增长率为 13.75%。在农业之外寻求增加收入的途径主要为在本地寻找非农工作机会以及向外迁移。家庭经营收入增长的放缓使得越来越多的农村居民通过非农途径增加收入。乡镇企业是为农民提供本地非农就业机会的主要阵地，据统计，2005 年乡镇企业年末就业人数为 1.4 亿人。2004—2006 年外出务工的农村剩余劳动力逐年增加，2004 年全国外出就业的农村劳动力约 1.03 亿人，占农村劳动力总数的 21%。在外出农民工中，近半数为跨省流动就业，主要是中西部省份的农村劳动力迁移至东部较发达省份（国务院研究室课题组，2006）。

农村居民的财产性收入有所增加，平均每年实际增长率为 20.29%，在全部收入增加额中占 5.56%。财产收入的来源，可以是农村居民储蓄的利息所得，也可以是出租土地的租金。随着农村居民收入的提高，他们的储蓄也相应地有所增加；另外，越来越多的外出务工人员特别是举家迁移的居民把土地转租出去。这些都导致了农村居民财产性收入的提高。

转移性收入在 2004—2006 年增长较快。原因在于国家制定了一些向农村倾斜的再分配政策，如向种粮农民发放种粮补贴、农机具购置补贴，在农村进行公共建设等。转移性收入增加额占总收入增加额的比重达到了 11.62%，仅次于本地劳动和外出务工。

农村税费改革从 2000 年在安徽省试点，2006 年在全国范围内取消。但是这并不意味着农村居民没有任何税费支出。取消农业税、农业特产税以及“三提五统”等收费之外，农村公益事业项目所需资金采取了“一事一议”的办法，需要农村居民筹资。另外，从事非农经营如家庭手工业、运输业等二三产业的农户，需要缴纳所从事行业的各种税收。在我们的调查数据中，2004 年有 41.5% 的调查家庭没有了农业税支出，但是农业税支出占总税费支出的 77.8%，其次是各项收费，占 17.5%；2006 年农村居民农业税支出几乎全部为 0，各项收费占总税费支出的 79.8%，其次是除工业建筑业之外的各项生产纳税，占 16.3%。总的来说，农村居民在 2004—2006 年的税费支出是大幅下降的。从纯收入计算公式可以看出，在其他收入不变的情况下，税费支出的减少也可以提高农村居民的纯收入。因此，反映在数据中，税费支出（主要是农业税和一些收费）的减少额在三年间纯收入增加额中所占比重为 4.85%。

从以上分析可以看出，家庭经营收入仍然是农民收入的主要组成部分，但其重要性有逐渐减弱的趋势。工资性收入特别是本地劳动收入和外出务工收入增长迅速，在 2006 年成为农民收入的最主要组成部分，所占比例达到了 46%。财产性收入和转移性收入在 2004 年以后也一直在增加，但无法成为农民收入的主要组成部分，只能作为补充。在农村开展的税费改革是卓有成效的，显著降低了农民的负担并使农民的收入相对增加。随着家庭经营收入对收入增长贡献逐渐减少，农民收入增长越来越依靠工资性收入的增加。

## 六、2004 年和 2006 年中国农村收入差距情况及影响因素

### （一）图示法描述不平等状况

**1. Pen 曲线**

图 11-1 形象地体现了 Pen 曲线的特征，即较多的矮子（收入低）和较少的巨人（收入高）组成的队列。在占人口累积比例将近 100% 时，曲线的高度（收入数额）才急剧上升。另外，2006 年的 Pen 曲线比 2004 年高，尤其在收入由低向高排序的 0.4 到 1 比例之间更为明显。这说明 2006 年的农村收入水平比 2004 年有所提高，中上等收入群体收入提高更明显。

从 Pen 曲线图可以看出两年的收入水平高低，但是无法判断其分布情况，因此需要绘制核密度曲线，其中收入被对数化。

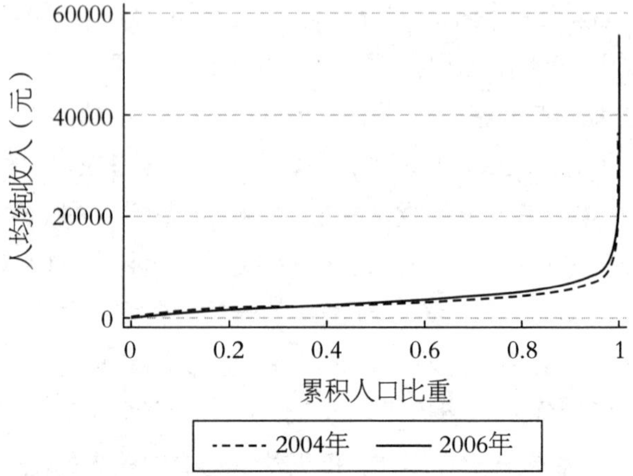

图 11-1　2004 年和 2006 年的 Pen 曲线

**2. 对数收入核密度曲线**

核密度曲线描绘了样本收入的分布形状。从对数收入核密度曲线图（见图 11-2）可以看出，2006 年的曲线相对 2004 年右移，并且峰值变低，幅度变宽，这说明 2006 年的人均收入比 2004 年提高，同时收入的分散程度也提高了，相对来说是更不平等了，下文可以用具体的指标来更加证明这一点。

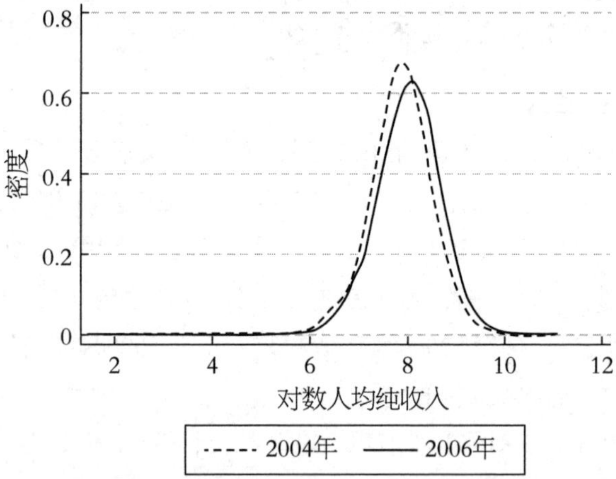

图 11-2　2004 年和 2006 年的对数收入核密度曲线

### 3. 洛伦兹曲线

2004 年的洛伦兹曲线在 2006 年的上方，但在较低人口累积份额区间 [0，0.2] 以及较高人口累积份额区间 [0.8，1] 不太明显，可能有交叉（见图 11-3）。为进一步确定 2004 年和 2006 年农村收入不平等程度的高低，需要绘制广义洛伦兹曲线，见图 11-4。

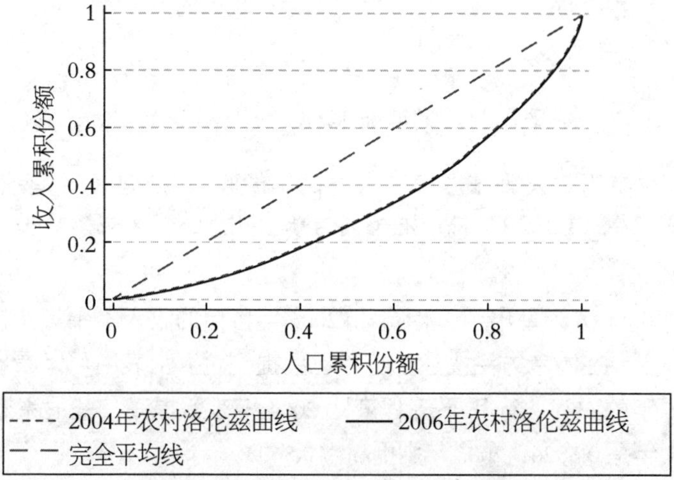


图 11-3　2004 年和 2006 年洛伦兹曲线

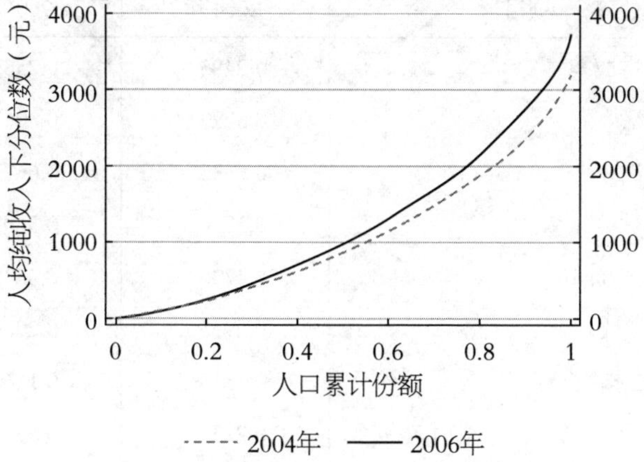


图 11-4　2004 年和 2006 年广义洛伦兹曲线

#### 4. 广义洛伦兹曲线

2006 年农村居民人均纯收入的广义洛伦兹曲线在 2004 年的上面，并且差距明显，说明 2006 年农村居民收入的不平等程度比 2004 年的高。

通过绘制各种收入分布描述曲线，我们可以得到一种判断：2004 年和 2006 年我国农村居民之间存在收入的不平等，并且 2006 年的不平等程度要更大。

### （二）不平等状况的指标描述

在使用收入分布图表来描述两年的收入分布和不平等情况之后，有必要使用一种更准确的方法来测度收入不平等的大小及变化。

表 11-6 列举出了 2004 年和 2006 年各自的收入不平等指标，这些指标在本章方法描述部分都已经提到过。从表中可以看出，2006 年的农村收入不平等程度比 2004 年有所提高，基尼系数在 2004 年是 0.3526，2006 年则提高为 0.3603。

**表 11-6 农村居民收入的不平等指数**

| 项目 | 2004 年 | 2006 年 |
|---|---|---|
| 相对平均离差 | 0.2495 | 0.2555 |
| 变异系数 | 0.8222 | 0.8065 |
| 对数标准差 | 0.6553 | 0.6677 |
| 基尼系数 | 0.3526 | 0.3603 |
| Mehran 指数 | 0.4720 | 0.4838 |
| Piesch 指数 | 0.2928 | 0.2986 |
| Kakwani 指数 | 0.1115 | 0.1166 |
| 泰尔指数（$GE(a)$，$a$=1） | 0.2251 | 0.2303 |
| 平均对数偏差（$GE(a)$，$a$=0） | 0.2100 | 0.2163 |

## （三）按来源对收入不平等进行描述和分解

由于基尼系数与变异系数和对数标准差相比不再过于关注与平均值的差值，并且没有平方这一步骤，同时在任何收入水平上，对于由富向穷的收入转移也不失其敏感性，在不平等测度中使用最广泛（徐宽，2003），下面将主要对基尼系数进行深入分析。当然，所使用的方法在前面的综述中已经提到，就是对基尼系数按照收入来源进行分解，考察各分项收入对总体不平等程度的贡献（见表 11-7）。

**表 11-7　农村居民收入不平等按来源分解**

| 来源 | 收入百分比（%） | 分项基尼系数 | 集中率 | 对基尼系数的贡献份额 | 增长 1% 对基尼系数的边际效应 |
|---|---|---|---|---|---|
| 2004 年 | | | | | |
| 工资性收入 | 40.54 | 0.6133 | 0.4292 | 49.35 | 0.0881 |
| （1）非企业组织 | 4.60 | 0.9571 | 0.6110 | （7.97） | 0.0337 |
| （2）本地劳动 | 15.71 | 0.8187 | 0.4584 | （20.43） | 0.0472 |
| （3）外出务工 | 20.23 | 0.7524 | 0.3651 | （20.95） | 0.0072 |
| 家庭经营收入 | 53.72 | 0.4600 | 0.2724 | 41.5 | −0.1222 |
| 财产性收入 | 2.03 | 0.9740 | 0.7193 | 4.15 | 0.0212 |
| 转移性收入 | 4.86 | 0.8570 | 0.3781 | 5.22 | 0.0035 |
| 税费支出 | −1.16 | −0.6883 | 0.0673 | −0.22 | 0.0094 |
| 农村收入总额 | 100 | 0.3526 | 0.3526 | 100 | |
| 2006 年 | | | | | |
| 工资性收入 | 46.17 | 0.5635 | 0.3929 | 50.35 | 0.0418 |
| （1）非企业组织 | 4.87 | 0.9525 | 0.6103 | （8.24） | 0.0338 |
| （2）本地劳动 | 18.81 | 0.7832 | 0.4296 | （22.42） | 0.0361 |
| （3）外出务工 | 22.50 | 0.7153 | 0.3153 | （19.68） | −0.0281 |

续表

| 来源 | 收入百分比（%） | 分项基尼系数 | 集中率 | 对基尼系数的贡献份额 | 增长1%对基尼系数的边际效应 |
|---|---|---|---|---|---|
| 2006年 | | | | | |
| 家庭经营收入 | 45.80 | 0.5261 | 0.3083 | 39.19 | −0.0661 |
| 财产性收入 | 2.53 | 0.9647 | 0.7131 | 5.01 | 0.0248 |
| 转移性收入 | 5.81 | 0.8196 | 0.3363 | 5.42 | −0.0039 |
| 税费支出 | −0.31 | −0.9627 | −0.0323 | 0.03 | 0.0034 |
| 农村收入总额 | 100 | 0.3603 | 0.3603 | 100 | |

2004年的农村基尼系数为0.3526。如果分项收入的集中率大于总收入的基尼系数，该分项收入就起着扩大收入差距的作用，反之，就起着缩小收入差距的作用。从2004年农村收入的分项分解来看，由于工资性收入在总收入中占较高的份额，以及其集中率也高于总收入的基尼系数，这些导致了工资性收入对基尼系数占了最大的贡献份额，工资性收入增长1%对基尼系数的边际效应在所有分项收入中也是最高的。在工资性收入内部进行比较，虽然外出务工收入在工资性收入中所占比重最大，但是其集中率远远低于在本地企业获得的收入以及非企业组织获得的收入的集中率，因此，外出务工收入增长1%对基尼系数的边际效应也小于本地企业务工收入和非企业组织获得的收入。非企业组织的收入主要是乡村教师收入和村干部收入等，这两种职业在农村有进入门槛，因此，这项收入起到了扩大收入差距的作用。家庭经营收入在总收入中所占份额最大，由于其集中率小于总收入的基尼系数，因此它对总收入的不平等分布的贡献率小于其所占的份额，并且对基尼系数的边际效应为负。家庭经营收入有较强的均等化作用。财产性收入的集中率在所有分项收入中最大，但对基尼系数的贡献份额却由于其在总收入中的比例较低而不是太大。转移性收入对基尼系数的贡献份额是

5.22%。税费支出的集中率小于总体基尼系数，说明税费支出有较强的累退性。

2006 年农村基尼系数为 0.3603。工资性收入对基尼系数的贡献份额最大，达到了 50.35%，其次是家庭经营收入，为 39.19%。其中工资性收入中的外出务工收入、家庭经营收入和转移性收入的集中率都小于总体基尼系数，说明这几项起到了缩小收入差距的作用。

比较 2004 年和 2006 年两年的收入差距变化情况，基尼系数在提高。从分项收入的变化来看，工资性收入对基尼系数的贡献份额在提高。但是，从三种不同的工资性收入来看，从非企业组织获得的收入以及在本地企业获得的收入对基尼系数的贡献在增加，而外出务工收入对基尼系数的贡献在下降，并且增长 1% 对基尼系数的边际效应由正变负，说明农村居民外出务工降低了农村收入的不平等程度。家庭经营性收入对基尼系数的贡献份额在下降。财产性收入在比重上以及集中率上面有所增加，这使得其贡献率也从 4.15% 提高为 5.01%。转移性收入在总收入中的比例由 4.86% 提高为 5.81%，集中率由 0.3781 降为 0.3363，两者相互作用，使得其在基尼系数中的贡献份额变化不大，但是增加 1% 对基尼系数的边际效应由正变负。变化明显的就是其中的税费支出，集中率由 2004 年的 0.0673 变为 2006 年的 −0.0323，对基尼系数的贡献由 −0.22 变为 0.03。那么，不同分项收入对基尼系数影响的相对效果到底怎么样呢？我们需要采用一种方法对基尼系数的变动进行分解。

### （四）收入不平等变动的分解分析

从上面的分析可以看到，2004—2006 年，我国农村的收入不平等程度在增加。由于本章使用的数据是两年混合截面数据，并非面板数据，所以不能对 2004 年和 2006 年的数据运用 Jenkins 和 Kerm（2006）提出的一种分解基尼系数变动的方法。在 Jenkins 和 Kerm

（2006）的方法中，两个时期的收入不平等被分解成两部分：一部分是收入增长，起到的作用是减贫（pro-poor）；另外一部分是收入重排（reranking），起到的作用是收入流动。万广华（2006）曾提出将两个不同年份基尼系数的变化分解成三大部分：由收入比重变化引起的基尼系数上升或下降，简称结构性效应；由收入集中程度的变化引起的基尼系数的上升或下降，简称收入集中效应；由收入比重和收入集中程度变化共同引起的基尼系数的上升或下降，简称综合效应。这里根据万广华（2006）提出的这种方法对中国农村 2004—2006 年基尼系数的变化进行分解。为了能明显体现出各部分的影响效果，表中的数值均进行了相对处理，即同除以两年基尼系数的变动值，得到各部分对基尼系数变动的百分比，结果见表 11-8。

**表 11-8　农村基尼系数变化的分解结果（2004—2006 年）**

单位：%

| 项目 | 结构效应 | 集中效应 | 综合效应 | 合计 |
|---|---|---|---|---|
| 非企业组织工资性收入 | 21.03 | −0.41 | −0.02 | 20.59 |
| （1）本地劳动收入 | 181.17 | −57.68 | −11.38 | 112.1 |
| （2）外出务工收入 | 105.66 | −128.44 | −14.41 | −37.19 |
| 家庭经营收入 | −275.06 | 245.87 | −36.25 | −65.42 |
| 财产性收入 | 45.85 | −1.6 | −0.39 | 43.85 |
| 转移性收入 | 45.79 | −25.9 | −5.06 | 14.83 |
| 税费支出 | 7.29 | 14.73 | −10.79 | 11.23 |
| 总效应 | 131.76 | 46.56 | −78.32 | 100 |

从表 11-8 可知，非企业组织工资性收入对基尼系数变化所起的作用主要体现在结构效应上面，也就是收入比重的变化，在其集中率保持 2004 年的水平不变情况下，相对份额的增加解释了总收入

差距扩大幅度的 21.03%。本地劳动收入的结构效应为 181.17%，集中效应为 −57.68%，综合效应为 −11.38%，三者共同作用，结构效应起主导，这使得本地劳动收入在收入差距提高上面起到了很大的作用，达到了 112.1%。外出务工收入期的作用主要体现在集中效应（−128.44%）上面，在保持 2004 年外出务工收入结构比例不变情况下，分布差距的缩小即集中率的降低（由 2004 年的 0.3651 变为 2006 年的 0.3153），再加上外出打工收入的相对份额和分布变化的共同影响解释了剩余的 −14.41%，三个部分的效应综合起来，外出务工收入在基尼系数提高的作用上面是负的。另外起负作用的是家庭经营性收入，虽然其集中率上升，但是其份额的下降所起的作用超过了集中率的上升，总的看来，家庭经营收入解释了基尼系数变化的 −65.42%。财产性收入、转移性收入和税费支出的作用都是扩大了收入差距。

### （五）按人群对收入不平等进行描述和分解

从本章第二部分的文献综述中可以了解到，对收入不平等的分解，可以从来源和人群两个角度进行分析。本部分将按照区域等因素对中国农村的收入分配情况做出描述。

样本共有 10 个省（市），根据地区划分标准，东部、中部、西部的样本户数、人数、户均人口和人均纯收入见表 11−9。2004 年和 2006 年，人均收入水平都是东部省区最高，中部次之，西部最低。两年间，东部省区农村居民的收入增长速度也最快。

要进行收入差距的分组分解，常用的指标是泰尔指数。表 11−10 就是按照身份和地区对表示收入不平等的泰尔指数进行分解后的结果。可见，从省际比较来看，省间的收入差距构成了总体收入差距的主要来源；从地区之间比较来看，东部、中部、西部之间的差距明显要大于三者内部的差距。但从演进形态来看，2004—2006 年，组间的差距贡献程度有所减少，组内差距的贡献程度开始增加。

表 11-9　农村居民收入地区差异

| 区域 | 所含省份 | 户数 | | 人数 | | 户均人口（人） | | 人均纯收入（元） | | |
|---|---|---|---|---|---|---|---|---|---|---|
| | | 2004 年 | 2006 年 | 2004 年 | 2006 年 | 2004 年 | 2006 年 | 2004 年 | 2006 年 | 年均增长率 |
| 东部 | 北京、辽宁、江苏、广东 | 3621 | 3621 | 15035 | 14868 | 4.15 | 4.11 | 4229 | 5203.9 | 10.9% |
| 中部 | 山西、安徽、湖北 | 3710 | 3710 | 15111 | 15125 | 4.07 | 4.08 | 2646 | 3144.5 | 9% |
| 西部 | 重庆、四川、甘肃 | 3420 | 3420 | 13809 | 13783 | 4.04 | 4.03 | 2657 | 2685.2 | 0.5% |

表 11-10　农村居民收入地区差距的分解

| 项目 | 2004 年 | | | 2006 年 | | |
|---|---|---|---|---|---|---|
| | 总数 | 组间 | 组内 | 总数 | 组间 | 组内 |
| 省份 | 0.22209 | 0.17560 | 0.04648 | 0.22631 | 0.17545 | 0.05086 |
| 地区 | 0.22209 | 0.18432 | 0.03777 | 0.22631 | 0.18379 | 0.04252 |

东部、中部、西部农村居民人均纯收入的年均增长率存在的明显差距，导致了东部、中部、西部地区间的收入差距对总体收入差距的贡献最大，如 2004 年地区间的收入差距可以解释总体收入差距的 83.0%，2006 年地区间收入差距的解释力度为 81.2%。从省份来看，省与省之间的收入差距也构成了总体收入差距的主要原因。因此，降低收入不平等，也需要从区域间协调统筹的角度出发。

## 七、总结

经济增长是所有国家追求的目标，而收入分配和经济增长的关系是宏观经济领域的一个重要问题。库兹涅茨于 1955 年提出了经济增长与收入分配不平等呈现倒“U”形关系的假说，他认为，如果两个部门之间的不平等远远超过各个部门内部的不平等时，不平等首先会上升，然后随着人们跨部门之间的流动，在各部门之间的流动收益区域相等的情况下，收入分配不平等会逐步下降。后来的许多研究都围绕着证实或者证伪这个假说而展开，Alesina 和 Rodrik（1994）使用多国数据，对初始收入不平等指标和 5 年平均人均增长率进行回归，结果显示收入的不平等同此后的经济增长有反向相关关系。陆铭、陈钊、万广华（2005）对中国的研究发现，收入差距对经济增长的间接影响主要来自投资的渠道，收入差距对投资的长期累积影响为负，从累积效应看，收入差距对经济增长呈现出负的影响。因此，收入不平等对经济增长不利，忽视了收入差距，在长期会影响经济增长，从而不利于社会的每一个成员。尹恒、龚六堂、邹恒甫（2005）对收入影响经济增长的文献做了一个很好的综述，还通过构建一个政治经济模型，证明了收入分配不平等和经济增长间存在一定程度的库兹涅茨倒“U”形关系。良好的经济政治制度设计下，经济增长也会带来收入水平的提高和不平等的改善。我国处在改革的攻坚时期，收入差距大的问题所导致的各种社会矛盾也不容忽视。建设和谐社会，农村的发展和稳定是关键的环节。根据本章的分析，以下几个方面应该是未来政策的着眼点。

2008年《世界发展报告》（世界银行，2008）指出发展农业是实现到2015年将全球低收入和饥饿人口减少一半这一千年发展目标的重要途径。根据发展阶段，国家可以分为传统农业国、转型中国家和已工业化国家。中国正处在转型时期，向工业化迈进，农业已经不再是经济增长的主要源泉，但绝大多数低收入人口滞留在农村。即使在未来几十年，农村人口大量向城市迁移，但农村低收入人口仍将存在。报告同时指出，既不能依靠农业补贴，也不能依靠农业保护来减少农村低收入人口，需要寻求农村改善的多种路径，如扶植高附加值农业，发展农村非农产业，促进人口的城市化等。因此，政策制定需要注意在资金、技术、市场信息等方面大力扶持农村地区的农业产业化经营，开发有优质的种植业种类，鼓励发展经济作物的种植以及养殖业。同时，发挥农村合作组织的作用。经济作物种植业和养殖业的专业化和市场化，虽然提高了生产效率，却不可避免地承受了较大的市场风险。农村经济合作组织可以在降低经营风险方面起到良好的支持作用。

单纯地依靠农业无法有效地提升农村地区居民的收入水平，应当因地制宜地鼓励农村居民发展非农产业和从事非农就业，提高非农收入在居民收入当中的比重。一方面利用财政、金融等调控杠杆，鼓励农村居民通过获得商业贷款等措施，扩大非农就业机会和非农经营，提高非农收入。另一方面，非农就业受到个人的人力资本水平高低的重要影响，特别是受教育程度和接受培训情况。因此，可以有规模地对农村居民提供切实有效的就业指导和培训。提高农村地区居民的人力资本，有序引导劳动力外出务工。需要注重劳动力技能培训，建立政府引导与市场运作相结合、强化培训与转移输出相结合、学校订单培训与企业定向接收相结合的劳动力转移培训机制。

最后应当说明本章在数据和方法上存在的限制。在评价分配不均等的指标选取上，一些学者主张应采用消费数据来估计不平等程度并且已经使用消费数据做出了许多研究成果。他们认为以当期收入作为福利状况的代理变量存在几个较为严重的不足，他们从持久性收入和消费平滑两个方面对此做出了解释。如果当期收入的变动有相当大部分是由于收入的暂时性变动，而非永久性变动，当期收入的变动就不能很好地反映个人的福利状况变化。另外，如果存在一个较发达的正式或非正式的信贷市场，那么个人可以通过借贷行为来平滑消费。基于这些原因，对当期收入指标的一个比较好的替代是当期消费指标。另外，使用面板数据来考察农村收入流动性也应该是下一步研究的方向。

**参考文献**

[1] 森 . 以自由看待发展 [M]. 任赜，于真，译 . 北京：中国人民大学出版社，2002.

[2]《构建社会主义和谐社会若干重大问题解析》编写组 . 构建社会主义和谐社会若干重大问题解析 [M]. 北京：中共党史出版社，2006.

[3] 蔡昉，王德文，都阳，等 . 农村发展与增加农民收入 [M]. 北京：中国劳动社会保障出版社，2006.

[4] 蔡昉，都阳，王美艳 . 劳动力流动的政治经济学 [M]. 上海：上海三联书店，上海人民出版社，2003.

[5] 邓曲恒 . 教育、收入增长与收入差距 [M]. 上海：格致出版社，2009.

[6] 高梦滔，姚洋 . 农户收入差距的微观基础：物质资本还是人力资本？ [J]. 经济研究，2006（12）.

[7] 国家统计局 . 中国统计年鉴（历年）[M]. 北京：中国统计出版社，历年 .

[8] 国务院研究室课题组 . 中国农民工调研报告 [M]. 北京：中国言实出版社，2006.

[9] 韩俊．中国农村政策调查报告Ⅱ [M]．上海：上海远东出版社，2008.

[10] 李成瑞．关于中国近几年的经济政策对居民收入和消费状况影响的统计报告 [J]．统计研究，1986（1）.

[11] 李实，魏众．中国农村劳动力流动与收入分配 [M]// 赵人伟，李实，李思勤．中国居民收入分配再研究．北京：中国财政经济出版社，1999.

[12] 李实，史泰丽，古斯塔夫森．中国居民收入分配研究Ⅲ [M]．北京：北京师范大学出版社，2008.

[13] 李实，赵人伟．中国居民收入差距的扩大及其原因 [J]．经济研究，1997（9）.

[14] 李实，赵人伟．市场化改革与收入差距扩大 [J]．洪范评论，2007（3）.

[15] 梁勤，米建伟．中国农村居民内部收入差距：演变、分解及影响因素 [J]．中国农业经济评论，2007（3）.

[16] 刘学良，田青．关于基尼系数按群组分解的进一步研究 [J]．数量经济技术经济研究，2009（10）.

[17] 龙翠红．教育、配置效应与农户收入增长 [J]．中国农村经济，2008（9）.

[18] 陆铭，陈钊，万广华．因患寡，而患不均：中国的收入差距、投资、教育和增长的相互影响 [J]．经济研究，2005（12）.

[19] 任才方，程学斌．从城镇居民收入看分配差距 [J]．经济研究参考资料，1996（157）.

[20] 世界银行．世界发展报告：以农业促发展 [M]．北京：清华大学出版社，2008.

[21] 万广华．收入分配的度量与分解：一个对于研究方法的评介 [J]．世界经济文汇，2004（1）.

[22] 万广华．经济发展与收入不平等：方法和证据 [M]．上海：上海三联书店，2006.

[23] 万广华，周章跃，陆迁 . 中国农村收入不平等：运用农户数据的回归分解 [J]. 中国农村经济，2005（5）.

[24] 王洪亮，徐翔，孙国锋 . 我国省际间农民收入不平等与收入变动分析 [J]. 农业经济问题，2006（3）.

[25] 夏庆杰，SIMMONS C. 农村劳动力从业多元化及收入非农户化 [J]. 中国劳动经济学，2007（4）.

[26] 徐宽 . 基尼系数的研究文献在过去八十年是如何拓展的 [J]. 经济学（季刊），2003（4）.

[27] 薛宇峰 . 中国农村收入分配的不平等及其地区差异 [J]. 中国农村经济，2005（5）.

[28] 杨春学 . 对和谐社会的政治经济学思考 [J]. 民主与科学，2007（1）.

[29] 尹恒，龚六堂，邹恒甫 . 收入分配不平等与经济增长：回到库兹涅茨假说 [J]. 经济研究，2005（4）.

[30] 曾培炎 . 2003 年中国国民经济和社会发展报告 [M]. 北京：中国计划出版社，2003.

[31] 张晓辉 . 中国农村居民收入分配实证描述及变化分析 [J]. 中国农村经济，2001（6）.

[32] 赵人伟 . 紫竹探真：收入分配及其他 [M]. 上海：上海远东出版社，2007.

[33] 中宣部理论局 . 理论热点面对面 [M]. 北京：学习出版社，2008.

[34] 周黎安，陈烨 . 中国农村税费改革的政策效果：基于双重差分模型的估计 [J]. 经济研究，2005（8）.

[35] 邹薇，张芬 . 农村地区收入差异与人力资本积累 [J]. 中国社会科学，2006（2）.

[36] ALESINA A，RODRIK D. Distribution Politics and Economic Growth [J]. Quarterly Journal of Economics，1994（109）.

[37] COWELL F A. Measurement of Inequality [M] //ATKINSON

A B，BOURGUIGNON F. Handbook of Income Distribution. Amsterdam：North-Holland，1998.

[38]FIELDS G S. Distribution and Development：A New Look at the Developing World[M]. Cambridge：The MIT Press，2002.

[39]MORDUCH J，SICULAR T. Rethinking Inequality Decomposition，with Evidence from Rural China[J]. Economic Journal，Royal Economic Society，2002，112（476）：93-106.

[40]LAMBERT P J. The Distribution and Redistribution of Income[J]. Oxford：Basil Blackwell，1989.

[41]SEN A. On Economic Inequality[M]. OUP Catalogue New York：Oxford University Press，1973.

[42]JENKINS S P，VAN KERM P. Trends in Income Inequality，Pro-poor Income Growth，and Income Mobility[G]// Oxford Economic Papers：2006，58（3）. Oxford University Press，2006：531-548.

[43]WHITEFORD P，KENNEDY S. The Incomes and Living Standards of Older People[R]. York：Social Policy Research Unit（University of York），1994.

[44]MENG Xin.Labor Market Reform in China[M]. Cambridge：Cambridge University Press，2000.

（本章作者：何伟）

# 第十二章　农村贫困的动态变化

【内容提要】根据2007年和2008年住户追踪调查数据，本章描述了两个年份的农村贫困状况及其变动特征。从两个年份的贫困发生率来看，两年一直陷入贫困状态的家庭比例相对较低，但贫困类型结构也会受到贫困标准的影响。贫困标准提高，则两年贫困在总体贫困中的比重将有较大幅度的上升。从收入结构的描述中可以发现，包括外出务工收入在内的工资性收入增长对于农户脱离贫困状态具有重要的贡献，经营收入的波动是住户陷入贫困状态的重要因素。通过对外出行为的内生性处理，本章发现外出务工对于农村贫困具有显著的影响。外出户陷入贫困的可能性明显低一些，同时也是贫困状态转换的重要因素。外出与贫困可能性之间的关系受到贫困标准的影响。贫困标准越低，外出的贫困减缓效应越明显。此外，本章还发现家庭健康状况也具有十分显著的影响。家庭不健康的成员数量及其变化对贫困发生率及其转换具有显著的影响。

【关键词】外出务工　农村贫困　动态变化

## 一、引言

在我国经济的快速发展过程中，农村贫困有了大幅度的下降。根据官方的统计数据，1978年农村贫困发生率为30%，而2008年则降至 4.2%。[1] 一些研究认为官方提出的贫困线过低，不过如果采用更高的贫困标准，尽管会导致不同年份贫困指标的上升，但贫困减缓的总体趋势依然存在。Chen 和 Ravallion（2004）以 2002 年家庭人均年收入 850 元作为贫困标准，发现农村贫困率从 1980 年的 52.84% 下降至 2001 年的 7.97%，历年贫困率都会高于官方结果，但贫困减缓的趋势更为明显。2005 年，世界银行国际比较项目（ICP）调整了中国的货币购买力平价，新估计的货币购买力平价为 3.46，[2] 此前为 1993 年估计的 1.42。以一天一美元为贫困标准，依照新的购买力平价，Chen 和 Ravallion（2008）的估计结果显示，农村消费贫困率从 1981 年的 83.8% 下降至 2005 年的 15.6%，收入贫困率从 1981 年的 81.6% 下降至 2005 年的 10.4%；而根据原有的购买力平价，同一时期中的消费贫困率从 63.8% 下降至 5.5%，收入贫困率从 62.3% 下降至 5.4%。因此，贫困标准的选择与调整都没有改变中国农村贫困发生率急剧下降的基本特征。

对于贫困大幅减缓的原因，多数研究都遵照了 Bourguignon（2004）所概括的“经济增长—收入差距—贫困变动”三角的分析框架，即将不同时点上的贫困状况变动分解为经济增长和收入差距两个影响因素，讨论经济增长和收入差距变动对于贫困变动所具有的不同效应。这也符合改革过程中中国农村经济发展的基本特征：经济增长和收入差距扩张同时并存。Datt 和 Ravallion（1992）与 Kakwani 和 Pernia（2000）分别给出了将贫困变动分解为增长效

---

❶ 2008 年中国政府上调了贫困线，使得贫困发生率有所上升。依照原有的贫困标准，2007 年的贫困线为 785 元，贫困发生率已经降至 1.6%，贫困人口为 479 万。按照农村消费价格指数折算，相当于 2008 年的 836 元。2008 年贫困线提高至 1196 元，当年的贫困发生率上升至 4.2%，贫困人口为 4007 万。各年农村贫困线及贫困发生率可参见历年《中国统计摘要》。

❷ 如果不包括政府消费则为 4.09。

应和差距效应的不同方法。在针对中国农村贫困变动的研究中，尽管不同学者对这两种分解方式有不同的偏好，但所得到的结论都是一致的，即经济增长大幅度减少了贫困，但收入差距扩大抵消了部分经济增长的减贫效应。基于住户调查数据的研究者包括魏众和别雍·古斯塔夫森（1999）、陈绍华和王燕（2001）、万广华和张茵（2006）、杜凤莲和孙婧芳（2009）等。

不同时期贫困率的变化并不能细致地刻画贫困的动态特征。在贫困动态研究中，更为值得关注的问题是，对于特定的家庭或个人来说，贫困是短期的还是长期的？贫困家庭是否持续地处于贫困状态？哪些因素可能有利于贫困家庭脱贫？哪些非贫困户又易于陷入贫困状态？等等。在讨论中国贫困的众多研究文献中，类似的主题仍较少被关注。Jalan 和 Ravallion（1998，2000）利用广东、广西、贵州和云南四省的面板数据，讨论了农村贫困中的暂时性贫困与持久性贫困构成以及影响因素差异，发现四省暂时性贫困占总体贫困的 49.39%。但省份之间具有较大的差异性，如广东的农村贫困中 84.21% 是暂时性贫困，而贵州则只有 42.80%。岳希明等（2007）发现国定贫困县中，暂时性收入贫困占总体贫困的比例达 91.34%（贫困线为 2000 年人均年收入 625 元）或 76.86%（贫困线为 2000 年人均年收入 874 元），并讨论了各因素对这两类贫困的不同影响。Duclos 等（2010）对总体贫困分解为暂时性贫困与持久性贫困提供了一种新的分解方法，发现中国农村暂时性贫困占总体贫困的比例达 75%。总体上说，在关于贫困动态的研究中，大多认为农村贫困中暂时性贫困占主导，大部分家庭陷入贫困是由暂时性的外生冲击造成的。

在贫困的动态转换中，还值得注意的是，哪些因素可能有利于贫困家庭脱贫，哪些非贫困户又易于陷入贫困状态等问题。这类问题在暂时性贫困与持久性贫困的研究文献中通常也没有直接回答。本章试图根据最新搜集得到的相邻年份（2007 年和 2008 年）的面板数据，考察中国农村贫困的变动特征，即在相邻年份贫困状态的转换及其影响因素。相对于已有的研究，本章的关注重点不在于经济增长和收入分配对于不同时点贫困状况的影响，也不是家庭是否陷入持久贫困或暂时贫困状态，而是前一年度中处于贫困状态的家庭，有多大的可能脱离贫困，有利于脱贫的因素是什么；前一年度中处于非贫困状态的家庭，又有多大的可能陷入贫困，哪些家庭更容易陷入贫困等。

本章其余部分的结构为：第二部分介绍所使用的调查数据，并对收入分布状况以及贫困指标进行描述；第三部分是对不同住户特征与贫困状态转换之间关系的描述性分析；第四部分利用双变量 Probit 模型，对两个年份贫困状态的影响因素进行计量分析，并讨论在给定前一年（2007 年）的贫困状态下，相关因素是如何影响下一年（2008 年）的贫困状态的；第五部分是本章的总结。

## 二、数据与描述

本章所使用数据来自于中国城乡劳动力流动调查（Rural-urban Migration in China，RUMIC）在 2007 年和 2008 年针对 9 个农村省份所做的农村住户调查，这 9 个省份（直辖市）包括河北、江苏、上海、安徽、河南、湖北、广东、重庆和四川。[1]调查的住户样本来自国家统计局的常规住户调查，但本次调查的个人与国家统计局的常规调查有所差异。在 RUMIC 调查中，家庭成员对象不仅包括户籍人口，还包括非户籍常住人口。样本抽取以及入户访谈都由国家统计局系统协助完成，调查问卷由中外有关学者共同设计。2007 年的调查是在 2008 年的 3 月份进行的，2008 年的调查是在 2009 年的 7 月份左右完成的。该项目的直接目的在于探讨中国农村劳动力转移及其对城乡社会经济状况的影响，调查中详尽地包括了家庭特

[1] 选择这些调查省份的原因在于它们是劳动力流入和流出数量最大的省份。这种样本选取方式可能会在某种程度上影响分析结论。

征、个人社会经济活动以及社会联系等方面的信息。其中，家庭的收入与支出信息直接过录自国家统计局的住户调查信息。按照农村住户调查的方案设计，住户收入和支出信息是由家庭日记账生成的；对于外出务工经商成员，也要求将一定时期内的收支情况概要记入家庭收入和支出。

每年计划调查的农村住户数量在 8000 户左右。住户以及个人在不同省份间的数量分布可见表 12-1。由于本次调查试图建立起对相关住户或个体的跟踪观测，表 12-1 也描述了两年调查样本的匹配情况。两年都调查过的住户数量为 7948 户，2007 年有 53 户漏出，2008 年新补充进入的有 49 户。[1] 从个人来看，一共有 31526 个人是两年调查中的跟踪观测样本，2007 年有 292 人漏出，2008 年新增 670 人。从住户来看，样本保有率[2] 为 99.37%；从个人来看，样本保有率为 98.50%。因此，样本流失并不是一个严重的问题，具有较好的追踪效果。

根据两年调查中都包括的住户数据，表 12-2 给出了收入水平及其分布特征的基本描述，两年人均收入对数的核密度估计如图 12-1 所示。2007 年收入水平已经按农村消费价格指数调整至 2008 年价格水平。这里的收入指的是农村居民人均纯收入，根据过录得到的家庭纯收入除以家庭常住人口数得到，然后以此均值赋予家庭中的每一位成员。根据农村住户调查方案，该收入包括实物收入和自我消费折算，但不包括自有住房估算租金。在所调查的两个年份

[1] 漏出和新增的住户指的是这一家庭中所有成员都只出现在一个调查年份中。如果某住户中有家庭成员在两个年份中都接受过调查，则认为该户是两年都调查的，尽管此时并不是所有的成员都是在两年中完全一致的。不同年份的数据合并不完全依赖于住户编码，同时对照了调查者的姓名和出生日期等信息。

[2] 计算方式为：两年都包括的样本 /[ 两年都包括的样本 +（漏出 + 新增）/2]。

间，人均收入从 2007 年的 5339.31 元上升到 2008 年的 5691.91 元，年实际增长率为 6.6%。两年的收入水平具有较强的相关性，相关系数与斯皮尔曼等级相关系数（spearman rank correlation）分别为 0.6497 和 0.6808，都在 1% 的水平下显著。从图 12-1 中可以看出，两个年份的收入分布具有非常强的重合性，2008 年的分布曲线略为向右平移，表明收入水平有所增长，但分布的不均等性并没有明显的改变。

**表 12-1　调查样本的省份分布及两年的合并状况**

| 省份 | 住户 | | | 个人 | | |
|---|---|---|---|---|---|---|
| | 仅 2007 年 | 仅 2008 年 | 两年调查 | 仅 2007 年 | 仅 2008 年 | 两年调查 |
| 河北 | 3 | 3 | 497 | 12 | 25 | 1815 |
| 江苏 | 0 | 0 | 1000 | 8 | 23 | 3706 |
| 浙江 | 6 | 5 | 994 | 32 | 73 | 3394 |
| 安徽 | 20 | 20 | 880 | 86 | 146 | 3598 |
| 河南 | 2 | 2 | 998 | 26 | 68 | 4076 |
| 湖北 | 5 | 5 | 995 | 35 | 92 | 3991 |
| 广东 | 17 | 14 | 984 | 83 | 163 | 5007 |
| 重庆 | 0 | 0 | 500 | 0 | 3 | 1782 |
| 四川 | 0 | 0 | 1100 | 10 | 77 | 4157 |
| 合计 | 53 | 49 | 7948 | 292 | 670 | 31526 |

**表 12-2　收入水平及分布特征**

| 项目 | 2007 年 | 2008 年 |
|---|---|---|
| 均值 | 5339.31 元 | 5691.91 元 |
| 相关系数 | 0.6497 | |

续表

| 项目 | 2007 年 | 2008 年 |
| --- | --- | --- |
| 斯皮尔曼等级相关系数 | 0.6808 | |
| 百分位数：1% | 742.04 元 | 760.85 元 |
| 5% | 1512.75 元 | 1600.59 元 |
| 10% | 1969.78 元 | 2098.76 元 |
| 25% | 2854.10 元 | 3084.79 元 |
| 50% | 4266.16 元 | 4586.51 元 |
| 75% | 6425.21 元 | 6992.34 元 |
| 90% | 9603.28 元 | 10412.88 元 |
| 95% | 12443.88 元 | 13230.00 元 |
| 99% | 21768.02 元 | 21870.19 元 |
| 不均等指数 | | |
| 相对平均离差 | 0.2553 | 0.2540 |
| 变异系数 | 0.8373 | 0.7857 |
| 对数标准差 | 0.6480 | 0.6575 |
| 基尼系数 | 0.3593 | 0.3568 |
| Mehran 指数 | 0.4776 | 0.4786 |
| Piesch 指数 | 0.3002 | 0.2960 |
| Kakwani 指数 | 0.1156 | 0.1155 |
| 泰尔指数（*GE*（*a*），*a*=1） | 0.2300 | 0.2181 |
| 平均对数离差（*GE*（*a*），*a*=0） | 0.2158 | 0.2130 |
| Entropy 指数（*GE*（*a*），*a*=1） | 0.2499 | 0.2285 |

注：所使用的样本为两年调查中都包括的住户。

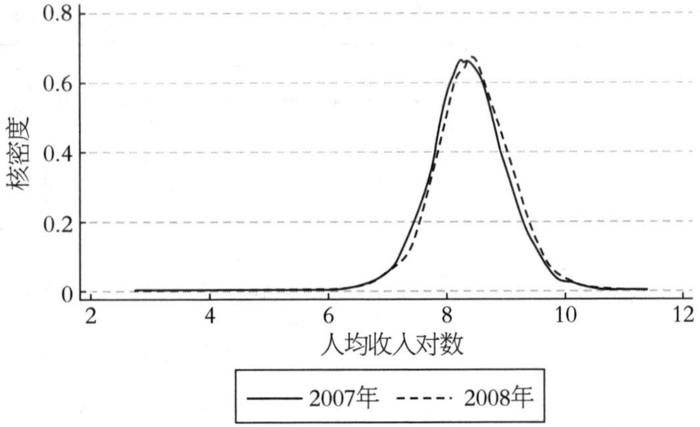


**图 12-1　人均收入对数的核密度估计**

两年收入数据分布特征的变动特征既可以通过图 12-1 来反映，也可以从表 12-2 中各百分位数的收入水平变动以及两个年份的不均等指数中反映。根据表 12-1 中两年不同百分位数的收入水平，图 12-2 给出了不同百分位数上的收入增长率。非常有意思的现象是，两年收入分布两端的增长率都非常低，如最低的 1% 分位数上，收入增长率略高于 2%；而在最高的 99% 分位数上，收入增长率不到 1%，几乎没有增长。增长率比较高的是 75% 分位数。这一增长特征意味着两年间的收入差距不会有明显的变动。从不均等指数中

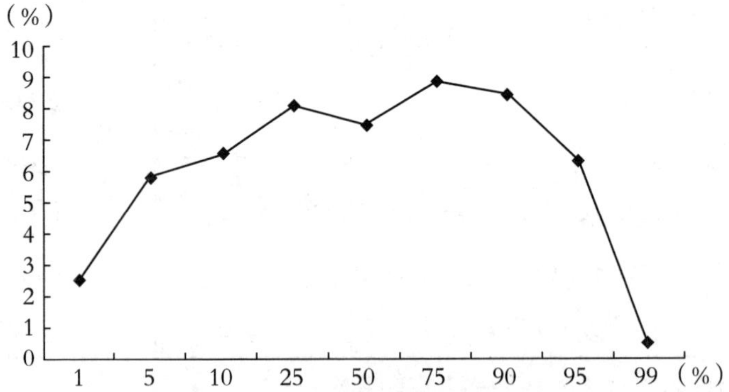


**图 12-2　不同百分位数的收入增长率**

可以看出，两年的各不均等指数并没有明显的差异。如广为熟知的基尼系数，在 2007 年和 2008 年分别为 0.3593、0.3568。

收入流动性关注的是所有人群的相对收入变化，贫困流动所关注的则是低收入人群的状态改变。图 12-3 和图 12-4 描述了两个年份低收入人群的转换特征。图 12-3 给出的是 2007 年收入最低的 10% 人群在 2008 年各收入组的分布，从中可以看出，其中 40% 的人群仍处在最低 10% 的位置；图 12-4 给出的是 2008 年收入最低 10% 人群在 2007 年各收入组的分布特征，不难发现，其中 40% 的人群也来自前一年份的最低 10% 人口。因此，图 12-3 和图 12-4 的结果表明，两个年份中低收入人群的相对位置通常难以改变。

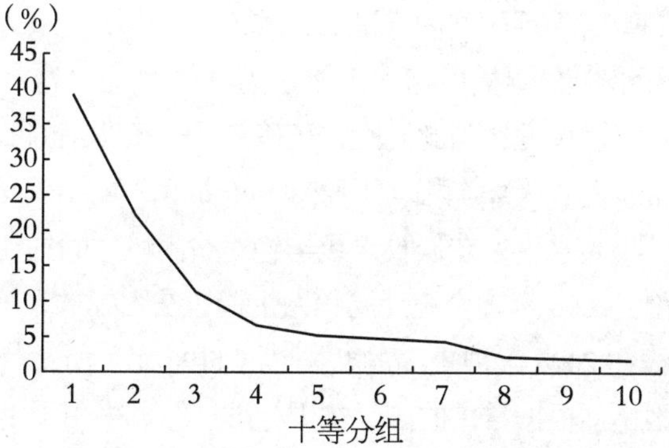


**图 12-3　2007 年收入最低 10% 人群在 2008 年各收入组的分布**

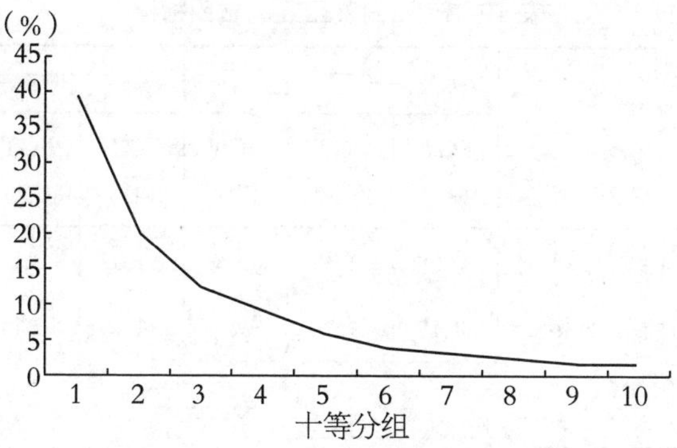


**图 12-4　2008 年收入最低 10% 人群在 2007 年各收入组的分布**

贫困度量采用了FGT指数（Foster、Greer、Thorbecke，1984）：

$$\mathrm{FGT}(\alpha)=\frac{1}{N}\sum_{i=1}^{q}\left(\frac{z-Y_i}{z}\right)^{\alpha}$$

其中，$N$为总人口，$q$为贫困人口，$z$、$Y_i$分别为贫困线和第$i$个人的收入，$z-Y_i$为第$i$个人的贫困距。这里的加总范围只限于收入低于贫困线以下的人口。$\alpha$为参数，其值越大则对低收入人口的权重越大。当$\alpha=0$时，FGT指数为贫困发生率；当$\alpha=1$时，FGT指数为比例贫困距；当$\alpha=2$时，FGT指数为加权贫困距。

表12-3给出了不同贫困线下的贫困指标。前四行是中国政府在不同时期中所采用的贫困标准。2002年贫困标准为人均收入625元，按照价格指数调整后相当于2008年的777元，这一标准也被认为是绝对贫困标准；与此同时，还确定了一条所谓的低收入线，2002年为869元，大体上相当于原有PPP折算下的1美元的国际贫困线标准，收入水平处在低收入线与绝对贫困线之间的住户被认为是相对贫困。2005年国家统计局稍微上调了贫困标准，为635元。这一贫困线在2008年被更高的贫困线（1196元）所替代。接下来的几行贫困指标根据常用的国际贫困标准计算，采用了1美元、1.5美元和2美元三种情形，比较了PPP调整前后[1]的结果。

**表12-3 不同贫困线的贫困指标**

| 贫困标准（元） | 2007年 | | | 2008年 | | |
|---|---|---|---|---|---|---|
| | FGT（0） | FGT（1） | FGT（2） | FGT（0） | FGT（1） | FGT（2） |
| 2002年贫困线：777 | 1.08 | 1.38 | 6.05 | 1.02 | 2.19 | 23.60 |
| 2007年贫困线：836 | 1.17 | 1.36 | 5.41 | 1.18 | 2.11 | 20.68 |

[1] 本文中，调整后的PPP采用的是3.64而非4.09。

续表

| 贫困标准（元） | 2007 年 | | | 2008 年 | | |
|---|---|---|---|---|---|---|
| | FGT（0） | FGT（1） | FGT（2） | FGT（0） | FGT（1） | FGT（2） |
| 2002 年低收入线：1077 | 2.04 | 1.41 | 3.80 | 1.88 | 1.97 | 13.26 |
| 2008 年调整的贫困线：1196 | 2.61 | 1.50 | 3.36 | 2.42 | 1.99 | 11.13 |
| 1 美元贫困线（原 PPP）：1084 | 2.04 | 1.42 | 3.77 | 1.91 | 1.97 | 13.11 |
| 1 美元贫困线（新 PPP）：1799 | 7.64 | 2.65 | 2.61 | 6.72 | 2.79 | 6.22 |
| 1.5 美元贫困线（原 PPP）：1626 | 6.03 | 2.20 | 2.65 | 5.22 | 2.45 | 7.02 |
| 1.5 美元贫困线（新 PPP）：2699 | 21.39 | 6.52 | 3.67 | 18.94 | 5.96 | 5.14 |
| 2 美元贫困线（原 PPP）：2168 | 12.55 | 3.94 | 2.82 | 10.87 | 3.79 | 5.30 |
| 2 美元贫困线（新 PPP）：3598 | 38.17 | 12.46 | 6.23 | 34.01 | 11.04 | 6.61 |

注：贫困标准都以 2008 年价格衡量，按照农村消费者价格指数折算。

在相邻的两个年份中，贫困指标的变动通常并没有明显的变化，在较低的贫困标准下尤其如此。如果采用最低的 2002 年贫困线，两年的贫困率[1]都在 1% 左右。采用更高的贫困线，则两年的贫困指标差异通常会更大一些。如根据新 PPP 得到的 2 美元贫困

❶ 表 12-3 所给出的贫困指标低于官方所公布的贫困率（国家统计局，2009）。这与本次调查的样本选择有关系。因为本次调查选择的都是劳动力流入和流出规模最大的省份。

线，2008 年的贫困率下降了 4 个百分点。从总体上看，2008 年的 FGT（0），即贫困发生率，比 2007 年要低一些，但对于 FGT（1）和 FGT（2），情形则有所不同。在许多情形中，2008 年的 FGT（1）和 FGT（2）指标都要高于 2007 年。因此，尽管贫困发生率有所下降，但贫困的深度或严重程度在多数情形下要更高一些。此外，比较 2008 年调整贫困线和新 PPP 下 1 美元贫困线的贫困发生率不难发现，贫困线仅仅增加 603 元，但贫困发生率也由此而上升了 4.3 个百分点。这意味着大量的人群集中于这两条贫困线之间。

根据以上贫困标准，表 12-4 将住户在两个年份的贫困状况划分为四种类型，即两个年份中都是非贫困的、都是贫困的或只在其中某一年中是贫困的。如果住户只在 2007 年是贫困的，则意味着 2008 年该住户至少暂时脱贫；而如果住户只在 2008 年是贫困的，则意味着该住户从非贫困状态转入了贫困状态。

**表 12-4　两个年份的贫困发生率**

| 贫困标准（元） | 从未贫困 | 仅 2007 年贫困 | 仅 2008 年贫困 | 两年贫困 |
|---|---|---|---|---|
| 2002 年贫困线：777 | 98.03 | 0.95<br>[48.22] | 0.89<br>[45.18] | 0.13<br>[6.60] |
| 2007 年贫困线：836 | 97.8 | 1.03<br>[46.82] | 1.03<br>[46.82] | 0.14<br>[6.36] |
| 2002 年低收入线：1077 | 96.38 | 1.74<br>[47.93] | 1.59<br>[43.80] | 0.3<br>[8.26] |
| 2008 年调整的贫困线：1196 | 95.38 | 2.2<br>[47.62] | 2.01<br>[43.51] | 0.41<br>[8.87] |
| 1 美元贫困线（原 PPP）：1084 | 96.34 | 1.75<br>[47.81] | 1.61<br>[43.99] | 0.3<br>[8.20] |
| 1 美元贫困线（新 PPP）：1799 | 88.18 | 5.11<br>[43.20] | 4.18<br>[35.33] | 2.54<br>[21.47] |

续表

| 贫困标准（元） | 从未贫困 | 仅 2007 年贫困 | 仅 2008 年贫困 | 两年贫困 |
|---|---|---|---|---|
| 1.5 美元贫困线（原 PPP）：1626 | 90.41 | 4.36 [45.51] | 3.55 [37.06] | 1.67 [17.43] |
| 1.5 美元贫困线（新 PPP）：2699 | 70.31 | 10.75 [36.20] | 8.3 [27.95] | 10.65 [35.86] |
| 2 美元贫困线（原 PPP）：2168 | 81.35 | 7.78 [41.74] | 6.1 [32.73] | 4.76 [25.54] |
| 2 美元贫困线（新 PPP）：3598 | 52.02 | 13.97 [29.12] | 9.81 [20.45] | 24.2 [50.44] |

注：[ ] 内为该类贫困状态在总体贫困中所占百分比（本章各表同）。

除了贫困线非常高的情形（按新调整的 PPP 的 1.5 美元标准或 2 美元标准）以外，绝大多数情形下，两年都陷入贫困状态的人口数量是比较低的。按照各种官方的贫困标准，两年都贫困的占总体贫困的比例不到 10%。按照新 PPP 的 1 美元标准，两年贫困的比例为 21.47%。因此，大多数的贫困都是只发生在一年内的，这也与现有的关于暂时性贫困与持久性贫困的结构具有一致性，即通常认为暂时性贫困在总体贫困中占有较大的比重。

## 三、贫困状态与住户特征

本部分将以描述性的方式讨论贫困状态与住户特征之间的联系。贫困标准采用的是 2008 年调整的贫困线以及根据新 PPP 计算的 1 美元贫困线。

**1. 收入结构**

表 12-5 给出了不同贫困状态下的人均收入构成及其变化特征。两年从未贫困的住户中，人均收入增长率为 13.9% 或 13.39%。

表 12–5　不同贫困状态的收入构成及其变化

| 收入状况 | 贫困标准 =1196 元 | | | | 贫困标准 =1799 元 | | | |
|---|---|---|---|---|---|---|---|---|
| | 从未贫困 | 仅 2007 年贫困 | 仅 2008 年贫困 | 两年贫困 | 从未贫困 | 仅 2007 年贫困 | 仅 2008 年贫困 | 两年贫困 |
| 2007 年收入（元） | | | | | | | | |
| 外出务工收入 | 1069.75 | 161.98 | 513.55 | 138.10 | 1126.79 | 235.57 | 607.26 | 174.40 |
| 其他工资收入 | 1277.91 | 272.71 | 526.01 | 294.16 | 1360.06 | 240.10 | 467.13 | 249.44 |
| 农业经营收入 | 1759.70 | 250.50 | 1979.43 | −1149.87 | 1813.45 | 618.13 | 1908.27 | 371.35 |
| 非农经营收入 | 640.47 | −252.11 | 566.51 | 71.84 | 683.09 | −74.99 | 409.88 | 70.08 |
| 财产收入 | 169.32 | 57.91 | 177.22 | 642.98 | 181.14 | 34.24 | 111.20 | 115.82 |
| 转移收入 | 245.06 | 79.32 | 141.24 | 44.49 | 254.68 | 90.29 | 183.86 | 69.66 |
| 收入合计 | 5162.21 | 570.31 | 3903.96 | 41.7 | 5419.21 | 1143.34 | 3687.6 | 1050.75 |
| 2008 年收入（元） | | | | | | | | |
| 外出务工收入 | 1259.94 | 804.65 | 168.68 | 73.47 | 1319.37 | 871.02 | 243.46 | 205.53 |
| 其他工资收入 | 1487.57 | 846.20 | 339.83 | 267.87 | 1577.11 | 723.02 | 288.82 | 231.18 |

续表

| 收入状况 | 贫困标准 =1196 元 | | | | 贫困标准 =1799 元 | | | |
|---|---|---|---|---|---|---|---|---|
| | 从未贫困 | 仅 2007 年贫困 | 仅 2008 年贫困 | 两年贫困 | 从未贫困 | 仅 2007 年贫困 | 仅 2008 年贫困 | 两年贫困 |
| 农业经营收入 | 1942.42 | 1506.81 | −189.53 | −936.39 | 1988.07 | 1930.97 | 384.09 | 424.47 |
| 非农经营收入 | 680.25 | 50.04 | −395.73 | 115.70 | 726.81 | 130.52 | −172.63 | 85.80 |
| 财产收入 | 171.09 | 108.79 | 188.73 | 332.46 | 182.36 | 82.57 | 95.79 | 67.86 |
| 转移收入 | 338.40 | 264.42 | 99.35 | 370.75 | 351.35 | 241.80 | 139.25 | 163.50 |
| 收入合计 | 5879.67 | 3580.91 | 211.33 | 223.86 | 6145.07 | 3979.90 | 978.78 | 1178.34 |
| 收入增长（元） | | | | | | | | |
| 外出务工收入 | 190.19 | 642.67 | −344.87 | −64.63 | 192.58 | 635.45 | −363.8 | 31.13 |
| 其他工资收入 | 209.66 | 573.49 | −186.18 | −26.29 | 217.05 | 482.92 | −178.31 | −18.26 |
| 农业经营收入 | 182.72 | 1256.31 | −2168.96 | 213.48 | 174.62 | 1312.84 | −1524.18 | 53.12 |
| 非农经营收入 | 39.78 | 302.15 | −962.24 | 43.86 | 43.72 | 205.51 | −582.51 | 15.72 |
| 财产收入 | 1.77 | 50.88 | 11.51 | −310.52 | 1.22 | 48.33 | −15.41 | −47.96 |

续表

| 收入状况 | 贫困标准 =1196 元 | | | | 贫困标准 =1799 元 | | | |
|---|---|---|---|---|---|---|---|---|
| | 从未贫困 | 仅 2007 年贫困 | 仅 2008 年贫困 | 两年贫困 | 从未贫困 | 仅 2007 年贫困 | 仅 2008 年贫困 | 两年贫困 |
| 转移收入 | 93.34 | 185.1 | −41.89 | 326.26 | 96.67 | 151.51 | −44.61 | 93.84 |
| 收入合计 | 717.46 | 3010.6 | −3692.63 | 182.16 | 725.86 | 2836.56 | −2708.82 | 127.59 |
| 收入增长率（%） | | | | | | | | |
| 外出务工收入 | 17.78 | 396.76 | −67.15 | −46.80 | 17.09 | 269.75 | −59.91 | 17.85 |
| 其他工资收入 | 16.41 | 210.29 | −35.39 | −8.94 | 15.96 | 201.13 | −38.17 | −7.32 |
| 农业经营收入 | 10.38 | 501.52 | −109.57 | 18.57 | 9.63 | 212.39 | −79.87 | 14.30 |
| 非农经营收入 | 6.21 | 119.85 | −169.85 | 61.05 | 6.40 | 274.05 | −142.12 | 22.43 |
| 财产收入 | 1.05 | 87.86 | 6.49 | −48.29 | 0.67 | 141.16 | −13.86 | −41.41 |
| 转移收入 | 38.09 | 233.36 | −29.66 | 733.33 | 37.96 | 167.80 | −24.26 | 134.71 |
| 收入合计 | 13.90 | 521.39 | −94.59 | 436.83 | 13.39 | 248.09 | −75.08 | 12.14 |

注：如果 2007 年的收入项为负数，增长率的计算公式为 $\frac{y_t - y_{t-1}}{|y_{t-1}|}$。

这一增长率与全部样本的人均收入增长率基本上是一致的。从分项收入来看，从未贫困住户中，转移性收入增长率是最高的，这与近年来政府对农业和农村的转移支付不断增加的政策取向是一致的，但从绝对数量上看，转移收入的增量仍低于工资性收入与农业经营收入；其他收入项，如外出务工收入、其他工资性收入以及农业经营收入的增长率也都比较高，绝对数量上也有比较大的增长。外出务工收入与工资收入分别增长了约 17%、16%。与贫困户比较，从未贫困户的各项收入水平一般都要高些，即便是转移性收入也是如此。

不难理解，脱贫住户（仅 2007 年贫困）的收入水平在 2008 年的增长率是最高的，收入水平上升了约 5 倍（根据 2008 年调整的贫困线）或 2 倍以上（根据新 PPP 计算的 1 美元贫困线）。从非贫困状态转入贫困状态的住户收入水平则有大幅度的下降，收入水平分别下降了约 95%（根据 2008 年调整的贫困线）或 73%（根据新 PPP 计算的 1 美元贫困线）。

从分项收入看，导致贫困状态改变的主要来自于工资性收入和经营性收入。仅 2007 年贫困的住户中，外出务工收入增加了 642 元左右，上升了将近 4 倍或 2.7 倍；其他工资性收入也上升了 2 倍多。根据 1196 元贫困线，仅 2007 年贫困的住户中，农业经营收入上升了 5 倍；采用较高的贫困线，也上升了 2 倍以上。非农经营收入也有大幅度的增长。

与此相反，在仅 2008 年贫困户中，这四项收入都是下降的。从绝对数量上看，下降最大的是经营性收入，农业经营收入和非农经营收入都有相当大数量的下降，前者下降的绝对幅度分别约为 2169 元或 1524 元，后者下降的绝对幅度分别为 962 元或 582 元。外出务工收入与其他工资收入也是下降的，但幅度要低于经营性收入。

比较仅 2007 年贫困和仅 2008 年贫困的住户可以发现：工资性收入的增长，包括外出务工收入和其他工资收入，对于住户脱离贫困状态具有重要的贡献；经营收入的波动，包括农业与非农业经营收入，是住户陷入贫困状态的重要因素。贫困状态发生转换的住户，经营性收入通常具有非常大的波动性。

如果采用较低的贫困标准，在两年都贫困的住户中，不仅外出务工收入与其他工资性收入都是下降的，其中外出务工收入下降了46.8%，其他工资收入下降了8.94%，更为明显的是，两年中的农业经营纯收入都为负，也就是亏损，2007年约为1150元，2008年约为936元，不利的农业经营条件成为住户持续地陷入贫困状态的重要因素。如果采用较高的贫困线，两年贫困的住户中，外出务工收入有所增长，其他工资收入仍在下降，而农业经营收入也不再处于亏损状态。不同贫困标准下，两年都贫困的住户的收入构成比较表明，持续的农业经营收入亏损对于持续性贫困，特别是对于那些收入极低的人群，具有更为不利的影响。

**2. 省份**

表12−6给出了不同省份的贫困分布。不难理解，江苏、浙江和广东这些经济发展程度比较高的省份的贫困发生率通常比较低，无论是采用较低还是较高的贫困标准。众所周知，这些省份也是劳动力流入较多的地方。贫困发生率比较高的是河北、安徽、河南和重庆，大多是劳动力流出较多的省份，如果采用较高的贫困线，这些省份的贫困发生率会更为急剧地上升。

比较仅2007年贫困和仅2008年贫困的发生率可以发现，河北和重庆在2008年的贫困发生率有所上升。如果采用较低的贫困标准，河北和重庆的贫困发生率分别上升了约1.1和2.8个百分点，如果采用较高的贫困标准，河北和重庆的贫困发生率分别上升了约2.0和1.9个百分点。而下降幅度比较大的省份则为安徽和河南。如果采用较低的贫困标准，这两个省份的贫困发生率分别下降了约1.9和1.2个百分点；如果采用较高的贫困标准，这两个省份的贫困发生率分别下降了约4.2和1.6个百分点。

## 表 12-6　不同省份的贫困状况

单位：%

| 省份 | 贫困标准 =1196 元 | | | | 贫困标准 =1799 元 | | | |
|---|---|---|---|---|---|---|---|---|
| | 从未贫困 | 仅 2007 年贫困 | 仅 2008 年贫困 | 两年贫困 | 从未贫困 | 仅 2007 年贫困 | 仅 2008 年贫困 | 两年贫困 |
| 河北 | 92.46 | 2.95<br>[39.12] | 4.04<br>[53.58] | 0.55<br>[7.29] | 80.88 | 6.94<br>[36.30] | 8.96<br>[46.86] | 3.22<br>[16.84] |
| 江苏 | 97.99 | 1.34<br>[66.67] | 0.51<br>[25.37] | 0.16<br>[7.96] | 94.19 | 2.89<br>[49.74] | 2.41<br>[41.48] | 0.51<br>[8.78] |
| 浙江 | 93.62 | 2.4<br>[37.62] | 2.74<br>[42.95] | 1.24<br>[19.44] | 90.01 | 3.61<br>[36.14] | 3.03<br>[30.33] | 3.35<br>[33.53] |
| 安徽 | 94.13 | 3.67<br>[62.52] | 1.79<br>[30.49] | 0.41<br>[6.98] | 82.21 | 8.89<br>[50.00] | 4.65<br>[26.15] | 4.24<br>[23.85] |
| 河南 | 93.72 | 3.35<br>[53.34] | 2.14<br>[34.08] | 0.79<br>[12.58] | 82.81 | 7.34<br>[42.70] | 5.73<br>[33.33] | 4.12<br>[23.97] |
| 湖北 | 95.49 | 1.91<br>[42.35] | 2.38<br>[52.77] | 0.22<br>[4.88] | 88.98 | 4.8<br>[43.56] | 4.65<br>[42.20] | 1.57<br>[14.25] |
| 广东 | 99.04 | 0.31<br>[32.29] | 0.61<br>[63.54] | 0.04<br>[4.17] | 95.34 | 2.35<br>[50.43] | 1.35<br>[28.97] | 0.96<br>[20.60] |
| 重庆 | 91.54 | 2.69<br>[31.80] | 5.49<br>[64.89] | 0.28<br>[3.31] | 83.87 | 5.77<br>[35.75] | 7.62<br>[47.21] | 2.75<br>[17.04] |
| 四川 | 95.62 | 2.43<br>[55.35] | 1.77<br>[40.32] | 0.19<br>[4.33] | 87.37 | 5.35<br>[42.36] | 4.19<br>[33.17] | 3.09<br>[24.47] |

从贫困类型来看，浙江与河南的两年贫困在总体贫困中所占份额通常较高。按照较低的贫困线，浙江与河南两年贫困在总体贫困中所占份额分别为 19.44% 和 12.58%；按照较高的贫困线，这两个省份的两年贫困在总体贫困中所占份额分别为 33.53% 和 23.97%，都要高于全部样本的总体份额。在较高的贫困标准中，四川的两年贫困在总体贫困中所占份额也高达 24.47%，而在较低贫困标准中，这一份额仅为 4.33%。

**3. 户主特征**

从户主年龄与贫困状况的关系（见表 12–7）可以看出，户主年龄在 40～59 岁的住户中贫困发生率是最低的；户主年龄在 70 岁以上的住户中，贫困发生率要明显地高一些。如果采用较低的贫困标准，户主年龄在 40～59 岁的有过贫困经历的不到 4%；在较高的贫困标准下，这一比例也在 10% 左右。而在户主年龄 80 岁以上的住户中，两年中有过贫困经历的高达近 16%（较低贫困线）或近 22%（较高贫困线）。在户主年龄较大的住户中，两年贫困的比例也较高，这在较高的贫困线下更为明显。如户主年龄 80 岁以上的住户中，两年贫困占总体贫困的比例高达 52%。

从表 12–8 可知，户主受教育程度越高，则陷入贫困的可能性相对会越低一些。户主受教育年限在 3 年以下，按照低贫困标准，从未贫困的比例为 93.80%；按照高贫困线标准，从未贫困的比例为 86.51%。比户主受教育程度在 9 年以上的住户分别约低 3 个和 5 个百分点。两年都陷入贫困状态的可能性也随着户主受教育年限的上升而降低。按照低贫困标准，户主受教育程度小于 3 年的住户中两年贫困的比例为 1.09%，9 年以上的则为 0.14%；按照高贫困标准，户主受教育程度小于 3 年的住户中两年贫困的比例为 3.14%，而 9 年以上的则为 2.00%。并且贫困状态随着户主受教育年限增加而递减的趋势具有一致性。

表 12-7　户主年龄与贫困状况

单位：%

| 户主年龄 | 贫困标准 =1196 元 | | | | 贫困标准 =1799 元 | | | |
| --- | --- | --- | --- | --- | --- | --- | --- | --- |
| | 从未贫困 | 仅 2007 年贫困 | 仅 2008 年贫困 | 两年贫困 | 从未贫困 | 仅 2007 年贫困 | 仅 2008 年贫困 | 两年贫困 |
| 30 岁以下 | 95.65 | 2.61 [60.00] | 1.74 [40.00] | 0 [0.00] | 83.48 | 9.13 [55.27] | 7.39 [44.73] | 0 [0.00] |
| 30～39 岁 | 93.94 | 2.96 [48.84] | 2.74 [45.21] | 0.36 [5.94] | 85.63 | 6.13 [42.66] | 5.14 [35.77] | 3.1 [21.57] |
| 40～49 岁 | 96.29 | 1.55 [41.78] | 1.76 [47.44] | 0.4 [10.78] | 89.34 | 4.52 [42.36] | 4.04 [37.86] | 2.11 [19.78] |
| 50～59 岁 | 96.15 | 1.71 [44.42] | 1.81 [47.01] | 0.33 [8.57] | 90.27 | 4.2 [43.17] | 3.47 [35.66] | 2.06 [21.17] |
| 60～69 岁 | 94.11 | 3.4 [57.82] | 1.79 [30.44] | 0.69 [11.73] | 85.27 | 6.84 [46.47] | 4.38 [29.76] | 3.5 [23.78] |
| 70～79 岁 | 90.29 | 4.73 [48.71] | 4.98 [51.29] | 0 [0.00] | 78.33 | 8.47 [39.09] | 7.97 [36.78] | 5.23 [24.13] |
| 80 岁以上 | 84.48 | 9.48 [61.12] | 4.31 [27.79] | 1.72 [11.09] | 78.45 | 1.72 [7.98] | 8.62 [40.00] | 11.21 [52.02] |

**表 12–8　户主教育程度与贫困状况**

单位：%

| 户主受教育年限 | 贫困标准 =1196 元 | | | | 贫困标准 =1799 元 | | | |
|---|---|---|---|---|---|---|---|---|
| | 从未贫困 | 仅 2007 年贫困 | 仅 2008 年贫困 | 两年贫困 | 从未贫困 | 仅 2007 年贫困 | 仅 2008 年贫困 | 两年贫困 |
| 小于 3 年 | 93.80 | 2.78 [44.91] | 2.32 [37.48] | 1.09 [17.61] | 86.51 | 4.60 [34.12] | 5.74 [42.58] | 3.14 [23.29] |
| 3～6 年 | 94.46 | 2.66 [48.01] | 2.53 [45.67] | 0.35 [6.32] | 86.26 | 5.66 [41.19] | 4.98 [36.24] | 3.10 [22.56] |
| 6～9 年 | 95.83 | 2.05 [49.28] | 1.70 [40.87] | 0.41 [9.86] | 88.66 | 5.18 [45.68] | 3.90 [34.39] | 2.26 [19.93] |
| 9 年以上 | 96.67 | 1.33 [39.94] | 1.86 [55.86] | 0.14 [4.20] | 91.96 | 3.61 [44.84] | 2.44 [30.31] | 2.00 [24.84] |

#### 4. 家庭规模

从家庭规模与贫困状况[1]的关系来看，表 12-9 表明，家庭规模在 2 人、3 人中的贫困发生率最低；单身住户的贫困发生率最高，并且两年贫困的比例也是最高的。除单身住户外，家庭规模大的家庭中贫困发生率通常会更高一些，但在较低贫困标准下，两年贫困的比重也要低一些。规模发生变动的家庭中，无论是家庭成员数量的增加或减少，贫困发生率通常都会更高一些。不过在规模扩大的家庭中，两年贫困的比重相对较低。人口数量增加的家庭中，2008 年的贫困发生率要高一些，相反，人口数量减少的家庭中，2008 年的贫困发生率会有所下降。

#### 5. 外出

在描述外出与贫困状况的关系之前，表 12-10 给出了两个年份中外出状况的变化。本章所使用的相同住户样本中，外出的规模有所下降。外出 3 个月以上人数的绝对数量减少了 431 人，平均每户外出人数也有所下降。有外出成员的住户比重从 2007 年的 40.65% 下降至 2008 年的 37.64%，下降了 3 个百分点。外出人员占全部样本人口以及劳动年龄人口的比重分别从 16.94% 下降到 15.34%，从 22.54% 下降至 20.44%，分别下降了 1.6 和 2.1 个百分点。外出人员的平均外出月份数量略有下降，但差异并不明显。各收入组的外出状况及其变动特征可见图 12-5 和图 12-6。基本的特征表现为，低收入户中的外出比例以及外出人口数量相对较高，这一特征与既有的一些研究有所不同。现有的多数研究认为，外出集中于中等收入人群，尽管低收入人群具有较强的外出动机，但外出能力受到制约，因此外出行为受到遏制。图 12-5 和图 12-6 的结果所表明的外出行为向低收入人群集中的趋向或许与近年来的劳动力市场变化相关联，农村劳动力外出的障碍不断地被降低，从而使得外出逐渐惠及农村的低收入人群。

---

❶ 由于使用的是人均收入水平，而非按照家庭等价规模调整过的收入水平，因此家庭规模与贫困状态之间的关系可能会有所偏误。总体上可能会在一定程度上高估规模较大的家庭的贫困发生率。

**表 12-9　家庭规模与贫困状况**

单位：%

| 家庭规模 | 贫困标准 =1196 元 | | | | 贫困标准 =1799 元 | | | |
|---|---|---|---|---|---|---|---|---|
| | 从未贫困 | 仅 2007 年贫困 | 仅 2008 年贫困 | 两年贫困 | 从未贫困 | 仅 2007 年贫困 | 仅 2008 年贫困 | 两年贫困 |
| 2007 年家庭规模 | | | | | | | | |
| 1 人 | 83.78 | 5.41 [33.33] | 5.41 [33.33] | 5.41 [33.33] | 81.08 | 2.7 [14.28] | 2.7 [14.28] | 13.51 [71.44] |
| 2 人 | 96.53 | 1.61 [46.40] | 1.48 [42.65] | 0.38 [10.95] | 91.2 | 3.17 [36.02] | 3.51 [39.89] | 2.12 [24.09] |
| 3 人 | 95.82 | 1.58 [37.80] | 2.11 [50.48] | 0.49 [11.72] | 91.31 | 3.17 [36.48] | 4.35 [50.06] | 1.17 [13.46] |
| 4 人 | 95.57 | 1.94 [43.89] | 2.29 [51.81] | 0.19 [4.30] | 88.2 | 5.02 [42.54] | 4.81 [40.76] | 1.97 [16.69] |
| 5 人 | 94.99 | 2.57 [51.30] | 1.89 [37.72] | 0.55 [10.98] | 86.83 | 6.28 [47.68] | 3.77 [28.63] | 3.12 [23.69] |
| 6 人及以上 | 94.69 | 3.08 [58.00] | 1.79 [33.71] | 0.44 [8.29] | 85.03 | 6.79 [45.36] | 3.79 [25.32] | 4.39 [29.33] |
| 家庭规模变动 | | | | | | | | |
| 不变 | 95.59 | 2.11 [47.74] | 1.92 [43.44] | 0.39 [8.82] | 88.48 | 5.00 [43.40] | 3.95 [34.29] | 2.57 [22.31] |

续表

| 家庭规模 | 贫困标准 =1196 元 | | | | 贫困标准 =1799 元 | | | |
|---|---|---|---|---|---|---|---|---|
| | 从未贫困 | 仅 2007 年贫困 | 仅 2008 年贫困 | 两年贫困 | 从未贫困 | 仅 2007 年贫困 | 仅 2008 年贫困 | 两年贫困 |
| 减少 | 93.95 | 2.97 [49.09] | 2.28 [37.69] | 0.8 [13.22] | 86.85 | 6.7 [50.95] | 3.62 [27.53] | 2.83 [21.52] |
| 增加 | 94.89 | 2.29 [44.81] | 2.57 [50.29] | 0.25 [4.89] | 86.67 | 4.51 [33.83] | 6.88 [51.61] | 1.94 [14.55] |

**表 12–10　外出的变化**

| 外出状况 | 2007 年 | 2008 年 |
|---|---|---|
| 外出 3 个月以上人数（人） | 5353 | 4922 |
| 平均每户外出人数（人） | 0.68 | 0.62 |
| 有外出人员的住户比重（%） | 40.65 | 37.64 |
| 外出人员占全部样本人口比重（%） | 16.94 | 15.34 |
| 外出人员占全部劳动年龄人口比重（%） | 22.54 | 20.44 |
| 平均外出月数 | 10.03 | 9.98 |

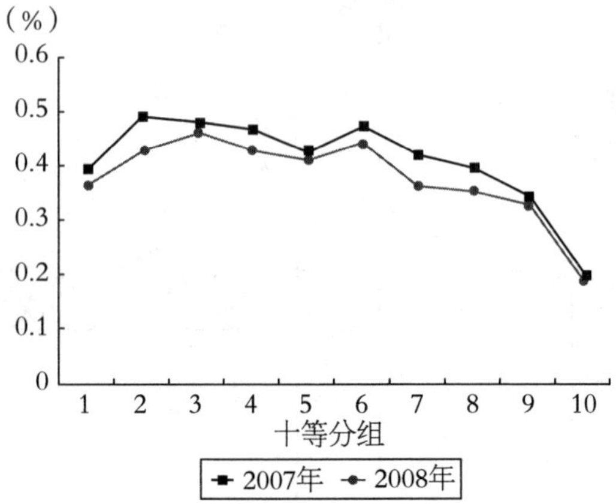


图 12-5　不同收入组的外出户比重

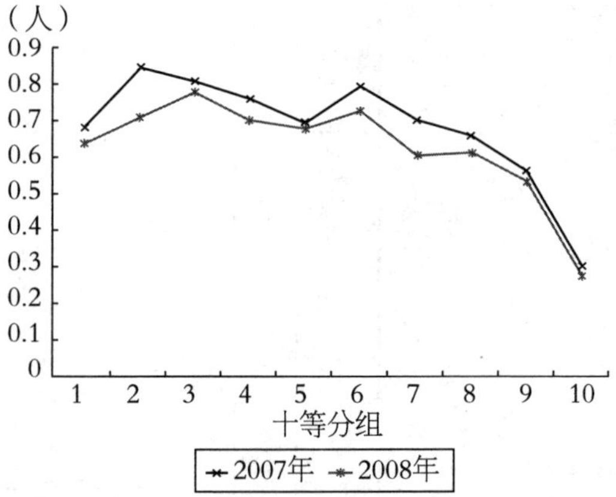


图 12-6　不同收入组的户均外出人数

从表 12-11 来看，外出与贫困的变动之间并没有十分密切的联系，但 Pearson 等二维列联表检验，可发现相关统计量在 1% 的水平下都是显著的，即表明外出行为与贫困状况之间存在某种显著的关联性。外出行为与贫困状况之间关联性的不明显可能是因为两者之间具有相互因果性影响，一方面，外出行为可能有助于缓解贫困，另一方面，贫困的家庭更有外出以增加收入的倾向。因此，对于外出与贫困状况及其变动的影响，下一部分将做出更为细致的处理。

表 12-11　外出与贫困状况

| 外出状况 | 贫困标准 =1196 元 | | | | 贫困标准 =1799 元 | | | |
|---|---|---|---|---|---|---|---|---|
| | 从未贫困 | 仅 2007 年贫困 | 仅 2008 年贫困 | 两年贫困 | 从未贫困 | 仅 2007 年贫困 | 仅 2008 年贫困 | 两年贫困 |
| 两年均未外出住户 | 95.53 | 1.82 [40.72] | 2.14 [47.87] | 0.51 [11.41] | 88.4 | 4.51 [38.88] | 4.57 [39.40] | 2.52 [21.72] |
| 仅 2007 年外出住户 | 94.69 | 2.63 [49.44] | 2.12 [39.85] | 0.57 [10.71] | 86.84 | 6.51 [49.47] | 3.67 [27.89] | 2.98 [22.64] |
| 仅 2008 年外出住户 | 95.35 | 3.12 [66.95] | 1.54 [33.05] | 0 [0.00] | 86.98 | 6.66 [51.15] | 3.84 [29.49] | 2.52 [19.35] |
| 两年均外出住户 | 95.41 | 2.39 [52.07] | 1.89 [41.18] | 0.31 [6.75] | 88.52 | 5.16 [44.95] | 3.88 [33.80] | 2.44 [21.25] |
| 外出人数变化 | | | | | | | | |
| 外出人数未变：0 人外出 | 95.53 | 1.82 [40.72] | 2.14 [47.87] | 0.51 [11.41] | 88.4 | 4.51 [38.88] | 4.57 [39.40] | 2.52 [21.72] |

续表

| 外出状况 | 贫困标准 =1196 元 | | | | 贫困标准 =1799 元 | | | |
|---|---|---|---|---|---|---|---|---|
| | 从未贫困 | 仅 2007 年贫困 | 仅 2008 年贫困 | 两年贫困 | 从未贫困 | 仅 2007 年贫困 | 仅 2008 年贫困 | 两年贫困 |
| 外出人数未变：1 人外出 | 95.5 | 2.32 [51.44] | 2 [44.35] | 0.19 [4.21] | 89.96 | 4.79 [47.76] | 3.7 [36.89] | 1.54 [15.35] |
| 外出人数未变：2 人外出 | 94.29 | 3.05 [53.42] | 2.33 [40.81] | 0.33 [5.78] | 88.01 | 5.86 [48.87] | 3.35 [27.94] | 2.78 [23.19] |
| 外出人数未变：3 人以上外出 | 95.46 | 2.63 [57.93] | 1.43 [31.50] | 0.48 [10.57] | 87.42 | 5.02 [39.87] | 3.03 [24.07] | 4.54 [36.06] |
| 外出人数减少 | 95.44 | 2.43 [53.29] | 1.75 [38.38] | 0.38 [8.33] | 87.02 | 6.28 [48.38] | 4.23 [32.59] | 2.47 [19.03] |
| 外出人数增加 | 95.58 | 2.41 [54.65] | 1.71 [38.78] | 0.29 [6.58] | 87.43 | 5.6 [44.59] | 4.15 [33.04] | 2.81 [22.37] |

# 四、计量分析

**1. 方法**

由于两个年份的贫困决定可能是相关的，因此本文采用双变量 Probit（bivariate probit）的模型来估计贫困的决定因素及其动态影响。两年贫困的影响因素分别通过以下模型来描述：

$$y^*_{2007} = X_{2007}\beta_{2007} + \varepsilon_{2007}$$

$$y^*_{2008} = X_{2008}\beta_{2008} + \varepsilon_{2008}$$

其中，当 $y^* \leqslant$ 贫困线，$y$=1，否则 $y$=0；误差项满足：

$$E\left(\varepsilon_{2007} \mid X_{2007}, X_{2008}\right) = E\left(\varepsilon_{2008} \mid X_{2007}, X_{2008}\right) = 0$$

$$\mathrm{Var}\left(\varepsilon_{2007} \mid X_{2007}, X_{2008}\right) = \mathrm{Var}\left(\varepsilon_{2008} \mid X_{2007}, X_{2008}\right) = 1$$

$$\mathrm{Cov}\left(\varepsilon_{2007}, \varepsilon_{2008} \mid X_{2007}, X_{2008}\right) = \rho$$

两年贫困概率的决定方式为：

$$\Pr\left[y_{2007} = 1, y_{2008} = 1 \mid X_{2007}, X_{2008}\right] = \Phi\left(X_{2007}\beta_{2007}, X_{2008}\beta_{2008}, \rho\right)$$

其中，$\Phi$ 为累积正态分布函数。Greene（2002）给出了对应的似然函数和估计方式。

给定 2007 年贫困，各因素对 2008 年贫困概率的决定为：

$$\Pr\left[y_{2008} = 1 \mid y_{2007} = 1, X_{2007}, X_{2008}\right] = \frac{\Pr\left[y_{2007} = 1, y_{2008} = 1 \mid X_{2007}, X_{2008}\right]}{\Pr\left[y_{2007} = 1 \mid X_{2007}\right]}$$

根据这一结果，可以得到相关变量的边际效应。这一边际效应度量的是，给定 2007 年贫困，相关因素对 2008 年贫困的边际影响，因此也就度量了 2008 年相关因素对于贫困状态转换的效应大小。本章中主要考虑两种情形：一是 2007 年的贫困住户在 2008 年继续陷入贫困的边际效应；二是 2007 年的非贫困住户在 2008 年进入贫困状态的边际影响因素。

在贫困的解释变量中，包含了家庭劳动力的外出行为，而这一变量与贫困之间可能具有内生性的影响，因此利用工具变量估计了家庭劳动力的外出行为，所使用的工具变量为所在村的外出状况：本村人口外出比例以及外出人口的分布特征。因为这些变量度量了农村劳动力外出的信息网络，但与单个住户之间的收入水平没有直接的关联。被解释变量是“是否外出户”以及家庭中“外出劳动力数量”，这两个变量的预测值将用于解释两年贫困的决定过程，因此采用的是两阶段估计。在估计“是否外出户”时，将全部住户按是否有外出务工人员区分为两种类型，然后采用 Probit 模型来模拟。在讨论家庭“外出劳动力数量”时，由于被解释变量是计数数据（counted data），因此使用的是 Poisson 模型。工具变量和估计模型的选取与罗楚亮和岳希明（2008）相同。

**2. 估计结果**

表 12-12 给出了第一阶段的估计结果，即工具变量对劳动力外出行为的影响。不难理解，相关变量的估计值都显著为正。这就意味着村庄的外出规模对个人的劳动力流动具有显著的正效应。本村人口外出比例越高，则农户中有外出劳动力的倾向也将会越高一些，也可能会增加家庭中外出劳动力的数量。村庄中在省内外县外出的劳动力比例以及省外外出劳动力比例的提高也将有助于增强家庭劳动力的外出可能性。

**表 12-12 工具变量对外出行为的估计结果**

| 外出状况 | 是否外出户（是 =1；否 =0） | | 外出劳动力数量 | |
|---|---|---|---|---|
| | 2007 年 | 2008 年 | 2007 年 | 2008 年 |
| 本村人口外出比例 | 0.0178<br>[28.68]*** | 0.0135<br>[23.14]*** | 0.0117<br>[30.07]*** | 0.0104<br>[24.93]*** |
| 省内外县外出劳动力比例 | | | | |
| 21%～40% | 0.1183<br>[6.28]*** | 0.0999<br>[5.30]*** | 0.0909<br>[5.94]*** | 0.1077<br>[6.65]*** |

| 外出状况 | 是否外出户（是 =1；否 =0） | | 外出劳动力数量 | |
|---|---|---|---|---|
| | 2007 年 | 2008 年 | 2007 年 | 2008 年 |
| 41%～60% | 0.2805<br>[9.46]*** | 0.2634<br>[8.86]*** | 0.2725<br>[11.62]*** | 0.3478<br>[14.30]*** |
| 61%～80% | 0.5627<br>[16.15]*** | 0.4812<br>[13.92]*** | 0.3905<br>[14.95]*** | 0.4040<br>[14.86]*** |
| 80% 以上 | 0.4007<br>[10.44]*** | 0.4768<br>[12.43]*** | 0.2992<br>[11.04]*** | 0.3372<br>[11.85]*** |
| 省外外出劳动力比例 | | | | |
| 21%～40% | 0.2343<br>[9.24]*** | 0.2143<br>[8.39]*** | 0.2464<br>[11.22]*** | 0.2625<br>[11.27]*** |
| 41%～60% | 0.473<br>[17.84]*** | 0.4855<br>[18.31]*** | 0.3929<br>[18.01]*** | 0.4180<br>[18.05]*** |
| 61%～80% | 0.4231<br>[15.46]*** | 0.4318<br>[15.86]*** | 0.3127<br>[13.98]*** | 0.3860<br>[16.32]*** |
| 80%以上 | 0.4689<br>[13.13]*** | 0.5131<br>[14.41]*** | 0.3893<br>[13.90]*** | 0.4552<br>[15.43]*** |

注：①是否外出户采用的是 Probit 模型估计，外出劳动力数量采用的是 Poisson 模型估计。②其余变量未给出，包括各年贫困决定方程（表 12–13）中的所有其他变量。③ ***、**、* 分别表示 1%、5%、10% 的显著性水平（表 12–13～表 12–15 同）。④ [ ] 内为估计系数的 $z$ 统计量绝对值。

表 12–13 给出了贫困影响因素的双变量 Probit 模型估计结果，讨论的是相关因素对 2007 年和 2008 年贫困发生率的影响。表 12–14 给出的是，在给定 2007 年贫困状况的条件下，2008 年陷入贫困的可能性，描述的是相关变量对 2008 年贫困发生率的边际效

应。表 12–14 分别讨论了两种不同情形，如果 2007 年处于贫困状态，则估计相关变量对于 2008 年继续处于贫困状态的边际影响；如果 2007 年处于非贫困状态，则估计相关因素对 2008 年贫困概率的边际效应。

首先看外出状况。总体而言，劳动力的外出状况通常会构成农户贫困状态的显著影响因素，2007 年的贫困决定中尤其如此。无论是采用较低的还是较高的贫困线，是否外出户对 2007 年的贫困状态总是具有显著的效应，也就是说，外出户陷入贫困的可能性将显著地低于非外出户。然而，2007 年外出概率对 2008 年贫困状态的影响并不显著。外出概率对于贫困变动的影响，在讨论影响贫困状态变动各因素的边际效应时会进一步说明。度量外出的另一个变量是外出劳动力数量。对于不同的贫困标准，两个年份的估计结果都显示，家庭中的外出劳动力数量越多，家庭成员陷入贫困的可能性将会越小，这一效应一直都是显著的，对于表 12–14 中所给出的边际效应也是如此。从估计系数的变化中可以进一步地看到，当提高贫困线标准时，这一变量的估计系数将下降，这意味着劳动力外出的减贫效应可能会随着贫困标准的提高而下降。

在低标准贫困转换中，外出概率对于 2008 年陷入贫困的可能性都具有显著的负效应。一个比较奇怪的现象是，在较高的贫困标准下，外出概率对于 2008 年陷入贫困的概率的边际效应可能是显著为正的。这一结果可能与贫困标准有关。为了验证这一点，表 12–15 给出了不同贫困标准下，外出状况对于贫困减缓的效应变化，结果表明，外出状况的减贫效应与贫困标准之间是相关的。在各贫困标准下，2007 年外出概率和外出概率变化两个变量对贫困概率的边际效应首先为负，也就是说，2007 年外出概率越高，2008 年外出概率上升越高，则贫困可能性会越低，即具有减贫效应；但随着贫困标准的提高，边际效应的绝对值是逐渐下降的，这意味着外出的减贫效应在逐渐下降。

表 12–13　贫困影响因素的双变量 Probit 模型估计

| 项目 | 贫困线 =1196 元 | | | | 贫困线 =1799 元 | | | |
|---|---|---|---|---|---|---|---|---|
| | 2007 年 | 2008 年 | 2007 年 | 2008 年 | 2007 年 | 2008 年 | 2007 年 | 2008 年 |
| 2007 年外出概率估计 | −0.6668<br>[4.83]*** | −0.1794<br>[1.11] | | | −0.2455<br>[2.60]*** | 0.1901<br>[1.70]* | | |
| 外出概率变化 | | −1.9208<br>[2.71]*** | | | | 0.2903<br>[0.58] | | |
| 2007 年外出劳动力数量估计 | | | −0.2258<br>[4.37]*** | −0.1817<br>[2.86]*** | | | −0.1154<br>[4.09]*** | −0.0654<br>[1.81]* |
| 外出劳动力数量估计值变化 | | | | −0.3976<br>[2.28]** | | | | −0.2255<br>[2.28]** |
| 户主年龄 | −0.0542<br>[4.59]*** | −0.0289<br>[2.12]** | −0.0541<br>[4.57]*** | −0.0328<br>[2.41]** | −0.019<br>[2.01]** | −0.0489<br>[5.15]*** | −0.0183<br>[1.93]* | −0.0475<br>[5.02]*** |
| 户主年龄平方 /100 | 0.0578<br>[5.11]*** | 0.0268<br>[2.04]** | 0.0576<br>[5.09]*** | 0.0316<br>[2.41]** | 0.0185<br>[2.01]** | 0.0434<br>[4.72]*** | 0.0182<br>[1.98]** | 0.0432<br>[4.71]*** |
| 户主受教育年限 3～6 年 | −0.0129<br>[0.19] | −0.0536<br>[0.72] | −0.0149<br>[0.23] | −0.0029<br>[0.04] | 0.0759<br>[1.53] | −0.0066<br>[0.13] | 0.085<br>[1.71]* | −0.011<br>[0.22] |

续表

| 项目 | 贫困线 =1196 元 | | | | 贫困线 =1799 元 | | | |
|---|---|---|---|---|---|---|---|---|
| | 2007 年 | 2008 年 | 2007 年 | 2008 年 | 2007 年 | 2008 年 | 2007 年 | 2008 年 |
| 户主受教育年限 6～9 年 | −0.0577<br>[0.86] | −0.1914<br>[2.50]** | −0.0648<br>[0.97] | −0.1353<br>[1.82]* | 0.0102<br>[0.20] | −0.1511<br>[2.84]*** | 0.0152<br>[0.30] | −0.1569<br>[3.07]*** |
| 户主受教育年限 9 年以上 | −0.3507<br>[4.10]*** | −0.1949<br>[2.23]** | −0.3259<br>[3.80]*** | −0.1493<br>[1.73]* | −0.1816<br>[3.05]*** | −0.3285<br>[5.22]*** | −0.1678<br>[2.81]*** | −0.3411<br>[5.53]*** |
| 男性成员比重 | 0.2853<br>[2.47]** | 0.014<br>[0.11] | 0.2292<br>[2.01]** | −0.0359<br>[0.32] | 0.1545<br>[1.95]* | −0.1809<br>[2.09]** | 0.1494<br>[1.91]* | −0.1082<br>[1.34] |
| 2007 年家庭规模 | 0.1275<br>[7.97]*** | 0.0432<br>[2.23]** | 0.1333<br>[7.72]*** | 0.0505<br>[2.82]*** | 0.1401<br>[12.96]*** | 0.0631<br>[4.61]*** | 0.1559<br>13.47*** | 0.0952<br>[7.64]*** |
| 2007 年家庭劳动力比例 | −0.0782<br>[0.87] | −0.3263<br>[3.45]*** | −0.1205<br>[1.36] | −0.195<br>[2.11]** | −0.4906<br>[7.62]*** | −0.4689<br>[6.98]*** | −0.4822<br>[8.00]*** | −0.3876<br>[6.07]*** |
| 2007 年人均耕地面积 | −0.1915<br>[9.21]*** | −0.0699<br>[3.70]*** | −0.1924<br>[9.21]*** | −0.0848<br>[4.70]*** | −0.1192<br>[9.26]*** | −0.0825<br>[6.30]*** | −0.1185<br>[9.18]*** | −0.0781<br>[6.33]*** |
| 2007 年人均固定资产原值对数 | 0.0137<br>[2.44]** | 0.0214<br>[3.42]*** | 0.0111<br>[1.98]** | 0.0184<br>[3.11]*** | −0.0123<br>[3.13]*** | −0.0115<br>[2.58]*** | −0.013<br>[3.34]*** | −0.0085<br>[2.02]** |

续表

| 项目 | 贫困线 =1196 元 | | | | 贫困线 =1799 元 | | | |
|---|---|---|---|---|---|---|---|---|
| | 2007 年 | 2008 年 | 2007 年 | 2008 年 | 2007 年 | 2008 年 | 2007 年 | 2008 年 |
| 2007 年家庭不健康人数 | 0.1074<br>[3.39]*** | 0.0178<br>[0.45] | 0.112<br>[3.53]*** | 0.0347<br>[0.90] | 0.0434<br>[1.84]* | 0.1487<br>[5.55]*** | 0.0434<br>[1.85]* | 0.1391<br>[5.36]*** |
| 找到一份好工作 | 0.0618<br>[0.74] | 0.0079<br>[0.10] | 0.0271<br>[0.34] | 0.0811<br>[1.06] | −0.2685<br>[4.19]*** | −0.1693<br>[2.74]*** | −0.2676<br>[4.28]*** | −0.1445<br>[2.42]** |
| 家庭有人生病 | 0.0445<br>[0.74] | 0.1159<br>[1.79]* | 0.0346<br>[0.57] | 0.0925<br>[1.44] | −0.0122<br>[0.28] | −0.0048<br>[0.10] | −0.0199<br>[0.45] | 0.0217<br>[0.47] |
| 家庭规模变化 | | 0.1785<br>[3.38]*** | | 0.1202<br>[3.09]*** | | 0.1133<br>[3.09]*** | | 0.1795<br>[7.11]*** |
| 固定资产变化 | | 0.0004<br>[0.03] | | −0.0177<br>[1.68]* | | −0.0266<br>[2.63]*** | | −0.0171<br>[2.27]** |
| 不健康人数变化 | | 0.0736<br>[2.07]** | | 0.0832<br>[2.33]** | | 0.0825<br>[3.49]*** | | 0.086<br>[3.63]*** |
| 劳动力比重变化 | | 0.5337<br>[2.81]*** | | 0.4107<br>[2.28]** | | 0.0498<br>[0.39] | | 0.12<br>[1.00] |

续表

| 项目 | 贫困线 =1196 元 | | | | 贫困线 =1799 元 | | | |
|---|---|---|---|---|---|---|---|---|
| | 2007 年 | 2008 年 | 2007 年 | 2008 年 | 2007 年 | 2008 年 | 2007 年 | 2008 年 |
| 常数项 | −0.7812<br>[2.42]** | −0.7105<br>[1.95]* | −0.799<br>[2.44]** | −0.7438<br>[2.09]** | −0.6776<br>[2.75]*** | 0.6669<br>[2.61]*** | −0.7958<br>[3.25]*** | 0.3938<br>[1.59] |
| 样本数 | 31423 | | 31423 | | 31423 | | 31423 | |
| $\rho$ | 0.4059 | | 0.3990 | | 0.5574 | | 0.5554 | |
| $\rho$=0 似然比检验 $\chi^2$ | 191.542 | | 185.64 | | 1252.78 | | 1241.55 | |
| 对数似然值 | −6591.97 | | −6592.36 | | −14336.57 | | −14329.62 | |
| Wald $\chi^2$ | 831.07 | | 830.84 | | 1766.26 | | 1776.80 | |
| 预测概率：两年都不贫困（%） | 95.48 | | 95.48 | | 88.19 | | 88.19 | |
| 仅 2007 年贫困（%） | 1.97 | | 1.97 | | 4.18 | | 4.18 | |
| 仅 2008 年贫困（%） | 2.20 | | 2.20 | | 5.17 | | 5.18 | |
| 两年都贫困（%） | 0.36 | | 0.35 | | 2.46 | | 2.45 | |

注：估计中还控制了省份变量和村特征（平原、丘陵）。[　] 内为估计系数的 $t$ 统计量绝对值。

表 12-14　贫困状态变化影响因素的边际效应（给定 2007 年的贫困状态）

| 贫困标准 | 贫困标准 =1196 元 | | | | 贫困标准 =1799 元 | | | |
|---|---|---|---|---|---|---|---|---|
| 2007 年的贫困状态 | 贫困户 | 非贫困户 | 贫困户 | 非贫困户 | 贫困户 | 非贫困户 | 贫困户 | 非贫困户 |
| 2007 年外出概率估计 | 0.0125 | −0.0053 | | | 0.1186*** | 0.0218** | | |
| 外出概率变化 | −0.4116*** | −0.0785*** | | | 0.1128 | 0.0264 | | |
| 2007 年外出劳动力数量估计 | | | −0.0214 | −0.0067*** | | | 0.0045 | −0.0038 |
| 外出劳动力数量估计值变化 | | | −0.0828** | −0.0161** | | | −0.0872** | −0.0205** |
| 户主年龄 | −0.0020 | −0.0010* | −0.0029 | −0.0012** | −0.0155*** | −0.0041*** | −0.0151*** | −0.0040*** |
| 户主年龄平方 | 0.0013 | 0.0009* | 0.0024 | 0.0011** | 0.0135*** | 0.0036*** | 0.0134*** | 0.0036*** |
| 户主受教育年限 3～6 年 | −0.0104 | −0.0021 | 0.0005 | −0.0001 | −0.0163 | −0.0020 | −0.0194 | −0.0026 |
| 户主受教育年限 6～9 年 | −0.0369* | −0.0078** | −0.0236 | −0.0054* | −0.0607*** | −0.0141*** | −0.0636*** | −0.0147*** |
| 户主受教育年限 9 年以上 | −0.0142 | −0.0061** | −0.0070 | −0.0047* | −0.0878*** | −0.0215*** | −0.0938*** | −0.0224*** |
| 男性成员比重 | −0.0188 | −0.0003 | −0.0242 | −0.0021 | −0.0985*** | −0.0193** | −0.0689** | −0.0126* |
| 2007 年家庭人口数 | −0.0005 | 0.0014* | 0.0008 | 0.0017** | −0.0010 | 0.0031** | 0.0086* | 0.0058*** |

续表

| 贫困标准 | 贫困标准 =1196 元 | | | | 贫困标准 =1799 元 | | | |
|---|---|---|---|---|---|---|---|---|
| 2007 年的贫困状态 | 贫困户 | 非贫困户 | 贫困户 | 非贫困户 | 贫困户 | 非贫困户 | 贫困户 | 非贫困户 |
| 2007 年耕地面积 | −0.0003 | −0.0023*** | −0.0036 | −0.0029*** | −0.0103** | −0.0053*** | −0.0088* | −0.0049*** |
| 2007 年人均固定资产原值对数 | 0.0035*** | 0.0008*** | 0.0030** | 0.0007*** | −0.0022 | −0.0008** | −0.0009 | −0.0005 |
| 2007 年家庭劳动力比重 | −0.0639*** | −0.0131*** | −0.0318 | −0.0075** | −0.0927*** | −0.0335*** | −0.0628*** | −0.0263*** |
| 2007 年不健康家庭成员数量 | −0.0044 | 0.0004 | −0.0010 | 0.0011 | 0.0499*** | 0.0127*** | 0.0459*** | 0.0118*** |
| 找到一份好工作 | −0.0030 | 0.0001 | 0.0155 | 0.0035 | −0.0161 | −0.0097** | −0.0069 | −0.0078*** |
| 家庭有人生病 | 0.0226 | 0.0051 | 0.0174 | 0.0040 | −0.0004 | −0.0002 | 0.0085 | 0.0024 |
| 家庭规模变化 | 0.0382*** | 0.0073*** | 0.0250*** | 0.0049*** | 0.0440*** | 0.0103*** | 0.0694*** | 0.0163*** |
| 固定资产变化 | 0.0001 | 0.0000 | −0.0037* | −0.0007* | −0.0103*** | −0.0024*** | −0.0066** | −0.0016** |
| 不健康人数变化 | 0.0158** | 0.0030** | 0.0173** | 0.0034** | 0.0321*** | 0.0075*** | 0.0333*** | 0.0078*** |
| 劳动力比重变化 | 0.1144*** | 0.0218*** | 0.0855** | 0.0166** | 0.0193 | 0.0045 | 0.0464 | 0.0109 |
| 预测概率 | 0.1185 | 0.0161 | 0.1443 | 0.0159 | 0.2758 | 0.0392 | 0.2741 | 0.0392 |

注：本表只报告了估计系数和显著性水平。

表 12-15　贫困标准与外出的减贫效应（给定 2007 年的贫困状态）

| 贫困标准（元） | 估计系数 | | 边际效应 | |
|---|---|---|---|---|
| | 2007 年外出概率 | 外出概率变化 | 2007 年外出概率 | 外出概率变化 |
| 2002 年贫困线：777 | −1.2748*** | −4.225*** | −0.1505 | −0.7785 |
| 2007 年贫困线：836 | −1.0829*** | −3.3275*** | −0.1401 | −0.6829 |
| 2002 年低收入线：1077 | 0.5621*** | −1.3901* | −0.0471 | −0.2540 |
| 1 美元贫困线（原 PPP）：1084 | −0.5764*** | −1.5161* | −0.0489 | −0.2783 |
| 2008 年调整的贫困线：1196 | −0.1794 | −1.9208*** | 0.0125 | −0.4116 |
| 1.5 美元贫困线（原 PPP）：1626 | 0.1251 | 0.2648 | 0.0680 | 0.0916 |
| 1 美元贫困线（新 PPP）：1799 | 0.1901* | 0.2903 | 0.1186 | 0.1128 |
| 2 美元贫困线（原 PPP）：2168 | 0.2492*** | 0.4329 | 0.1425 | 0.1770 |
| 1.5 美元贫困线（新 PPP）：2699 | 0.4838*** | 0.4751 | 0.2010 | 0.2180 |
| 2 美元贫困线（新 PPP）：3598 | 0.7998*** | 0.7529** | 0.2736 | 0.3514 |

注：本表没有给出边际效应的检验统计量及显著性水平。

当贫困标准高于一定程度后，外出可能不具有显著的减贫效应，甚至可能成为加剧贫困的因素。这是因为外出行为可能对不同收入组人群的收入增长效应是不相同的。在低收入人群，由于当地收入获取的能力较低，因此外出能够显著地增强其收入水平；而对于高收入人群，在当地通常能够具有较高的收入水平，外出行为并不能成为收入增长的有效促进因素。从表 12-15 中也可以看出，外出行为更加有利于低标准下的减贫。

与此相关的是，找到一份好工作可能会增加家庭收入，因此会有助于降低贫困可能性。估计结果显示，在较低的贫困标准中，这一变量的估计系数是不显著的，在较高的贫困标准下，找到一份好工作能显著地降低贫困发生概率。

户主年龄的一次项与二次项估计系数都是显著的，并且一次项的系数为负，二次项的系数为正，因此家庭的贫困可能性首先随着户主年龄的上升而下降，经过一定年龄段后，随着户主年龄的上升，贫困的可能性会逐渐上升。户主教育程度越高的家庭，陷入贫困的可能性通常越低。

从表 12-13 的估计结果来看，家庭成员的男性比重并没有成为贫困减缓的必然因素，在较低的贫困标准下，家庭男性成员比重与贫困可能性之间甚至是正向关联的。不过在表 12-14 的边际效应估计中，家庭中男性成员比重对于贫困发生率具有显著的负效应。

表 12-13 的估计系数以及表 12-14 的边际效应都显示，规模越大的家庭，贫困可能会越高。家庭劳动力[1]比例越高，陷入贫困的可能性越低，并且随着贫困标准的提高，家庭劳动力比例的估计系数也越高。人均耕地面积对于陷入贫困的可能性也具有负效应，即耕地越多的家庭的贫困发生率也越低一些。

而人均生产性固定资产与贫困可能性之间的联系与贫困标准相关。在低标准下，人均生产性固定资产对贫困可能性的影响显著为正；而在较高的标准下，人均生产性固定资产原值对贫困可能性的影响显著为负。这可能是因为较低标准下，暂时性贫困人口的份额要高一些，而这些暂时性贫困可能是由于暂时性的生产经营原因造

❶ 家庭劳动力根据年龄确定，指的是年龄在 16～59 岁的家庭成员比例。

成的，相对持有较高的固定资产。

家庭中身体不健康成员数量会显著地增加家庭陷入贫困的可能性，不健康成员的增加意味着家庭获取收入能力的下降。从表 12-13 可知，家庭成员的健康状况对于家庭的贫困状况都具有非常显著的影响，并且家庭不健康成员数量的增加将会增加 2008 年陷入贫困状态的可能性。这两个变量的影响都是显著的。从表 12-14 中所给出的边际效应来看，对于贫困户来说，家庭成员中不健康成员数量的增加会具有更高的边际效应。同时值得注意的是，家庭中有人生病对于贫困的影响则是不显著的。其原因在于，这种暂时性的冲击更多的是影响住户的支出水平，而非收入获取能力。

从家庭特征的变化来看，家庭人口数的增加、不健康人数的增长都会成为导致 2008 年贫困发生率上升的显著因素。而固定资产的增加则可能会降低 2008 年的贫困可能性。劳动力比重变化对于 2008 年贫困的影响在不同贫困线下有所差异。在较低贫困线下，劳动力比重的增加不仅不能减少贫困，反而在估计方程中的系数符号显著为正，即劳动力比重的上升会增加贫困的可能性；而在较高的贫困线下，这一变量的效应是不显著的。

## 五、总结

根据 2007 年和 2008 年住户追踪调查数据，本章描述了两个年份的农村贫困状况及其变动特征。基于两个年份相同的住户，本章发现人均收入不均等程度没有明显的变化，但低收入人群的相对位置也通常难以改变。根据不同的贫困标准，我们发现 2008 年的贫困发生率比 2007 年有了进一步的下降，但多数贫困深度指标有所上升。从两个年份的贫困发生率来看，两年一直陷入贫困状态的家庭比例相对较低，但贫困类型结构也会受到贫困标准的影响。贫困标准提高，则两年贫困在总体贫困中的比重将有较大幅度的上升。

从收入结构的描述中可以发现，包括外出务工收入在内的工资性收入增长对于农户脱离贫困状态具有重要的贡献，经营收入的波动是住户陷入贫困状态的重要因素。此外，贫困类型在不同省份之间也具有较大的差异性，浙江与河南的两年贫困在总体贫困中所占份额通常较高。户主年轻、教育程度较高的家庭中，两年贫困的比重相对较低。从简单的描述性分析中，外出与贫困类型之间没有明显的关联性。

但通过对外出行为的内生性处理，本章发现外出务工对于农村贫困具有显著的影响。外出户陷入贫困的可能性明显低一些，同时也是贫困状态转换的重要因素。无论是对于2007年的贫困户还是非贫困户，外出可能性更高的住户在2008年的贫困可能性通常明显更低。外出的贫困减缓效应也更为一致性地体现在外出劳动力数量与家庭贫困可能性的关系上，外出劳动力数量更多的家庭更不易陷入贫困状态。外出与贫困可能性之间的关系受到贫困标准的影响。贫困标准越低，外出的贫困减缓效应越明显。在影响农村贫困及其变化的因素中，本章还发现家庭健康状况也具有十分显著的影响。家庭不健康的成员数量及其变化也是贫困及其转换的重要因素。

**参考文献**

[1] 陈绍华，王燕. 中国经济的增长和贫困的减少：1990—1999年的趋势研究 [J]. 财经研究，2001（9）.

[2] 杜凤莲，孙婧芳. 经济增长、收入分配与减贫效应：基于1991—2004年面板数据的分析 [J]. 经济科学，2009（3）.

[3] 国家统计局. 中国统计摘要（2009）[M]. 北京：中国统计出版社，2009.

[4] 万广华，张茵. 收入增长和不平等对我国贫困的影响 [J]. 经济研究，2006（6）.

[5] 魏众，古斯塔夫森. 中国转型时期的贫困变动分析 [M]// 赵人伟，李实，李思勤. 中国居民收入分配再研究. 北京：中国财政经济出版社，1999.

[6] 岳希明，李实，王萍萍，等．透视中国农村贫困 [M]. 北京：经济科学出版社，2007.

[7] 岳希明，罗楚亮．劳动力流动与农村贫困（讨论稿）[Z]. 2008.

[8]BOKOSI，KENALA F. Household Poverty Dynamics in Malawi[D]. Cantebury：University of Kent，2006.

[9]BOURGUIGNON. The Poverty-growth-inequality Triangle，Indian Council for Research on International Economic Relations[R]. New Delhi：Indian Council for Research on International Economic Relations，2004：125.

[10]CHEN Shaohua，RAVALLION M. How Have the World' s Poorest Fared since the Early 1980s[R]. Washington D.C.：World Bank，2004：WPS3341.

[11]CHEN Shaohua，RAVALLION M. Absolute Poverty Measures for the Developing World，1981-2004[J]. Proceedings of the National Academy of Sciences of the United States of America，2007，104/43：16757-62.

[12]CHEN Shaohua，RAVALLION M. China Is Poorer than We Thought，but No less Successful in the Fight against Poverty[G]// World Bank. Policy Research Working Paper，2008：4621.

[13]DATT G，RAVALLION M. Growth and Redistribution Components of changes jn Poverty Measures：A Decomposition with Applications to Brazil and India in the 1980s[J]. Jourrtal of Deveiopment Economics，1992，38（2）：275-295.

[14]DUCLOS J-Y，ARAAR A，GILES J. Chronic and Transient poverty：Measurement and Estimation，with Evidence from China[J]. Journal of Development Economics，2010（91）：266-277.

[15]FOSTER J，GREER J，THORBECKE E. A Class of Decomposable Poverty Measures[J]. Econometrica，1984（52）：761-765.

[16] GREENE W H. Econometric Analysis[M]. 5th ed. New York: Prentice Hall, 2002.

[17] JALAN J, RAVALLION M. Transient Poverty in Postreform Rural China[J]. Journal of Comparative Economics, 1998, 26 (2): 338–357.

[18] JALAN J, RAVALLION M. Is Transient Poverty Different ? Evidence for Rural China [J]. Journal of Development Studies, 2000, 36 (6): 82–99.

[19] KAKWANI N, PERNIA E M. What is Pro–Poor Growth ? [J]. Asian Development Review, 2000, 18 (1): 1–16.

[20] RAVALLION M, CHEN Shaohua. China's (Uneven) Progress against Poverty[J]. Journal of Development Ecoriomics, 2007, 82 (1): 1–42.

（本章作者：罗楚亮 原载于《经济研究》2010 年第 5 期）

# 第四篇

# 4

# 脆弱群体的生存与发展需求

# 第十三章　决定社会融合的经济因素

## ——阿坝农牧区调查报告

**【内容提要】**在市场化进程中，四川阿坝州农牧区社会经济不平等现象显著，“生态贫困”“健康贫困”和“教育贫困”的状况并存。基本健康无保障和非农就业市场教育水平门槛提高的现状，导致贫困人口受困于边缘化的可能性增大。为了扭转这种局面，需要继续对最贫困的群体予以食品援助。同时，政府的地区发展和扶贫政策，必须将人力资源发展和就业促进设为优先目标。

**【关键词】**藏族发展　扶贫　就业促进

从计划经济走向市场经济的转型，国家无不面临地区差距增大、贫富分化显著和民族矛盾趋于尖锐的社会问题。如果政府和社会不加大干预力度，后进地区和弱势群体势必陷入边缘化的境地，从而危及社会稳定、社会融合和社会凝聚。苏联和俄罗斯经济改革的历程为此提供了例证。如果说社会稳定、社会融合和社会凝聚的含义还不够确切的话，从它们的反义词则很容易理解这些范畴，那就是社会动荡、社会疏离和社会分裂。如何在社会经济转型过程中通过公共支持援助弱势群体、促进后进地区和少数民族的发展，既是对转型国家公共政策的挑战，也是对人文和社会科学的挑战。围绕这一主题，中国社会科学院课题组已经进行了5年的藏族聚居区社会经济发展研究。[1]

笔者从文献回顾中了解到，由于藏区生态环境脆弱不利于制造业发展，不少作者都曾设想把旅游业作为藏区经济的增长点。问题是，青藏高原虽然壮美，却并非所有的地方都适合旅游或者说足以吸引游客。换句话说，旅游业不可能覆盖所有的藏族聚居区。即使是在旅游业已经发展起来的地方，居民的受益程度也会由于居住区位、个人社会经济特征和旅游管理制度等因素而各不相同，有些群体甚至难以受益。那么，在这种情况下产生了怎样的经济不平等？经济不平等程度加大对社会凝聚和社会融合又产生了怎样的影响？当地民众和政府是如何回应旅游业发展带来的社会经济变化的？ 2004 年 7 月上旬，我们带着这些问题奔赴四川省阿坝藏族羌族自治州调研。

提起阿坝，读者可能都知道那里有风景名胜九寨沟和黄龙钙化彩池，或者还会联想到近两年来声名鹊起的马尔康，因为有一部描绘藏族土司制度兴衰的电视剧《尘埃落定》就在那里拍摄。其实，阿坝州有 13 个县，是个多民族混居的地方，居民不只有藏族和羌族，而且还有回族、满族和汉族。马尔康县城是州政府的所在地，九寨沟位于南坪县，只因前者闻名遐迩而后者鲜为人知，南坪县遂更名为九寨沟县。黄龙彩池位于松潘县，只不过旅游广告往往忽略了后者。松潘县在笔者这一代人中是一个令人无限敬仰的革命圣地，因为那是红军长征中爬雪山过草地的地方。我们把在阿坝州调研的地点定在九寨沟县和松潘县，主要是为了观察旅游业对藏民生活的影响。结果不但实现了预期的田野工作目标，而且有意外收

[1] 该课题由中国社会科学院学术委员会主席王洛林教授主持。课题组于 2004 年 6 月 28 日～7 月 8 日在四川省大邑县、九寨沟县和松潘县调研，得到调研地区各级政府和村委会的通力支持，同时受惠于调研农牧户的热情接待和卓有成效的合作。课题组在成都期间，四川省社会科学院和四川大学的同行安排了高效率的学术交流。在与地方政府的联络过程中，我们还得到了社科院院长陈奎元同志的帮助。谨在此一并致谢。

获，那就是看到改革开放政策对不同民族之间社会经济文化交融的促进，西部开发政策带给当地基础设施和社会服务的改善，以及因此而导致的农牧民家庭福利的增加。以下拟采用案例讨论方式对这次调研中观察到的事实展开分析。

## 一、被排斥在就业市场之外的群体

在我国农村现有的贫困人口中，有相当一部分人居住在生态脆弱、土地产出率低的山区。其实，恶劣的生态环境往往也是他们收入低下、食品无保障的首要原因。为了突出这一点，我们把这种贫困现象称为“生态贫困”。在现实生活中，有利于改善生态环境的措施从长远来看具有缓解乃至消除生态贫困的作用，但如果没有食品救济一类的配套政策，这些生态贫困人口可能还会在短期内加剧贫困。我国的退耕还林政策设计避免了这种短期负面效应。

退耕还林政策原本是为了实现水土保持和改善生态环境而设计的。我们的调查表明，这项政策在实施过程中还产生了社会保护的作用。初到九寨沟、松潘县就不难看到，退耕的坡地上丛林茂密青翠欲滴，不仅涵养了水土，而且为这一带增添了赏心悦目的秀美山色（或者说旅游价值）。课题组通过在九寨沟县马家乡甘沟村调研注意到，退耕政策还有一个副产品，那就是与之配套的粮食补助政策为原先饱受饥饿之苦的贫困农户提供了食品保障。

与四川的汉族聚居区相比，阿坝州幅员广大、人口稀少，84242平方公里的土地上平均每平方公里大约有10人。可是这里多为陡峭的山坡、贫瘠的高原和暗藏沼泽的水草地，可耕地并不多，平均每人将近1亩。更成问题的是，这里既无成都平原那样肥沃的土地，又无得天独厚的温暖气候，农作物只能种植一季，平均每亩粮食产量不足400斤。那些挂在陡坡上的地块产量就更低了，据九寨沟和松潘县一带的农民介绍，在最好的年景里每亩小麦也收不到200斤，农户退耕的田地正是这些边缘地块。政府为退耕农民提供为期

5～8 年的粮食补偿，当地的补助标准是每年每亩退耕地 200 斤左右大米或者面粉，每半年兑现一次。补助标准高于退耕地块的实际产量而又不受年景影响，所以这项政策很受欢迎。在林业部门和基层政府的监督指导下，退耕农民在自家地块上认真执行了育林和管护任务。实际上，这也是农民获得退耕补助粮的前提条件之一。从这个角度来看，退耕还林政策还包含了以工代赈的因素。

我们走访甘沟村的时候，恰好碰到家家户户派人去乡粮站“打粮”（拉粮食）。甘沟村位于九寨沟景区的山背面，但是并无公路翻山而过。我们乘车从原先的南坪县城出发，顺山势绕了一个大弯才沿着一条狭窄的机耕道缓缓驶近村边。甘沟村是一个纯藏族村寨，居民有 20 多户，分布在一面向阳的山坡上。我们进村时恰遇三五个妇女带着孩子在村头晒太阳聊天，看到笔者她们就主动打招呼。其中一个问明来意便热情地邀请“家里坐”，她的名字叫央宗。我们刚在她家门口落座，其他妇女也来了，还有一位到村里串亲戚的男青年闻讯赶来坐在央宗家的门槛上。笔者只要提一个问题，就会有好几个人七嘴八舌地争着回答或者互相校正说法，无形中增加了访谈的信息量。笔者在西藏走访农牧民的时候几乎全靠翻译，甘沟村的这几位藏族妇女都能讲一口流利的四川话，也能顺畅地用普通话交谈。央宗介绍说，她们几个人互相是亲戚，都没上过学，不过村里的人即便是文盲，差不多也能从小说汉话。平时听听广播或者看看电视，去乡里办事或者到县上买卖东西，自然而然就会了，谁也没有专门去学。

可是，她们这些没有上过学的人即使会说汉话，在外面也找不到工作。九寨沟景区宾馆饭店招工要的是大中专毕业生和高中生，最低文化标准也得是初中毕业。甘沟村里像她们这么大的人几乎都是文盲，所以谁也没有到山那边上过班。村里也没有人去九寨沟做买卖，因为景区管理局只准那里的原住民在规定的地方摆摊。宾馆饭店的副食供应更不靠边远村寨，从她们村的小路翻山过去要走大半天。再说，甘沟村的人穷，也没多少东西可卖。就算卖东西，也是去县城南坪，搭乘福田牌农用车单程路费 10 元钱。

央宗说她家原有 11 亩地，退耕 5 亩，每次从粮站拉回 600 来斤大米的补助。还有 6 亩地自己耕种：2 亩洋芋，1 年能收 2000 斤，既当主食又用来炒菜；3 亩玉米，总产量大约 3000 斤；还有 1 亩黄豆，收成在 100 斤左右。大部分玉米用来喂猪，1 年养 2 头，为的是供应自家需要的食油和腊肉。收获的粮食中只有黄豆多半出售，每斤市价 1 元。此外，地头上的辣椒和花椒每年能卖几十元钱。前两年家里最大的现金花费是两个妹妹的学费，每人每学期 100 元。现在需要花钱的地方主要是电费，每月 20 元；还有 1 年喝茶用的酥油，大约花 100 多元买 10 斤。家里最主要的现金来源是挖药材，村里差不多家家户户都是如此，平均每个劳力 1 年挖药材卖钱 300 来元。采药的季节里，男的出去一次就是 2～3 天，爬高山、睡塑料棚子，主要是采虫草和挖天麻。女的都去不太远的山坡，主要挖黄芪、采野菜。采集的药材和野菜需要晾干了拿到县城去卖，有时候卖给公家的商铺，有时候卖给私人。价格都是买家说了算。例如黄芪，5 斤鲜货才能晒出 1 斤干药材，只能卖 1 元钱。央宗她们都觉得价格被压得太低了，可也没办法。她们对所有不如意的事情都表现无奈，使用频率最高的用语是“没的法”“我们笨嘛”，央宗对自家众多劳力找不到挣钱多的活路就更显得无奈。

她家现有 6 口人：父亲和 5 个子女。央宗的母亲 10 年前患肝腹水去世了，去世前在南坪住院 25 天，给这个家庭留下 6000 元的债务至今还未还清。央宗的大姐已经出嫁，夫家就在本村，访谈那天带了两个孩子参与聊天。央宗今年 25 岁，她和姐姐因为家里太穷才没有上学。弟弟 19 岁，是家里唯一的男孩，上过 4 年学。大妹 16 岁，二妹 14 岁，都已小学毕业。父亲和继母生了一个小妹妹，今年才 5 岁。央宗没有把继母算作自家人口，因为她常住前夫家。继母今年 40 岁，前夫于 10 年前因肝炎而亡，留下 4 个儿女，现在他们的年龄分别为 19 岁（女）、17 岁（男）、15 岁（女）和 13 岁（男）。两家目前的状况都是人多地少，生活贫困，如果没有退耕还林的补助粮，那可就连饭也吃不饱了。

笔者问到甘沟村近 20 年是否实行过计划生育，在场的人都点头说“有政策”。央宗的父亲曾为她二妹（第五胎）和小妹的出生分别交过 800 元和 1500 元的罚款，可是她父母那一代人认为多子多福，儿女多则干活的人也多，所以明知会罚款也要违反政策。央宗姐妹这一代就不那么想了，每个年轻的小家庭都不会超过 2 个小孩，她在场的姐姐和表姐都是这样。表姐是村里的美人，名叫王香兰，她其实是个纯藏族少妇。王香兰今年 30 岁，娘家也在本村，她和丈夫结婚后从公婆家分出来，生育了一双儿女。现在女儿 5 岁，儿子 2 岁多，和尚给儿子取姓“龙”。王香兰说，当地的计划生育政策比以前严了，生育第三胎算是超生，听说规定罚款 12000 元。就是不罚款，她也不打算超生，因为养不起了。丈夫小她 3 岁，两人都没读过书，不能让孩子再当文盲。这几年丈夫仁吉杰患胆囊炎和胃炎，既不能干田里的重活，也不能上山挖药，她不得不承担家里和田里的主要劳动。可她不巧也得了病，是泪囊炎。王香兰的舅舅在南坪县城做事，出面从 4 个亲戚家借了 3000 元，帮助她去成都做了手术。眼睛痊愈了，可是什么时候还账？王香兰说“啥时候有钱啥时候还”。

按照她家目前的情况，还款尚且遥遥无期。这个小家庭原有 6 亩地，退耕 3.2 亩，一年能有 600 多斤补助粮。耕种的 2.8 亩地里打下的粮食和 1 年里育肥的猪都是自家消费。王香兰还种了点儿莲花白、大白菜和辣椒，也用于自食。这几年除了看病，全家都很少花钱：没有买新衣服；1 年买 3 斤酥油；村里的自来水不要钱；1 个月的电费不到 5 元，因为她们天一黑就去别人家看电视，例如常来央宗家。央宗家有一台黑白电视机，是九寨沟的亲戚淘汰下来送给她们的。王香兰最喜欢看武打片，因为热闹而且最后总是好人赢。她看不懂农业科技片，所以不喜欢看，也根本不看。央宗的姐姐却不这么认为，她说武打片都是唬人的，新闻节目最好，因为那里面说的都是真事。

从央宗和王香兰家当前的生产、收入、物质和精神消费状况来看，她们的家庭只是在勉强维持生存而几乎未能参与近年来的社会经济发展。甘沟村的这些年轻妇女及其父老兄弟由于没有受到足够的基础教育而被排斥在劳动力市场之外，因而不可能获得打工和创业收入。笔者在西藏遇到的四川青壮民工至少受过初中教育，表明那里非农就业岗位的受教育程度门槛设在初中水平。从央宗她们提供的信息可知，九寨沟景区的就业门槛显然被提高到专科或高中水平。这就使甘沟村的人们既不能融入劳动力流出的大潮中，也无法受益于当地旅游业发展创造的就业岗位。在这个意义上，他们成为社会的边缘群体。

如果说退耕补助政策使所有退耕人家受益的话，类似甘沟村农户这样的贫困群体受益最大，因为舍此他们就可能会陷入饥饿。从这个角度看，退耕补助对贫困人口具有救济作用。有鉴于受益的贫困户还承担着护林职能，这种救济实质上是通过以工代赈的形式实现的。由此可以引申出如下政策结论：

退耕补助计划年限到期之后，有必要借助此类形式继续向贫困户发放以工代赈口粮，以便一方面巩固退耕还林的生态成果，防止毁林开荒现象反弹；另一方面，通过这种积极的生存保障策略扶助贫困群体摆脱边缘化处境。当然，这一措施还应辅以针对贫困群体的扫盲项目、基础教育和基本医疗保障、计划生育、技能培训和信息服务等多种援助措施，才有可能从根本上缓解乃至消除生态脆弱地区的贫困。至于那些非贫困退耕户，在粮食补助期满之后政府可以考虑给予少量象征性货币补贴，以激励其参与护林行动，或者作为国家对退耕户林地使用权的支付。

## 二、社会经济不平等与基础教育不平等

近年来，就业市场的教育水平门槛逐渐提高，促使全国老百姓更多地投资于子女教育，这无疑有益于人力资源的发展和劳动力

素质的提高。然而教育费用的飞涨使得中低收入家庭不堪重负，更把贫困家庭的子女逼入教育无保障的境地。如果从家庭消费支出的角度观察贫困现象，仅仅是基础教育支出就使一些处在贫困线边缘的农民家庭陷入贫困。为了叙述方便，我们暂且把这种贫困称作“教育贫困”。与此成为鲜明对照的是，一些在市场化进程中占据社会或经济有利地位而先富起来的人家，从基础教育阶段起就把子女送入贵族式教育的轨道。社会经济不平等和基础教育不平等交互作用，加剧了来自不同社会阶层的群体在人生起点上的不平等。笔者在九寨沟和松潘县调研时记录的几个人物经历，正是这种状况的写照。

**1. 低收入者如何为子女教育打工**

这几年去中西部农村调查，几乎随处可见“教育贫困”的现象。那些处在贫困线边缘的农民几乎都在为子女教育打工，在松潘县黄龙彩池景点抬滑竿（简易轿子）的轿夫杜某就是其中的一个。杜某今年 40 岁，家住距离景点 2 公里的小河镇小河村，婚前生活在一个人口众多的汉族大家庭，仅兄弟姊妹就有 7 人。他婚后分家带出来自己名下的 1 亩地，前些年修公路被占用半亩，得了 3000 元的补偿金。杜某夫妇均无学历，早就凭借非农体力劳动谋生。妻子 38 岁，到处打零工，目前正参加修路，一天能挣 20～30 元。杜某当轿夫之前做过 9 年矿工，今年小矿山被关闭，他经亲戚介绍进了这里的滑竿队。

别看在这海拔 3000 多米的山道上抬着滑竿爬上跑下十分辛苦，轿夫位置的竞争却非常激烈。据滑竿队的一位调度董某介绍，滑竿属于公司，共有 60 顶，每顶购价 1000 元。轿夫的招工标准是 40 岁以下身体健康的男性，杜某能进来就很不易了。现有轿夫 120 名，只要有一人生病不能来，队里马上就能从一大群报名登记的预备人员中招来替补。如果不是身体实在坚持不下去，没有哪个轿夫会旷工。抬一天滑竿挣的钱无论多少，都必须给公司交 30% 的管理费。

每年的 4～10 月是黄龙景区的旅游季节，到这里来的人多数乐意爬山，只有少数旅游者坐滑竿，所以轿夫们只能在调度指挥下排队等生意。夏日里早晨7点半就来排队，傍晚7点钟左右才收工。吃饭有“伙食团”（伙房），去年每人每天的伙食费大约平均7元，今年每天平均伙食支出大约10～12元/人。原因是食品涨价，例如大米价格从每斤0.8元涨到1.4元，腊肉从每斤7元涨到10元。杜某说，他和妻子除了吃饭，几乎不再花什么钱，挣的钱差不多都花到2个孩子身上了。女儿今年15岁，正在读初中三年级；儿子13岁，上的是初一。每个孩子每学期需要花费1000多元。杜某抬滑竿有时候1天挣50～60元，有时候挣10元，只有在“五一”旅游黄金周的时候一天能挣100元。他家去年修房子欠下两个亲戚4000元的债，杜某估计今年年底之前能还债。他自信，只要身体不出毛病，就能抬滑竿供儿女读书，只要孩子能考上更高级的学校，他和妻子再苦再累也愿意这样继续干下去。杜家夫妇的决心令人感动，可是他们能否供给两个孩子完成初中学业，在很大程度上取决于抬滑竿的收入，这笔收入却并不稳定而且也无保障，因为杜某的就业岗位和健康都存在着不可预见的风险。这表明，类似杜家这样的非贫困农家的孩子，要完成9年基础教育实质上还是没有财务保障的。就算杜某没有健康和就业风险，1年能抬200天滑竿，每天能挣40元，扣除他个人的饭钱还能剩6000元左右。当地供养一个高中生或中专生一年最少要花费4000元，如果没有其他财力支持，杜家孩子注定会有一个不得不辍学了。

相形之下，九寨沟县漳扎镇龙康村的贫困户就幸运多了。这个村距离九寨沟景区大门5公里左右，是个聚集着120多户人家的藏族村。自从景区管理机构规定沟里不准经营旅馆后，龙康村有不少人家抓住这个机会在沟外开旅馆、搞运输、经营餐馆商店等，很快进入高收入阶层。但也有少数农户缺少具有创业能力的人力资源，难以利用眼前的机遇，因而落入低收入群体。不过，由于镇政府和村委会牵线搭桥，这些户里每家至少有一个劳动力由景区管理局安排在沟内外做环卫工，每月工资600元，这就使龙康村的贫困户脱离了绝对贫困。村里人说到贫困户，只不过是在相对意义上区分了贫困和非贫困。

笔者在龙康村走访的一个贫困户有祖孙 3 代 5 口人：83 岁的奶奶、45 岁的户主夫妇、18 岁的儿子和 13 岁的女儿。户主夫妇都没上过学，幸好有村委会照顾，否则他俩不可能找到有稳定收入的非农工作。现在，户主在景区内已经做了 3 年多清洁工，妻子从今年开始在景区外做同样的工作，两人每月工资合计 1200 元。在没有得到环卫工作前，他们的收入只能来自耕种 2 亩地、养 1 头猪和上山挖药材。在这种情况下他们还供养两个孩子读书。目前女儿在县城上初一，儿子刚刚从成都拿到一所中专学校企业管理专业的毕业文凭。这个小伙子在成都上学 3 年，期间每年从家里带走 4000 元左右。如果父亲没有景区那份工作，即使不算妹妹的教育费用，他家也无法筹到足够的学杂费供他完成学业。

从上述案例不难看出：第一，以农民家庭食物消费为主的生存标准作为确定贫困线的依据，现在已经远远不够了。原因在于，非农就业日益成为农民家庭的主要收入来源，就业标准中对劳动者基本健康和基础教育水平的要求逐渐增加。第二，生活在现有贫困线以下的农户（年人均纯收入不足 625 元），不仅需要食品救济而且需要基本医疗和基础教育援助。第三，没有稳定非农收入来源、生活在贫困线边缘的农户，难以为子女的基础教育提供财务保障。这种状况一方面提醒政府和公众，需要尽早采取行动遏制教育市场化，尤其是基础教育市场化的趋势，制止教育机构特别是公办学校肆意增加收费项目和提高收费水平的行为；另一方面，有必要把基础教育费用计入家庭生存消费标准，或者说提高现有的贫困线水平，以便双管齐下，从帮助贫困户提高收入和援助贫困学生完成学业方面入手来缓解“教育贫困”。

**2. 偏好高价学校的社会经济含义**

九寨沟旅游业的兴盛，首先使居住在沟内风景点跟前的家庭受益，或者说赋予他们经济区位优势。这些家庭不仅用旅游业收入提高生活水平，而且毫不吝惜地投资于子女教育，兴起了送孩子去成都上寄宿学校的风气。九寨沟里的树正寨几乎家家户户都选择了这种教育模式。

树正寨是个纯藏族村，与九寨沟著名景点“树正瀑布”和“树正群海”之间只有一条景区公路相隔，而它所在的山坡本身就是一道风景线，可以说整个村庄都处在旅游的旋涡里。从1992年起，村里的住户就不再是农户，因为那一年当地政府为了改善九寨沟的生态环境和旅游条件，规定沟内的农户放弃种养业。因此，全村的农地一律退耕还林，政府按每亩地每年150斤粮食的标准向村民发放退耕补偿。由于那时候旅游业早已成为住户的主要收入来源，这项政策的贯彻倒也没有遇到实质性的困难。从前几年起，景区管理局规定沟内不允许办旅馆，于是树正寨的村民少了这一大宗收入。但是作为补偿，所有住户皆可凭户口本每人每月从管理局领取500元，从而获得了一笔旱涝保收的生活费。除此而外，管理局只授予这些居民户租用诺日朗旅游中心售货柜台的权利，同时禁止九寨沟外的居民进入景区做买卖。这一方面保证游客的观光活动不受叫卖干扰，另一方面也保障了沟内居民的商业利益。当然，树正寨的村民还能继续在村道两旁开商店。据龙康村的人们介绍，树正寨是全县最富裕的村，人均收入至少上万元。

笔者在树正寨走访了一家正在装修房子的居民户，户主夫妇没有说明他们目前的商业收入，但从家庭住房质量和消费支出规模可以明显地感觉到其殷实的财力。这栋木结构为主的楼房占地大约200平方米，1989年建成，当时耗资12万元，今年预算装修和装饰支出60多万元，主要花在建筑材料、油漆、木工和画匠工资上。笔者在客厅遇到正要上楼的4位僧人，一问才知道是主人请来念诵平安经的。户主朗某说，这样的法事他家一年要做6～7次，每次1～2天。僧人分别从沟里和沟外的寺院请来，不论资历深浅，一律管吃管住。朗某还根据沟里的零工日工资标准，以每人每天30元的额度给僧人计发工资。笔者还在临近客厅的厨房里遇到主人家的保姆，她来自邻县农村，正在液化气灶前忙碌。厨房里的电器她都会用，例如微波炉。

朗家有祖孙三代六口人：他的父母，年龄分别为67岁和65岁，都没有上过学；他现年37岁，妻子35岁，两人都是小学毕业；儿子16岁，初二学生；女儿13岁，上小学6年级。两个孩子都在成都上寄宿学校，不算他们夫妇每学期去学校接送和探视子女的花销以及请老师保管的零花钱，每个孩子的学费、生活费、交通费和学校赞助费总共每年大约在16000～17000元。如此昂贵的初等教育不禁令人咂舌，笔者问道为什么要送孩子去成都上学，朗某和妻子以及在场的表兄弟都说："那里的教学质量高嘛！"

朗某无暇细说重金追求学校教学质量的原因，但是从龙康村一位宾馆店主讲述的创业史可以推断影响当地高收入户教育决策的主要因素。这位店主名叫龙王措（汉名林红），她和丈夫都刚过30岁，两人均初中毕业。龙王措的父亲过去是乡干部，丈夫曾在县办企业工作。这显然使她家的社会经济地位比附近其他农户都优越。1990年，龙王措进了九寨沟的一家宾馆做客房服务员，既积累了资金，又获得了与各色人等打交道的经验。1993年，她用不到2万元的资金在镇上开了一个服装店，从打工妹转变为自我雇佣的小企业主。两年下来感到经营利润不大，就试着转营录像馆。1997年，丈夫办了停薪留职手续专门搞运输。2001年企业改制，企业用买断工龄的方式付给他3万元。1998—1999年，夫妻俩开始筹建旅馆，2000年在九寨沟口的火地坝开业。这家旅馆有56个标准间并附设餐厅，开业前的总投资约计200多万元。这其中，自有资金、银行贷款和私人借款大约各占1/3。私人借款要付2分利（利率为20%），旅馆开业盈利后最先还清。银行首次贷款还清后她又贷了13万元，为的是修整现有房间。

龙王措在实践中积累了一套企业管理经验，她对雇员的要求首先是文化素质和技能，因此招工的时候并没有优先录用自己的亲戚。在目前的20名员工中，亲戚只有3人，都各有所长。店里的洗碗工初中毕业，服务员高中毕业，大堂经理学过旅游管理。她认为，旅游业是跟游客打交道的行业，员工文化程度高一些，才可能待客礼貌大方、细致周到，也容易学会怎样提高服务质量。她根据员工的能力分配岗位，岗位之间拉开工资差距。例如，经理和厨师月工资 1000 元，二厨工资 900 元，总台服务员 700 元，客房服务员 500 元，洗碗打杂人员 400 元。她和丈夫也不是甩手掌柜，她自己兼任会计和出纳，丈夫主管维修。

龙王措曾因这番创业经历当选第 10 届全国人大代表（访谈后笔者通过互联网上的全国人大代表名单证实了这条信息）。当代表的经历又提高了她和自家宾馆的知名度，增添了她的商业信誉，因而带来新的商机。可以说她原有的经济和社会优势有助于她后来的成功，而目前的成功又强化了她原有的优势。这种优势还有可能通过子女教育传递下去，如同她父亲的地位和社会关系惠及了后代一样。也许龙王措并没有明确地意识到这一点，但是她的决策轨迹与上述逻辑一致。这对成功的年轻夫妇养育了 2 个儿子，大的今年 10 岁，小的 8 岁，在成都的寄宿学校分别读四年级和二年级。在那里，每个小孩每学期的费用大约为 7000 元。在九寨沟和松潘县一带，一个小学生一学期的教育费用则不到 300 元。显然，去成都寄宿制学校接受小学教育的费用相当于支付当地小学教育的 23 倍之多。龙王措也坦言寄宿制学校很贵，可是她相信那里的教育质量高，所以值得去。

笔者未曾走访过此类寄宿制学校，在调研地区也没有遇到从那里回来的学生，因此无从判断当地高收入群体的子女教育决策是否经济。但是有两点是可以肯定的：一是孩子从小远离家庭，不可能充分享受家庭亲情和父母教育；二是藏族孩子还将因此而欠缺童年时代应有的本民族语言和文化教育。树正寨和龙康村的受访者都承认这一点，为了表示他们对民族认同的关切，其中有一位曾直言不讳地说："我们为什么要经常去寺院或者做法事？除了想求个平安，就是为了表示我们是藏族，要不然不就和别的民族一样了嘛！"

### 3. 小结

受教育程度日益成为农村劳动力进入非农就业市场并获得收益良好的工作的一个决定因素。目前，这种就业岗位的最低教育水平门槛处在初中水平，意味着基础教育的完成已经成为一个必要的生存条件。前述案例显示，九寨沟和松潘县的居民对此都有清醒的意识。然而相对于高昂的教育费用，贫困户的财力难以支撑子女的初中学业，来自这一群体的新增劳动者往往被排斥在劳动力流动大潮之外，使得他们因此而延续了家庭的贫困；处在贫困线边缘的家庭正在奋力托举自己的孩子翻越这道门槛，以求借助知识改变后代乃至整个家庭的命运；高收入住户则把子女送入了“贵族教育”轨道，其目的已经不仅仅是瞄准收益良好的非农就业机会，而是立足于家庭现有财富的基础上守业和创业，并且继续提升个人和家庭的社会地位。不同收入群体在子女教育上的决策行为，生动地展现了基础教育不平等背后的社会经济不平等因素和二者交互作用的链条。

这一链条改革开放前即有之，只不过在经济市场化的过程中以前所未有的强度表现出来。它最清楚不过地向政府和公众表明，贫困并非是个人的过失而本质上是社会经济不平等因素所致。个人在占有人力资源、物质资源、政治资源和社会资源方面的先天优势虽然未必保证后天的成功，但先天劣势必定降低个人的竞争力。来自贫困家庭的儿童在孕育期间就极有可能因为母亲营养状况不良和过度劳累而发育不良，出生后还可能由于营养和照料不足而生长缓慢，此后在获得基础教育和基本医疗服务方面的困难则进一步阻碍他们的发展。正因为如此，我们才会看到在经济市场化进程中，贫困群体缺乏主动寻找市场机会的能力，也难以实现上升方向的社会流动。因此，对贫困群体的援助并不意味着非贫困群体的施舍，而是为了实现社会公正目标之必需。通过政策干预来缩小教育不平等和健康不平等程度，属于在市场竞争起点上减少社会经济不平等的措施，因而也是维护社会公正、促进社会融合的一种根本手段。

虽说是市场化条件下基础教育层次之上的多元化教育形式无

可非议，但是贫困人口和低收入群体的基础教育无保障却无疑是需要政府干预的问题，是一个需要公共支持的领域。在九寨沟和松潘县，这种支持已经出现，例如，私人经营的交通车对学生实行半价，政府对来自边远乡村的县城中学学生给予每学期 80 元的生活补贴，等等。但是这并不足以保障贫困学生能够完成初中学业。由此可以引申出如下政策建议：

首先，把基础教育费用计入家庭生存消费标准，或者说提高现有的贫困线水平，以便反映贫困家庭中的基础教育支出缺口（对家庭基本医疗支出的财务缺口也可照此办理）。

其次，从中央政府每年拨付的扶贫资金中切出一块，对标准调整后确认的贫困户发放基础教育券（以及基本医疗券）。这样做，一方面可以校正以往政府在扶贫资金使用上偏好物质资本投资的倾向，而这种扶贫投资的效率已经日益递减；另一方面能够借助人力资源投资取向的扶贫措施减少市场竞争起点上的不平等。

## 三、经验和信息带来机遇

在生态环境脆弱而人口又相对集中的高原地带，农牧业发展的余地并不大。农牧民要增加家庭收入，只能倚重于在非农领域寻求创业和就业机会。为此，需要个人具备捕捉和利用信息的能力。正规教育虽然由于提供知识或技能而有助于培养这种能力，但这并非是事情的全部。历史经验、传统智慧、社会阅历和人际交往等，对于搜寻发展机遇和创业就业同样重要。这些指标所代表的人生经历，本身就是人力资本的一个组成部分。改革开放对劳动力流动的刺激、市场化对各民族经济文化交流的促进，以及旅游业带来的新增社会交往等因素，将九寨沟和松潘县一些远离风景点的社区和村民引领到经济发展的路口。

**1. 多样化经营的藏家商贾**

很久以前，阿坝地界上的商人就往返于四川汉区和青海西藏之间，做着茶盐互换和粮食皮张买卖之类的生意，不经意之间扮演了连接藏汉经济文化纽带的角色。这种商业传统和经验流传下来，在近 20 年的改革开放中与现代市场知识融汇在一起，熏陶出新一代的藏家商贾。松潘县山巴乡的山巴村，就是一个藏族商业精英聚集的地方。笔者在村里走访的泽旺能周，便是其中一位精明的商贾。10 年前，他去青海西藏做生意开始起家。

在九寨沟和松潘县 50 多岁的农牧民当中，泽旺（59 岁）和妻子东措卓玛（52 岁）是受教育程度较高的人，两人都小学毕业。早在公社时代，他俩就开始凭借上山挖药材和在生产队干活（1.2 元 / 工日）积蓄资金。1993 年，泽旺带了数千元盘缠和两个同伴一起顺着青藏线（公路）乘车去拉萨朝佛，然后沿川藏线返乡，历时 2 个多月，总共花销大约 3000～4000 元。这趟旅行是泽旺经商的起点，因此他至今还对途经的州县和城市如数家珍：阿坝州—甘南州—临夏—西宁—格尔木—那曲—当雄—拉萨—林芝—昌都—甘孜州—成都市—阿坝州。虽然 3 位朝圣者并没有磕着长头去拉萨，旅途中也还是不乏艰辛，既在客栈歇脚，也去路边的农家借宿，还住过牧人的帐篷。回乡后那两个旅伴出家做了僧人，泽旺却戏剧性地选择了截然不同的人生道路，因为他去拉萨的目的原本就不止一个，出发前就打算一路寻找商机。

途经青海的时候，泽旺曾参观过几家工厂。在那曲牧民家，他看到照明还在用油灯，就想起西宁有一家制造太阳能照明设备的厂子，当即产生做这桩生意的想法。1995 年，泽旺做成第一笔长途贩运太阳能灯具的生意。他以 1100～1200 元 / 套的进价从西宁的厂家购入 20 套灯具，用火车托运至成都，再用汽车托运到昌都，然后带到牧民居住点，以 1500 元 / 套的价格直销给牧民户。据泽旺估计，分摊到每套灯具上的运费大约为 50～60 元，扣除自己的交通食宿费用，每套灯具的销售利润在 200 元左右。泽旺的太阳能灯具生意越做越成功，1998 年带了本村一个朋友到昌都开店，做买卖的方式从零售转为批发。2000 年，这位朋友从雇员变成合伙人，两人各出资

20 万元，扩大了经营范围，除了太阳能灯具外还销售摩托车。摩托车从重庆进货，在昌都销路很好。这家店面的租金为每月 2800 元，1 年的利润大约有 10 万元。目前，泽旺和朋友每季度轮流去昌都管理商店，在管理活动中尽可能地采用了现代交通和通信工具。例如，他们长距离旅行都是乘飞机，一年往返于成都和邦达机场至少 1～2 趟。两位合伙人平时还用电话或者手机保持联络。

泽旺家里人丁兴旺、劳力充足，通过分工使整个家庭成了亦农亦工又亦商的大户。他家共有 11 口人，夫妇俩有 4 个儿子 2 个女儿。长子（31 岁）和次子（27 岁）分别受过初中和小学教育，他们为泽旺夫妇生育了两男一女共 3 个孙辈。泽旺的三儿子（24 岁）在村里的寺院当喇嘛。四儿子被带到昌都地区实验学校上学，吃住都在泽旺的店铺里。泽旺希望他接自己的班，每年为老四支付 600～700 元的教育费用。大女儿（19 岁）高中毕业（我们走访的时候尚不知其高考结果如何），小女儿（12 岁）还在上小学。这个三代同堂的大家庭住在一座占地 200 平方米左右的 3 层小楼里。

泽旺家的传统生产活动是农牧业，主要由儿媳一家负责。家里原有承包地 26 亩，退耕还林 7 亩，现在耕种的 19 亩农地上种植青稞、胡豆和洋芋。正常年景里每年大约可收获 2000 斤青稞、3000 斤洋芋和 4500 斤胡豆。胡豆全部用来和小贩对换大米和白面，对换比例为 150 斤胡豆对换 100 斤大米 / 面粉；部分洋芋则以 5 ：1的比例对换成青稞。泽旺家的种植业还包括蔬菜生产，这与粮食生产一样是供自家食用的。由于自产自食的蔬菜品种趋于单一，他家还要时常买菜吃。与此相似，家庭消费的肉和奶大部分是自家养殖业和放牧业的产品，余者从市场购得。例如，家里每年养 2 头猪全部用于自食，此外还要买 200 斤肉。家庭牧业的大头是放养 15 头牦牛，一年大约产 40 斤酥油。为了满足家里喝茶的需要，每年还要购买 100 斤酥油。

除了商业和农业，泽旺家还经营机械化挖沙业。这个行当是泽旺的长子和次子与村里另外 3 户人家合伙经营的。2002 年，他们每家投资 15 万元，出 2 个劳力，共同贷款数十万元，购买了挖沙机械。村子附近有条河，他们从那里挖了沙子卖给建筑队。到 2004 年夏天，这个合伙企业已经偿还全部贷款，还用自有资金又购买增添了 2 台机器。显然，泽旺家这种多样化的经营方式既能增加家庭收入来源，又能分散经营风险。

**2. 村民领袖与社区凝聚**

据笔者多年在农村调研中的观察，少数民族村庄较之汉族村庄的社区凝聚力要强得多。这可能一是由于他们多半居住环境严酷，村民之间需要更为紧密的联系来共同抵御自然灾害；二是一些以游牧业为生的家庭需要组织起来从事经济活动以取得规模效益；三是少数民族为了保护自身利益不受其他民族侵犯而强化内部凝聚力的历史传统遗留至今使然。为了维护凝聚力而付出的努力，明显地表现在保持本民族特有的宗教信仰、生产生活习俗和节日庆典等方面。中华人民共和国成立以后，这些努力部分地与村庄公共服务和福利的供给混合在一起，负责这些服务供给和分配的村党支部和行政组织不经意间就成为一支维护少数民族社区凝聚力的主导力量。

在人民公社时代，代表国家政治经济领导意志的村庄基层组织在实施集体化生产方式的同时，还曾大力培养和推行集体主义精神，这在少数民族地区也不例外。笔者在藏区调查时注意到，公社经济和文化或多或少地暗合了游牧人口的物质精神生活传统。因此，尽管公社制度不乏束缚个人创造力的缺陷，但藏族农牧户对公社时代的集体主义精神至今还保有深深的留恋。中国经济的市场化转型以及向全球化进程的融汇，使单个小农牧户在自然灾害风险和市场风险面前愈益显得力量微小，农牧民在社区、行业乃至地区范围内的互助共济对于增强他们自身的抗风险能力至关重要。从这个意义上讲，集体主义精神和承担社会组织和动员功能的村庄基层组织，既是公社时代留下的一笔具有中国特色的宝贵财富，又有可能成为市场经济下维护农牧社区凝聚力的黏合剂。在少数民族地区，这种集体主义精神和基层社会动员方式还不可避免地带上丰富的民族文化色彩。笔者从松潘县山巴乡山巴村党支部书记林卡牙那里获得的信息，恰好可以具体地刻画这一点。

山巴村是个居住着 104 户人家的大村。村党支部现有 13 名党员，最年轻者 29 岁，最年长的是一位老婆婆 71 岁。近几年曾有 3 名老党员去世，支部尚未发展新党员。书记说，眼下的年轻人四处做生意，难保他们是否会严格遵守党纪，所以纳新工作进展迟缓。支委会由 5 人组成，村委会有 9 个干部。为了节约组织成本，有些村干部在这两个机构中交叉任职。在为村民提供公共服务方面，党支部和村委会成员通常都是相互配合做工作。县财政对村党支部书记和村长每年发放 1400 元 / 人的工作津贴，对妇女主任、民兵连长、团支书和民事调解主任每年补贴 460 元 / 人。此外，还发给 6 名村民组长少许补贴。

52 岁的林卡牙担任村干部已有 20 多年了。他当选的主要原因是当过兵，是党员，而且办事公道。在环境相对封闭的农牧村庄，当兵的经历对于一个青年实质上相当于一次集中的人力资本投资；担任村干部则意味着他 / 她至少获得了扩展社会交往和信息渠道的机会。林卡牙集这两种经历于一身，无疑在村里属于出类拔萃之辈。他 1973 年入伍，入伍前已具有小学文化程度。服役 4 年期间，林卡牙一直在重庆某高炮连做装弹手，由于表现优秀于 1975 年入党。复员回乡后，他在参加生产队劳动的同时，还兼任大队民兵连长。20 世纪 80 年代中期，生产大队随着农牧业生产大包干制度的推行改为行政村。自 1989 年始，林卡牙经村民选举连任两届村长（每 3 年一届）。此间，他还当选为县人大代表。1996 年，村里的老支书要求退休。自那时起，林卡牙又连续 3 届当选村党支部书记，成为山巴村全体党员和村民的一名带头人。

最近几年，山巴村党支部和村委会主要做了如下工作。

（1）组织建设村庄基础设施。山巴村在松潘县的地理位置可谓得天独厚，川九公路从本村地界穿过，距离红军长征纪念碑所在地川主寺镇和九寨黄龙机场分别为 5～6 公里。目前，村里通电、通水、通电话，还有水泥小路通到每个住户门前，基础设施水平在松潘县屈指可数。这既与区位优势有关，又离不开村领导机构的积极筹划和组织。20 世纪 60 年代，山巴村就已通电。90 年代，村里一些过去移居印度的人回来探亲，串门的时候告诉大家，通过改善基础设施可以发展民俗旅游业。党支部和村委会接受了这个建议，利用政府投资机场和公路建设的机会，筹资为村民谋取如下福利：

1）1998—1999 年，修建川九公路时政府征用了村里少量耕地。所得征地款在村集体和农户之间三七开分成，集体提留的那 30% 征地款就用来购买自来水设施了。

2）1998—2003 年，九黄机场建设中村里部分草场被征用，村集体分到的征地款用来修建了一条连接川九公路的支线，还铺设了水泥村道。修路的技术工都是外请的，普通用工按每个劳力 10 个土石方的标准由村民分担。

3）改善村庄通信条件。村干部跟电信局联系，给自愿出资安装电话的 80 户村民以优惠价格集体安装。此外，乡政府给村里安装了扩音器，方便村干部向全体村民发布通知。

（2）组织村民参与大型公共工程建设，分配短期就业机会。党支部和村委会借助政府征地的机会，获得组织村民参加川九公路和机场建设的优先权。据支书林卡牙估算，山巴村的村民从这两项工程中挣到的工资总计大约 100 多万元。正因为村领导拥有分配这类短期就业机会的权力，也就不难运用奖惩手段处理村里的公共事务。例如，修建村道的时候他们曾规定，凡是无理拒绝出工者将不再给予招工机会。

（3）维护村庄环境卫生。党支部和村委会共同做出决定，每月派人清扫村道，各家负责保持房前屋后的卫生。

（4）调解村民之间包括村民家庭内部的纠纷。

（5）组织村民大会和节日庆典。山巴村党支部和村委会分别设有季度例会，如果有特殊事情需要决策，则临时召集会议讨论。村民大会往往在春节期间召开，村干部在会上强调各户注意事项，例如防火、治安、计划生育和家庭和睦等。3 年一届的村委会选举，往往也是到那时候进行。此外，选择春节期间开会还有村民联欢的意思。多数情况下，并非全村所有的成年人都来开会，而是每户来一个代表，实际到会的人一般都是男性户主。从 1980 年起，全村每年 6 月集体庆祝“仓坝节”（音译）。节日之前，村委会成员特别是村民组长分头带人在村外的坝子（平地）上搭帐篷。全村 104 户人家分成 3 组，每年一次轮流值勤，3 年轮遍。节日期间男女老少一起唱歌跳舞喝酒，连续狂欢 5～6 天。只有在这样的庆典场合，村里人才几乎全部到场。

（6）向县委县政府打报告要求兴办旅游村（观光点）。这个主意起始于 2000 年到山巴寺卖香火的三四个乐山商人。山巴寺位于山巴村的村口，寺里有 100 来个僧人，由它周围的 3 个村供养。当年，这几个香火商向僧人和村干部介绍了乐山旅游业的盛况。次年，寺院的僧人便组织了一个 50 多人的团队去乐山、峨眉山和四姑娘山等旅游景点参观，山巴村的支书、村长和两个管治安的村干部一起随团同行。参观团每个成员的路费大约 1000 元，由个人出 600 元，山巴寺资助 400 元 / 人。参观回来之后，山巴村的干部就在村民和乡政府之间穿针引线，筹办民俗旅游。自 2002 年始，村里已有 20 多户人家接待游客住宿，游客由乡政府与旅游公司联系介绍到户。每个游客吃住一天交费 20～30 元，比住旅馆便宜多了，还能体会藏家风情。对于待客的农牧户来说，这又增加了一种收入来源。在此基础上，村里计划兴建一个名叫“红星藏寨旅游文化村”的观光点，占地 200 亩，已经得到县上的批准。这个计划中的旅游点包括藏族器物古董博物馆，出售藏装的摊位，卖酥油、奶渣和牦牛肉等藏族特色食品的小店，以及家庭旅馆。为此，村里还要建一个停车场，并拓宽巷道，以便旅游大客车穿行和停靠。

很难说山巴村是否能吸引到预期的众多游客，笔者对村委会和县乡政府直接参与竞争行业经济活动的做法一直持有疑问。不过根据上述案例可以判断，山巴村的干部善于捕捉经济信息，富有创新精神，而且热心村里的公益事业。可以说，村民领袖的意义正在于为村民提供服务，并用这种公共服务维系本村的凝聚力。与多数汉族村庄的党支部和村委会相比，山巴村领导班子的服务范围要更广泛一些。他们不仅与通常的村庄领导机构一样，贯彻党的政治路线、推行国家的农村政策、在村民和政府之间上传下达沟通双方意愿、为村庄整体发展寻求资源、代表村民处理本村社会经济事务，而且还顺畅地借助传统文化资源和娱乐休闲方式紧密连接村民关系、创造和谐气氛、增强村民的社区归属感。对此，村支书林卡牙虽然没有用语言来表达，但是他以实际行动传递出这种理念。

林卡牙一家在山巴村不算富裕人家，村里的高收入户一般都是10多年前开始外出经商积累资金继而发展多种经营的。那时节林卡牙刚走上村领导岗位，为了不耽误村务，他便立足本村求发展。林卡牙夫妇有1个儿子3个女儿，其中有1个女儿在上高中，余者皆为全劳力。儿子已婚，生育2个小孩，大的3岁，小的还不满1岁，所以儿媳专职在家看孩子。与其他村民家的种植业相仿，林卡牙家的农作物也是用于满足自家消费的。他家的经济特色在于拥有一个80多头牛的家庭牧场。牧场由妻子负责管理，2个女儿放牛。他家每年出售8～9头牛，价格大约在700～1500元/头。牧场里有20多头奶牛，出产的酥油除了供自家食用的以外，还可出售100来斤，平均每斤售价15元。家里还有一个现金收入来源是挖药材，由儿子负责，放牧的两个女儿也参加。林卡牙既忙于村务，也为家里办“外交”。州林业局派出的一个工作站租用他家2间老房子，每月付他房租200元，租期3年。不久前，他在老房子的背面盖起了一栋新房，目的是在改善家居条件的同时接待游客。无论发展家庭旅游业是否如愿以偿，林卡牙能够获得政府部门的长期租约，显然与他多年担任村干部积累起来的“人脉”或曰“社会资本”不无关联。

**3. 民族交往中的相互影响**

阿坝州是藏族聚居区距离“汉地”较近的地方，也是个多民族杂居的地方。当地的藏族百姓即使没有上过学堂，多半也能讲流利的汉语。乡镇政府机构中不少回族和汉族干部未经专门训练，却能用藏语交流。这说明多民族之间语言相通的困难，通过不可避免的社会经济交往即可轻而易举地解决。语言相通对信息传递、民族和睦与少数民族发展的重要性，无论怎么估量都不过分。进一步讲，社会经济交往无形中促使参与各方相互取长补短，即使在生活环境不变的条件下也能因此而增加各自的福利。从这个角度来看，频繁交往可谓促进偏僻地区少数民族发展的必要条件之一。其实，有关交往促进民族发展的判断对多数民族同样适用，何况“多数”和“少数”民族只是就全国人口而言。在特定的少数民族聚居区，占全国人口大多数的汉族很有可能成为当地的少数民族。出于观察民族交往的目的，本课题组在松潘县选择了一个典型的民族杂居乡安宏乡进行调研。

据乡卫生院院长李培华提供的信息，安宏乡总人口约 4100 人。其中，汉族将近 2000 人、藏族 1000 多人、回族 800～900 人，余者为羌族。由于居住在同一地域，这几个民族的居民在许多生活习惯方面都有所趋同，以至于各族居民的常见病、多发病种类也有些相似。例如，慢性支气管炎、风湿性关节炎、心血管疾病、风湿性心脏病和肺原性心脏病等，各族患者加起来有四五十个。近两年好像食道癌和胃癌发病率较高，患者大约有二三十人，其中汉族患者占多数，回族患者较少。不过李院长的同事认为，目前的癌症发病率无所谓增加或者减少，因为过去这里称为“梗石病”的病例就不少，只不过人们不知道那就是癌症罢了。

他俩介绍说，当地的老百姓多数都收入不高，乡里和县里还没有实行合作医疗和医疗救助制度，农村人看病全凭自己掏腰包。若是生了小病，有钱就吃点儿药，没钱就算了。慢性病患者例如心血管病人即使吃药，也是病情稍有缓解就停药。至于癌症病人，自去年以来一般都是去本县医院诊断，因为从那时起才有其他医院淘汰下来的 CT 等检查器械分到了县医院。确诊的癌症病人如果属于早期患者，家里会根据经济条件和患者年龄决定是否治疗。原因在于，肿瘤切除手术加上化疗大约需要3万～4万元，仅这一笔费用，对于人均年收入才2000元左右的普通人家来说就难以承受。通常经医院确诊的癌症患者，病情差不多都到了中晚期。他们中的大多数人干脆就放弃治疗，回家听天由命。显然，为了维持家庭经济安全，安宏乡农牧户多采取消极措施来应对大小不等的健康风险和疾病负担。

为了进一步了解农户生产和生活状况，笔者走访了距离乡政府不远的安宏村。安宏村的村口有座绿色琉璃瓦建筑，路上的行人指点说那是一座清真寺。从住在附近的阿訇那里得知，方圆十多里地的回民都到这里来做礼拜。寺里的日常开支主要靠他们捐款。过去几年的土木维修项目，则由来自全县甚至北京的回民捐赠。以这座标志性建筑为契机，笔者试图寻访几家回族农户。恰好见到与清真寺相隔一条马路的地方有一家农户，门口聚集着几位妇女在做针线活儿，于是上前搭话，顺势做了一次群组访谈。这家农户的男主人姓张，是汉族，当时出外到建筑队做小工去了。女主人姓余，在座的邻家妇女包括她自己也都是汉族。她们你一言我一语地介绍，安宏村的住户有180家，人口有1000多个，老百姓和村干部都不是单一民族。不过，不同民族的住家并没有交插着盖房，而是自然而然地按民族聚集成片。例如公路南面住的是回民，路北沟口一带住的是汉族。顺着沟口进去，里面住的是藏族，属于另一个村。这些年各家各户都忙着过自己的日子，民族之间相安无事，每每到集市上还有商品交易。从安宏村向北大约20公里有个风景点叫牟尼沟，住的也是藏族，旅游旺季能吸引些游客来。牟尼沟的藏寨跟九寨沟的一样，除了本寨子的居民以外，不允许其他村子的人去做小买卖。对此，几位汉族妇女解释道，这种做法并不包含民族歧视，而是偏向富人并且保护本寨人的利益。寨子里招商要收取固定租金，外村人只要交得起租金，无论属于哪个民族都能在那里做买卖。她们没有那个本钱，也就不再打算从旅游业赚什么钱了。

从日常生活来看，村里的汉族农户与四川其他地方的农户没有什么不同，种地养猪，打工挣钱，精打细算，勤俭持家。张家 5 口人（老张夫妇 2 人和 3 个子女）总共只有老张（45 岁）一份地，面积 4 亩，其中有 3 亩陡坡地退耕还林。国家每年为安宏村每亩退耕地补偿 207 斤大米或者白面，还允许村民在各自的退耕地里砍丫丫柴（树枝）做燃料。老张和大儿子（18 岁）每年能砍下 3 拖拉机的柴火。张家剩下那一亩地种的是小麦、胡豆和洋芋，供自家消费。此外，每年还需要买粮 700～800 斤，买菜上百元。余女士（40 岁）在门口侍弄了一小片菜园，还栽有 2 棵苹果树，养了 2 头猪。养猪并非为卖钱，而是用来做腊肉的。

笔者问道，吃腊肉是不是当地癌症多发的一个原因，几位女士纷纷否认。她们算了一下，村里 2002—2003 年有 4 人死于食道癌，都是不大吃腊肉的。余女士说，她家常吃腊肉，但没人得过大病，全家看病吃药的费用每年在 100 元左右。其他几位还强调，吃腊肉比买鲜肉划算。2003 年本乡集市上一斤鲜猪肉卖 5.5 元，2004 年涨到 7.5 元 / 斤，家里缺现钱就买不起。可要是存了腊肉，就算挣不到钱也能经常改善伙食。由此可见，低收入小农之所以选择自产自食的食品消费方式，虽然有以往的生活习惯在起作用，可同时也是出于规避当前市场风险的考虑，这种选择实质上是一种生存保障措施。从这个角度来看，在低收入群体食用咸菜、腊肉等储存食品而引发疾病的事实背后，还隐藏着贫穷和市场风险等诸多社会经济原因。

老张家的土地产出难以维持全家的生存，打工成了他们最重要的现金收入来源。在本县做小工，男的一天挣 30 元，女的能挣 20 元。老张一年挣 3000 多元，余女士间或也去做小工，能得工资 1000 元左右。大儿子上初一的时候辍学，去建筑队学瓦工，最近两个月（2004 年 5 月和 6 月）挣了 1000 多元。余女士说，大儿子辍学的主要原因是厌学。她女儿（16 岁）喜欢上学，初中刚毕业，打算继续读书。小儿子是“超生”的，张家为此曾缴纳罚款 860 元。

现在他 13 岁了，小学才毕业，准备上初中。

初中生的费用在家里是一笔大支出。小学就在村跟前，小学生交给学校的费用一般是每学期 80～100 元，毕业班的费用增加到 120 元 / 学期。初中在县城，县财政给乡里没有中学的初中生每人每年补贴 80 元伙食费。余女士和伙伴们大约每星期给自己上初中的孩子 30 元生活费。她们估计，一个初中生一学期的学费、书本费和住宿费总共在 600 元左右。从安宏村去县里很方便，村口就有“大发”牌的小面包出租车往返这一路。车主给学生优惠，每次 2 元车费，其他乘客的车费则是每次 5 元。几位女士一致认为，当地几个民族的老百姓现在都重视教育，这跟旅游企业招工高中生优先有关系，而不是民族之间相互影响使然。

如果说由于民族杂居和地理气候的缘故而使这里的汉族有什么特点的话，从几位妇女的介绍中可以明显地感觉到有两处。其一表现在饮食上，当地的汉民既喝酥油茶也吃牦牛肉。不过，汉民只是到了冬季才喝酥油茶，因此消费量远远低于藏民。余女士一家每年购买 5 斤酥油（现价 12 元），平均每人消费 1 斤。在牦牛肉的吃法上两个民族的偏好也不同。汉民喜欢用鲜牦牛肉炖土豆、炒青菜和包饺子，藏民的吃法则要简单得多。余女士认为牦牛肉和酥油茶都对御寒有好处，她家一年要买 10～20 斤鲜牦牛肉（现价 9～10 元 / 斤，2003 年 7 元 / 斤）。其二，每年阴历六月十五日，汉民和藏民都去黄龙寺拜佛。回民和羌民也去那里，但并不拜佛，只是去赶庙会。显然，黄龙庙会是一个融娱乐和宗教活动为一体的民间节庆活动。各民族能在同一个节庆活动中各得其所，无疑是基于他们之间的相互认可与尊重。余女士和邻居都是手头有钱就去黄龙，没钱就在阴历六月十九日去拜附近的佛。前两年她们几个人合伙包了一辆“大发”去赶了一趟黄龙庙会，连香火和饭钱算上一共花了 100 多元。若到附近拜佛，就去金斗山上的庙，走路大约需要 2 个多小时。庙里有一位照看香火的老婆婆，上香的人一般都给她带 5～6 斤大米。算上香火钱，每人拜佛一次花费 10 元左右。

#### 4. 小结

在身处西部边远地区的藏族农牧人口中，一部分领先接受学校教育和具有创新意识的群体和个人，将传统经验和现代市场知识相结合，敏锐地捕捉非农创业和就业信息，抓住了经济市场化带来的发展机遇，彻底摆脱了贫困。可见，在改革开放的条件下，机会并不仅仅属于发达地区，欠发达地区和少数民族的崛起同样有希望。上述案例表明，人口和社会流动性越强，经济和社会交往越频繁，每个参与交往的民族、社群和个人发展的机遇就越多。在这种情况下，社会将由于活力增加而趋于更加稳定，各民族会因此而在统一的国家框架里愈益倾向社会凝聚和社会融合。

## 四、政策讨论与总结

如果以 20 世纪末一些国家内部的社会冲突对其国民经济和人民福利造成的危害为参照系，则可以确认，社会稳定、社会融合和社会凝聚是保障社会成员生活质量改善的前提之一，因此也是一个发展的目标。这与中国政府提出的建设和谐社会的政策目标恰好相契合。基于这一理解我们认定，阻碍弱势群体特别是贫困人口生存和发展的因素，同时也是阻碍社会融合的因素。减少和消除那些导致贫穷的社会经济原因，必然有利于促进社会融合。与此同理，具有缩小城乡差别和地区差别功能的政策、能够促进民族平等和性别平等的制度，以及给予家庭和个人生存安全的社会保障措施，都有利于增强社会凝聚力。进一步讲，以社会融合与凝聚为前提，才能获得可持续的社会稳定。有鉴于此，我们拟将对前述案例做进一步的分析讨论并归纳如下。

（1）确认最需要扶助的脆弱群体。阿坝州的案例表明，在欠发达的农牧区，不同社会群体的生活状况业已差别巨大。一些在旅游商贸行业占有先机的群体，即使与发达地区的中高收入群组相比，财力也不显单薄。处于不利经济区位和欠缺人力资本的群体，有的还在贫困线边缘挣扎，有的依然生活在贫困线以下。帮助这些群体摆脱贫困，理应成为西部大开发、少数民族地区发展和扶贫项目的一个重点。进一步讲，公共援助需要优先扶持贫困人口，而非泛泛地援助少数民族，因为少数民族和汉族人口当中都有收入高低之别和社会地位强弱之分。在贫困人口中，少数民族、妇女和老龄人口等群体需要更多的公共支持。原因在于，这些群体由于受到现有社会政治经济制度框架的限制，或者出于历史文化和生存环境的影响，与其他贫困群体相比往往处于更为脆弱的状态。

（2）食品援助政策仍需长期实施。二十多年前，中央政府制定的扶贫政策目标是优先解决农村贫困人口的温饱问题。这在上亿人口还没有获得食品保障的情况下，当属可行性最强的政策。到现在，当年的贫困人口中多数已借助扶贫项目，通过提高土地产出率解决了吃饭问题。但是在生态环境极为脆弱的地方，这种措施难以奏效。我们看到，九寨沟和松潘县一带的贫困人口是依靠退耕还林项目的补助粮得到食品保障的。可见，温饱问题的完全解决还有待时日。食品援助对于最贫困的群体，具有不可或缺的生命维持作用。无论采取以工代赈的方式还是直接救济的办法，食品援助都应成为一项瞄准突然受灾人口和长期贫困群体的政策手段。

（3）就业促进导向的扶贫政策和人力资源投资政策。对于防止贫困人口边缘化的目标而言，仅仅解决温饱问题还是远远不够的。国内外近年来的扶贫经验显示，就业岗位既是大多数人口的主要收入来源，又是贫困群体摆脱贫困的主要出路。健康和教育不仅是影响劳动者就业的两个决定因素，而且由于其决定劳动力的质量而对企业是否选择新技术和进入新市场产生影响。阿坝州旅游企业招工设置的受教育程度门槛，目前对于当地大多数农牧人口来说都难以逾越。不过由此也可以看出，在非农就业日益成为农牧家庭主要收入来源的情况下，扶贫政策的目标必须扩展到帮助劳动者获得基本健康和基础教育水平的层面。2003 年 SARS（严重急性呼吸综合征）灾难过后，中央政府支持下的农村合作医疗制度试点和医疗救助项目已经开始实施。温家宝总理在2005年“两会”召开期间宣布，不仅从当年起免除国家扶贫开发工作重点县农村义务教育阶段贫困家庭学生的书本费、杂费，并补助寄宿学生生活费，而且还于2007年在全国农村普遍实行这一政策。眼下的问题已经不在于政府是否投资健康和教育，而是如何投资、怎样管理、如何保证低收入群体和贫困人口受益。倘若不能从制度上规范教育和健康服务提供者的行为、遏制相关行政管理机构的自利动机、惩治公共资源分配中的腐败，无论中央政府投资多少，获益的可能多半都是项目管理者和服务供给者，而不是最需要帮助的低收入群体和贫困人口。反之，如果能够有效地将公共援助资源传递到政策预期瞄准的目标人群，那就不仅可以减轻农牧区低收入家庭的基础教育和基本健康支出负担，而且有可能增加和释放这部分人口的其他生存消费需求，促进消费品市场的繁荣。因此，有效的教育和健康扶贫政策还有可能部分地校正物质资本投资旺盛而人力资本投资不足的现状。

（4）提供创业就业指导和服务。以往的地区发展和扶贫战略注重利用公共资源扶植个别“支柱产业”和“龙头企业”。这在短期内有可能收到经济增长的效果，但如果没有辅以其他就业促进措施，在长期内却无益于社会融合。九寨沟和松潘县旅游业发展的案例显示，政府扶持的支柱产业和龙头企业即使能够成功运行，所覆盖的受益人口相对于当地总人口而言也极为有限。在游离于这些行业和企业之外的农牧劳动者当中，只有那些生活在具有公共财力和社会凝聚力的村庄里的人，得到过村领导机构给予的非农就业支持（参见山巴村案例），余者实际上仍然处在难以获得公共援助的境地。农村劳动力转移，对于居住在偏僻农牧区的少数民族劳动者来说，意味着艰难而惊险的人生转折。在从乡村到城市、从传统农牧业到现代工商服务业、从本民族聚居地到多元化人口密集区的迁移中，少数民族劳动者面临的创业和就业风险较之多数民族更高，他们应对生存环境突变和就业门槛提高的难度也更大，因此亟须学习和指导。我们的调研表明，截至目前，这种学习和指导主要是劳动者通过熟人之间的信息交流实现的，政府和社会机构未曾给予实质性的帮助。这显然不利于促进劳动力转移和赋予转移者经济安全感和社会认同感，从而需要政府从如下几个方面入手扭转现状。

1）从扶贫资金和少数民族地区发展资金中划分一定的比例，用于劳动力流出地的培训项目。培训内容不仅仅限于技能，而且还应包括城市生活常识、劳动保护知识和信息搜寻技巧等。

2）将农村劳动力就业指导纳入城市劳动管理部门的服务范围，资助建立非营利服务网络，对进城的农村劳动者提供就业信息和临时住所。

3）推进少数民族地区中小学教育改革，设计适应就业需求的知识和技能课程，为新增少数民族劳动力创造参与社会经济交往和获得创业就业信息的机会。

参考文献

[1] 中国科学院.西藏自治区发展咨询报告汇编（2000—2003年）[G].北京：中国科学院，2005：1-7.

[2] 阿坝藏族羌族自治州人民政府网.阿坝年鉴[EB/OL]（2004）.www.abazhou.gov.cn/zhuanti/nianjian.

[3] 四川省统计局.四川统计年鉴（表11～15）[EB/OL]（2002）. www.sc.stats.gov. cn/stats_sc.

[4] BURGESS R，STERN N. Social Security in Developing Countries：What，Why，Who，and How ？[M]//AHMAD et al. Social Security in Developing Countries. Oxford：Clarendon Press for Wider，1991：45-46.

[5] The World Bank. A Better Investment Climate for Everyone（World Development Report 2005）[M]. Oxford：Oxford University Press，2004：136-156.

（本章作者：朱玲　原载于《中国人口科学》2005年第2期）

# 第十四章　乡城流动工人性别职业隔离问题研究

【内容提要】本章基于五城市的调查数据，使用职业获得的MNL模型以及性别职业隔离的Blinder-Oaxaca分解方法，研究了中国农村迁移工人的性别职业获得与性别职业隔离。性别职业隔离的Blinder-Oaxaca分解结果显示，以典型男性和典型女性农村迁移工人的职业分布来分析其职业获得的差异，如果剔除劳动市场中的歧视性因素，那么女性迁移工人将更少地进入办事人员和非技术工种职业中，而更多地进入技术工种和管理层的职业中。本章还提出了模型估计结果的政策含义。

【关键词】农村迁移工人　职业获得　性别职业隔离

## 一、引言

农村迁移工人（rural-urban migrant workers）❶是中国二元经济条件下由农村迁移到城市劳动市场工作的劳动群体。农村迁移工人进入城市劳动市场后，面对的首要问题是进入哪一个职业就业。职业不仅决定着农村迁移工人的工资收入，也决定着进入城市的迁

❶ 即"农民工"。但是，随着中国社会经济的发展，"农民工"内部的社会分层和职业分化日益显著，"农民工"这个称谓已经不能准确表达农村进程的迁移工人的社会经济特征（朱玲，2007）。因此，在本文中，我们使用农村迁移工人的概念来概括从农村地区迁移到城市工作的群体。

移工人的社会地位和社会认同（李强，2004）。已有的研究显示，进入城市劳动市场的农村迁移工人，大部分进入了收入较低、福利较少、工作环境较差的职业，特别是一大批农村迁移工人进入了城市的非正规就业中（国务院研究室课题组，2006；郑功成，黄黎若莲，2006；张慧，2005；张智勇，2005；宋丽娜、张小玲，2005；蔡昉、都阳、王美艳，2005）。

不仅如此，在农村迁移工人的就业市场中，还存在着另一种隔离，即职业的性别隔离。女性在进入城市劳动市场之后，与男性迁移工人相比，多数进入了在社会声望、工资收入等方面比男性更低级的职业中（叶文振、葛学凤、叶妍，2005；侯慧丽，2005）。性别的职业隔离所导致的一个后果是劳动市场中的职业被分为“男性”职业和“女性”职业[1]（Anker，1997）。性别的职业隔离会对劳动市场产生一系列的不良影响。对于农村迁移工人而言，女性农村迁移工人不仅承受了与男性相同的乡城之间的劳动市场分割所导致的歧视，而且在农村迁移工人群体内部还受到相对于男性的歧视，从而处于“双重”困境之中（李路路，2003）。

近年来，农村劳动力向城市劳动市场转移的一个重要趋势是女性迁移工人的增加和家庭迁移比例提高，迁移中的“女性化”趋势越来越明显（李路路，2003；翟振武、段成荣，2006；朱信凯、陶怀颖，2006）。在这样的情况下，研究农村迁移工人的职业获得与职业的性别隔离，不仅关系到城市劳动市场的效率和性别平等，还关系到第二代、第三代移民的成长与社会融入，关系到中国城市化的建设质量。我们的问题是对于农村迁移工人这一从农村进入城市劳动市场中的群体，其性别职业隔离程度到底如何？有哪些因素导致了这种性别的职业隔离？这种性别的职业隔离是因为对女性的

[1] 比较正规的定义是：如果一个职业中女性（男性）所占的比例高于整个劳动市场中女性（男性）所占的比例，那么，这个职业就是“女性（男性）”职业（Watts，1998）。

歧视还是另有原因？如果存在对女性的歧视，这种歧视对女性的职业获得的效应有多大？其政策含义何在？针对上述问题，本章使用2006年中国社会科学院经济研究所课题组在大连、上海、武汉、重庆、深圳五城市的调查数据，研究进入城市劳动市场的农村迁移工人的职业获得与性别职业隔离。

## 二、背景与已有研究

性别职业隔离指男性和女性在不同的职业中就业的倾向，即性别的职业分布[❶]（Anker，1997、1998）。一些文献将性别职业隔离分解为垂直隔离和水平隔离（Blackburn、Jarman，2005；Blackburn等，2002）。垂直隔离指在不同等级职业（按照不同的收入、社会地位、所需要的教育水平、技能、经验等来划分的职业等级）之间的隔离，水平隔离指在相似等级职业（有相似的收入、社会地位、所需要的教育水平、技能、经验等）之间的隔离（Blackburn等，2002；Fortin、Huberman，2002）。垂直隔离表示了性别职业隔离中的不平等成分，而水平隔离则不包含不平等的成分。

鉴于性别职业隔离所导致的效率损失和性别之间的不平等，早在20世纪50年代末国际劳工组织（ILO）就在其《就业与职业歧视公约》[Discrimination（Employment and Occupation）Convention，No.111，1958]中将消除职业的性别隔离作为国际劳工组织的一项基本目标。自20世纪90年代开始联合国、国际劳工组织等

❶ 隔离不同于“集中”（concentration），后者指劳动市场中，一种职业或几种职业内劳动力的性别结构，一般表示为女性占此职业人数的比例。职业中的性别“集中”，是性别不对称的，除非男性和女性各占50%。而职业中的性别隔离是性别对称的，女性隔离于男性，那么男性也同样隔离于女性（Blackbum and Jarman，2005）。

国际组织又开始在就业和职业领域广泛推动性别主流化（gender mainstreaming）运动（Untied Nations，2001），以期引起国际组织和世界各国的重视。

自中华人民共和国成立以来，女性在劳动市场中的地位有了极大的提高，女性在就业方面获得了与男性相同的权利（国家统计局人口和社会科技统计司，2006）。同世界其他国家和地区相比，中国女性的劳动参与率属于最高的国家之一，也是男性和女性劳动参与率差距最小的国家之一，女性在职业发展上也得到了较大的进步（潘锦棠，2002）。在性别职业隔离方面，与世界其他国家和地区相比，中国以杜肯指数[1]计算的性别职业隔离程度要小于世界平均水平。世界一些国家的杜肯指数都在0.3以上，最高的达到了0.6（Anker、Malkas、Korten，2003）。而赵瑞美（2004）利用中国第三次、第四次和第五次人口普查以及1995年全国1%人口抽样调查资料，计算了1982年、1990年、1995年和2000年中国四年的杜肯指数，发现中国就业人口的杜肯指数从1982年的0.1013上升到2000年的0.1144。这个结果也被易定红、廖少宏（2005）的研究所证实。

针对中国劳动市场中的性别职业隔离，主要的研究在三个方面：一是对不同劳动群体性别职业隔离状况的描述性分析（谭琳、李军锋，2003；徐林清，2004；易定红、廖少宏，2005）；二是使用模型估计个人与生产相关的特征以及歧视性因素对性别职业隔离的不同效应，以发现性别职业隔离中的性别歧视因素

---

[1] 即差异指数（dissimilarity index，ID）或杜肯指数（duncan index）。计算方法为 $D=\frac{1}{2}\sum|x_j-y_j|$，$x_j$ 表示第 $j$ 类职业中男性/女性占全部男性/女性劳动力的比例；$y_j$ 表示第 $j$ 类职业中女性/男性占全部女性/男性劳动力的比例。$D$ 的含义在于为了使每个职业中女性/男性的比例等于整个劳动市场中女性/男性的比例，女性/男性需要改变职业的比例数。见Duncan和Duncan（1955）。

的比重（杜凤莲，2005；刘文忻、杜凤莲，2005）；三是研究性别职业隔离对宏观经济以及性别收入差距的影响（姚先国、谢嗣胜，2006；Gustafsson、Li Shi，2000；李实、马欣欣，2006；王美艳，2005）。

Anker（1997）总结了性别职业隔离的理论，主要有三种：一是以新古典经济学为基础的人力资本理论；二是以制度分割为基础的"拥挤"模型；三是以父权制和女性从属地位为基础的女性主义理论。Polachek（1979、1981）在经典的人力资本模型基础上，得出了人力资本理论对不同性别职业获得和性别职业隔离的理论模型，并利用美国的数据验证了这一理论。Fawcett（1918）以及 Edgeworth（1922）提出了制度性的劳动市场分割对性别之间职业隔离的影响机制。Bergmann（1971、1974）则将这种劳动市场分割导致的职业性别隔离及其对性别工资差异的影响纳入一个"拥挤"模型中。Beller（1982）使用 20 世纪 70 年代美国的数据对人力资本理论和制度分割理论（歧视理论）进行了验证，结果显示对女性的隔离是存在的。Boskin（1974）发展了一个条件 Logit 模型来验证人力资本理论对职业选择[1]的预测。Schmidt 和 Strauss（1975）在 Theil（1969）发展的多值选择模型（multinomial logit model，MNL）的基础上，发展了职业获得的 MNL 模型。Schmidt 和 Strauss（1975）将种族、性别、教育年限和工作经验作为自变量，估计了 5 种职业的获得概率，并且在这个模型中，讨论了种族和性别歧视对职业获得的影响。从实证角度对不同性别职业获得中歧视因素的效应的定量研究方法，主要是建立在性别工资差异的 Blinder–Oaxaca（Blinder，

[1] 职业选择（occupational choice）和职业获得（occupational attailmlent）是两个不同的概念：前者主要涉及个人能够控制的变量，主要是劳动供给方面的变量；后者则涉及劳动供给和劳动需求两个方面。在职业选择中，并不是所有的个人特征变量都是外生的。详细的讨论见 Brown 等（1980）。

1973；Oaxaca，1973）分解基础上的。Brown 等（1980b）发展了第一种方法，将女性的个人特征数据代入男性职业获得模型的回归系数中，得到没有歧视因素的女性的预测职业分布；并以此来计算职业隔离的实际 ID 指数和预测 ID 指数，从而得到歧视对性别职业隔离的定量结果。估计性别职业获得中歧视的效应的另一种方法是，将女性个人特征的平均值代入男性职业获得模型的系数中，得到预测的没有歧视效应的女性职业分布，并将之与实际的女性职业分布比较，获得歧视效应的定量结果（Chzhen，2006；Brown，Pagan、Rodriguez-Oreggia，1999；Gabriel 等，1990）。

在已有文献中，对中国农村迁移工人的性别职业隔离的研究还比较少见。Meng 和 Miller（1995）研究了中国农村乡镇企业中的工人所存在的工资性别差异。但是进入乡镇企业的农民工在劳动市场上的表现与进入城市的农民工在劳动市场上的表现毕竟存在较大的差别。Meng（1998）的研究使用 1995 年中国社会科学院人口研究所在济南的调查数据，研究了进入济南的农民工的性别工资差异。通过估计一个 Brown（Brown 等，1980a）全要素分解模型，发现在农民工性别工资总差异中，职业内差异占 79.3%，职业间差异占 20.7%；女性更多地集中在制造业和服务业中，而男性更多地集中在建筑业中。

本章在已有文献的基础上，利用中国社会科学院经济研究所 2006 年在大连、上海、武汉、深圳、重庆五个城市的调查数据，使用 MNL 模型估计农村迁移工人的职业获得，并定量估计歧视性因素在不同性别职业获得中的效应。

## 三、方法的讨论与模型设定

职业获得的 MNL 模型是建立在人力资本理论基础上的。按照人力资本理论，工人进入某个职业中，是在比较收益（预期的潜在收入）与成本（教育、培训成本与机会成本）的基础上，在其财富水平的约束下收益最大化的结果。设第 $i$ 个工人选择职业 $j$ 的概率是每一种职业的预期收入、机会成本以及与财富水平相关的成本的函数：

$$p_{ij}=f\left(E_{il},\cdots,E_{ij},E_{ij+1},\cdots,E_{in};\ U_{il},\cdots,U_{ij},\cdots,U_{in};\ T_{il}/W_i,\cdots,T_{ij}/W_i,\cdots,T_{in}/W_i\right) \tag{1}$$

其中，$E$ 为预期收入的现值；$U$ 为因失业导致的预期收入现值的损失；$T/W_i$ 为相对于财富水平的人力资本投资成本。在上述结构模型的基础上可以推导出职业选择的多值选择模型（Boskin，1974）：

$$\ln\left(p_{ij}/p_{iJ}\right)=X_i\beta_j \tag{2}$$

其中，$X_i$ 为自变量矩阵，$\beta_j$ 为要估计的系数，$J$ 为基准职业。Schmidt 和 Strauss（1975）在 Theil（1969）发展的多值选择模型（multinomial logit model，MNL）的基础上，发展了职业获得的 MNL 模型。职业获得的 MNL 模型在形式上与（2）式一致。

在得到职业获得的 MNL 模型后，下一步的问题是如何在实证研究中量化歧视因素对职业获得的影响。需要注意的是此处的“歧视”是一种“残差”（residual）歧视，即在控制了与生产能力相关的个人社会经济特征变量后，用模型不能解释的“残差”来表示“歧视”；实际上，此处的歧视也包括了那些不能观测到的变量所产生的影响（Brown 等，1980b）。

第一步，分别估计男性和女性职业获得的 MNL 模型。在逻辑条件概率方程 $p_{ij}|X_i=\mathrm{e}^{X_i\beta_j}/\sum_j\mathrm{e}^{X_i\beta_j}$ 的基础上（$j$ 为职业种类），得到所要估计的 MNL 模型：

$$\ln\left(p_{ij}/p_{iJ}\right)=X_i\beta_j\ （J\ 为基准职业） \tag{3}$$

第二步，利用第一步中得到的男性模型的估计系数来模拟女性的职业获得，即将女性的数据代入男性的系数中，得到模拟的女性职业获得概率：

$$\widehat{\ln}\left(p_{ij} / p_{iJ}\right) = X_{fi}\beta_{mj} \qquad (4)$$

其中，$X_{fi}$ 为女性的个人数据，$\beta_{mj}$ 为第一步估计中得到的男性模型的系数。

然后，分别求出男性和女性模型中自变量的平均值，作为典型“男性”和典型“女性”的个人特征数据$\overline{X}_{fi}$和$\overline{X}_{mi}$，并求二者估计概率的差：

$$\widehat{\ln}\left(p_{fj} / p_{fJ}\right) - \widehat{\ln}\left(p_{mj} / p_{mJ}\right) = \overline{X}_{fi}\,\beta_{fj} - \overline{X}_{mi}\,\beta_{mj} \qquad (5)$$

因为这是实际值，所以得到的差中含有歧视的效应。

第三步，将男性模型的系数代入女性的平均值数据中，并求差：

$$\widehat{\ln}\left(p_{Fj} / p_{FJ}\right) - \widehat{\ln}\left(p_{mj} / p_{mJ}\right) = \overline{X}_{fi}\,\beta_{mj} - \overline{X}_{mi}\,\beta_{mj} \qquad (6)$$

按照假设，女性和男性的职业获得结构是相同的，即如果女性与男性与生产能力相关的个人特征相同，那么女性与男性所获得职业是相似的。所以，这个差仅表示由于个人特征的差异所导致的职业获得的差异，不含有歧视因子。最后，比较这两个差，就可以得到歧视对职业获得概率的效应。

## 四、数据描述与变量定义

本章所使用的数据是中国社会科学院经济研究所课题组 2006 年 6～7 月在大连、上海、武汉、深圳、重庆所做的农民工健康及社会经济状况调查数据，全部有效样本为 2530 个。此次调查的特点：一是力求样本的性别平衡，除大连外（女性多于男性，占 76.4%），其他四城市样本的性别比例基本保持平衡，全部样本中男性占 46.38%，女性稍多于男性；二是进入企业调查，除上海外，其他四城市都是在企业中进行抽样；上海调查在社区进行，但是上海的样本也获取了被调查者所在单位 / 企业的信息。

根据我们的研究目的，我们去掉了那些具有自我雇佣特征的样本以及不便分类的其他劳动者，将专业技术人员、部门负责人和单位负责人作为第 1 类，即已经进入管理层或企业上层的迁移工人；办事人员作为第 2 类，指那些不在生产第一线、担负办公室和文秘事务的工人；技术工种工人作为第 3 类；非技术工种作为第 4 类。职业分类和岗位描述见表 14–1。

**表 14–1　农村迁移工人的职业分类及描述**

| 职业 | 描述 | 举例 |
|---|---|---|
| 管理层 | 已经进入企业的中上层，担负一定的管理和技术责任；包括单位负责人、部门负责人和专业技术人员 | 部门经理、销售主管、技术主管等 |
| 办事人员 | 担负企业日常行政工作、文秘工作和办公室事务，不在生产第一线劳动的劳动者 | 秘书、行政助理、办公室文员、前台等 |
| 技术工种 | 在生产第一线劳动，掌握一定的技术特长，担负的工作比较复杂，需要一定的技术 | 钳工、电工、木工、厨师等 |
| 非技术工种 | 在生产第一线劳动，担负的工作相对比较简单，不需要特定的技术 | 装配工、服务员、清洁工、保安等 |

按照平均收入、社会保障状况以及工作环境安全性测度，本章对这 4 类职业进行了描述，结果见表 14–1。从每个职业的平均收入看，管理层的平均收入最高，为 1515.4 元，是非技术工种的将近两倍。从社会福利分析，办事人员的社会福利最高，有上述四类保险的比例最高；管理层中有四类保险的比例虽然不如办事人员高，但是管理层和办事人员中有四类保险的比例还是远远高于技术工种工人和非技术工种工人。从工作环境测度得分分析，办事人员的工作环境测度得分最低，说明办事人员的工作环境最好，次之是管理层，再次之是非技术工种工人，而工作环境最差的是技术工种。虽

然这里的职业分层是粗糙的，但是大致可以看出管理层和办事人员是一个层次，而技术工种和非技术工种工人是一个层次。这两个层次之间的差异是比较明显的。但从平均收入来看，四个职业的等级为管理层最高，办事人员次之，技术工种第三，而非技术工种最低。

从农村迁移工人不同性别的职业分布看，全部样本中，非技术工种占了49.16%；技术工种占了36.65%；技术工种和非技术工种的工人占到了全部样本的80%以上。而工作比较轻松的办事人员只占到了5.93%。进入管理层的迁移工人占到了8.26%。从不同性别之间的分布上看，女性和男性之间的差异比较大。女性主要集中在办事人员和非技术工种这两种职业中；而男性则主要分布在技术工种中。管理层中的男性占52.97%，稍微高于女性所占的比例（47.03%）。在办事人员中，性别之间的差异比较大，女性占到了65.52%，是男性（34.48%）的将近两倍。在技术工种中，男性所占比例比女性高出将近20个百分点；而在非技术工种中，女性则高出男性大约25个百分点。从上面的趋势可以看出，在职业等级的下端，女性所占比例高于男性；而在职业等级的上端，性别之间的差异比较小；在职业等级的中间，女性在办事人员上占优势，而男性则在技术工种上占优势。

自变量分为如下几组：第一组是农村迁移工人的人力资本特征，包括：教育年限、进入城市之前是否在老家接受过培训、获得本工作之前的非农务工经商年限（非农工作经验）和健康测度得分。[1]第二组是测量社会资本存量的变量，包括：是否是中共党员，是否有参军经历，在进入城市工作之前是否有干部经历，以及在打工地经常往来的老乡、朋友的个数。第三组是家庭层面因素，包括：是否有配偶、小孩的数量。前三组代表了劳动供给方面的因

[1] 本文借鉴樊明（2002），以迁移工人的自评健康为基础，构造了一个与劳动市场表现相关的健康测度。

素。第四组是企业所在行业的变量，分为三类行业：一是建筑业、采掘业以及在城市中经营的农林牧渔业；二是制造业；三是商业、服务业。第五组是企业的所有制性质，分为五类：国有企业和事业单位、集体企业、私营企业、外资及合资企业、其他股份制企业。这两组代表了劳动市场中的需求方因素。为了控制不同城市的影响，我们还加入了五个城市的虚拟变量。自变量的描述统计见表14-2。从人力资本和社会资本存量的性别差异分析，男性均显著高于女性。

**表 14-2　农村迁移工人职业获得模型自变量描述统计**

| 项目 | 全部 | 男性 | 女性 | 项目 | 全部 | 男性 | 女性 |
|---|---|---|---|---|---|---|---|
| 教育（年） | 9.46 | 9.58 | 9.35 | 行业（%） | | | |
| 健康测度 | 2.35 | 2.03 | 2.62 | 行业 1 | 6.80 | 10.57 | 3.54 |
| 工作经验（月） | 48.69 | 62.51 | 36.96 | 行业 2 | 62.17 | 54.82 | 68.51 |
| 交往朋友（个） | 8.27 | 9.08 | 7.57 | 行业 3 | 31.03 | 34.61 | 27.95 |
| 小孩数量（个） | 0.67 | 0.70 | 0.63 | 所有制（%） | | | |
| 有过培训（%） | 19.10 | 24.76 | 14.07 | 所有制 1 | 9.58 | 11.17 | 8.21 |
| 党员比例（%） | 4.25 | 6.00 | 2.74 | 所有制 2 | 6.73 | 8.18 | 5.47 |
| 参军经历（%） | 3.52 | 6.95 | 0.52 | 所有制 3 | 44.12 | 49.62 | 39.35 |
| 干部经历（%） | 7.09 | 8.02 | 6.28 | 所有制 4 | 28.99 | 17.39 | 39.05 |
| 已婚比例（%） | 59.47 | 58.57 | 60.30 | 所有制 5 | 10.57 | 13.64 | 7.91 |

## 五、估计结果及解释

首先，我们估计全部样本的职业获得模型，并将性别作为一个变量加入，以获得是否存在性别歧视的定性结果。其次，我们分别估计男性和女性的职业获得模型，结果见表 14-3 和表 14-4。对全部农村迁移工人的职业获得模型显示，相对于非技术工种，男性迁移工人在获得技术工种职业和进入管理层的概率显著高于女性；而男性在办事人员职业的获得概率上与女性没有显著差异。这说明，在其他条件相同的情况下，男性更容易进入技术工种和管理层的职业中；在这两个职业中存在着对女性的歧视。而在办事人员职业的获得中，性别因素不显著，说明在办事人员这个职业中，女性和男性具有同样的概率。而这与办事人员的“女性职业”特征是相吻合的。

**表 14–3　农村迁移工人职业获得 MNL 模型估计结果**

| 项目 | 管理层 | 办事人员 | 技术工种 |
| --- | --- | --- | --- |
| 性别 | 0.4067055* | 0.0593539 | 0.6345377*** |
| 教育年限 | 0.4679855*** | 0.4075341*** | 0.1425249*** |
| 接受培训 | 0.7197765*** | 0.8910297*** | 0.8578577*** |
| 务工经历 | 0.0015724 | −0.0033689 | 0.0004644 |
| 健康测度 | −0.0375049 | −0.0022951 | 0.0067039 |
| 党员 | 0.3526014 | −0.4260554 | 0.3561155 |
| 参军经历 | −0.7768608 | −1.285321 | −0.7122156** |
| 干部经历 | 0.8175991** | 0.7281895* | −0.5379853** |
| 朋友个数 | 0.0212448** | 0.012774 | 0.0068079 |
| 已婚 | 0.1997013 | 0.2916451 | 0.0804326 |
| 小孩数量 | 0.1961049 | 0.0042923 | −0.0835101 |
| 行业 | | | |
| 行业 2 | −0.7310413* | −1.065757** | −0.11475 |
| 行业 3 | −1.107045*** | −0.8594416* | −1.053548*** |

续表

| 项目 | 管理层 | 办事人员 | 技术工种 |
|---|---|---|---|
| 所有制 | | | |
| 所有制 2 | 1.620626*** | 0.4725686 | 0.8067819*** |
| 所有制 3 | 1.436587*** | 0.9567911** | 0.6413249*** |
| 所有制 4 | 0.7261937 | 0.971812* | −0.1822537 |
| 所有制 5 | 1.081032** | 0.3979484 | 0.1157244 |
| 城市 | | | |
| 上海 | 15.56884*** | 14.61419*** | 15.15207*** |
| 武汉 | 14.59102*** | 13.99854*** | 15.17536*** |
| 深圳 | 14.50183*** | 14.50104*** | 14.40779*** |
| 重庆 | 14.47192*** | 13.16918*** | 14.66098*** |
| 截距 | −22.44279 | −20.50988 | −16.82069 |
| 观测值 | 1733 | Pseudo $R^2$ | 0.1297 |
| LR $\chi^2$（63） | 483.5 | Log Likelihood | −1621.8783 |

注：***、**、* 分别表示 10%、5%、1% 的显著性水平（表 14–4 同）。以非技术工种为基准职业；行业以建筑及采掘业为基准；所有制以国有企业和事业单位为基准；城市以大连为基准。

对于男性和女性而言，教育年限和是否在老家接受培训对获得技术工种、办事人员的职业以及进入管理层都有显著的正影响。而进入本单位之前的非农务工经历和健康状况对男性和女性的职业获得都没有显著影响。在社会资本方面，所有表示社会资本的 4 个变量对于女性的职业获得都没有显著影响；对男性而言，则有显著影响。参军经历对男性获得技术工种、办事人员和管理层的职业都有显著的负面影响。出现这个结果的原因可能是在于参军经历形成的人力资本特征。参军使得这部分迁移工人更容易进入保安等职业

表 14-4　农村迁移工人分性别职业获得 MNL 模型估计结果

| 项目 | 男性 | | | 女性 | | |
|---|---|---|---|---|---|---|
| | 管理层 | 办事人员 | 技术工和 | 管理层 | 办事人员 | 技术工种 |
| 教育年限 | 0.4207417*** | 0.2830975*** | 0.1518334*** | 0.5221733*** | 0.5377735*** | 0.122782*** |
| 接受培训 | 0.6931199** | 0.7691659** | 1.171336*** | 0.878902** | 0.9922663*** | 0.4248689* |
| 务工经历 | 0.001465 | −0.0051135 | −6E−05 | −0.00022 | −0.000248 | −8E−05 |
| 健康测度 | −0.05512 | 0.0230638 | 0.01559 | −0.00328 | −0.004446 | 0.0083 |
| 党员 | 0.743303 | 0.6892889 | 0.20422 | −0.53361 | −33.48923 | 0.49598 |
| 参军经历 | −0.9418858* | −2.326474** | −0.7937362** | −34.2777 | 0.816688 | 0.52161 |
| 干部经历 | 0.727017* | 0.8936058* | −0.9178448*** | 0.87987 | 0.4532665 | −0.0124 |
| 朋友个数 | 0.0241345** | 0.0193643 | 0.00599 | 0.009967 | 0.0073074 | 0.01014 |
| 已婚 | 0.693963* | 1.047642** | 0.6810668*** | −0.00916 | −0.263203 | −0.3673 |
| 小孩数量 | 0.155631 | −0.1870668 | −0.1751 | 0.069441 | 0.1004955 | −0.0029 |

续表

| 项目 | 男性 | | | 女性 | | |
|---|---|---|---|---|---|---|
| | 管理层 | 办事人员 | 技术工种 | 管理层 | 办事人员 | 技术工种 |
| 行业 | | | | | | |
| 行业 2 | −0.70092 | −0.9753328 | −0.7542493** | −1.355812* | −1.271695 | 1.174619** |
| 行业 3 | −1.330246*** | −0.7439238 | −1.582086*** | −1.412641** | −1.09984 | 0.20515 |
| 所有制 | | | | | | |
| 所有制 2 | 1.307002 | 0.6276751 | 1.413613*** | 2.194015** | 0.4781492 | 0.24707 |
| 所有制 3 | 1.221893** | 0.6311966 | 0.8731496*** | 1.894243** | 1.806358 | 0.4688261* |
| 所有制 4 | 0.703935 | 0.4617908 | 0.44068 | 1.134429 | 2.046418* | −0.7665034** |
| 所有制 5 | 1.07501* | −0.118356 | 0.36385 | 1.469078* | 1.48625 | 0.03454 |
| 城市 | | | | | | |
| 上海 | 16.08344*** | 15.94391*** | 15.53815*** | 12.3591*** | 11.62304*** | 16.24886*** |
| 武汉 | 14.95802*** | 15.69011*** | 15.73695*** | 11.65492*** | 10.76216*** | 16.12338*** |

续表

| 项目 | 男性 | | | 女性 | | |
|---|---|---|---|---|---|---|
| | 管理层 | 办事人员 | 技术工种 | 管理层 | 办事人员 | 技术工种 |
| 深圳 | 15.30987*** | 15.82073*** | 15.00077*** | 10.94917*** | 11.55254*** | 15.31326*** |
| 重庆 | 15.42162*** | 15.11881*** | 15.74305*** | 10.89934*** | 9.737726*** | 15.19124*** |
| 截距 | −22.2347 | −20.77451 | −17.003 | −19.4461 | −19.34746 | −18.215 |
| 观测值 | 902 | | | 831 | | |
| Pseudo $R^2$ | 0.1385 | | | 0.1519 | | |
| LR $\chi^2$（60） | 270.77 | | | 260.78 | | |
| Log likelihood | −842.108 | | | −728.0133 | | |

注：以第四类职业非技术工种为基准；行业以第一类行业建筑、采掘业为基准；所有制以第一类国有企业和失业单位为基准。

中，而保安在我们的数据中被定义为非技术工种。干部经历对男性获得技术工种的工作有负面影响，但是对男性获得办事人员和管理层的工作则有显著的正影响。干部经历的这个结果是合理的，因为在老家的干部经历所形成的人力资本特征在于社会活动和管理，而不在于技术获得。在打工地经常交往的朋友个数，对于男性进入管理层有显著的正影响。从社会资本的方面来讲，社会交际和社会活动能力对男性的影响要比对女性的影响大，特别是对男性获得办事人员职业以及进入管理层而言，这种社会交往更显得重要。

家庭层面的因素对女性的职业获得也没有显著影响。这一点出乎意料，因为根据人力资本理论对男性和女性职业选择的分析，家庭对女性的影响是非常大的，正是因为家务劳动和照顾小孩，女性才选择进入特定的职业中。此处的估计结果，其原因在于对于农村迁移工人而言，他们不能获得城市户籍，成为真正意义上的城市居民。因此，其在城市的家庭并不是传统意义上的家庭，不过是暂时在城市居住的住所。这样的家庭对女性就业的影响较弱。有意思的结果是对于已婚男性而言，获得技术工种、办事人员、管理层的职位的概率要显著高于单身男性。出现这样的结果可能有两个原因，一是已婚男性在家庭中受到妻子的照顾，可以免于家务劳动；二是已婚男性的家庭责任感高于单身男性，在工作上更加努力。此外，还可能是因果关系的倒置，即那些获得了技术工种、办事人员、管理层职位的男性，由于其收入能力以及其他能力较强，从而更容易结婚。

需求方企业所在行业和企业所有制性质的影响比较复杂。相对于非技术工种而言，女性进入制造业从而获得技术工种的概率显著增加了。但是，在制造业中女性获得办事人员和管理层职位的概率却显著降低了。女性进入商业服务业中的情况与进入制造业中的情况类似。

对于男性而言，相对于非技术工种，在制造业、商业服务业中，获得技术工种、办事人员、管理层的职位的概率显著降低了。

女性在外资及合资企业中，获得技术工种职位的概率相对于获得非技术工种的概率显著降低了；女性进入外资企业和合资企业中，更难获得技术工种的职业。除此之外，相对于非技术工种，进入非国有企业和事业单位，对男性和女性在获得技术工种、办事人员、管理层的职位上都有显著的正向影响。进入不同城市对性别职业获得的影响是只要不在大连，那么获得技术工种、办事人员、管理层的职位的概率都会显著提高。

使用第三节的方法，我们估计了女性预测的职业分布，结果见表 14-5。表 14-5 显示，一个典型男性农村迁移工人进入管理层的预测概率为 6.94%，一个典型女性农村迁移工人进入管理层的预测概率为 2.74%；而将女性的数据代入男性系数预测的典型女性农村迁移工人进入管理层的概率为 5.06%。含有歧视因素的男性和女性进入管理层的概率的差为 −0.0420；而在没有歧视因素的情况下，男性和女性进入管理层概率的差为 −0.0188；即如果消除歧视性因素，那么男性和女性进入管理层的概率之差减少了 55.23%。特别是在办事人员职业中，如果没有歧视，男性和女性获得办事人员职业的概率之差减少了 112.16%。在所有四种职业中，如果消除歧视因素，那么女性和男性进入四种职业的概率之差都要缩小。这说明在这四种职业中都存在性别的歧视因素。

**表 14-5　典型男性和典型女性的职业分布**

单位：%

| 职业 | $P_{mj}$ | $P_{fj}$ | $P_{Fj}$ | $P_{fj}-P_{mj}$ | $P_{Fi}-P_{mj}$ | $\Delta\%$ |
|---|---|---|---|---|---|---|
| 管理层 | 0.0694 | 0.0274 | 0.0506 | −0.0420 | −0.0188 | −55.23 |
| 办事人员 | 0.0382 | 0.0089 | 0.0418 | −0.0293 | 0.0036 | −112.16 |
| 技术工种 | 0.5006 | 0.3472 | 0.4686 | −0.1534 | −0.0320 | −79.14 |
| 非技术工种 | 0.3919 | 0.6165 | 0.4391 | 0.2247 | 0.0472 | −78.98 |

注：$P_{mj}$ 为预测的典型男性职业分布概率；$P_{fj}$ 为预测的典型女性职业分布概率；$P_{Fj}$ 为将典型女性数据代入男性系数预测的典型女性职业分布概率。

## 六、结论及政策含义

本章基于中国社会科学院经济研究所课题组 2006 年五城市调查数据，使用 MNL 模型以及性别职业隔离的 Blinder-Oaxaca 分解方法，研究了中国农村迁移工人的性别职业获得和性别职业隔离。对农村迁移工人职业获得的 MNl 模型估计结果显示，教育和在老家接受的培训对农村迁移工人从非技术工种进入技术工种、办事人员和管理层的职业有显著的正向影响。但是健康状况和本单位工作之前的非农务工经商经历对农村迁移工人的职业获得并没有显著的影响。社会资本变量对于男性获得办事人员和管理层的工作有显著的正向影响，而对女性则没有显著影响。家庭因素对女性农村迁移工人的职业获得没有显著影响，但已婚男性比单身男性则更容易从非技术工种进入技术工种、办事人员和管理层中。企业所在的行业和所有制性质对不同性别的职业获得有显著影响。

性别职业隔离的 Blinder-Oaxaca 分解结果显示，以典型男性和典型女性农村迁移工人的职业分布来分析其职业获得的差异可以发现，如果剔除劳动市场中的歧视性因素，那么女性迁移工人将更少地进入办事人员和非技术工种职业中，而更多地进入技术工种和管理层的职业中。

对于上面的结论，需要明了其存在的问题。这些问题可以分为两类：一是方法论上的问题；二是数据存在的问题。首先看方法论上的问题。本章使用的判定歧视因素的方法，主要是基于 Blinder-Oaxaca 分解的思想。其实质是将女性放入男性面临的环境中，看女性的职业获得。这个方法的一个前提是对于女性而言，其对职业的偏好与男性是相同的，只要具有了与男性相同的劳动市场结构，那么女性就会选择同男性相同的职业。这其实排除了不同性别的职业“偏好”对职业获得的影响。而偏好是很难观测到的。一些文献对此的处理，要么是假设偏好对职业获得的影响可以忽略不计（如

Schmidt、Strauss，1975），要么在选择样本时，对样本的年龄段进行限制，从而间接地控制偏好的影响（如 Brown 等，1980b）。在本章模型的估计中，也是假设了男性和女性农村迁移工人在职业偏好上是相同的。方法论上的第二个问题是在实证研究中如何界定“歧视”。一般的方法都是将回归的残差定义为“歧视”，实际上，这里的歧视还包括了那些不能观测到的因素的影响。在本章的模型估计中，我们将企业的所有制和地域变量也纳入了模型，而如果不同的所有制和不同的城市对具有同样个人特征的迁移工人的职业获得有显著影响，这显然是一种歧视：所有制的歧视和地域歧视。但是，为了获得比较精确的农村迁移工人的职业获得模型，我们还是把这两个变量作为控制变量纳入了模型，这样就会减少“残差歧视”。

在数据上也存在问题。我们的调查是进入了企业调查；虽然上海的调查是在社区进行的，但是也获得了其工作单位的信息；并且在处理中，我们为了将样本控制在企业工作的迁移工人上，还去掉了那些具有自我雇用特征的样本。这样，我们的结果就只对那些在企业中工作的迁移工人有效。但是，中国农村迁移工人的一个重要特征是非正规就业比较多（谭琳、李军锋，2003）。因此，我们的发现与结论并不适用于中国所有的农村迁移工人。

对于农村迁移工人而言，职业获得不仅影响到他们的经济收入，还直接影响到他们的社会地位以及生活方式。在中国仍然存在的二元劳动市场中，性别的职业隔离，使女性迁移工人不仅遭受了来自城镇劳动市场的歧视，而且遭受了迁移工人内部的性别歧视。女性更多地进入了办事人员和非技术工种的职业中。这不仅由其本身人力资本、社会资本等与生产相关的特征所导致，我们的估计结果显示更多的则是由性别的歧视导致的。中国的法律体系，特别是劳动法律体系中，已经明确地提出了反对性别歧视，也提出了反对在职业获得和职位晋升中的性别歧视。但是，考察农村迁移工人中的性别歧视，不仅要看到一般性别歧视的影响，而且要与乡城二元分割的劳动市场特征相联系。在我们的分析中也可以看到，不同所有制企业之间的性别职业隔离是明显存在的，国有企业的性别职业隔离比较轻。但是在后面的职业获得模型中，我们发现，其他所有制企业的迁移工人可以更多地获得技术工种、办事人员和管理层的职位。这说明，在国有企业和事业单位中，还存在着两种劳动市场的严重分割。而在其他所有制企业中，这种分割的效应可能更小。这与国有企业和事业单位比较好地执行性别平等政策是相关的。但是，这种性别平等的政策只是在其正式工作人员之间的平等。在其他所有制企业中，企业更多的考虑是如何降低成本，受到的市场影响比较大，不太顾及性别平等的政策。在性别的职业获得中，主要还是依据工人的生产能力而定。这就引出了第一个政策含义，解决农村迁移工人群体的性别职业隔离以及性别歧视问题，需要在乡城二元劳动市场分割的大框架中来考虑。

在向市场经济转轨的过程中，性别的职业隔离有加重的趋势，这其中有性别歧视的原因，但也有女性本身的人力资本和社会资本以及其他与生产相关的特征的原因。在我们的数据中也可以发现，不论是人力资本存量还是社会资本存量，女性都显著小于男性。这种情况在劳动经济学中称为“前市场歧视”（McConnell 等，2003）。前市场歧视在我们的模型中，并没有作为歧视因素。但是，要想有效地改变性别的职业隔离，那么第一个可以控制的因素就是加强女性在进入劳动市场之前的人力资本投资，特别是教育。对于农村迁移工人而言，在进入城市劳动市场之前的培训也显得比较重要。不论对于男性还是女性迁移工人，在老家接受培训，将显著提高他们在技术工种、办事人员和管理层中就业的概率。教育是一个长期投资的过程，而这种进入城市劳动市场的培训则可以在短期内完成，因此，在这一方面加大投资的力度，可以有效缓解进入城市劳动市场之后的性别职业隔离。这是第二个政策含义。

此外，歧视的产生是一个复杂的过程。企业中的性别职业隔离和职业获得中的性别歧视，不仅有企业内部的因素，它还受到整个社会对女性职业定位的“僵化”模式的影响（Anker，1997）。对于农村迁移工人而言，他们从农村进入城市劳动市场，不仅受到农村性别职业定位“僵化”模式的影响，而且受到城市性别职业定位的“僵化”模式的影响。特别是对于女性迁移工人，农村给她们的影响是女孩子还是要回家结婚生子，工作几年之后还是要回家的。她们对于工作中的职业地位获得并不在意，从而丧失了许多获得比较好的职业的机会。因此，解决农村迁移工人群体中的性别职业隔离，还需要从打破整个社会的职业性别定位的“僵化”模式入手。



参考文献

[1] 杜凤莲．中国城镇失业与性别的职业分割 [J]. 中国劳动经济学，2005（2）.

[2] 国家统计局人口和社会技术统计司．中国社会中的男人和女人：事实与数据 [EB/OL]. [2006]. 国家统计局网站．

[3] 国务院研究室课题组．中国农民工调研报告 [M]. 北京：言实出版社，2006.

[4] 侯慧丽．市场转型时期农村迁移女性的职业地位获得：对五城市流动人口移民社区的研究 [J]. 市场与人口分析，2005（1）.

[5] 李路路．向城市移民：一个不可逆转的过程 [M]// 李培林．农民工——中国进城农民工的经济社会分析．北京：社会科学文献出版社，2003.

[6] 李强．农民工与中国社会分层 [M]. 北京：社会科学文献出版社，2004.

[7] 李实，马欣欣．中国城镇职工的性别工资差异与职业分割的经验分析 [J]. 中国人口科学，2006（5）.

[8] 刘文忻，杜凤莲．中国城镇再就业者性别分割的实证研究 [J]. 经济学家，2005（5）.

[9] 潘锦棠．经济转轨中的中国女性就业与社会保障 [J]. 管理世界，2002（7）.

[10] 谭琳，李军锋 . 我国非正规就业的性别特征分析 [J]. 人口研究，2003（5）.

[11] 王美艳 . 中国城市劳动力市场上的性别工资差异 [J]. 经济研究，2005（12）.

[12] 王震 . 农村迁移工人医疗保险覆盖率及其影响因素的经验分析 [J]. 中国人口科学，2007（5）.

[13] 徐林清 . 女性就业的行业——工资倾向与性别歧视 [J]. 妇女研究论丛，2004（2）.

[14] 姚先国，谢嗣胜 . 职业隔离的经济效应——对我国城市就业人口职业性别歧视的分析 [J]. 浙江大学学报（人文社会科学版），2006，36（2）.

[15] 叶文振，葛学风，叶妍 . 流动妇女的职业发展及其影响因素分析——以厦门市流动人口为例 [J]. 人口研究，2005（1）.

[16] 易定红，廖少宏 . 中国产业职业性别隔离的检验与分析 [J]. 中国人口科学，2005（4）.

[17] 翟振武，段成荣 . 农民工问题现状和发展趋势 [M]// 国务院研究室课题组 . 中国农民工调研报告 . 北京：中国言实出版社，2006.

[18] 朱玲 . “农民工”称谓更替的社会经济含义 [EB/OL]. [2007]. 中国社会科学院经济研究所网站 .

[19] 朱信凯，陶怀颖 . 农民工直接问卷调查情况分析 [M]// 国务院研究室课题组 . 中国农民工调研报告 . 北京：中国言实出版社，2006.

[20] ANKER R，MALKAS H，KORTEN A. Gender-based Occupational Segregation in the 1990's[R/OL]ILO Working Paper 16，[2003]. www. Ilo. org/public/english/bureau/integration/download/publicat/4_3_173_16-gender-based_occupational_segregation_in_the_1990s.pdf.

[21] ANKER R. Theories of Occupational Segregation by Sex：An

Overview[J]. International Labour Review, 1997, 136（3）: 315-339.

[22]ANKER R.Gender and Jobs: Sex Segregation of Occupations in the World[R]. Geneva: ILO, 1998.

[23]BERGMANN B. The Effect on White Incomes of Discrimination in Employment [J]. Journal of Political Economy, 1971, 79（2）: 294-313.

[24]BERGMANN B. Occupational Segregation, Wages and Profits When Employers Discriminate by Race or Sex[J]. Eastern Economic Journal, 1974, 1（5）: 2-3.

[25]BLINDER A S. Wage Discrimination: Reduced Form and Structural Estimates[J]. Journal of Human Resources, 1973, 8: 436-455.

[26]BOSKIN M J. A Conditional Logit Model of Occupational Choice[J]. The Journal of Political Economy, 1974, 82（2）: 389-398.

[27] BROWN C J, PAGAN J A, RODRIGUEZ-OREGGIA E. Occupational Attainment and Gender Earnings Differential in Mexico[J]. Industrial and Labour Relations Review, 1999, 53（1）: 123-135.

[28]BROWN R S, MOON M, ZOLOTH B S. Incorporating Occupational Attainment in Studies of Male-Female Earnings Differentials[J]. Journal of Human Resources, 1980a, 15（1）: 3-28.

[29]BROWN R S, MOON M, ZOLOTH B S.Occupational Attainment and Segregation by Sex[J]. Industrial and Labor Relantions Review, 1980b, 33（4）: 506-517.

[30]CHZHEN Y. Occupational gender segregation and discrimination in Western Europe[R]. Barcelona: EPUNet Conference, 2006.

[31]DUNCAN O, DUNCAN B. A Methodological Analysis of Segregation Indexes[J]. American Sociological Review, 1955, 20（2）: 210-217.

[32]GUSTAFSSON B, LI Shi. Economic Transformation and the Gender Earnings Gap in urban China[J]. Population Economics, 2000（13）: 305-329.

[33]MCCONNEL C, BRUE S, MACPHERSON D A. Contemporary Labor Economics[M]. 6th ed. New York: McGraw-HilI, 2003.

[34]MENG Xin, MILLER P. Occupational Segregation and Its Impact on Gender Gap Discrimination in China's Rural Industrial Sector[J]. Oxford Economic Papers, 1995, 47: 136-155.

[35] MENG Xin, ZHANG Junsen. The Two-tier Labor Market in Urban China[J]. Journal of Comparative Economics, 2001, 29: 485-504.

[36]OAXACA R L. Male-female Wage Differentials in Urban Labor Markets[J]. International Economic Review, 1973, 14（3）: 693-709.

[37]SCHMIDT P, STRAUSS R P. The Prediction of Occupation Using Multiple Logit Models[J]. International Economic Review, 1975, 16（2）: 471-486.

[38]THEIL H. A Multinomial Extension of the Linear Logit Model[J]. International Economic Review, 1969, 10（3）: 251-259.

[39]United Nations. Gender Mainstreaming: An Overview[Z]. New York, 2001.

[40]WATTS M. Occupational Gender Segregation: Index Measurement and Econometric Modeling[J]. Demography, 1998, 35（4）: 489-496.

（本章作者：王震）

# 第十五章　农村迁移工人的劳动时间和职业健康

**【内容提要】**借助历史文献，回顾新中国工业化中的三次超时劳动和伤亡事故高峰，发现目前的劳动保护机制与市场经济不相适应，农村迁移工人的劳动保护尤其不足。针对这一群体的抽样调查和案例调查表明：第一，超时劳动与不良工作环境，显著地影响迁移工人的健康状况。第二，小时工资较低、汇款回乡较多、未签订劳动合同者，以及没有参加工会的男性技术工人，超时劳动的可能性更大。第三，超时劳动还与如下因素直接相关：政府和企业权力缺少约束，劳动力市场分割使迁移工人遭受排斥和歧视，在工资和劳动保护方面缺乏谈判权力。因此，改善迁移工人状况的关键在于消除社会排斥和改革劳动保护机制；其切入点当为建立工人与企业之间有组织的谈判与合作关系，同时强化政府的协调功能和公众的监督作用。

**【关键词】**农村迁移工人　超时劳动　职业健康　谈判权力

在工业化进程中，有关工作时间的规定是工人运动和劳动立法的重要主题之一。早在19世纪初，超时劳动对工人健康及其家庭的危害就已广为人知。国际劳工组织1919年11月28日通过的国际公约，纳入了此前工人运动中有关缩短工时的斗争成果，规定在工业企业实行每工日8小时和每周48小时工作制。目的在于限制超时劳动，保证工人获得足够的休息时间；在保护工人心理和生理健康的同时，促进生产率的提高。[1]从此，这

[1] International Labor Organization（ILO），Working Time，1996年，http：//www. ilo. org/global/What_we_do/InternationalLabourStandards/Subjects/Workingtime/lang-en/index. htm，2008年10月22日。

一理念随着工人运动的发展而广泛传播，并逐渐在世界各国付诸实践。随着经济增长和就业形势的变化，一些国家还通过法律逐步减少工作日，增加每周休息日和年度休假天数，并在某些行业实行弹性工作时间，以促进女性就业。总之，与工作时间相关的立法和实践的趋势，是赋予工人充足的休息时间，解除工作带来的身心压力，参与家庭和社会活动，享受个人全面发展的机会。

近 30 年来，中国的工业化在改革开放中突飞猛进，与之相伴随的是农村劳动力的大规模转移。据国家统计局公布的数据，2006 年，农村外出从业的劳动力将近 1.32 亿人，其中，女性约占 36%，达 4747 万人。在外出劳动者当中，有 51% 的人跨省流动。[1] 这与计划经济下劳动者失去自由迁移和择业权的状况相比，无疑是一个巨大的历史进步。然而现有的正式和非正式制度对农村劳动者进城生活和就业的种种排斥，不仅限制他们对迁移的选择，而且也阻碍他们获得应有的劳动保护。农村迁移劳动者[2]从事的工作往往环境差、工资低、强度大、劳动时间长、职业病和工伤事

---

❶ 国家统计局综合司，《第二次全国农业普查主要数据公报（第五号）》，2008 年 2 月 27 日，http：//www.stats.gov.cn/tjgb/nypcgb/qgnypcgb/t20080227_402464718.htm，2008 年 2 月 28 日。

❷ 农村进城劳动者通常被称为“农民工”。然而这种称呼目前已不能准确地表达农村迁移劳动者的社会经济特征。多数从农村进城就业的劳动者不再“亦工亦农”，彻底实现了劳动力的行业转移。尤其是改革开放后出生的农村迁移人口，原本就不曾务农，走出校门即进入城市就业。他们与那些生长在城市的劳动者相比，最显著的身份区别只在于户籍而非其他。笔者采用“农村迁移劳动者”和“农村迁移工人”这两个词汇来替代“农民工”的称谓，一方面是为了表明，这一群体的社会经济特征与高校毕业生、城市退伍军人以及城市迁移劳动者不同；另一方面，也是为了将他们与迁入地的农村居民区别开来。

故多，[1]他们的境遇已经成为公共政策研究中的一个焦点问题。不过，以往经济学人有关农村迁移劳动者的研究，集中在劳动力市场分析领域。[2]至于迁移劳动者的职业健康问题，在经济学研究中还未获得充分重视，在社会学研究中尚欠缺足够的定量分析，在公共卫生研究中则缺少社会经济视角。鉴于此，本章将立足于劳动保护理论，聚焦迁移工人的超时劳动现象，阐明超时劳动对工人生理和心理健康的危害，揭示隐藏在这一现象背后的社会经济政治因素，并据此提出改善迁移工人职业健康的政策建议。

报告涉及的案例来自笔者对迁移劳动者的访问，以及与企业负责人和政府官员的座谈。报告中采用的数据，除特别注明出处以外，均来自中国社会科学院经济研究所课题组于 2006 年 6～7 月展开的抽样调查。这项调查在国家计划生育委员会“中国人口与发展研究中心”的协助下完成，调查地点为大连、上海、武汉、深圳和重庆五个城市。调查中对个人样本的选择有如下考虑：①尽可能选择那些在城市生活但仍无该市户籍的农村迁移劳动者。②由于上海企业难以进入，最终从 31 个迁移人口聚集的社区抽样。其余四个城市的样本都从企业抽取，在每个城市选择 20 个企业，在每个调研企业访问 25 个迁移劳动者，重点选择制造业生产线上的操作工。③样本的抽取并非遵循简单随机原则，而是根据企业的所有制类型、企业规模和所属行业等特征，选择集中雇用迁移工人的企业，并力求样本的性别比例符合企业总体的性别比例。经数据清理，所获有效个人样本总计 2398 人，其中女性样本占近 52%。

---

❶ 魏礼群，《正确认识和高度重视解决农民工问题》，国务院研究室课题组：《中国农民工调研报告》，北京：中国言实出版社，2006 年，第 2 页。

❷ 蔡昉，《集成劳动力流动的研究》，蔡昉、白南生主编：《中国转轨时期劳动力流动》，北京：社会科学文献出版社，2006 年，第 1-12 页。

以下，首先借助历史文献，扼要回顾中华人民共和国有关工人劳动时间的立法和实践。然后，基于抽样调查数据，报告迁移工人的劳动时间分布状况，并说明超时劳动对其健康状况的影响。其次，从政治经济学角度，探索导致迁移工人严重超时劳动的社会经济原因。最后，归纳本项研究的发现和政策性结论。

## 一、新中国有关工人劳动时间的立法和实践

在当今中国，信息传播日益迅速，公众已大体知晓农村迁移劳动者严重超时劳动的现象。可是这一现象究竟是缘于国家劳动保护制度的缺陷，还是由其他社会经济因素所导致？为了回答这个问题，有必要梳理现有劳动保护体系的来龙去脉，从中解析有关限制工人超时劳动的立法和实践。

早在民国时期，中国的劳动立法就吸纳了国际劳工组织的理念[1]。社会主义思想和工人运动是国际劳工组织的重要思想源头之一。该组织主要采用成员国缔结国际公约的方式，将处于时代前沿的劳动保护理念制度化并加以推广。1929 年，南京国民政府颁布了《工厂法》，规定每个工作日以 8 小时为原则，雇主根据具体情况可以将工时延长至 10 或 12 个小时。但实际上，自 1927 年起，国民政府即立场右倾，对国际劳工组织虚与委蛇。在国民党统治区，政府压制工人运动，且由于连年战争困扰，缺少贯彻法律的财力和组织能力，并未落实 8 小时工作制。同期，中国共产党虽然推崇苏联的劳动保护理念和实践，可同样由于处在战争环境，对数量极为有限的根据地企业和工人，也没有实行 8 小时工作制。[2]

[1] 魏众，《民国时期的劳动与社会保护立法与实践》，中国社会科学院经济研究所课题组研究报告，未刊稿，北京，2008 年 9 月，第 22–23 页。

[2] 吴承明、董志凯，《中华人民共和国经济史（1949—1952）》第 1 卷，北京：中国财政经济出版社，2001 年，第 892 页。

中华人民共和国与民国不仅在时间上接续，而且在物质积累上构成中国工业化进程中的不同阶段，在劳动与工资制度上也有所继承。例如，1949 年 9 月 29 日中国人民政治协商会议通过的《共同纲领》，或多或少地采纳了前述《工厂法》中有关工时和女工保护的条例："公私企业一般实行 8 小时至 10 小时工作制"和"保护女工的特殊利益"。[1] 当然，新中国劳动保护体系的建立，更多地是学习苏联。1949—1952 年，国家一方面聘请苏联专家培养劳动保护人才，教材即为《苏联劳动保护教程》；另一方面，参照苏联经验，颁布有关劳动保护的法令和规章制度。据不完全统计，此类制度达 119 项，其中属于安全卫生管理和设备安全检查制度的共计 105 项，属于工作时间制度的有 10 项，属于青工女工保护制度的有 4 项。这批法律和规章构成了新中国劳动保护法律体系的雏形。

从 1953 年起，中国共产党对资本主义工商业进行大规模的社会主义改造。到 1956 年，99% 的私营企业和 85% 的私营商业实现了公私合营，为计划经济体制的建立奠定了基础。同年，全国总工会颁布了关于劳动保护机构的组织条例。国务院颁布了有关劳动保护的三个规程，即《工厂安全卫生规程》《建筑安装工程安全技术规程》和《工人职员伤亡事故报告规程》，进一步明确了有关保障工人职业健康和工作安全的管理和监察制度。[2] 此后，劳动保护法规、管理机构和管理制度渐趋完备，劳动保护科技初步发展，宣传教育逐渐普及。到改革开放之时，"国家监察、行政管理、群众监督"相结合的劳动保护体制业已形成。[3] 这套执行体制与计划经济相配

---

[1] 何光，《当代中国的劳动保护》，北京，当代中国出版社：当代中国丛书电子版（光盘），1999 年，第 1–7 页。

[2] 中国社会科学院、中央档案馆，《1953—1957 年中华人民共和国经济档案资料选编 · 劳动工资和职工保险福利卷》，北京：中国物价出版社，1998 年，第 723–776 页。

[3] 张劲夫，《序》，载于何光《当代中国的劳动保护》，第 1 页。

套，因而更多地依赖政府行政管理。劳动保护机构建立伊始，就将责任落实在如下机构和个人：一为政府劳动部门；二为企业主管机构；三为企业党委、厂长、工程师和技术员；四为工会组织；五为企业劳动安全管理人员；六为参与生产的个人。[1]鉴于计划经济下政企不分、工会行政化，工程技术人员和劳动安全管理人员属于企业管理层，“群众监督”实属弹性因素，作用极为有限。

就新中国的劳动保护实践而言，在计划经济体制确立之前，劳动保护法律法规的贯彻一方面曾遭遇来自私营企业主的阻力；另一方面，工业主管部门和国有企业的一些领导“重生产、轻安全”的倾向，导致劳保制度在执行过程中打了折扣。例如，据劳动部1950年8月的统计，在191个私营企业中，实行11～12小时工作日的占15.1%，实行每月4～5天休息日的仅占28%。[2]1954年，《中华人民共和国工人职员工作时间和休息时间条例（草案）》规定，全国企业应实行8小时工作制和星期日休息制。1955年8月，劳动部在《对〈关于限制公私企业加班加点的暂行规定〉的起草说明和内容解释》中指出：“有不少企业单位用加班加点的办法来开展劳动竞赛和完成生产任务”；“有的企业竟让工人在一个月内加班加点达一百多小时，连续工作三十二至四十八小时”；“黑龙江省部分地方国营工厂去年第三季度滥行加班加点的结果，使伤亡事故增加了百分之四十”。[3]

在计划经济体制确立之后，上述劳动保护执行体系的有效性关

---

[1] 中国社会科学院、中央档案馆，《1949—1952年中华人民共和国经济档案资料选编·劳动工资和职工保险福利卷》，北京：中国社会科学出版社，1994年，第764–766页。

[2] 中国社会科学院、中央档案馆，《1949—1952年中华人民共和国经济档案资料选编·劳动工资和职工保险福利卷》，第744页附表。

[3] 中国社会科学院、中央档案馆，《1953—1957年中华人民共和国经济档案资料选编·劳动工资和职工保险福利卷》，第778–779页。

键取决于高层决策机构的政治意愿和社会的稳定。从 20 世纪 50 年代到 70 年代，曾有过两次伤亡事故高峰，一次是“大跃进”时期，另一次是“文化大革命”时期。1961—1965 年的调整时期和“文化大革命”结束后的拨乱反正时期，都使伤亡事故显著下降。此间，工时管理的兴衰与劳动安全管理的变化大体一致。在“大跃进”年代，政府和企业领导热衷于“夺高产”“放卫星”，工人加班加点的频率之高、时间之长前所未有，由此引发了许多疾病和伤亡事故。为此，中共中央于 1960 年发出《关于切实注意劳逸结合、保证持续大跃进的指示》和《关于城市坚持 8 小时工作制的通知》，使得超时劳动在此后的 5 年得到控制。“文化大革命”时期，劳动纪律松弛、工时管理制度被弃置一边。“文化大革命”结束后，管理制度尚未恢复正常，加班加点现象重新抬头。1978—1982 年，国务院和当时的国家劳动总局通过下发文件，严禁企业滥发加班加点工资，又一次抑制了超时劳动泛起的苗头。[1]可见，在计划经济体制下，违反劳动法律法规的现象虽有发生，但以行政管理为主的劳动保护执行机制，能够明显有效地予以纠正，将劳动保护措施落在实处。

自 20 世纪 80 年代中期开始，中国经济改革开放的步伐加大，多种所有制企业兴起。企业不但在经济市场化进程中遭遇国内竞争的压力，而且还随着经济全球化的进程面临国际竞争，企业的利润动机日益强化，企业所有者、管理者和工人形成了不同的利益群体。在这一背景下，有关劳动保护的修正条例和相关法律相继出台，一个适应于市场经济的劳动保护法律体系逐渐形成。对于劳动者的工作时间，自 1995 年 1 月 1 日起施行的《中华人民共和国劳动法》[2]

---

❶ 何光，《当代中国的劳动保护》，第 4–29 页，第 223–232 页。

❷ 《中华人民共和国劳动法》，1994 年 7 月 5 日，http://trs.molss.gov.n/was40/detail?record=2&channelid=40543&searchword=%B1%EA%CC%E2%3D%D6%D0%BB%AA%C8%CB%C3%F1%B9%B2%BA%CD%B9%FA%C0%CD%B6%AF%B7%A8+，2008 年 10 月 27 日。

（以下简称《劳动法》）明确规定："国家实行劳动者每日工作时间不超过八小时、平均每周工作时间不超过四十四小时的工时制度。""用人单位应当保证劳动者每周至少休息一日。""用人单位由于生产经营需要，经与工会和劳动者协商后可以延长工作时间，一般每日不得超过一小时；因特殊原因需要延长工作时间的，在保障劳动者身体健康的条件下延长工作时间每日不得超过三小时，但是每月不得超过三十六小时。"针对工作日、休息日和节假日加班的情况，《劳动法》还规定了相应的加班工资支付标准。同年5月，国家机关事业单位开始推行每周5天工作制。[1]但《劳动法》并未修改，企事业单位实行6天工作制依然合法。为了在非国有企业和实行现代企业制度试点的企业加强劳动保护，1996年，劳动部发布《关于逐步实行集体协商和集体合同制度的通知》。[2]其中的条款明显地体现了国际劳工组织推广的三方（政府、工人和雇主）合作原则。

可是，经济转型期的劳动法律法规执行情况却不容乐观，仅超时劳动严重的现象就能说明问题。这种现象不仅涉及处在劳动力市场高端的就业者，例如高科技和金融行业的"白领"雇员，而且在劳动力市场低端的农村迁移劳动者当中也司空见惯。不过，前者属于中高收入层，尚可选择待遇不同的工作；后者则不但劳动报酬低、工作时间长，而且还常常被拖欠工资。2003年年末，"总理

---

❶ 《国务院关于修改〈国务院关于职工工作时间的规定〉的决定》（根据1995年3月25日《国务院关于修改〈国务院关于职工工作时间的规定〉的决定》修订），2007年8月13日，http：//www.cnss.cn/fwzx2/gr/zzzg/flfg/200709/t20070921_159844.htm，2008年10月27日。

❷ 劳动部、全国总工会、国家经贸委、中国企业家协会，《关于逐步实行集体协商和集体合同制度的通知》，劳部发〔1996〕174号，2006年2月15日，http：//w1.mohrss.gov.cn/gb/ywzn/2006-02/15/content_106663.htm，2008年10月23日。

为农民工讨工钱”的新闻，一方面反映出法律执行不力的状态，[1]另一方面也促进了立法机构和政府部门对“农民工”问题的关注。2004年，国务院颁布《劳动保障监察条例》，针对的正是用人单位损害劳动者权益的种种行为。其中，将用人单位违法违规延长工作时间的行为，明确纳入监查和处罚之列。[2]不仅如此，2005年的劳动和社会保障部《关于加强建设等行业农民工劳动合同管理的通知》[3]和2008年起施行的《中华人民共和国劳动合同法》也设有专门条款，要求用人单位遵守国家关于劳动者工作时间和休息休假的规定。[4]

然而，农村迁移劳动者超时工作的现象依然严重。更不容忽视的是，劳工伤亡事故频发，形成新中国成立以来的第三次高峰，绝大多数伤亡者还是农村迁移工人。这表明：第一，现有的劳动保护执行机制与社会主义市场经济不适应。第二，农村迁移劳动者属于劳动保护状况最差的群体，之所以如此，必有劳动保护之外的社会经济因素在起作用。这两点，正是本章以迁移工人劳动时间分析为契机而展开制度和政策讨论的重点。

---

❶ 杜宇、刘羊旸，《清欠：从“总理为民讨薪”到“建章立制保薪”》（新华社消息），2004年12月13日，http：//www.people.com.cn/GB/shizheng/1026/3051916.html，2008年10月27日。

❷ 《劳动保障监察条例》（中华人民共和国国务院令，第423号），2004年11月14日，http：//www.china.com.cn/policy/txt/2004-11/14/eontem_5703570.htm，2008年10月27日。

❸ 劳动和社会保障部、建设部、全国总工会，《关于加强建设等行业农民工劳动合同管理的通知》，劳社部发〔2005〕9号，2006年2月15日，http：//w1.mohrss.gov.cn/gb/ywzn/2006-02/15/content_106654.htm，2008年10月26日。

❹ 《中华人民共和国劳动合同法》，2007年9月29日，http：//wl.mohrss.gov cn/gb/zt/2007-09/29/content_198892.htm，2008年10月23日。

## 二、迁移工人的工作环境、劳动时间和健康状况

劳动保护的作用在于维护工人的职业安全和健康。根据国际劳工组织的解释，职业健康并不仅仅指劳动者未罹患与工作相关的疾病或者由于工作而虚弱，它还包括影响劳动者身体状态的生理和心理因素，而这些因素又直接与工作场所的安全和卫生相关。[1]由此我们预设，工作环境和劳动时间显著影响劳动者的健康状况。即使不考虑劳动强度，工作日的长短和休息天数的多少决定劳动者身心压力的大小。健康风险高的岗位，例如有毒、噪声和粉尘环境下的工作对劳动者身心状况的影响，关键取决于防护措施。可是，在我们的调查中，由于企业对有关劳动安全的问题十分敏感，课题组成员未能获准进入企业的工作场所，我们的问卷未包括工作场所安全和卫生方面的问题，样本企业也未从采矿和建筑等高风险行业中选取。因此，从调查中得到的信息尚不足以支持对迁移工人的职业安全做微观分析。以下有关劳动者工作环境的统计，只能反映迁移工人样本的一种职业特征。

从表 15-1 列举的统计结果可以看出，报告工作场所有粉尘和噪声的人，分别占样本总体的 11.5% 和 17.4%。如果以性别分组，不难注意到，处于有毒、粉尘、噪声和高空等不良工作环境中的男性，在其性别组中所占的比重高于女性。若以工作环境状况分组，将那些在“有毒”“粉尘”“噪声”“潮湿”和“高空”共 5 个选项下都选择“否”的人，视为处于普通工作环境中的劳动者，余者归为处在不良工作环境中的组别，那么，后者在样本总体中所占的份额达 53.7%。不过，针对工作环境是否对身体有害的提问，认为有害者只占该问题回答人数（1988 人）的 20.6%。

---

[1] ILO，“Occupational Safety and Health Convention，1981（No.155）and its Protocol 2002 · Article 3”，2002 年，http：//www.ilo.org/ilolex/cgi-lex/convde.pl？ C155，2008 年 10 月 22 日。

**表 15-1　迁移工人的工作环境**

| 项目 | 有毒 | | 粉尘 | | 噪声 | | 潮湿 | | 高空 | |
|---|---|---|---|---|---|---|---|---|---|---|
| | 人数 | 比例（%） | 人数 | 比例（%） | 人数 | 比例（%） | 人数 | 比例（%） | 人数 | 比例（%） |
| 全部 | | | | | | | | | | |
| 是 | 186 | 7.8 | 275 | 11.5 | 417 | 17.4 | 137 | 5.7 | 78 | 3.3 |
| 一般 | 263 | 11.0 | 501 | 20.9 | 741 | 31.0 | 364 | 15.2 | 76 | 3.2 |
| 否 | 1946 | 81.3 | 1616 | 67.6 | 1235 | 51.6 | 1892 | 79.1 | 2238 | 93.6 |
| 合计 | 2395 | 100.0 | 2392 | 100.0 | 2393 | 100.0 | 2393 | 100.0 | 2392 | 100.0 |
| 男性 | | | | | | | | | | |
| 是 | 95 | 8.3 | 141 | 12.3 | 217 | 18.9 | 65 | 5.7 | 68 | 5.9 |
| 一般 | 126 | 11.0 | 262 | 22.8 | 384 | 33.4 | 197 | 17.1 | 50 | 4.4 |
| 否 | 929 | 80.8 | 747 | 65.0 | 549 | 47.7 | 888 | 77.2 | 1031 | 89.7 |
| 合计 | 1150 | 100.0 | 1150 | 100.0 | 1150 | 100.0 | 1150 | 100.0 | 1149 | 100.0 |
| 女性 | | | | | | | | | | |
| 是 | 91 | 7.3 | 134 | 10.8 | 200 | 16.1 | 72 | 5.8 | 10 | 0.8 |
| 一般 | 136 | 10.9 | 238 | 19.2 | 356 | 28.7 | 167 | 13.5 | 26 | 2.1 |
| 否 | 1017 | 81.8 | 869 | 70.0 | 686 | 55.2 | 1003 | 80.8 | 1206 | 97.1 |
| 合计 | 1244 | 100.0 | 1241 | 100.0 | 1242 | 100.0 | 1242 | 100.0 | 1242 | 100.0 |

注：表中的数据来自中国社会科学院经济研究所课题组于 2006 年 6—7 月展开的抽样调查。本章图表除特别注明出处的以外，数据来源相同。

图 15-1、图 15-2 反映的是迁移工人的劳动时间分布。在受调查者当中，报告平均每日工作时间超过 8 小时的迁移工人大约占 45.2%。尤其值得注意的是，报告每日工作时间超过 12 小时的人将近占样本总体的 2.6%，也就是说，他们的劳动时间比法定时间（8 小时）延长了 50%。进一步讲，每月工作超过 26 天的人，或者说，每周享有的休息日不足 1 天的人，占样本总体的 36.5%。与女工相比，男工超时劳动的现象更严重，每天劳动时间在 8 小时以上和每周享有的休息日少于等于 1 天的人数，分别占男性组别的 48.4% 和 40.7%；在女性组别中，这两个比例分别为 42.7% 和 33.2%。为了

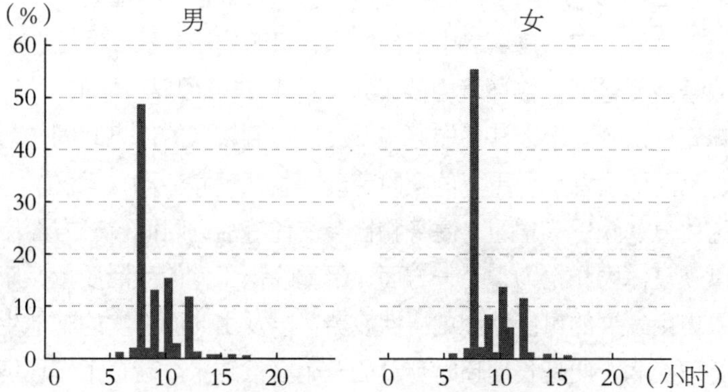


**图 15-1　迁移工人的每日工作时间分布（按性别分组）**

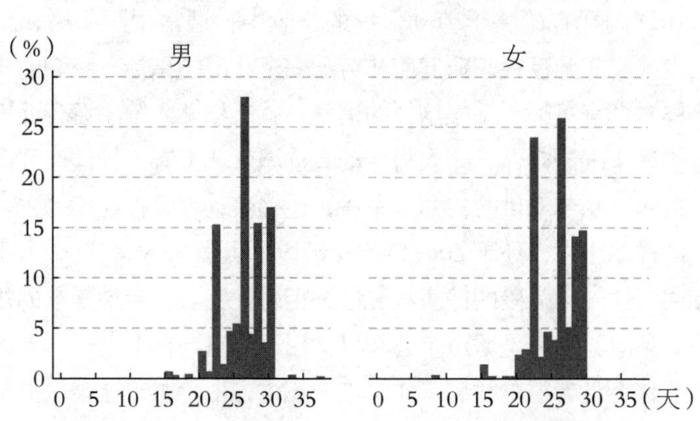


**图 15-2　迁移工人的每月工作天数分布（按性别分组）**

更方便地比较地区之间的超时劳动现象，我们以 8 小时工作制为基准，利用受访者报告的每日工时数和每月工作天数，折算出标准化的工作日列入表 15–2。从表 15–2 中可见，武汉市的超时劳动现象最严重，迁移工人每月标准工作日的样本均值高达 30.5 个。大连市的超时劳动现象相对较轻，但其中的男工劳动时间明显较长，平均每月将近 29 个标准工作日。

对样本总体以工作环境和劳动时间之别做交叉统计，则进一步发现，大约有 1/5 的工人工作环境不良且超时劳动严重。处于不良环境且每日超时劳动的人占 17.2%。而且，环境不良且每月工作天数在 26 天以上者占 22.7%。经采用 Wilcoxon 秩和检验（非参数分析）确认，在不良环境中工作的人，日工作小时数和月工作天数都显著多于普通工作环境中的工人（见表 15–3 和表 15–4）。这就意味着，前者并未因其工作环境不良而得到较多的休息时间作为补偿，反而比后者承受更多的超时劳动。长期超时劳动，无疑挤占工人的休息、娱乐、学习、健身和社会交往等活动时间。一方面使其难以恢复体力和精力；另一方面，严重降低工人的生活质量，压缩个人自由发展的可能性。“慢性疲劳”以及由此而引发的其他生理和心理疾病，便是长期超时劳动的一个必然结果。若是工作环境不良再加上超时劳动，职业健康风险则更高。

在国内现有的关于劳动保护的文献中，通常用职业病和伤亡事故发生率作为反映职业健康和劳动安全状况的指标。我们的一次性小样本调查不适于采集这样的信息。就迁移工人健康调查而言，也面临如下限制条件，即农村劳动者进城就业带有一种健康“自选择”机制。从劳动供给的角度来看，迁移劳动者以青壮年为主。在我们的样本当中，处于 20～40 岁年龄段的人占 72.8%。在个人生命周期中，这一年龄段的健康状况恰好相对优良。从劳动需求的角度来看，健康原本就是城市企业和机构用工的重要标准之一，健康不良的迁移劳动者很难找到工作。进一步讲，由于城市社会保护制度未给予农村迁移劳动者基本保障，加之城市生活费用高于农村，他

**表 15-2 按标准工作日折算的迁移工人月工作时间**

单位：标准工作日

| 项目 | 全部 | | | 男性 | | | 女性 | | |
|---|---|---|---|---|---|---|---|---|---|
| | 均值 | 标准差 | 观测值 | 均值 | 标准差 | 观测值 | 均值 | 标准差 | 观测值 |
| 大连 | 25.61 | 6.46 | 366 | 28.94 | 8.01 | 95 | 24.45 | 5.37 | 270 |
| 上海 | 29.55 | 8.76 | 542 | 29.70 | 8.90 | 291 | 29.38 | 8.60 | 251 |
| 武汉 | 30.50 | 7.77 | 464 | 30.42 | 7.47 | 268 | 30.61 | 8.18 | 196 |
| 深圳 | 30.32 | 6.27 | 495 | 29.98 | 6.06 | 223 | 30.60 | 6.43 | 272 |
| 重庆 | 29.91 | 6.49 | 525 | 29.70 | 6.09 | 269 | 30.14 | 6.89 | 256 |
| 全部 | 29.37 | 7.45 | 2392 | 29.86 | 7.37 | 1146 | 28.93 | 7.49 | 1245 |
| $F$ 检验 | $F$=30.22；$P$（>$F$）=0.0000 | | | $F$=0.84；$P$（>$F$）=0.5028 | | | $F$=35.36；$P$（>$F$）=0.0000 | | |

注：每月工作时数 = 每天工作时间 × 每月工作天数；月标准工作日 = 每月工作时数 ÷8。

**表 15-3　不同环境组别的每日工作时间**

| 项目 | 每日工作小时均值 | 标准差 |
|---|---|---|
| 不良工作环境组 | 9.22 | 1.79 |
| 普通工作环境组 | 9.07 | 1.84 |
| Wilcoxon 秩和检验 | $z$=3.076，$P$>\|$z$\|=0.0021 | |

**表 15-4　不同环境组别的每月工作天数**

| 项目 | 每月工作天数均值 | 标准差 |
|---|---|---|
| 不良工作环境组 | 25.78 | 3.28 |
| 普通工作环境组 | 25.41 | 3.22 |
| Wilcoxon 秩和检验 | $z$=3.109，$P$>\|$z$\|=0.0019 | |

们当中的重伤或大病患者，以及身体状况明显趋于不佳的人，一般都会选择回乡生活。因此，在我们的调查中，极少遇到健康状况明显不良的迁移工人。加之缺少工人体检资料，只能采用受访者对最近一个月或三个月身心状态的报告，反映其健康状况。

从被调查者对健康的自我评价来看（见表 15-5），报告其弯腰、行走和爬楼梯困难的人，大约占样本总量的 11.3%（不排除同一人选择多项答案的情况）。在 1151 位男工和 1247 位女工中，反映经常头晕头痛者分别约占 7.9% 和 14.1%；感觉体弱疲劳者分别约占 18.7% 和 21.0%；时常感到心情烦躁者分别约占 37.5% 和 43.1%。如果把这些指标视为受访者心理感受的反映，可以看出如下两点：其一，女性报告的健康状况一般都比男性差；其二，在受访迁移工人总体中，心理健康状态不佳者达 40% 以上。还值得注意的是，这些心理感受往往是生理疾病的前兆。尤其是那些报告体弱疲劳的人，反映的正是其体力透支的情形。如果将上述因素综合表达为一种健康状态，在控制性别、学历、年龄、婚姻状况、流动方式、收入、住房条件和企业特征等变量的情况下，采用非参数统计来比较就业城市不同、工作环境相异和劳动时间不一的组别，结果发现，这三者均为显著影响迁移工人健康状况的因素：工作环境不良、超时劳动和在大连以外的4个调研城市就业的工人，其健康状况都比对照组差。❶

**表15-5　迁移工人在调查月内的自评健康状况**

| 健康问题 | 男性 | | 女性 | | 全部 | |
|---|---|---|---|---|---|---|
| | 人数 | 比例（%） | 人数 | 比例（%） | 人数 | 比例（%） |
| ①举手弯腰有困难 | 53 | 4.60 | 63 | 5.05 | 116 | 4.84 |
| ②行走一公里有困难 | 26 | 2.26 | 35 | 2.81 | 61 | 2.54 |
| ③爬楼梯困难 | 30 | 2.61 | 65 | 5.21 | 95 | 3.96 |
| ④经常头晕头痛 | 91 | 7.91 | 176 | 14.11 | 267 | 11.13 |
| ⑤感到体弱疲劳 | 215 | 18.68 | 262 | 21.01 | 477 | 19.89 |
| ⑥感到心情烦躁 | 432 | 37.53 | 537 | 43.06 | 969 | 40.41 |
| 合计 | 1151 | 100.0 | 1247 | 100.0 | 2398 | 100.0 |

## 三、迁移工人选择超时劳动的原因

笔者在调查中了解到，不少迁移工人愿意加班，只不过希望不要每天都加班，每星期还能休息一天（参见案例1）。这意味着，他们并非选择了一项令其愉快的活动，这种意愿明显地包含着“不得已”的成分。依据劳动力迁移理论和案例研究中获得的信息，我们推断，迁移工人的家庭经济状况、个人特征、工资和就业正规化程度以及就业区位，都影响着他们的超时劳动供给决策。对此，我

❶ 金成武，《健康变量的讨论：以农民工健康状况研究为例》，《中国劳动经济学》2009年第5卷第2期。

们采用Probit模型来加以检验（见表15-6和表15-7）。模型的因变量为工人的月标准工作日数量，以26个标准工作日为限，大于26者即为超时劳动，设为“1”，其他情况设为“0”。在自变量中，“抚养人数”指的是，迁移工人家庭当中14岁以下的子女和60岁以上的老人；“家乡地形”，用来大致表达迁移工人家乡的地理经济特征及其耕地质量；“工作环境”用受访者的评价表示，将其纳入模型的目的在于观察工人的环境安全意识对其劳动供给的影响。

**表15-6 Probit模型所含变量的描述统计**

| 变量 | 观测量 | 均值 | 标准差 | 最小值 | 最大值 |
|---|---|---|---|---|---|
| 每月标准工作日（大于26=1，其他=0） | 2390 | “1”=1304<br>“0”=1086 | | | |
| 性别（男=1，女=0） | 2398 | “1”=1151<br>“0”=1247 | | | |
| 小时工资（元/小时） | 2390 | 4.58 | 2.57 | 0 | 37.04 |
| 年汇款（元/年） | 2398 | 3106.13 | 3557.94 | 0 | 30000 |
| 年龄（周岁） | 2393 | 29 | 8.4 | 16 | 62 |
| 受教育年限（年） | 2367 | 9.4 | 2.3 | 0 | 17 |
| 人均耕地（亩/人） | 2315 | 1.65 | 2.95 | 0 | 90 |
| 家乡地形（平原=1，其他=0） | 2398 | “1”=929<br>“0”=1469 | | | |
| 家庭债务（元） | 2398 | 3451.25 | 18544.05 | 0 | 300000 |
| 抚养人数（人） | 2398 | 1.28 | 1.45 | 0 | 10 |
| 工作环境（自认为有害=1，其他=0） | 2398 | “1”=410<br>“0”=1988 | | | |
| 参加工会（是=1，否=0） | 2398 | “1”=378<br>“0”=2020 | | | |

续表

| 变量 | 观测量 | 均值 | 标准差 | 最小值 | 最大值 |
|---|---|---|---|---|---|
| 非技术工（是 =1，否 =0） | 2398 | “1” =1136<br>“0” =1262 | | | |
| 劳动合同（有 =1，无 =0） | 2398 | “1” =1560<br>“0” =838 | | | |

注：对于虚拟变量，“均值”栏目中填写的是分类观测量。

**表 15–7　Probit 模型：迁移工人超时劳动的可能性估算**

| 因变量：每月标准工作日（大于 26=1，其他 =0） | | |
|---|---|---|
| 自变量 | 系数估计值 | $P>\|z\|$ |
| 性别（男 =1，女 =0） | 0.251771 | 0.001 |
| 小时收入（元 / 小时） | −0.2408317 | 0.000 |
| 年汇款（元 / 年） | 0.0000502 | 0.000 |
| 年龄（周岁） | 0.0039049 | 0.875 |
| 年龄平方 | −0.0001712 | 0.640 |
| 受教育年限（年） | −0.0029901 | 0.831 |
| 人均耕地（亩 / 人） | 0.0085114 | 0.362 |
| 家乡地形（平原 =1，其他 =0） | −0.0087968 | 0.890 |
| 家庭债务（元） | −1.05E−06 | 0.560 |
| 抚养人口（人） | −0.0144892 | 0.538 |
| 工作环境（有害 =1，其他 =0） | 0.0359828 | 0.641 |
| 参加工会（是 =1，否 =0） | −0.2778661 | 0.004 |
| 非技术工（是 =1，否 =0） | −0.2033605 | 0.004 |
| 劳动合同（有 =1，无 =0） | −0.2632908 | 0.000 |

续表

| 因变量：每月标准工作日（大于 26=1，其他 =0） | | |
|---|---|---|
| 自变量 | 系数估计值 | $P>\|z\|$ |
| 上海（是 =1，否 =0） | 0.6404054 | 0.000 |
| 武汉（是 =1，否 =0） | 0.6274062 | 0.000 |
| 深圳（是 =1，否 =0） | 0.6616239 | 0.000 |
| 重庆（是 =1，否 =0） | 0.7012814 | 0.000 |
| 常数项 | 0.7545826 | 0.059 |
| 观测量 =2274，$F$（18，2255）=28.89，$P>F$=0.0000，$R^2$=0.2389 | | |

表 15-6 的描述统计显示，在 2390 个个人样本中，约有 54.6% 的人每月标准工作日超过 26 个。从 Probit 模型中具有统计显著性的变量来看（见表 15-7），那些小时工资较低、汇款回乡较多、未签订劳动合同、没有参加工会者，以及在除大连之外的 4 个调研城市就业的男性技术工人，超时劳动的可能性更大。这其中，一个出乎预料的计算结果，是非技术工人超时劳动的概率低于其他类型的劳动者。这也许是因为，企业对非技术工人加班的需求相对较低。还需要说明的是，相对于其他调研城市，为何在大连就业的迁移工人超时劳动的概率较低。一是因为，大连的企业主要从经济开发区抽取，多为大中型外资或合资企业，广受当地政府和公众关注；二是因为个人样本中包含着部分来自大连市管辖县的农村户籍工人，他们的利益诉求能够影响市政府的行为。

“小时工资越低，迁移工人超时劳动概率越高”的结果并不意外，迁移决策中包含的收入动机即可解释工人的选择。然而，促使他们接受低工资和超时工作的原因，则需要进一步挖掘。第一，失地而又在家乡未找到非农工作的农民，对于城里的就业岗位几乎别无选择。失地农民自 20 世纪 90 年代中期始日渐增多。在工业化、城市化进程中，部分耕地不可避免地会被用作他途。土地在这一转换中增值巨大，可是农民却难以从中受益。在中国现有的社会结构中，农民谈判权力微弱，面对地方政府与土地开发商（有时还加上村干部）联合起来强行征地的行为，很难维护其土地使用权。既为强行征地，农民得到的补偿金就极为有限，此后也被排斥在土地增值分配过程之外。由此而引发的群体冲突事件，可谓失地农民权利遭受侵害的一种激烈表现形式；外出务工，往往是失地农民的另一种无奈的选择。在我们的样本中，持非农户口且家乡无地者将近占2.9%，持农业户口且家乡无地者将近占6.9%。虽然从问卷收集的信息中难以判断何人为失地者，但是无地的现实足以说明，他们除了“打工”之外几乎没有退路。

第二，来自少地家庭的迁移工人，如果在城市无以为生而回乡务农，很可能使其家庭接近或陷入贫困。20世纪80年代，我国平均每个农户的耕地面积为7.5亩左右。如果说那时候还能靠这样的经营规模维持家庭生存的话，那么现在大多数如此规模的小农已经难以仅凭务农为生。更何况，随着耕地的减少，农户的平均农地规模进一步缩小。[1]近二十多年来，农业收入增长缓慢，教育、医疗及其他服务价格上涨迅速，加之一些非耐用消费品进入生活必需品范畴（例如电视机），农民家庭的基本生存成本逐渐提高。因此，少地农民为了满足家庭基本消费需求，也不得不转向城市谋生。这种“不得已”就会使他们在寻找工作时，失去与雇主谈判劳动条件的砝码。在我们的样本中，有地者的家庭平均耕地规模为4.55亩。其中，有30.6%的有地家庭人均耕地少于1亩，其户均土地规模仅为1.68亩；至于那些人均耕地多于1亩的家庭，其户均土地规模也才6.32亩。如果不考虑其他因素，仅仅观察此类少地、无地和“多地”的劳动者之间在每月标准工作日上的差异，其区别在统计上是显著的。

[1] 朱玲，《论全球性食品和能源危机的应对策略》，《经济研究》2008年第9期。

第三，与上述情形相关，向留守家庭提供汇款的压力，是迁移劳动者选择超时工作的决定因素之一。由于城市社会保护体系排斥农村迁移人口，农地附有生存保障功能，农村生存成本相对低廉，大量农村青壮劳动力在转向城市就业的同时，把老人和妇女留在村庄照料家庭和经营农业。与农户无地或少地现象相关，留守家庭的基本生存需求、风险防范需求、投资需求，甚至农业投入品需求，在很大程度上都要依赖于外出就业者的汇款。这就促使迁移工人成为“自愿”选择加班的群体。笔者在各地走访的迁移工人几乎众口一词，认定外出务工就应尽可能地多赚钱，明显地表现出追求收入最大化的倾向（参见案例 1、3 和 4）。在我们的样本中，男工的汇款均值为 2876 元，高于女工 668 元。这一方面反映出，男性在家庭分工中更多地承担谋取现金收入的责任；另一方面，也与男工平均工资高于女工相关。事实上，汇款者在我们的样本总体当中大约占 2/3。他们留在家乡的子女和需要赡养的老人平均数分别为 0.5 人和 1.1 人；与未汇款者的留守家庭相比，两项平均值分别高出 97.2% 和 42.1%。这也从另一个侧面说明，迁移工人宁愿加班以谋求收入最大化的一个重要原因，是为了维持非劳力或弱劳力家庭成员的生存。从表 15–8 可以看出，与留守农村相比，迁移工人毕竟有可能将收入提高 150% 左右。他们之所以接受不利的工资和劳动条件，着实是由于农村的收入水平更低所致。

**表 15–8　迁移工人的平均工资**

| 项目 | 男性 | 女性 | 全部 | 工资性别比（女性工资 / 男性工资 ×100%） |
|---|---|---|---|---|
| 目前个人月收入（元） | 1127.6 | 935.0 | 1029.6 | 82.9 |
| 预计在家乡可获得的年收入（元） | 5309.9 | 4469.7 | 4893.4 | 84.2 |
| 外出务工的收入增长效应（%） | 154.8 | 151.0 | 152.5 | 97.5 |

**案例1　挣钱全凭加班**

2008年4月，笔者走访深圳某光学仪器制造厂。该厂共有工人12000人，其中女工大约占80%。笔者访问生产线上的工人12名，他们分别来自陕西、湖北、河南、湖南、四川和江西，工龄最长的11年，最短的不足1年。从交谈中得知，生产线上每人每月大约加班120小时，按照每月工作30天计算，每天加班4小时。问及他们是否愿意在工作日加班，其中只有一男一女两位工人表示不愿意：那位男工的理由是，希望有点儿闲暇学习；那位女工认为，劳逸结合对身体健康很重要。至于希望每月休息几天，他们当中的8人都希望每周至少休息一天。愿意加班者的理由是：挣钱全凭加班了，不然别说带钱回老家，每月挣的钱连个人消费都不够。厂里的工资由底薪、工位费（仅发给站立工作者）和加班费构成，实行"新劳动法"（劳动合同法）后，老板和经理把加班费都改称"奖金"。1997年，每月底薪240元；2008年，涨到750元。如今，每工日"工位费"2元。周末加班每小时工资8元，平时加班每小时6元。

第四，相对于其低下的工资水平，迁移工人的城市生活成本较高。"城市户口"本身就与住房、取暖、医疗和教育等福利相关联。因此，与城市户籍人口中的5%最低收入户相比，迁移工人的年人均消费总支出要高出许多（见表15-9）。在我们的样本中，迁移工人在城市的住户规模低于当地平均水平："单人户"占61.2%，"2人户"占21.5%，"3人户"占13.8%，多于3人的住户还不足3%。由于单人户的消费缺少家庭规模效应，在相似的收入水平上，其消费支出总额一般会高于"多人户"的人均消费总支出。此外，未获得企业宿舍的迁移工人，大多合伙租住城市边缘区的房子，加之多半从事高强度体力劳动，他们的食品、衣着、居住、交通通信以及其他日用消费品需求，还会高于城市一般收入户。尤其不可忽视的是，迁移工人的子女上学往往得支付借读费，医疗还要自掏腰包，正可谓“穷人不得不支付更多”。这也是他们在就业中做出“自我压榨”决策的一个重要原因。

**表 15-9　2006 年迁移工人与城市户籍人口的消费支出对照**

单位：元 /（人·年）

| 项目 | 迁移者单人户（样本 = 1467） | 迁移者多人户（样本 = 931） | 城镇 5% 最低收入户（样本 = 2800） | 城镇 20% 中等收入户（样本 = 11200） |
|---|---|---|---|---|
| 食品 | 2698.93 | 2385.93 | 1387.70 | 3019.37 |
| 衣着 | 762.86 | 381.59 | 225.02 | 884.74 |
| 医疗 | 243.24 | 193.24 | 213.39 | 590.45 |
| 交通通信 | 1176.84 | 601.04 | 205.60 | 859.87 |
| 居住 | 994.23 | 1101.98 | 391.51 | 799.32 |
| 教育文化娱乐 | 491.43 | 507.82 | 332.64 | 1047.48 |
| 其他 | 1504.73 | 1014.96 | 197.41 | 704.18 |
| 消费总支出 | 7872.26 | 6186.56 | 2953.27 | 7905.41 |

注：表内城镇住户数据由国家统计局城市调查司提供，来源于国家统计局 2006 年全国城市住户抽样调查，总样本量为 56000 户（这是本课题组委托城市调查司根据统计局的原始数据计算的，原始数据尚未向公众开放）。按样本户年人均可支配收入由低到高的顺序，20% 中等收入户即第 3 个 5 分位组，5% 最低收入户为第 1 个 20 分位组。

第五，企业的工资结构设计限制着工人的劳动供给选择。与那些把最低工资标准当作最高标准来执行的企业相比，[1] 我们调查的企业平均支付的小时工资要高一些。如果按样本均值 4.58 元 / 小时

[1] 阎定军，《“民工荒”探源》，《特区经济》2004 年第 10 期，第 132-133 页。韩兆洲、魏章进，《我国最低工资标准实证研究》，《统计研究》2006 年第 1 期，第 35-38 页。

和 8 小时工作日计算，日工资水平为 36.64 元，相当于同年全国城镇单位在岗职工日平均工资（83.66 元）[1]的 43.8%。不可忽视的是，一些企业的工资设计中包含着加班激励机制。案例 4 中的企业采取的手法是，按照普通工价支付工人的加班劳动。在每小时 3.5 元工资的情况下，如果工人每天工作 8 小时，每月工作 26 天，其月工资收入仅为 728 元，那么除了维持个人最低生活消费以外，这笔收入就所剩无几了。无独有偶，案例 1 中的企业通过结构工资设计，也把工人的基本工资压低到相似的水平（750 元）。这样，两个企业虽然区位不同，行业相异，其工资设计都达到了令工人不得不选择加班的结果。

不过，我们在调查中已经注意到工人争取工资和劳动权利的行动。采用 Probit 模型估计的结果也显示，参加工会和签订劳动合同，有助于减少超时劳动。虽然，“年龄”和“受教育年限”的影响在我们的统计结果中并不显著，但在现实生活中的作用却不容小视。如今的迁移工人与十多年前的“农民工”已经大不相同，见多识广、受教育程度提高，而且权利意识日渐强化。以我们的样本为例，“80 后”和“90 后”青年占将近 58%，样本总体的平均受教育程度达 9.4 年。2008 年 4 月，笔者走访“深圳市春风劳动争议服务部 / 深圳市外来工法律援助中心”时，遇到的都是这样的“小年轻”。他们介绍说，《中华人民共和国劳动合同法》（以下简称《劳动合同法》）出台后，工人追讨加班工资的案例明显增多。在这些农村迁移者当中，有两位来自不同厂家的男女工人，分别在各自的厂里工作了 9 年和 10 年。除了过年回乡，两人周末均无休息日，每日工作 9.5～10 个小时。2007 年年底，工人们要求厂方补发最近两年的加班费。男工的厂长以“闹事”为名解雇了 100 多个工

[1] 劳动和社会保障部，《2006 年度劳动和社会保障事业发展统计公报》，2007 年 5 月 18 日，http：//www.molss.gov.cn/gb/news/2007-05/18/content_178167.htm，2008 年 10 月 31 日。

人。女工的厂长则采取“分化瓦解”的办法，解雇了 96 名要求补发加班费的工人，同时给余者每人发放 3000 元“津贴”。他俩不约而同来这家劳动争议服务部，就是寻求法律援助的。笔者认为，工人追讨加班工资，有助于遏制厂家利用超时劳动压低成本的做法。而如果厂家无理解雇工资追讨者却不受惩罚，那就无异于埋下了社会冲突的种子。

## 四、超时劳动现象背后的政府和企业因素

劳动保护制度的实施必须借助国家的强制，具体来说就是由政府来执行这种强制。若非如此，企业就有可能为了追求利润，通过压低工资水平、加重劳动强度和延长工作时间来降低劳动成本，侵害工人基本权利。这一点，马克思在《资本论》第一卷中就曾做出令人信服的研究结论。而今，包括工作时间标准在内的劳动保护国际公约，既是世界工人运动的伟大成果，也是国际劳工组织推广的“体面工作”理念中的应有之义。[1]“八小时工作制”和“每周至少休息一日”的必要性，已经被无数工人以健康为代价做过证明。可是，大量农村迁移工人至今还未真正享有这一基本权利。一些学者以改革开放前的工人职业健康和安全保护状况为参照，将迁移工人权益受损的现象归因于市场化改革和经济全球化。不过，这些评论者大概忽略了一个事实，那就是全球化既未在发达国家引发大量超时劳动的现象，也未降低其职业健康和安全标准。全球化加剧市场竞争，可以说是影响各国工资和劳动状况的外因。但能否保障工人享有法定的工作权利，最终还是取决于国内的社会经济政治框架。进一步讲，既然劳动保护制度的落实有赖于政府的强制，那

[1] ILO，“Definition of Decent Work”，2007 年，http：//www.ilo.org/public/english/region/ampro/cinterfor/publ/sala/dec_work/ii.htm，2008 年 10 月 30 日。

么迁移工人劳动保护不足的状况，只能说明政府在这一领域少有作为。况且，政府的这种行为首先是缘于计划经济的遗产；其次，是因为片面追求 GDP 和财政收入增长而放松对企业的监督。这些恰恰不是出自市场化改革的结果。

采用户籍制度分割城乡社会，而且城市政府只对本城户籍人口的生存和发展负责，无疑是中国计划经济体系的一个特色。毋庸置疑，户籍制度令城市人口享有生存和发展的优先权。此外，计划经济下曾推行合同工、临时工和亦工亦农制度。当时，决策者的本意在于增加用工制度的灵活性。可是，由于新制度缺少配套的工资、保险和福利措施，即使是对于同样岗位上具有同样工作效率的工人，在“正式工”和“临时工”之间、“编内”和“编外”就业者之间，也造成了悬殊的待遇区别。[1]因此，“转正”就成了“临时”和“编外”人员的一个追求。为了尽早转正，临时工和编外人员宁可接受正式工及其他编内人员不愿意承担的任务，例如高风险工作和节日加班劳动。

如果把人事编制导致的身份区别归结为公有体制内外的区别，那就不难注意到，与体制身份和户籍身份相联系的社会歧视，从计划经济时代一直延续至今。不仅如此，20 世纪 80 年代开始实行的“市管县”体制，又在农村人口内部制造出一种身份区别，那就是城市行政管辖的农村人口和外来的农村人口的区别。由此，城市政府把其公共服务责任扩展到本地农村人口，却将农村迁移人口的公共服务需求视为他们家乡政府的责任。在这种情况下，中国的劳动力市场就形成了三个层面的隔离现象，即城乡户籍隔离、公有体制内外隔离，以及地方行政辖区隔离。因此，跨省 / 市就业的农村迁移工人便同时遭受三重歧视。其劳动保护不足的状况，既是此类歧视的一个后果，又是歧视的一种表现。

在市场竞争中，企业必然产生利润动机。只有国家的强制、

[1] 何光，《当代中国的劳动力管理》，第 166–169 页。

工会的制约、公众和媒体的监督，才有可能有效约束其损害工人权利的行为。从表 15-10 可知，无论何种所有制企业或事业机构，都存在迁移工人超时劳动的现象。但集体和内资私有企业工人的标准工作日显著地多于其他企业，外资与合资企业工人的工作日显著地少于其他企业。可见，工人的超时劳动与企业是“公有”还是“非公有”并无必然联系。鉴于样本中的国有和外资企业多为大中型企业，集体企业多为小企业，可以推断，显著影响工人超时劳动的企业因素，实质上是企业规模或行业特征。于是我们采用同样的统计检验方法，分别验证这两个企业特征与工人劳动时间之间的关系（计算结果未列表）。结果表明，制造业工人的超时劳动时间显著地少于其他行业，小企业工人的超时劳动时间显著地多于大中型企业。综合而言，非制造业的小企业工人超时劳动最为严重。这一结果当属预料之中，因为制造业本身要求工人注意力高度集中，严重超时劳动必然降低工人操作能力，影响产品质量甚至造成安全事故。从政府和社会监督的角度来看，小企业监督成本和监督难度都高于大中企业。从工人与企业所有者和经营者的谈判力量对比来看，小企业工人能够施加给对方的压力更弱。

**表 15-10　不同所有制企业中的工人月标准工作日**

| 迁移工人所在的企业所有制特征 | 每月标准工作日数 | |
|---|---|---|
| | 均值 | 标准差 |
| 国有 | 29.02 | 9.18 |
| 集体 | 32.39 | 7.17 |
| 内资私有 | 30.91 | 7.52 |
| 外资 | 26.08 | 5.98 |
| 合资 | 27.88 | 8.52 |
| 股份 | 29.28 | 7.55 |
| 事业 | 29.13 | 11.63 |
| KW 多样本检验 | $\chi^2$（6）=282.636<br>$\chi'^2$（6）=284.528 | $P$=0.0001<br>$P$=0.0001 |

进一步讲，在市场经济条件下，企业经营方式多元化，“劳资”关系必然而且已经产生。无论在哪一种类型的企业，作为“资方”的企业所有者和经营者，相对于作为“劳方”的迁移工人，都处于强势。在财政经济分权管理的情况下，各个地方政府之间在“招商引资”方面的竞争，又或多或少地促使地方政府放松对资方的监督，这就不免使资方的谈判权力更强。在企业内部收入分配中，资方所占的比重之高可谓超乎寻常。加之企业工会多由资方控制，工人在工资和劳动时间决定方面几乎没有发言权。在我们的抽样调查当中，有关企业内部收入分配的信息极难获得，因而只能用案例信息做补充。笔者于 2007 年 11 月底在福建省晋江市做的案例调查，有助于说明劳资双方的力量对比（参见案例 2～5）。



**案例 2　1996—2007 年：资产从 436 万元到 3 亿元**

F 公司是一家以制作膨化食品为主的企业，包括设在晋江的机构在内，公司在全国各地设立的分公司共计 10 家。虽说公司总部仍设在起家时的 A 镇 Q 村，但村庄已经融入市镇。据公司高层管理人员介绍，企业股东是 7～8 位 Q 村的村民，原本擅长炒瓜子或做蜜饯。20 世纪 90 年代初，他们到外地推销瓜子蜜饯，看到炸薯片成为新潮小吃，回来便集资办厂。1996 年登记成立企业，注册资本 436 万元，引入全套加工设备投产。在最初 5 年里，年利润高达 20% 之多，此后利润率逐渐下降。最近原材料价格和劳动成本上涨，利润率大约维持在 7%。于是，近两年来 F 公司开始多元经营。在四川、辽宁和本省龙岩共建立房地产公司 3 家，还在大连注册一家矿业公司，开采建筑石料。目前，F 集团公司的总资产达 3 亿多元人民币。

设在 Q 村的总部管理人员和其他业务人员大约有 200～300 人；生产车间工人有 600 多人，除了 20 名 Q 村的村民外，余者大多来自四川、湖北、湖南、江西和贵州等地。在这些生产工人当中，女工占 80%，年龄在 18～40 岁，学历至少在小学五年级以上。公司经理一级实行年薪制，高管的年薪大约有几十万元。本科和大专学历的办事员工资每月在1500～3000元，生产流水线上的工人每月工资最高在1900—2000元，最低大约为1000元。虽然工资的提高因利润率下降受到抑制，企业高管的收入也可能由于多元化经营而不受影响，但二者之间的悬殊差别却早已存在；资本的增殖速度，更是像滚雪球一样快得惊人。

**案例3　多年来几乎没有休息日**

F公司生产车间的产品品质管理员李某，1970年河北沧州生人。1996年和丈夫一同来晋江，在这家工厂上班已经11年。此间几乎没有休息日，每天工作12个小时，因为厂里实行两班倒制度。她曾在薯片生产线上工作多年，每月工资大约800～900元。后来公司成立"品管部"，聘用大学生却招不到人，原因是工资低、工作时间长。李女士由于工作经验多而被提拔到这个岗位，月工资涨到1000元以上。她丈夫在机械部工作，每月工资在1200～1800元。唯一的儿子8岁时来晋江与他们生活在一起，厂里免费提供一间住房。从去年开始，厂里对家属住房收费，每3个月收260元。

**案例4　加班工资按平时的工价计算**

女工陈某，1981年生人，同样来自河北沧州。小陈于2003年从家乡的师专美术专业毕业，先在一个私立中学教书2年，每月工资900元，后去一个公立小学代课，为的是有可能转为正式教师，代课工资每月400～500元。教了一年小学发现"转正"无望，于2007年年初投奔正在晋江打工的堂兄夫妇，在F公司的厂里找到工作。她填写报名表后，很快被分配在包装车间干活。包装工的小时工资是3.3元，小陈做工半个月，就因学历较高提升为产品品质管理员，平均小时工资为3.5元。她进厂时没有签订劳动合同，原因是初来乍到急于找工作，没敢向招工人员问清楚。其实，小陈在老家教书时，跟那两个学校都签过劳动合同。进厂之后几乎每个月都加班，只是这个月（2007年11月）例外。加班日的工作时间长达

14 个小时，可是加班工资却仍按平时的工价算。对此，小陈认为自己年轻，身体还顶得住，先干两年再说。

**案例 5　雇主设立的工会**

F 公司设在 Q 村的工厂有工会，只是这个工会是雇主一方成立的，担任工会主席的是主管招工和劳工事务的部门经理，姓张。张主席原是福建南平一家国有矿山的矿长兼党委书记，该矿停产后，于 2003 年经熟人介绍到晋江，应聘 F 公司的文员岗位。也许是以往的经历所致，张主席组织的工会活动与国有企业的非常相似。他介绍说，厂里工龄满两年的工人就成为工会会员，按车间分成 6～7 个小组。工会不收会费，主要活动有 4 项：第一，逢年过节组织文体活动；第二，每月一次，为当月过生日的员工集体庆祝生日；第三，探望生病卧床的员工；第四，提供职工困难补助。平均一年补助 7～8 人，最少补助 300 元，最多补助 1000 元。包括补助事宜在内的这些活动，都是张主席一个人说了算。至于劳动和社会保障事务，则由企业管理部门决策。

案例 2～5 中的受访者谈话反映出一个事实：在企业现有的权力结构中，几乎没有农村迁移工人谈判的余地。无论工龄长短，受教育程度高低，在何种岗位工作，受访者都未逃脱超时劳动的命运。国内外学者都曾注意到，中国经济融入全球化之初，由于资金、技术和劳动力素质的限制，企业只能进入全球价值链的低端。这一状态固化至今，企业升级困难，多数企业仍然依赖低价竞争策略来争取全球购买商的订单。因此，中国企业的贸易条件日趋恶化，利润率逐渐下降。[1] 笔者也多次听到企业所有者和高层管理人员解释，

---

[1] 拉法尔·卡普林斯基（Raphael Kaplinsky），《夹缝中的全球化——贫困和不平等中的生存与发展》（Globalization，Poverty and Inequality：Between a Rock and a Hard Place），顾秀林译，北京：知识产权出版社，2008 年，第 222–228 页。

企业利润微薄，为了维持正常运转，难以提高劳动标准。实际上，这并不能解释全球价值链低端的超时劳动现象以及与此相关的社会不公正。事实是，企业采用薄利多销战略，利润总量增加。即使在企业收入迅速增长的阶段，或者是在劳动供给日渐紧缺的情况下，工人的收入和劳动保护状况也没有实质性的改善，劳方与资方之间的贫富差距依然在加大。如前所述，产生这种状况的根本原因，并不在于经济全球化，而是迁移工人较之企业所有者和高层管理者，社会经济力量相对微弱。

从逻辑上来讲，工人组织程度提高，例如成立工会，有助于增强工人的集体谈判权力。可是，目前工人自己组织的工会却很难在民政部门获得认可。类似 F 公司那样的企业工会，笔者已经访问过数家。从决策程序来看，它们都是由雇主控制的组织。那么，在与企业利润最大化目标相冲突的事务中，这样的工会不可能为工人代言。虽然工会组织的文体活动和职工困难补助毕竟或多或少地改善了工人的生活，但是与法定工作时间、劳动保护和社会保险等关乎工人生存安全的权益相比，还只是浅层次的福利。进一步讲，这些活动还可以归结为企业的人力竞争策略。F 公司的工会主席告诉笔者，自 2004 年下半年开始，企业招工不那么容易了，因为外来工家乡的工厂越来越多，青壮劳力很可能不用出远门也能找到工作。F 公司为了留住有经验的工人，已多次提高小时工资并改善工人的食宿条件。在笔者看来，目前劳动力市场供求关系的变化，虽然能够促使企业或多或少地改善工人状况，却不可能保证他们实现应有的权利。因此可以说，农村迁移工人的劳动保护是中国经济转型中的一个重大政治经济问题。

## 五、政策性结论

在中国改革开放的过程中，农村劳动者以自己的主动性和创造性突破了城乡社会经济之间的制度藩篱，获得了劳动力流动的自由。他们通过职业、行业和空间的劳动力转移，有效地改善了收入状况，并且搭建起一条整合二元经济的桥梁。然而，城乡分割的制度框架并未随之发生实质性的改变。经济市场化和全球化进程，使得计划经济时代形成的对农村人口的社会排斥，以强化的形式凸显出来。农村迁移工人缺乏劳动保护，只是这种现状的一个缩影。迁移工人长期从事超时劳动必然透支健康，同时危及工作安全。这不仅损害中国整个劳动力队伍的工作能力，而且还有可能对劳动者后代的健康水平产生不利影响。而且，这一群体因透支健康而可能产生的疾病或工伤负担，必然会降低其个人及家庭的收入水平和生活质量，同时还将增加全社会对卫生资源的需求压力。

针对农村、农业、农民和“农民工”的不利处境，中国政府曾采取大量校正措施，取得了显著减少农村贫困的巨大成就。近年来，政府致力于贯彻落实科学发展观与建设和谐社会的理念，进一步强化了对“三农”问题的重视，为农村发展和农村迁移人口生活状况的改善创造了有利的条件。不过，为构建一个消除社会排斥的良好制度环境，中国还有一段很长的路程要走。本章基于抽样调查和案例调查信息发现：

第一，农村迁移工人劳动保护不足。工作环境不良的工人，每日工作时间和每月工作天数都显著多于普通工作环境下的工人。超时劳动在5个调研城市和不同类型的企业中都大量存在。就超时劳动程度而言，非制造行业的小企业工人比制造业的大中企业工人严重，大连工人的超时劳动状况比其他调研城市的轻微。

第二，小时工资较低、汇款回乡较多、未签订劳动合同者以及没有参加工会的男性技术工人，超时劳动的可能性更大。

第三，超时劳动还与如下因素直接相关：政府和企业权力缺少约束，劳动力市场分割使迁移工人遭受排斥和歧视，在工资和劳动保护方面几乎没有谈判权力。

以上表明，以行政管理为主的劳动保护执行机制，与市场经济的运行不相匹配；尚且存在的对农村人口的社会排斥和歧视，进一步削弱了现有劳动保护制度的有效性。因此，减少超时劳动、改善迁移工人生活和劳动状况的关键，一是消除社会排斥，二是改革劳动保护机制。或者说，通过平衡社会结构来强化劳动保护制度的有效性。目前，备选的短期政策措施首先在于，基于《劳动法》和《劳动合同法》设计指标体系，强化劳动监察。其次，将工人劳动时间、工作环境和职业病防治等劳动保护指标纳入城市政府的政绩考核。再次，对于持续在一个城市就业的农村迁移劳动者，赋予和当地户籍劳动者同等的选举和被选举权，使他们有可能通过直接参政议政，影响地方政府的行为，保护自己的基本权利。

需要采取的中长期政策方案，是借鉴国际劳工组织的经验，通过“三方机制”来强化工农群体的谈判权力，以便使他们能够与政府和企业形成有效的制衡关系，有尊严地分享工业化、城市化和经济全球化带来的利益。这样做将有可能增加企业当前面临的经营压力，因为全球性的食品和能源危机，已经使得以低价竞争为特征的外向型经济难以为继。可是如果任凭劳动保护不足的现象继续下去，劳动力质量必将趋于下降，企业就更难扭转受困于全球产业链低端的处境。因此，中国企业只能改变竞争策略，在国内外市场中另辟蹊径。若非如此，农村迁移工人和农民中积聚的不满情绪将会日渐严重，一些偶然事件就有可能成为引发剧烈社会冲突的导火索。当然，这也并非意味着工农群体的利益诉求不受制衡。构建工人、企业和政府之间的社会伙伴关系，不失为一条减少社会冲突和增强社会凝聚力的有效途径。对此，德国的经验同样可资借鉴。

首先，在德国工业化进程中，劳资矛盾曾异常尖锐，政治家为了缓和社会矛盾，一方面用“工作提供者”（雇主）和“工作获得者”（雇员）这类中性语汇，替代资本家和劳工等社会敏感性较强的语汇；另一方面，通过专项法律，为雇主和雇员表达各自的利益诉求开设渠道，同时也规范双方的自组织行为。

其次，双方在一系列法律框架下形成社会伙伴关系。[1]其指导原则是政府中立，行业工会与雇主联合会集体谈判劳动与工资问题，双方尽可能增强合作、减少冲突。行业劳动工资协议并不排除企业内部的工人委员会和管理机构签订工资协议，以及个人与雇主签订劳动合同。有鉴于雇主处于强势地位，无论以何种形式缔结工资合同，都应以保护工人的最大利益为原则。

有关“社会伙伴”的理论和法律实践的结果，使第二次世界大战后的联邦德国在经济稳定增长的同时，实现了渐进的社会改良，从而也保持了社会和谐。在两德统一后的1996—2006年，平均每千名雇员罢工2.4天。这一指标，不仅远低于西班牙（同期每千名雇员罢工144天），而且也低于英国、法国、荷兰、意大利四国乃至瑞典、挪威和芬兰等北欧国家。

相形之下，中国当前的社会结构严重失衡，农村迁移工人数量虽多但社会经济力量微弱。校正这一结构失衡的关键在于创造适当的制度条件，使工人和农民能够通过自组织的形式强化社会经济地位。笔者调研所到之处，雇主已经组织起来维护自身利益。可是迁移工人自己组织的工会却很难在民政部门获得认可。从短期来看，工人一盘散沙便于搁置冲突。但从长期来看，社会矛盾积聚则容易促使弱者走极端。因此，有必要通过立法创新社会结构，承认雇主与雇员为具有各自不同利益却又利益相关的群体；并通过法律援助促使双方分别组织起来，通过有组织的谈判与合作，提高工人收入，改善劳动条件和职业健康状况。

## 参考文献

[1] International Labor Organization（ILO）.Working Time[EB/

[1] 联邦德国工会联合会国际部主任 Lutterbach W. 博士对中国社会科学院代表团的演讲，《德国的社会伙伴关系》（“Social Partner Relations in Germany”），2008年1月22日，柏林。

OL]. (1996)[2008-10-22]. http://www. ilo. org/global/What_we_do/InternationalLabourStandards/Subjects/Workingtime/lang-en/index. htm.

[2] 国家统计局综合司 . 第二次全国农业普查主要数据公报(第五号)[R/OL]. (2008-02-27)[2008-02-28].www.stats.gov.cn/tjgb/nypcgb/qgnypcgb/t20080227_402464718.htm.

[3] 魏礼群 . 正确认识和高度重视解决农民工问题 [M]// 国务院研究室课题组 . 中国农民工调研报告 . 北京:中国言实出版社,2006.

[4] 蔡昉 . 集成劳动力流动的研究 [M]// 蔡昉,白南生 . 中国转轨时期劳动力流动 . 北京:社会科学文献出版社,2006.

[5] 魏众 . 民国时期的劳动与社会保护立法与实践 [R]// 中国社会科学院经济研究所课题组研究报告(未刊稿),北京:2008:22-23.

[6] 吴承明,董志凯 . 中华人民共和国经济史(1949—1952)第 1 卷 [M]. 北京:中国财政经济出版社,2001.

[7] 何光 . 当代中国丛书电子版(光盘):当代中国的劳动保护 [CD]. 北京:当代中国出版社,1999:1-7.

[8] 中国社会科学院,中央档案馆 . 1953—1957 年中华人民共和国经济档案资料选编 · 劳动工资和职工保险福利卷 [M]. 北京:中国物价出版社,1998.

[9] 张劲夫 . 序 [CD]// 何光 . 当代中国丛书电子版(光盘):当代中国的劳动保护 . 北京:当代中国出版社,1999.

[10] 中国社会科学院,中央档案馆 . 1949—1952 年中华人民共和国经济档案资料选编 · 劳动工资和职工保险福利卷 [M]. 北京:中国社会科学出版社,1994.

[11] 中国社会科学院,中央档案馆 . 1953—1957 年中华人民共和国经济档案资料选编 · 劳动工资和职工保险福利卷 [M]. 北京:中国社会科学出版社,1994.

[12] 金成武. 健康变量的讨论：以农民工健康状况研究为例 [J]. 中国劳动经济学，2009，5（2）.

[13] 朱玲. 论全球性食品和能源危机的应对策略 [J]. 经济研究，2008（9）.

[14] 闫定军. “民工荒”探源 [J]. 特区经济，2004（10）：132−133.

[15] 韩兆洲，魏章进. 我国最低工资标准实证研究 [J]. 统计研究，2006（1）：35−38.

[16] 卡普林斯基. 夹缝中的全球化——贫困和不平等中的生存与发展 [M]. 顾秀林，译. 北京：知识产权出版社，2008.

（本章作者：朱玲　原载于《中国社会科学》2009 年第 1 期）

# 第五篇

# 5

# 社会公平政策的选择

# 第十六章　强化社会保障体系的公平性与可持续性

【内容提要】中国现有社会保障体系的板块分割状况，使得整个体系既有失公平，又损失效率。公共部门的就业者特别是公务员“保护过度”，非公共部门的就业者特别是农民和农村迁移劳动者“保护不足”。尤其是碎片化的社会养老保险制度，不但妨碍劳动力流动，而且加大管理成本。新农合、新农保以及农民工参加城镇职工社会保险的政策，有助于促进社保公平。但地区之间的福利“锦标赛”和地方财政不堪重负的状况，有损社保项目的可持续性。因此需要重点采取如下措施：①避免将社会保险覆盖率的数值作为考核官员政绩的指标。②一方面，加大中央政府的社会支出责任；另一方面，增加对欠发达地区的转移支付，以强化当地社会救助和社会增益产品的供给。③为了建立普惠制的国家基本养老保险和全民健康保险制度，采用衔接或组合同一保险项目下不同板块的办法，减轻并逐渐消除社保体系的碎片化。

【关键词】社会保护　公平　可持续性

## 一、导言

中国近30年来的快速经济增长，在显著减少贫穷的同时，伴随着令人瞩目的收入不均等程度的提高。1981年，中国居民收入的基尼系数为0.280，到2006年达到0.468。在影响收入分配格局的诸多因素当中，城乡差距的影响最大，对居民收入总差距的贡献达

42.2%（朱玲、金成武，2009）。不仅如此，城乡之别还是解释不同地区和行业的收入差距，以及教育和保健机会不均等的显著因素之一（李实、史泰丽、古斯塔夫森，2008）。

从理论上讲，社会保障体系能够通过提供安全网的方式，减少单个家庭和个人面临的投资和创新限制，从而有助于改变人们的机遇，防止当前的不平等固化并导致未来的不公平。社会安全网一般针对的是有工作的穷人、不具备工作能力的人以及特殊的脆弱群体。在一个有效的、普惠制的公共保险体系中，每一个受到负面冲击和生活水平跌落到预定标准以下的家庭，都有资格从公共保险体系中获得某种形式的资助（World Bank，2005）。在这个意义上，社会保障体系有助于校正收入和财富的初始分配状态。

在中国的现实中，当前的社会保障体系反而存在扩大城乡差距的可能，其本身存在着公平性不足的问题。2002 年，城市居民人均享有的社会保障的货币价值，相当于其可支配收入的 53%。如果把这部分货币价值加算到城镇居民收入上去，城乡收入差距就会从纯收入统计显示的 3.1～3.3 倍，扩大到 4.5 倍以上；还会使基尼系数上升 10% 左右（李实、罗楚亮，2009）。这种现象，反映的只是城乡户籍居民在社会保障享有方面的差距。事实上，仅就整个社会保障制度的覆盖面来看，地区之间、行业之间，以及不同户籍、性别、职业和地位的人群之间，差别也明显巨大（中国发展研究基金会，2009）。特别是脆弱群体，包括大量农民工，至今依然保障不足（世界银行驻中国代表处，2008）。

进入 21 世纪以来，中国政府针对脆弱群体社会保障不足的现象采取了一系列强有力的措施，社会保障和公共服务有了显著的改善。[1]2006—2007 年，政府明确提出，到 2020 年建成覆盖

---

[1] 中国社会科学院经济学部课题组，《我国“十一五”规划实施三年（2006—2008）情况分析报告（下）》，第 6 页、第 9 页，载于《中国经济研究报告》（经济学部工作论文）第 111 期，2009 年 9 月 18 日印制。

城乡居民的社会保障体系，并把基本养老、基本医疗和最低生活保障作为制度建设的重点。[1]2008 年全球金融危机爆发，政府把强化社会保障体系的措施纳入了经济刺激方案，以求在促进经济增长和就业的同时，增强家庭和个人应对经济衰退冲击的能力。在政府行政系统的强力推动下，社会保险、社会救助和社会福利覆盖面迅速扩大。特别是“新农合”（新型农村合作医疗制度），覆盖的农村户籍人口在短短 3 年内（2006—2008 年）增加了 355%，2008 年年底已达 8 亿多人，覆盖率将近 92%。2009 年，人力资源和社会保障部制定了将农民工纳入城市基本养老保险体系的政策。同年，“新农保”（新型农村居民社会养老保险制度）在中国 10% 的县开始试点，计划覆盖农村人口 1.3 亿人。

这些制度和政策的实施，无疑有助于提高农村居民和农民工的社会保障程度，有利于促进全社会的社保公平。然而在项目推进过程中，一些新的政策问题也随之产生。最为突出的是：

第一，城镇职工社会保险项目的缴费率高、保险受益权携带性差，不适应大多数农民工收入低、缴费能力差和流动性强的特点（朱玲，2009a）。

第二，社保体系的城乡分割、职业分割和地域分割，不但妨碍劳动力流动，而且造成“撇奶油”现象（郑秉文，2012）。例如，健康和年轻的正规就业者进入职工养老和医疗保险，非正规就业者

[1] 《中国共产党第十六届中央委员会第六次全体会议公报》（2006 年 10 月 11 日中国共产党第十六届中央委员会第六次全体会议通过），胡锦涛在中国共产党第十七次全国代表大会上的报告（2007 年 10 月 15 日）。2010 年 5 月 4 日下载于 http：//news. xinhuanet. com/politics/2006_10/11/content_5190605. htm，http：//news.xinhuanet. com/newscenter/2007_10/24/content_6938568_7. htm.

和年老体弱人群进入居民养老和医疗保险，削弱了社会保险的共济功能。

第三，地方政府在新农保实施中的“锦标赛”，导致保险覆盖面“大跃进”式地扩张。与此相伴随的是，参保人“逆向选择”、保险项目运行经费不足和粗放管理。这些现象都可能损及新农保的可持续性（国家审计署，2012）。

第四，不同地区最低生活保障制度的覆盖面和救助水平，取决于地方财政能力和财政资源在不同用途的分配（Ravallion，2009）。欠发达地区农村的最低生活保障制度覆盖面小、保障水平低，部分贫困人群的基本生存需求尚未得到保障（吴国宝，2011；朱玲，2011）。

鉴于此，本章提出的重点研究问题如下：其一，现有社保体系不公平的症结何在？其二，如何减少乃至消除这种不公平？其三，怎样在促进公平的同时维护社保项目的可持续性？

本章的第二部分将审视中国现有的社保体系，确认亟须改进的关键领域。第三部分，聚焦于社会养老和医疗保险制度中的板块隔离问题，寻找组合或衔接同类保险板块并扩大保险覆盖面的方案。第四部分，借助新农合与新农保政策实施中的案例，揭示地区间的福利竞赛对社保制度的可持续性造成的隐患。最后，基于社保公平的理念，归纳政策性的结论。

本章的数据基础、参考文献和专题信息主要来自如下几个方面：①国际组织和中外学术机构有关社保理论、制度和政策措施的研究报告；②地区公布的法律法规、政府文件和统计资料；③中国社会科学院经济研究所课题组的专题资料积累和研究成果；④笔者在2009—2010年的案例研究。

## 二、社保体系的板块分割及与之相关的不公平

从20世纪80年代到现在，社会保障概念的内涵和外延以及社

保政策的作用范围，在全世界都出现了扩展的趋势。[1]国际劳工组织的一份研究报告曾强调指出，社保的焦点从最低生活保障和应对疾病、年老、残疾、工伤、失业、生育和家庭主要劳动力死亡的风险，扩展到促进弱势群体发挥自身潜力和赢得发展机会的领域（Garcia、Bonilla、Gruat，2003）。这就意味着社会保障的防线前移，其功能不仅在于防止社会成员因遭遇意外而陷入贫困，而且还要降低风险乃至消除某些风险产生的根源。例如，采用卫生、教育、培训和就业促进等措施，辅之以消除社会歧视的公共行动，减少社会成员患病、失能和失业的风险，并由此而帮助贫困群体突破生活中的恶性循环并切断贫穷的代际传递。因此，除了社会保险和社会救助以外，社会增益产品（merit goods）的提供，也被作为社会保障的一种政策工具。义务教育便是这类产品和服务的典型。

社会增益产品和服务，有助于增加社会福祉或促进社会公平，因而通常由国家动用财政资源对需方或供方予以资助，并采取强制性措施，保证生产和消费达到社会预期的水平。在这种情况下，社会增益产品的消费取决于公共选择，而非消费者个人的支付能力和支付意愿。从社会保障角度，关注的是需方，即确保全体成员都能够获得这类产品和服务。在发展中国家，由于财政资源极为有限，往往仅针对包括贫困人口在内的低收入群体，设立社会增益产品需方资助项目，从而把社会援助和社会增益措施连接在一起。例如，巴西、智利和墨西哥等 20 多个国家的“限制性现金转移支付”项

[1] “社会保障（体系）”这一提法，目前在国际组织中通用的英文语汇是“social protection”，而非“social security”。从国际劳工组织、世界银行和国际货币基金组织的定义来看，前者的内涵包括后者。因此，中国有的学者用广义和狭义社会保障的概念将二者加以区分，后者只包括常规的社会保险和社会救助。此外，英文文献中的“social protection schemes”，可直译为“社会保护计划”。但为了避免与中国特有的“计划”概念相混淆，本文将各类社会保障措施，统称为“社保项目”。

目即是如此：低收入家庭只有参与规定的妇幼保健项目和保证适龄儿童上学，才能获得政府的现金生活补助。[1]这一制度包含的设计理念，就是通过收入激励，保障弱势群体获得必要的教育和健康服务。

世界各国在社会保障体系的制度框架形成之后，都会随着社会经济环境的变化逐渐调整内部结构、制度设计和保障水平；环境变化剧烈，则调整幅度也就可能随之加大，甚至促成改革。例如，美国自 1935 年颁布《社会保险法》（*Social Security Act*）以来，几乎每 10 年都出台一次修正案。近 30 年来的经济全球化进程，促使各个国家和地区为了应对日益加大的竞争压力，先后推行了强度不等的社保改革。虽然国家类型不同，却从不同起点向“保基本、广覆盖”的政策目标趋近。

欧洲福利国家和转型国家原本就有全民普享式的社会保障体系，在国际经济竞争、人口老龄化和财政负担过重的压力下，改革取向主要是削减超出基本需求的社会福利。同时，缩小政府作用，扩大社会参与和责任分担，密切个人义务和受益水平的联系，强化福利受益者资格的审查和监督。[2]例如，联邦德国在缩短失业保险金领取期限的同时，增设基层社保服务网络，实行点对点的一站式个性化服务，采取多种措施促进就业，并就近监测失业保险金和社会救济金领取者的财产和收入状况，随时根据其家庭就业人数和人均收入的变动，调整社会援助程度。[3]

---

[1] 该项目的英文名称是“Conditional Cash Transfers”。信息来源：世界银行政策研究报告“Conditional Cash Transfers for Attacking Present and Future Poverty”（尚未发表，2008 年 5 月 30 日初稿）第 276～277 页。

[2] 周弘，《福利国家向何处去？》，《中国社会科学》2001 年第 3 期。

[3] Federal Employment Service，2006，“Reform of the German Federal Employment Service”，Copenhagen.

与欧洲工业国相比，美国一直把社保水平限制在满足基本生活需求的程度。高于这一界限的保障水平，取决于雇主和雇员之间约定的机构福利或职业福利，以及个人或家庭的储蓄和投资。国家对此予以税收优惠，并提供理财教育和信息服务。可以说，美国的社会保险水平设定，以不低于贫困线为原则。当前，社会保险计划使得全美 65 岁以上年龄组中 40% 的人口脱离了贫穷。换句话说，若无社会保险，这一年龄组中 40% 的人口就会陷入贫穷。美国社会保障署专员（commissioner）米歇尔·阿斯楚（Michael Astrue）2009 年 2 月给参保人的公开信或多或少地显示出这个原则。他强调："……社会保险从未试图成为美国人退休收入的唯一来源。如果想要在退休后维持舒适的生活，参保人还需在工作期间另行储蓄、投资、参加企业年金计划或设立个人退休账户。"[1] 倒是目前尚未实施的医疗改革方案，包括了扩大医疗保险覆盖面的内容。然而无医保者仅占全国人口的 16.7%，况且美国公民急诊免费，由公共财政支付账单；收入水平在贫困线以下的人可以享受医疗援助计划。[2] 这种扩大保险覆盖面的制度设计，与发展中国家对"广覆盖"的追求不可同日而语。

毋庸赘言，"基本需求"涵盖的内容和生活水平以各国特有的国情为转移。相对于发达国家，发展中国家的社会保障只能在"低水平"上"保基本"。即便如此，在多数发展中国家，社会保障覆盖面依然狭窄。尤其是社会保险，几近于政府

[1] 笔者对一位美国社会保险参保者做了深度访谈，并获得受访者 2009 年 2 月收到的社会保险清单。清单首页，就是 Michael Astrue 这封信，题为"What Social Security Means to You"。

[2] 郑秉文，《"奥巴马医改"受阻的深层原因到底是什么》，载于 2009 年 11 月 20 日《中国劳动保障报》第 3 版。

公共部门和现代工业及服务业工作人员才能享有的奢侈品。对此，以阿玛蒂亚·森（Amartya Sen）为代表的一些经济学家早在20多年前就提出尖锐的批评。他们认为，高门槛、窄覆盖的社会保障政策隐含了一个错误的理论前提，那就是把发达国家昂贵的社会保险和收入保障制度，视为世界上所有国家普遍适用的模式。然而事实上，即使是最穷的国家，也能通过对本国人口中的脆弱群体提供公共支持，创造出丰富多样的社会保障形式来。[1]

中国的改革开放恰好伴随着国际社会保障理念的进步。在此期间建立起来的社会保障体系，因而也包含着保险、救助和提供社会增益产品等全部功能。在“十一五”规划实施期间（2005—2010年），中国在社会保障方面的进步尤为显著。仅以社会保险为例，如表16-1所示，绝大多数保险项目的覆盖率都在迅速提高。然而，农村居民和农民工的社会保险覆盖率依然很低。截至2008年年底，农民工群体的养老和医疗保险覆盖率分别为10.72%和18.92%，仅相当于城镇户籍职工覆盖率的1/6和1/4；“老农保”（农村居民社会养老保险）的覆盖率还不足10%。这样的覆盖程度全都低于一般中等收入国家（人均GDP高于1000美元）社保覆盖率的下限（20%）。[2]与此相对照，公务员和大量国有事业单位工作人员，依然享有从计划经济时代的公费医疗和养老保障制度中保留下来的特惠待遇。

---

[1] Ehtisham, Ahmad, Jean Dreze, John Hills and Amartya Sen, 1991, Preface to Social Security in Developing Countries, Oxford: Clarendon Press for Wider.

[2] 国际劳工组织（ILO）专栏“Social Protection”，2009年11月1日下载于www. ilo. org/global/About_the_ILO/Mainpillars/Socialprotection/lang-en/index. htm.

表 16-1　2005—2008 年各类社会保险项目的人口覆盖状况

| 保险项目及参保人群 | 2005 年（万人） | 2006 年（万人） | 2007 年（万人） | 2008 年（万人） | 2008 年基数**（万人） | 2008 年覆盖率（%） | 2010 年目标值（%） |
|---|---|---|---|---|---|---|---|
| 机关单位就业人员 | 1071.0 | 1109.6 | 1128.6 | 1155.5 | 1155.5 | 100 | — |
| 事业单位就业人员 | 2591.4 | 2705.1 | 2741.8 | 2790.5 | 2790.5 | 100 | — |
| 城镇职工基本养老保险 | 13120.4 | 14130.9 | 15183.2 | 16587.5 | 26264 | 63.16 | — |
| 参加养老保险的农民工* | — | 1417 | 1846 | 2416 | 22542 | 10.72 | — |
| 农村社会养老保险 | 5442 | 5373.7 | 5171.5 | 5595.1 | 56867.6 | 9.84 | — |
| 城镇职工基本医疗保险 | 13782.9 | 15731.8 | 18020.0 | 19995.6 | 26264 | 76.13 | — |
| 参加医疗保险的农民工* | — | 2367 | 3131 | 4266 | 22542 | 18.92 | — |
| 新型农村合作医疗 | 17900 | 41000 | 72600 | 81517.6 | 89061 | 91.53 | 80*** |
| 失业保险 | 10647.7 | 11186.6 | 11644.6 | 12399.8 | 26264 | 47.21 | — |

续表

| 保险项目及参保人群 | 2005 年（万人） | 2006 年（万人） | 2007 年（万人） | 2008 年（万人） | 2008 年基数 **（万人） | 2008 年覆盖率（%） | 2010 年目标值（%） |
|---|---|---|---|---|---|---|---|
| 参加失业保险的农民工 | — | — | 1150 | 1549 | 22542 | 6.87 | — |
| 工伤保险 | 8478.0 | 10268.5 | 12173.3 | 13787.2 | 26264 | 52.49 | — |
| 参加工伤保险的农民工 | — | 2537 | 3980 | 4942 | 22542 | 21.92 | — |
| 生育保险 | 5408.5 | 6458.9 | 7775.3 | 9254.1 | 26264 | 35.23 | — |

注：“—”表示没有可供使用的数据或尚未开展此类保险。

* 包括参加独立的农民工保险项目和城镇职工保险项目的农民工。

** 计算城镇职工基本养老保险、城镇职工基本医疗保险、失业保险、工伤保险和生育保险覆盖率时，采用的分母是城镇单位（不含事业、机关单位）职工数；计算新型农村合作医疗覆盖率时，采用的分母由参加者总数和参加率（通常称为“参合率”）推算而来；计算农民工的保险覆盖率时，采用的分母是农民工数；计算农村社会养老保险时，采用的分母是 16 岁及以上的农村人口。

*** 在“十一五”规划中，量化的社会保障目标值只有两个，即“城镇基本养老保险覆盖人数达到 2.23 亿人，新型农村合作医疗覆盖率提高到 80% 以上”。

资料来源：2005—2008 年间人力资源（劳动）与社会保障部历年公布的《人力资源（劳动）和社会保障事业发展统计公报》，以及国家统计局发表的《中国统计年鉴》。表中数字均为相关年份的年末数值。

在整个社保体系中，养老和医疗保险是资金使用规模最大和涉及人口最多的项目，也是与劳动力流动联系最为紧密的项目。眼下，每一个保险类别之下都并列着相互分割的几个板块，分别覆盖特定的人群（图 16-1）。每一个板块又进一步碎片化，基金统筹单位只是一个个独立的县或市。仅就城镇职工社会养老保险而言，中国就有 2000 多个统筹单位。[1] 同一保险种类的板块之间互不连通，不同统筹单位之间的资金也互不调剂。

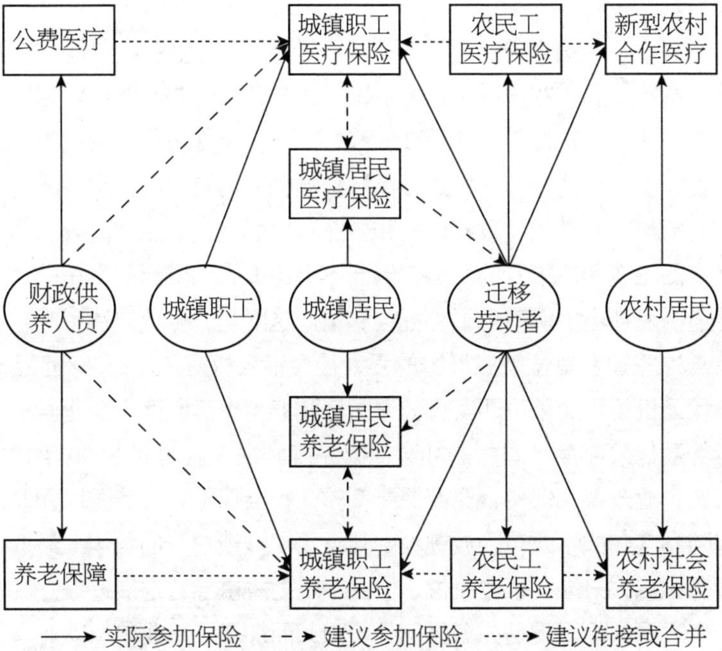


**图 16-1　中国社会养老和医疗保险结构调整示意**

上述社保体系的板块分割和其中包含的不公平，或多或少地与如下事实相关：中国作为从计划经济转向市场经济的发展中经济

[1] 郑秉文，2010 年，《基本养老保险关系转移接续暂行办法规避了制度碎片化》，2010 年 9 月 13 日下载于 http：//news.xinhuanet.com/politics/2010-01/21/content_12849349.htm.

体，既有发展进程中的二元经济特征和显著的地区差别，又有计划经济体制遗留至今的城乡社会分离和职业分割。

首先，采用户籍制度分割城乡社会，而且城市政府只对本城户籍人口的生存和发展负责，无疑是中国计划经济体系的一个特色。这一制度令城市人口在获得社会保障、公共服务和发展机会等方面享有优先权，故而也就使农村人口的脆弱性远高于城市人口。这一制度框架至今依然是对城乡差距发生显著影响的因素之一。

其次，在公共部门中，获得人事编制的就业者，特别是公务员，享有特惠。在一般市场经济国家，公共部门与私营部门相比，通常工资水平较低但保障程度较高、就业稳定性较强。由此也就通过就业者“自选择”的方式，保持全社会人力资源的公平分配。中国的情形与此相反，政府机关和事业单位既有就业稳定的吸引力，又有高工资和高福利的优势，因而不但造成人力资源配置扭曲，而且还引发社会不满甚至损害社会和谐。这既是一个历史遗留问题，又与这些国有单位就业群体的强大社会话语权有关。在 20 世纪 50 年代，机关事业单位即实行公费医疗和养老保障制度，企业职工实行劳动保险制度，农村的社会保险制度则缺失。20 世纪 90 年代的国有企业改革，促使企业劳保制度转向社会保险，公费医疗和养老保障制度却成了改革开放进程中几近于“被遗忘”的角落。最近的改革试点，只涉及事业单位，但由于阻力重重导致进展迟缓。其中一个重要的原因就是公务员例外，由此而加剧了事业单位就业者的攀比和寻租行为。

再次，与不同群体对社会保障和公共服务的可及状况相联系的是，中国的劳动力市场形成了三个层面的隔离现象，即城乡户籍隔离、公有体制内外隔离，以及地方行政辖区隔离。20 世纪 80 年代开始实行“市管县”的政府行政体制，使得城市政府把其公共服务责任扩展到本地农村人口。可是，这些地方政府却将农村迁移人口的公共服务需求，视为他们家乡政府的责任。在这种情况下，跨

省 / 市就业的农村迁移劳动者（农民工和未获得城市户籍的农村高校毕业生），虽然为最近 30 年的工业化和城市化注入了旺盛的活力，却同时遭受三重歧视。其社会保护不足的状况，既是社会歧视的一个后果，又是社会歧视的一种表现。

最后，社会保险制度的碎片化状态是“瓶颈突破”式改革的一个结果。在中国的渐进改革路径中，每一个改革步骤实质上都是在社会经济运行遭遇瓶颈时的突破。因此，同一社会保险项目下的不同板块，具有不同的制度安排。整个体系看起来似乎是一个完整的拼版，可不同板块之间却少有接口，故而既不利于劳动力流动，也不适应全球化进程中非正规就业快速增加的趋势。此外，碎片化的结构导致管理成本明显加大，加之社保资源的分配还有加剧收入不均等的作用，这就使得社会保险体系在运行中不但有失公平，而且损失效率。

鉴于此，中国社会保障体系建设的中长期目标，可以简单地表述为“人人享有社会保障”，即社会成员在其生命周期的任何阶段，一旦面临困境，便有社会保障可依。近期目标（今后 5 年），则应以“保基本、广覆盖”为原则，增强社保公平。“保基本”的含义，在于政府承诺的保障水平不低于城乡居民的收入（或消费）贫困线。以此为前提，将基于这一水平的社保措施，推广到全社会，这也就是“广覆盖”的意义所在。此外，政府可通过税收手段激励企业 / 机构和个人，为超出社会基本水平的保障需求，做出商业性的补充保险或储蓄安排。这里之所以舍去流行的“多层次”提法，是因为企业 / 机构提供的补充保险（保障）计划，以及社群、家庭或个人的储蓄及其他保障措施，尽管不乏政府激励，但并非政府责任。促进社保公平的政策着力点主要在于，缩小城乡之间、城市中的户籍人口与农村迁移人口之间、公共部门与非公共部门就业者之间，以及地区之间的社保程度差别，并借此校正收入和财富的初始分配状态。

## 三、改善社会养老和医疗保险制度

据中国最近公布的官方统计，2011年年底，基本养老和基本医疗保险覆盖的人群分别超过6亿人和13亿人，比2005年的人口覆盖规模分别增长2.86倍和2.77倍（国家审计署，2012）。这种社会保险覆盖面的显著扩张，通常既会增强养老和医疗保险项目的风险分散能力，又会稳固参保个人和家庭的经济安全，因而也必将强化这两个险种的“社会稳定器”作用。然而在二者的广覆盖目标接近于实现之际，只因同一保险类别之下，不同“板块”的参保资格、参保人承担的缴费责任和获得的待遇截然不同，当前的社会保险制度反而成为引发社会矛盾和加剧社会疏离的一个诱因。例如：

第一，农村迁移人口中的非正规就业者多被排斥在城市医疗和养老保险项目之外。对此，城市地方政府的理由是，这一群体可以参加其家乡的新农合与新农保。可实际上，这些非正规就业者多半只能凭借城市就业才能维持家庭生计。新农合能够承担的医疗保障水平，远不能覆盖他们在城市面临的健康风险（朱玲，2009b）。相应地，新农保赋予的公共养老补贴（每人每月55元），也不足以预防他们当中的老年人在城市陷入贫穷。这种状况，既阻碍农村迁移人口融入城市，又与政府推进城市化的政策相悖，因而至今依然是社会舆论的一个焦点。

第二，在正规部门，农村迁移工人自2009年始被纳入城镇企业职工基本养老保险项目。[1]然而这两类就业者的社会经济状况差异

---

[1] 人力资源和社会保障部，2009年，《关于〈农民工参加基本养老保险办法〉和〈城镇企业职工基本养老保险关系转移接续暂行办法〉面向社会公开征求意见的公告》。2009年5月1日下载于 http：//www.mohrss.gov.cn/mohrss/Desktop.aspx？ path=mohrss/mohrss/InfoView&gid=7575d82c-0764-4678459-c65d64e032bl&tid=Cms_Info.

巨大，对二者所做的无差别的制度安排，导致了不公平的结果：多数迁移工人的工资水平低于缴费基数下限，实际上承担了较高的费率；迁移工人退出正规就业岗位的年龄早于法定退休年龄，养老待遇将低于平均水平并且很可能陷入老年贫穷；女性迁移工人就业期限更短，在同等缴费工资水平上，模拟的养老金水平仅相当于男性的55%～57%（朱玲，2009a）。

第三，即使是城市户籍就业者，面临的也是多轨制的医疗和养老安排。仅就社会养老制度而言，目前对企业就业人员实行的是“缴费型”的养老基金统筹制度，企业和职工本人必须按规定费率缴纳养老保险。机关和事业单位就业人员则无缴费义务，其退休金由国家财政统一发放。自2005年开始，企业退休人员的基本养老金已提高了七次，其养老金的平均替代率（退休金与退休前工资的比率）为45%。相形之下，机关事业单位退休人员的养老金替代率高达80%～90%。这其中，公务员比事业单位退休人员的养老金替代率还要高（郑秉文，2012）。

上述不同人群在社会养老和医疗保险缴费义务和待遇上的差别一直广为诟病，同时也是近年来人大和政协会议的热点话题。在经济增长速度减缓和物价上涨幅度增大的情况下，由养老和医疗制度不公引起的不满也随之加剧。2012年初夏，仅仅由于某学者提出延迟退休年龄的议题，便在社会舆论中引发了轩然大波。在接近法定退休年龄的人群中，企业员工强烈反对，机关事业单位的官员多半拥护。二者的倾向均出于各自收入增减的考虑以及相互之间责任和待遇的比较。至于人口老龄化对养老基金积累的影响，绝大多数利益相关者却很少顾及，因此也难以达成社会共识。[1]这表明，改进

[1] 2012年7月16日《新京报》记者韩宇明、郭少峰报道：《延迟退休难解养老金压力、民众不满双轨制》。2012年9月13日下载于http://finance.people.com.cn/insurance/n/2012/0716/c59941-18523486.html.

现有的社保制度，提高整个社保体系的公平性，已经成为增进社会均衡和社会稳定的紧迫目标。

社保制度的调整和改善必将触及不同社会群体的利益。为了在调整中尽可能减少社会矛盾，可行的路径是逐步改良现有制度结构，平等参保人群权利，削减特权，补贴底层收入群体。本节将以社会养老和医疗保险为例，探讨如何通过消除同一保险项目下的板块隔离，改善社会保障体系的公平和效率。

**1. 结构优化原则**

公平性原本就应包含在社会保险制度设计之中，其背后的理念在于社会共济和社会包容，以及权利和义务的对等。对于这一点，英国的国家基本养老金设计堪称典型。自第二次世界大战以来，英国养老保险制度已几经改革，但现收现付制的国家基本养老保险（basic state pension）始终作为第一支柱延续下来（雷晓康，2009）。在此制度安排下，所有就业者按统一费率缴费，并在退休后获得相同待遇但按家庭规模调整的养老金。[1]这笔公共养老金与物价指数变动挂钩，其平均替代率约为16%，可谓最低限度的养老收入。这种制度设计，为职业年金（第二支柱）和个人附加保险计划或退休储蓄账户（第三支柱）的设立，留下了足够的财务空间（Disney、Emmerson，2004）。

普惠性的国家基本养老金制度，包含法律强制参保和缴费条款，因而能够有效防止个人的机会主义行为（即通常所说的逆向选择和道德风险）。在此前提下，社会养老保险的全覆盖才成为可能，在全社会范围内年轻人群分担老龄人群养老费用的保险机制也才能健康运行。鉴于此，可以说它体现的是社会共济和养老公平。进一步讲，为了预防老年贫穷，英国政府还一直针对低收

---

[1] 英国政府网页“Qualifying for a basic State Pension”。2012年9月14日下载于http：//www.direct. gov. uk/en/Pensionsandretirementplanning/StatePension/DG_10014671。

入者实行养老金补助政策，如最低退休收入保障（pension credit guarantee）。这其中包含的收入再分配因素，体现的正是对低收入者的社会包容。经过收入调查确认的低收入者，领取的基本养老金加上退休收入保障资金，替代率通常可达 20%。这种低水平的替代率，既与消除和预防老年贫穷的制度设计目标相一致，也有助于维护国家基本养老金的财务可持续性。据预测，以 2003 年为基线，英国 65 岁以上的人口到 2053 年将增加 79%；在国民收入（national income）中，政府对养老金领取者的收入转移所占的份额，将从 6.1% 提高到 6.9%。这意味着，在预测期内的 50 年里，只需增加少许税负，即可维持国家基本养老保险制度的正常运行（Disney、Emmerson，2004）。

与英国的国家基本养老保险制度相比，中国基于人口的户籍和职业“身份”建立的“多板块”的保险制度，虽然使大量农村居民、农村迁移工人和城市户籍的非正规就业者，在社会保险领域实现了从“无”到“有”的转变，但是整个制度在公平性和可持续性方面的缺陷也显而易见。克服这些缺陷的路径在于整合现有的板块，建立普惠制的全民基本养老保险，发展职业年金和个人附加退休计划。这必然冲击机关事业单位就业者的利益，因而不易达成社会共识。因此，能否迈出这一步的关键，在于高层决策群体的政治意愿。中国台湾地区整合多种职业性医疗保险，建立全民健保制度的案例，提供了可资借鉴的经验（黄煌雄、沈美真、刘兴善，2012）。

与整合职业性医疗保险之前相比，全民健保为中国台湾地区的居民提供了平等获得健康服务的途径，以及更强的财务风险防御机制和平等的卫生筹资方式。按照世界卫生组织的标准所做的调查显示，全民健保的公众满意度一直在 70% 以上。值得注意的是，设立全民健保的社会经济条件，首先在于农业社会已转化为发达的工业社会，多数就业者在正规部门工作，保险管理者可以有效地通过雇主收取保费；其次，有充足的财政资源补贴穷人、退伍军人和农民参保；最后，拥有高水平的社会管理能力和人力资源（Lu、Hsiao，2003）。

事实上，建立多支柱的普惠性社会养老保险制度，也需要满足上述前提条件。然而在中国，城乡之间和地区之间发展水平差异悬殊。例如，长江三角洲一带已进入工业社会，青藏高原农牧区还处在“前工业时代”，有相当数量的农牧居民甚至还没有办理身份证。以至于个人信息模糊不全，不少养老金领取者的年龄都难以确认。此外，城镇职工社会养老和医疗保险制度的推广，到目前还只有二十多年的历史，保险管理能力远不及发达国家和地区的水平。还需要关注的是，在卫生服务和保险服务领域，多元供给者公平竞争的市场秩序尚未形成。这一因素既妨碍参保者获得高质量的服务，也不利于服务成本的控制，因而最终对保险计划的可持续性产生不利影响。

鉴于此，中国社会养老和医疗保险制度的改善，可以从优化现有的制度结构开始，逐步向普惠性养老和医疗保险模式趋近。起步阶段的关键是，在承认城乡差别的基础上，以参保者就业方式的差异，即正规和非正规就业的区别，作为划分同类保险项目下不同板块覆盖对象的标准，分别对养老和医疗保险制度下相互分割的板块加以衔接、组合或连通（图 16-1），以提高养老保险待遇的携带性和扩大医疗保险的风险分散规模。这样，将不但使这两大保险制度有利于劳动力流动，而且还能节约社保管理资源。为此，需要改革与社会福利和公共服务获得权相关联的户籍制度，改革与国有单位人事编制相关联的公费医疗和养老保障制度，逐步消除计划经济体制遗留在社会保障领域中的城乡阻隔和行政特权。这将深刻地触及和削弱当前掌握公共资源及强势话语权的社会群体的利益，而且需要辅之以进一步的财政体制改革、政府职能转变和社会管理方式的转变，因而属于一项近期亟待开始但可望在中长期才能最终完成的艰巨任务。

**2. 提高农村居民和农村迁移劳动者的社会保障程度**

采用财政资源“补贴底层”的因素，已经包含在新农合与新农保之中。这两种保险制度安排，将会有效提高农村居民的社会保障程度。相形之下，农村迁移劳动者，成为社保扩面的难点。其中一个重要原因，是这一群体的就业不稳定、流动性强。即使在同一城市，他们也会因为响应劳动力需求的变化，不得不在正规就业、非正规就业、失业和寻找工作等不同状态之间变换。因此，提高迁移劳动者社保覆盖程度的突破口，在于制定适应其就业特点和收入水平的政策措施，提供多种选择方案，使他们在不同境遇中都有社会保障项目可依。

第一，正规就业的迁移劳动者，可直接参加城镇职工社会养老和医疗保险。

第二，非正规就业的迁移劳动者，可参加城镇居民社会养老和医疗保险。

第三，对于突遭意外（例如金融危机下的工厂倒闭）失业或陷入贫困的迁移劳动者，予以紧急救助，并封存其养老保险缴费记录，以备再就业时接续。

第四，对于城镇职工养老保险、城镇居民养老保险和新农保三大板块，借助制定不同板块之间的养老金给付折算率，将三者连通起来，以便使包括农民工在内的劳动者，在变换就业状态时能够保持其缴费连续性，并保证其退休时能够根据不同就业阶段的缴费记录，获得相应的养老金给付水平。

第五，在农村工业化和城乡一体化发展较快的地方，城镇居民规模较小而农村居民规模较大，二者的收入水平已经接近，因而可以将新农合与城镇居民医疗保险合并。目前，在江苏和浙江两省已经出现这样的试点。

第六，与医疗保险的板块合并条件相似，合并新农保与城镇居民养老保险，并将其与城镇职工养老保险一起，逐步提高基金统筹层次，以便设置省级养老保险“基金池”。以此为基础，建立省际养老基金结算制度。这样，在资本市场发育不成熟的情况下，既可通过基金的余缺调剂提高养老基金使用效率，又能方便劳动者跨地区流动。

**3. 削减公务员和国有事业单位就业人员的社保特惠**

世界上大多数国家和地区，都经历过社保覆盖面逐步扩大的历史进程。政府公务员社会保障最先建立，然后才有公共部门中其他就业群体（军人、警察、教师、国企职工等）的社会保险，再次是覆盖私企工人的社会保险计划，社保覆盖面最后才扩展到其余居民（Pinheiro，2004；World Bank，2009）。这种与职业差异相联系的社会保险形成时序，与相关群体的社会权力的强弱相对应，并非意味着不同职业人群的社会保险安排天然就应当区分为不同的板块。例如，韩国和中国台湾地区的职业性医疗保险在财务不可持续的情况下，即被整合为“全民医疗保险制度”。[1]

自第二次世界大战以后，公共部门单设保障项目的做法就遭到日渐强烈的社会批评。近年来，为了减轻公共部门待遇优厚造成的财政负担，强化劳动力流动，建设一个财务可持续的更加公平的社会保障体系，发达国家出现了将公共部门和私营部门的社会保险制度（特别是养老保险）合二为一的趋势。有的国家虽然依然保持不同的保险板块，但是对不同职业人群执行同样的保险政策，如澳大利亚便是如此。有的国家则将公共部门就业者纳入统一的国民社会保险体系，如美国，自1984年以来，逐步将社会保险法的适用范围扩展到政府雇员、部长和总统。

中国历来有不患寡而患不均的文化传统，这也是社保改革设计中不可忽视的一个社会心理因素。因此，尽可能减少改革阻力的办法，是将公务员和事业单位工作人员同等地纳入城镇职工医疗和养老保险。出于同样的目的，还需要参照国企改革中的社保安排，根

[1] 赖美淑，2010年，《公立私立医疗体系竞争下的合作很重要》。2010年9月15日下载于http：//finance. sina. com.cn/hy/20100908/12388623130. shtml.

据“老人老办法和新人新办法”的原则确定过渡期。

**4. 制定与社会保险结构调整相匹配的政策措施**

“削减特惠、补贴底层”的改革设计，强调的是正向的收入再分配，而并非要拉平不同收入群体的保险待遇。对社会经济状况差异巨大的人群做无差别的保险制度安排，实际上只会导致不公平的结果。为了防止绝对平均主义式的不公平，还需要采取与社会保险结构调整相匹配的政策措施。这里着重列举与社会养老保险改革相关的措施如下。

第一，降低社会养老保险费率，以便吸纳低收入群体参保。也就是说，用降低门槛的办法实现广覆盖的目标。美国由雇主和雇员平均分担的社会保险税（养老、伤残和遗属保险），为工资收入的12.4%。❶如果以此为参照系，当前中国城镇职工社会养老保险的缴费率（28%）可以降低126%。

第二，为包括政府机关和事业单位工作人员在内的非弱势群体，创造利用保险市场做出附加养老财务安排的空间。例如，采用“入口免税”即“延税”的办法，不但激励企业/机构自愿为雇员提供商业性的补充养老和医疗保险计划，而且激励个人为了相对舒适的老龄生活设立养老储蓄和投资账户（OECD，2009）。美国的401K计划（企业年金）便是这样一种机制。在此计划下，雇员和雇主共同缴费，缴费和投资收益免税，只在领取时征收个人所得税。雇员退休后养老金的领取金额取决于缴费的多少和投资收益状况（卢江、董登新，2006）。

第三，与降低社会养老保险费率和激励补充保险的发展相关，

---

❶ 根据美国社会保障署2009年2月寄出的保险清单第3页的说明，参保人除缴纳6.2%的社会保险税以外，还缴纳1.45%的老年医疗税（medicare taxes），雇主以相同的税率为其匹配资金。其实，再加上雇主支付的失业和工伤保险，雇主和雇员双方共同缴纳的所有社会保险种类的税率合计不足23.2%，远远低于中国企业雇主和雇员承担的社会保险费率。

既要允许城镇职工养老保险的参保者将个人账户签约给商业保险公司经营，又要允许其中的低收入者（如农民工）不设个人账户，还要设立最低养老金保障线，对老龄人口中的低收入者实行养老救助，以保证他们领取的养老金不低于贫困线。这与当前的医疗救助项目有相似之处，即针对低收入人群的特殊困难提供专项帮助。依据现有的国际经验，最低养老金保障项目的受益者多为女性，这类项目有助于促进养老收入分配中的性别平等。

在此需要特别说明的是，全球性金融危机使各国养老基金不同程度地缩水，例如2008年度，OECD国家的养老基金平均缩水23%，从而导致临近退休者和养老金领取者的收入水平大幅度下降。但由于人口老龄化的长期趋势未变，金融危机的发生并未扭转世界性的社保改革潮流，只不过促使各国政府更多地采用社会救助手段，并强化"多支柱"的保险方案，增加整个社会保障体系的弹性（Tapia，2009；Dorfman、Richard、Robalino，2008）。本部分提出的政策建议正是顺应了这一改革潮流。

## 四、强化社保项目的可持续性

在最近3～5年，中国的社保项目快速增加，覆盖面迅猛扩大，原有保障项目的待遇水平也在大幅提高。与此同时，社保项目管理粗放和地方财政不堪重负的现象已经显露。特别值得注意的是，新农合与新农保的推行未包含强制参加机制，参保人群的"道德风险"和"逆向选择"的行为日渐严重。[1]这些问题如若不能及时解决，必将侵蚀社保项目的可持续性。本节将引入中国社会科学院经济研究所课题组在2010年1～4月农村调查中的部分发现，列举消除这些隐患的途径。

---

[1] 梅格行，2010年，《养老基金投资组合需要越广泛越好》，2010年9月16日下载于http：//finance.sina.com.cn/hy/20100908/09188621748.shtml.

第一，防止地区之间的福利竞赛。地区间的竞争或竞赛在世界范围内并不鲜见。但如果这种竞争设有比赛指标而且某些指标又和官员的升迁直接相关，就会促使负有领导责任的官员在政策实施中急于求成，甚至为了追求个人短期的政绩而忽视社会的长期利益。20 世纪 50 年代的粮食和钢铁产量“大跃进”便是明证。当前，在推行新增社会保障项目的过程中，福利“大跃进”的倾向又现端倪。例如，有些省份在参保人信息系统尚未建立的情况下，便提出在几个月内实现新农保全覆盖的目标。结果，仓促上马的新农保项目不能保证 60 岁以上的老年人按月领取养老金。又例如，有的地方政府为了在合作医疗筹资水平上拔得头筹，5～6 年内数次提高筹资标准。在此期间，由于很难迅速提高个人缴费水平，政府将补助标准提高了 650%，以至于个人缴费比重下降至 25%，社会医疗保险向社会医疗福利转化（表 16–2）。

**表 16–2　2004—2010 年中国东部地区某县级市的合作医疗筹资标准**

单位：元

| 年份 | 合计 | 市级财政资助 | 镇级财政资助 | 村集体扶持 | 个人缴纳 | 个人缴费比例（%） |
|---|---|---|---|---|---|---|
| 2004 | 100 | 20 | 20 | 10 | 50 | 50.0 |
| 2005 | 100 | 20 | 20 | 10 | 50 | 50.0 |
| 2006 | 130 | 40 | 30 | 10 | 50 | 38.5 |
| 2007 | 200 | 70 | 60 | 10 | 60 | 30.0 |
| 2008 | 300 | 110 | 100 | 10 | 80 | 26.7 |
| 2009 | 300 | 110 | 100 | 10 | 80 | 26.7 |
| 2010 | 400 | 150 | 140 | 10 | 100 | 25.0 |

注：筹资标准以元 / 人年计算，调研市的合作医疗制度覆盖 43.8 万本地城乡户籍人口（该市户籍人口共计 106.5 万人）。2009 年，当地外来暂住人口约 76.9 万人，除正规部门就业者参加职工保险、在校生参加学生保险外，余者未被任何社会保险项目覆盖。

资料来源：调研市政府印发的关于农村合作医疗的工作意见（各年）。

根据国际货币基金组织（IMF）2006年的统计，中国社会保障中的公共支出（含公共卫生支出）占一般政府支出的比重将近28.3%，高于泰国、韩国、新加坡和中国香港特别行政区的同类指标数值（图16-2）。相对于以往广受批评的公共社保支

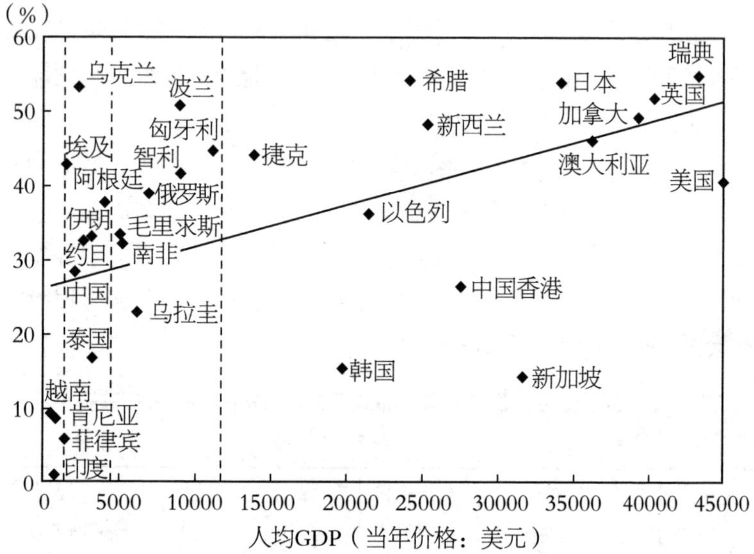


**图16-2 部分国家或地区社会保障中公共支出（含公共卫生支出）占一般政府支出的比例**

注：①图中国家或地区分为低收入国家或地区（人均GDP低于1000美元）、中低收入国家或地区（人均GDP在1000～4000美元）、中高收入国家或地区（人均GDP在4000～12000美元）和高收入国家或地区（人均GDP高于12000美元）。划分标准参照世界银行的划分方法（http：//www.worldbank.org/data/countryclass/classgroups.htm）。②阿根廷、伊朗的数据为2004年数据；其他国家或地区的为2006年数据。③关于社会保障中的公共支出（public social protectlon expenditure）的计算口径，参见IMF，2001，Government Finance Statistics Manual。

资料来源："部分国家或地区社会保障中的公共支出（含公共卫生支出）占一般政府支出的比重"来自IMF数据库，转引自ILO Social Security Expenditure Database（www.ilo.org/dyn/sesame/ifpses.socialdbexp）；人均GDP数据来自IMF：World Economic Outlook Database，October 2009 Edition（www.imf.org/external/pubs/ft/weo/2009/02/weodata/index.aspx）。

出比重过低的状态，这已是今非昔比。表 16–3 列举的苏州地区财政支出结构，也支持了这一估计。金融危机时期迅速增加的社保项目，还会加大公共社保支出在一般政府支出中的比重。浙江省桐江县最近两年的财政支出变化便是一个状态鲜明的案例（图 16–3）。这就要求决策机构和公众，既要促进社保覆盖面的扩大，并且关注保障水平随经济增长而逐渐提高，又要警惕福利早熟，还要经常审视公共社保支出项目的资金来源以及分配和使用效率。特别是，避免以社保覆盖率的数值作为考核官员政绩的标准，同时要设定官员纪律，避免他们随意许愿，推动福利“大跃进”。

**表 16–3　苏州地区 2008 年地方财政状况**

| 行政区域 | 地方财政一般预算收入（亿元） | | 地方财政一般预算支出 | | | | |
|---|---|---|---|---|---|---|---|
| | 不含税收 | 税收 | 总预算（亿元） | 教育（%） | 医疗卫生（%） | 社会保障（%） | 合计（%） |
| 苏州 | 668.91 | 587.08 | 622.37 | 13.86 | 3.90 | 7.50 | 25.26 |
| 常熟 | 70.15 | 56.51 | 64.37 | 16.08 | 4.46 | 7.60 | 28.14 |
| 张家港 | 103.98 | 77.52 | 94.23 | 12.72 | 3.69 | 4.09 | 20.50 |
| 昆山 | 115.69 | 106.51 | 96.90 | 11.84 | 3.38 | 9.61 | 24.83 |
| 吴江 | 60.16 | 53.36 | 53.09 | 16.91 | 5.31 | 10.28 | 32.50 |
| 太仓 | 50.18 | 39.56 | 47.14 | 14.93 | 3.44 | 6.39 | 24.76 |

资料来源：《江苏统计年鉴 2009》（电子版），http：//www.jssb.gov.cn/jstj/jsnj/2009/nj20/nj2018.htm，2010 年 2 月 5 日下载。

第二，为了巩固现有社保成果，需要为实现精细管理提供人员、经费和技术保证。在农村新增社保项目中，例如新农合与新农保，中央政府承担对参保人群的补助，并要求地方政府匹配补助

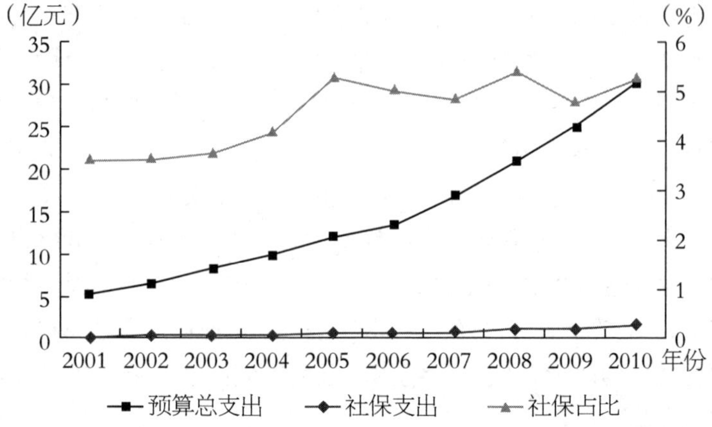


**图 16-3　2001—2010 年浙江省桐乡市财政一般预算总支出与社会保障支出的变化**

资料来源：浙江省桐乡市财政局提供（2011 年 1 月 15 日中国社会科学院调研组座谈会）。

金，还承担制度和物质基础设施投资及管理经费。中低收入地区的财力薄弱，地方政府的对策必然是采用粗放管理方式。解决问题的出路在于，中央政府承担社会保障项目的基础设施如信息系统建设投资，并对中低收入地区的项目管理提供经费补助。

第三，在欠发达地区，优先加强社会救助和社会增益产品的提供，而非快速推广社会保险。世界银行采用 2005 年的平价购买力重新换算的国际贫困标准，为每人每日平均消费（或收入）1.25 美元。据此估算，当年的中国农村贫困发生率为 26%，城镇贫困发生率为 2.2%。2006 年，二者分别降至 24.5% 和 1.4%。[1] 就贫困人口的

[1] 数据和信息来源：世行发展研究部的报告（World Development Indicators 2009 和 PovcalNet），http：//web.worldbank.org/WBSITE/EXTERNAL/EXTDEC/EXTRESEARCH/EXTPROGRAMS/EXTPOVRES/EXTPOVCALNET/0，contentMDK：21869523～menuPK：5280556～pagePK：64168445～piPK：64168309～theSitePK：5280443，00.html。

分布来看，一半以上的贫困人口居住在西部地区。[1]对于贫困地区，社会保险制度过于昂贵。加之这类地区的社会管理能力薄弱，与个人缴费为基础的保险项目相比，能够更为便捷地保障贫困人口生存和发展的项目，是最低生活保障制度、养老和医疗救助，以及包括营养干预、健康促进、教育和培训在内的扶贫计划。

扶贫计划主要由中央政府筹资，以往的优先目标是在贫困地区建立“造血机制”，实质上采取的是经济增长导向的政策措施。然而贫困程度深重的群体往往不具备参与经济增长进程的能力，因而也就难以直接分享增长的好处。因此，有必要调整今后的公共扶贫资金使用结构，降低生产性支出比重，提高社会性支出特别是人力资源投资份额。

中国的最低生活保障制度对贫困人口的“瞄准”程度，超过其他发展中国家的同类项目，即低保金领取者皆属贫困群体。但是，中西部城市中仍有相当一部分贫困人口尚未被覆盖（Ravallion, 2009）。本章作者在西部地区的农村调研中，也注意到类似的情况。产生这种现象的主要原因仍然是这些地区贫困人口数量众多但地方财政资源不足。扩大“低保”覆盖面的关键应当为加大中央财政的专项支出。

第四，推进财政改革，保证地方政府的财政收入水平与支出责任相匹配。1994 年实行分税制以后，地方政府获得的税收比例以及收入水平，与其后不断增加的社会保障和公共服务支出责任已经不相匹配，加之生产性和行政性支出过大，造成财政入不敷出。2005 年，中央与地方政府在社会保障和医疗事业支出中所占的比重分别为 7.37% 和 92.63%。2008 年，这两个数值变为 4.09% 和 95.91%。同年，东、中、西三大区域省级财政支出与收入的比值分别达到

[1] 据国务院扶贫办 2010 年 1 月提供的信息：“2006—2008 年，五个民族自治区加云南、贵州、青海三省的贫困人口占全国贫困人口总数的 39.6%……（在）西部地区国家扶贫工作重点县，少数民族贫困人口占 46%。”

130%、232%和276%。且不论省级政府的财政状况一般优于地市级和县级，中西部省级政府如此之大的财政支出缺口，既暴露出财政体系的隐患，又凸显了欠发达地区对中央财政转移支付的需求。因此，财政改革的方向在于，一方面增加中央政府的社会支出责任，另一方面强化财政转移支付，保证欠发达地区的政府拥有足够的财政资源，用于支付政府承诺的社会保障和公共服务项目，以缩小地区之间的社保差别。

第五，加快社会保障立法，增强社保项目运行的透明度和社会监督力度。



## 五、政策性结论

以上研讨表明，为了增强现有社保体系的公平性和可持续性，需要着重采取如下政策措施。

第一，通过扩大社会保险覆盖面、强化社会救助和针对农村贫困群体的社会增益产品及服务供给，缩小城乡之间的社保差别，特别是提高低收入群体的社会保障程度。

第二，在承认城乡差别的基础上，以参保者就业方式的差异，即正规就业和非正规就业的区别，作为划分同类保险项目下不同板块覆盖对象的标准，分别对社会养老和医疗保险制度下相互分割的板块加以衔接、组合或连通，以提高养老保险待遇的携带性和扩大医疗保险的风险分散规模。同时，针对农村迁移劳动者群体的不同就业状态和收入水平，设计相应的社保方案，使他们能够获得与城镇户籍就业者同等的基本社会保障。

第三，降低社会养老保险费率，以便吸纳低收入群体参保。既要允许城镇职工养老保险的参保者将个人账户签约给商业保险公司经营，又要允许其中的低收入者如农民工不设个人账户，还要设立最低养老金保障线，对老龄人口中的低收入者实行养老救助，以保证他们领取的养老金不低于贫困线。

第四，改革计划经济体制遗留的公费医疗和养老保障制度，缩小公共部门与非公共部门就业者的社保差别。与此同时，借助税收减免措施，激励企业 / 机构自愿为雇员提供商业性的补充养老和医疗保险，即通过强化“多支柱”的保险方案，增强整个社会保障体系的弹性。

第五，调整公共扶贫资金使用结构，降低生产性支出比重，提高社会性支出特别是人力资源投资份额。同时，扩大“低保”制度对贫困人口的覆盖面。

第六，推进财政改革，加大中央政府的社会支出责任，保证地方政府的财政收入水平与支出责任相匹配。强化财政转移支付，保证欠发达地区的政府拥有足够的资源承担社会支出责任，从而缩小地区之间的社保差别。

**参考文献**

[1] 黄煌雄，沈美真，刘兴善 . 全民健保总体检 [M]. 台北：五南出版社，2012：17−52.

[2] 雷晓康 . 英国养老保险的普适性：贝弗里奇原则与政治经济的取舍 [J]. 上海经济研究，2009（5）：73−78.

[3] 李实，罗楚亮 . 我国公共政策对收入分配影响评价 [N]. 中国社会科学报，2009−11−12（7）.

[4] 李实，史泰丽，古斯塔夫森 . 中国居民收入分配研究Ⅲ [M]. 北京：北京师范大学出版集团，2008.

[5] 卢江，董登新 . 美国小企业年金计划及其启示 [J]. 武汉科技大学学报（社会科学版），2006（4）：22−26.

[6] 世界银行驻中国代表处 . 中国第十一个五年规划——中期进展情况评估 [R/OL].（2008−12−18）[2009−02−13]. http：//siteresources.worldbank. org/EXTEAPCHINAINCHINESE/Resources/China_11th_Five_Year_Plan_main_report_chn. pdf.

[7] 吴国宝 . 农村低保制度与开发性扶贫政策衔接研究 [R]. 国

务院扶贫办的研究报告（待发表），2011.

[8] 赵人伟，等 . 中国的经济转型和社会保障改革 [M]. 北京：北京师范大学出版社，2006.

[9] 郑秉文 . 我们的养老制度可持续吗 [J]. 三联生活周刊，2012（26）：34-40.

[10] 中国发展研究基金会 . 构建全民共享的发展型社会福利体系 [M]. 北京：中国发展出版社，2009.

[11] 中华人民共和国审计署 . 2012 全国社会保障资金审计结果 [EB/OL].（2012-08-02）[2012-09-06]. http：//finance.people.com.cn/n/2012/0802/c153180-18654873-1.html.

[12] 朱玲 . 城市养老保险与农村迁移工人生计 [J]. 比较，2009a（4）：1-15.

[13] 朱玲 . 农村迁移工人的劳动时间和职业健康 [J]. 中国社会科学，2009b（1）：133-149.

[14] 朱玲 . 应对极端贫困和边缘化 [J]. 经济学动态，2011（7）：27-34.

[15] 朱玲，金成武 . 中国居民收入分配格局与金融危机应对 [J]. 管理世界，2009（3）：63-71.

[16]DISNEY R，EMMERSON C. Public Pension Reform in the United Kingdom：What Effect on the Financial Wellbeing of Current and Future Pensioners?[D]. British Association "Festival of Science" Exeter，2004.

[17]DORFMAN M，RICHARD H，ROBALINO D. The Financial Crisis and Mandatory Pension Systems in Developing Countries：Short-and Medium-term Responses[EB/OL].（2008-12-18）[2009-11-19]. mpra.ub.uni-muenchen.de/12254/1/MPRA_paper_12254.pdf.

[18] GARCÍA A B，GRUAT J V. Social Protection：A Life Cycle Continuum Investment for Social Justice，Poverty Reduction and

Development[EB/OL].（2003）[2009-11-07]. www.ilo.org/public/english/protection/download/lifecycl/lifecycle.pdf.

[19]LU J R，HSIAO W C. Does Universal Health Insurance Make Health Care Unaffordable ? Lessons from Chinese Taiwan[J]. Health Affairs，2003（22）3：77-88.

[20]OECD. Pensions at a Glance 2009：Retirement-Income Systems in OECD Countries[EB/OL].（2009）[2009-12-18]. www.oecd.org/dataoecd/0/33/43008716.pdf.

[21]PINHEIRO V C. Pension Funds for Government Workers in OECD Countries[R/OL].（2004-12）[2009-12-15]. www.oecd.org/dataoecd/63/56/35802785.pdf.

[22]RAVALLION M. Decentralizing Eligibility for a Federal Antipoverty Program：A Case Study for China[J]. The World Bank Economlc Review，2009，23（1）：1-30.

[23]TAPIA W. Impact of the Financial Crisis on Pension Systems in LAC[R/OL].（2009-10-14）[2009-11-10]. http：//www.oecd.org/dataoecd/32/5/43921352.pdf.

[24]World Bank. World Development Report 2006[R/OL].（2005）[2010-04-09]. http：//www-wds.worldbank.org/external/default/WDSContentServer/IW3P/IB/2005/09/20/000112742_20050920110826/additional/841401968_200508263001833. pdf.

[25]World Bank. Administrative & Civil Service Reform：Pension Arrangement[R/OL].（2009）[2009-12-15]. http：//web.worldbank. org/WBSITE/EXTERNAL/TOPICS/EXTPUBLICSECTORANDGOVERNANCE/EXTADMINISTRATIVEANDCIVILSERVICEREFORM/0，contentMDK：20132999~menuPK：1919393~pagePK：210058~piPK：210062~theSitePK：286367，00.html.

（本章作者：朱玲　原载于《中国人口科学》2010 年第 5 期）

# 第十七章　社会保障制度对收入差距的影响

【内容提要】本章通过对 2002 年、2006 年、2008 年中国国家统计局与中国社会科学院经济研究所合作开展的城镇居民住户调查数据的分析，发现工薪收入水平是影响收入差距的主要因素，同时也确定了当前中国实施的社会保障项目对于缩小城镇居民的收入差距具有积极作用。研究中还发现，没有任何成员被社会养老保险项目覆盖的家庭，对城镇居民整体的收入差距影响较大。但是具有养老保险的家庭群体中，养老金水平不一，养老金收入的基尼系数较大，这本身也对城镇居民整体的收入差距造成影响。从养老金收入对总收入差距的贡献率来看，2008 年已上升到 23.14%；在假设其他条件不变的情况下，模拟没有社会保障项目的情况，2008 年总收入的基尼系数将达到 0.48，可见中国实施的社会保障项目对于缩小城镇居民的收入差距、建设和谐社会发挥了积极的作用。

【关键词】社会保障制度　收入差距　基尼系数

## 一、引言

自从党的十六届四中全会提出构建社会主义和谐社会执政能力的政治任务以来，中国政府采取了一系列社会经济政策来促进现代社会的民生事业，在收入差距出现不断扩大趋势的背景下，各级政府纷纷出台并落实了各种保障人民群众的具体政策。根据社会保障制度的政策目标，其在构建和谐社会中应该具有重要的地位，因为社会保障制度具有调节收入分配、维护社会公平、保障社会成员的基本需求的作用，是其他制度所难以替代的。党的十六大提出，放手让一切劳动、知识、技术、管理和资本的活力竞相迸发，让一切创造财富的源泉充分涌流。确立劳动、资本、技术和管理等生产要素按贡献参与分配的原则，完善按劳分配为主体、多种分配方式并存的分配制度。既要反对平均主义，又要防止收入悬殊。这次会议还提出，初次分配注重效率，发挥市场的作用，鼓励一部分人通过诚实劳动、合法经营先富起来。再分配注重公平，加强政府对收入分配的调节职能，调节差距过大的收入。以共同富裕为目标，扩大中等收入者比重，提高低收入者收入水平。党的十八大报告进一步明确提出，要统筹推进城乡社会保障体系建设，要坚持全覆盖、保基本、多层次、可持续方针，以增强公平性、适应流动性、保证可持续性为重点，全面建成覆盖城乡居民的社会保障体系。

社会保障与收入差距的关系问题是从何而起的呢？凯恩斯主义认为，由于存在收入的边际消费倾向递减律，市场经济条件下，有效需求不足的问题难以避免。同时，因为市场机制的客观原因，在市场机制下，贫富差距扩大的可能性是难以回避的。扩大政府支出，提高就业、建立社会保障制度来促进有效需求的社会经济政策，在第二次世界大战以后，已经被大多数国家政府所接受。1935年美国通过《社会保障法案》后，工业国纷纷建立社会保障制度，1948年，英国发表《贝弗利奇报告》；随后，欧洲各国纷纷效仿，开始了以社会保障为手段缩小收入差距，力图消灭贫困的努力。

社会保障逐渐成为收入再分配的重要手段和维护市场经济正常运转的重要机制，它能够对社会需求总量、结构以及收入分配格局进行有效的调节与控制。有学者对发达国家的社会保障水平与收入分配差距的关系进行了深入研究后认为，社会保障的水平与收入分配差距负相关，即社会保障水平越高，居民的收入分配差距越小，反之则越大。各国的研究表明，社会保障的支出对于减少贫困、缩小贫富差别有明显的作用。比如，1986 年，英国收入最低的一个 5 等分的人平均初始收入是 130 英镑，而收入最高的一个 5 等分的人平均年初始收入是 24790 英镑，后者是前者的 190.7 倍，通过社会保障税、个人所得税等税收制度和各种福利制度的调节后，前者的最终收入提高为 4130 英镑，而后者的最终收入下降为 17260 英镑，后者只是前者的 4.2 倍。社会保障对减轻绝对贫困问题和缩小贫富差别的作用非常明显（刘志英，2006）。众多学者由此提出建议：中国必须扩大社会保障制度的覆盖面，提高社会保障水平，充分发挥社会保障对收入分配的调节作用，缩小目前巨大的居民收入分配差距（高霖宇，2011）；在市场经济条件下，社会保障作为比税收更有效的财政再分配的手段对初次分配进行调节。瑞典、德国与美国都是西方发达的市场经济国家，三个国家的社会保障制度分别是福利国家型、社会保险型和市场主导型模式的代表，它们都把社会保障制度作为调节收入分配差距的最重要手段。从制度模式来看，福利型社会保障制度调节收入分配差距效果最显著，社会保险型其次，市场主导型最差。从总体看，社会保障制度调节收入分配差距的作用取决于一个国家的社会保障制度完善程度（陶纪坤，2010）。

近 20 年来，中国城镇居民收入差距在一定程度上迅速扩大，引发了社会各界对收入差距问题的关注，人们关于中国目前的社会保障政策是否能够调节收入差距，也有着相关的探索。社会保障在中国有着丰富的内涵，但笔者认为，从研究收入差距的角度而言，对于贫困家庭，公共养老保险、社会救助等是最为直接的民生制度。从数据搜集的情况而言，国家统计局城镇居民住户调查方案也可以为我们的研究提供较为翔实的微观数据。本章将会借用这方面的指标对社会保障调节收入差距的贡献进行讨论。

## 二、已有的研究综述

公共养老保险制度除了具有应对长寿风险的保险功能和强制

储蓄功能外，还可以通过选择现收现付制的融资方式实现代际收入再分配，甚至通过对不同群体实行不同的养老保险缴费率或养老金计发办法来实现代际内的收入再分配（Aaron，1966；Diamond，1977；Atkinson，1987；李绍光，1998）。对养老保险制度中存在的收入再分配从经济学理论看可以这样理解：个人通过参加公共养老保险得到退休后获取养老金的权益，形成养老金财产；但在现收现付制下，养老保险缴费率和养老金水平是由各个时点的人口增长率和工资增长率决定的，因而个人一生中得到的养老金的精算现值与本人一生中缴纳的养老保险费的精算现值不一定相等；这其中的差额，即反映个人一生的缴费与受益关系的养老金纯受益就是通过公共养老保险制度进行的收入转移。如果养老金纯受益为零，则不存在收入再分配，如果养老金纯受益不为零，则认为存在收入再分配。作为发展中国家，有学者认为我国是城乡居民收入差距的扩大成为收入分配不平等程度的加剧，他们认为我国的社会保障制度呈现出明显的二元化特征，这种特征不但未能起到调节收入差距的作用，反而加剧了城乡之间的居民收入差距（谷成、李俊毅，2004）。李实教授通过实证分析，验证了这类观点，他通过数据发现城镇内部收入差距成为拉动全国收入差距的结构性因素，城镇内部收入差距成为拉动全国收入差距的结构性因素。过去几年，城镇内部收入差距一直不断扩大，扩大幅度超过了农村，现在的基尼系数已超过农村。在城镇内部收入分配中，部门之间收入差距和职业之间收入扩大的最为明显。此外，城镇中出现了一些高收入人群的收入急剧增加、人群规模急剧扩大的态势。这些人群有的是借助资本市场的（李实，2011）。

在社会保障研究方面，有学者利用中国社会科学院经济研究所收入分配课题组 1995 年和 2002 年两次城镇居民住户调查数据，从不同的角度分析了中国城镇社会保障制度在收入再分配方面发挥的作用。笔者发现总体上中国城镇社会保障制度缩小了个人收入差距，降低了相对贫困率，具有正的再分配效应。但社会保障对劳动年龄人群和老年人群的收入再分配作用非常不同，社会保障的再分配主要不是通过收入阶层间的再分配，而是通过代际间的收入再分配实现的。高收入人群通过社会保障体系转移出去的收入很少，中国社会保障费用负担的累进性很低。另外，与1995年相比，2002年时社会保障缩小收入差距的作用下降，相对贫困率有所上升。从劳动年龄人群代际内的收入转移看，以终生收入为基础估计的养老保险制度的长期收入再分配效应大于以年度收入为基础估计的当期再分配效应，机关和事业单位人员是否实行改革后的养老保险方案对整个养老保险制度的长期收入再分配效应的影响非常大（何立新、佐藤宏，2008）。有学者提出，在公共养老保险制度下，可以通过调整养老保险的缴费率或养老金计发办法来影响参保人一生中的养老金纯受益，从而实现代际间和代际内的收入再分配。何立新利用中国国家统计局2002年的城市住户调查数据，分别估计城镇参保职工在1997年养老保险制度和2005年最新养老保险制度下的终生养老金纯受益，并以此从代际间和代际内的角度对中国养老保险制度改革的收入分配效应进行定量分析。他的研究发现：一方面，在1997年的改革方案下，改革前的养老保险制度中存在的逆向收入转移效果得到改善；但在2005年改革方案下，2002年时40岁以上的群体中存在较明显的逆向收入转移倾向。另一方面，从代际分配来看，1997年改革方案的代际不平衡大于2005年改革方案；在2005年改革方案下，各代人的养老金纯受益都有所提高，但这是以养老保险制度的缴费率和养老金计发办法不变，养老财政收支能维持平衡以及参保人在整个工作期间按规定缴费为前提的（何立新，2007）。

杨震林等人利用中国社会科学院经济研究所收入分配课题组2002年城镇住户调查数据估算了企业职工家庭的养老金财产对其家庭其他形式财产分布的影响，考察了中国养老保险制度的再分配效应。其研究认为，养老金财产在很大程度上降低了养老保险制度内职工家庭财产分布的不平等程度，并使得少数极富有家庭占有的财产向大多数中低财产家庭转移（杨震林、王亚柯，2007）。王亚柯还利用 2008 年中国健康与养老追踪调查（CHARLS）数据，基于精算估计方法测算了居民的各种养老金财产及其对家庭财产分布的影响。她的研究发现，在养老保险制度范围内，社会养老保险的保障水平较高，产生了较大的正向再分配效应，大幅度降低了居民财产分布的不平等程度。但在全体居民范围内，由于较低的覆盖范围，社会养老保险财产并没有明显改变居民财产的分布差距（王亚柯，2011）。

不过，也有学者认为目前的社会保障体系未能起到调节收入差距的作用，朱璐璐等人从社会保障转移支付的角度来研究发达地区城镇居民收入差距的问题。他们利用 1991—2008 年江苏省城镇居民收入和社会保障支出的数据等进行分析，利用格兰杰因果检验等发现社会保障支出与居民收入差距不存在明显的因果关系，进而利用总收入的基尼系数和剔除社会保障转移性收入的基尼系数的对比分析，发现目前的社会保障体系没有有效地降低居民收入差距，在部分年间反倒加剧了居民之间的收入差距（朱璐璐、寇恩惠，2010）。

以往的文献虽然从各个方面考察了社会保障与收入差距的关系，但是，罕有文献对当前我国社会保障事业对于缩小收入差距有一个较为全面的研究，这将是本章即将开始的尝试。

## 三、思路及数据说明

在过去的 10 年中，中国的社会保障制度进行了频繁的改革，各地政府部门除了在扩大保障面方面做了重大调整外，2007 年 1 月还将社会养老保险的个人缴费率从过去的 11% 降到了 8%。为了比较政策调整研究前后的变化，本章借用国家统计局与中国社会科学院经济研究所收入分配课题组合作的 2002 年城镇居民住户调查数据、2006 年城镇居民住户调查数据、2008 年城镇居民住户调查数据对城镇居民的收入差距与社会保障的关系开展研究。具体做法是：先计算各年份收入差距，并对收入差距进行分解，观察有关社会保障的项目（主要是养老金收入、社会救助等转移支付项目）对当年收入差距指标形成的贡献；然后假设没有实行这些社会保障措施，对数据进行调整，估计在没有实行社会保障措施的情况下，当年收入差距指标又会如何表现，从而得出社会保障对于改善城镇居民收入差距的作用。

在分解各类收入对总收入差距的贡献率时，假设家庭人均总收入由工薪收入、经营净收入、财产性收入、养老金或离退休金、社会救济收入、其他收入组成。各类收入分别可用数学符号 $Y_1$、$Y_2$、$Y_3$、$Y_4$、$Y_5$、$Y_6$ 表示，总收入 $Y=Y_1+Y_2+Y_3+Y_4+Y_5+Y_6$。参考 Fei、Ranis、Kuo（1978）等人提出的基尼系数进行子成分分解方法：

$$G(Y)=\sum_{i=1}^{K}S_iG(Y_i)R_i$$

其中，$G$ 代表基尼系数，$S$ 代表收入份额，$R$ 代表相对相关系数。$R$ 是两个相关系数的商；其分母为分项收入与其排序（rank）的相关系数，而分子为分项收入与总收入排序的相关系数。显然，总收入的基尼系数是分项收入集中系数的加权平均，其权数为分项收入在总收入中的比例。用这个比例乘以对应的集中系数就得到包括养老金收入、社会救济收入等各项收入变量对总收入差距的贡献。

三个数据库的基本情况见表 17-1。

**表 17-1　城镇居民住户调查数据库情况**

| 年份 | 总样本量 | 覆盖家庭数 | 领取社会养老金者 | | 领取社会救助金者 | |
|---|---|---|---|---|---|---|
| | | | 人数 | 比例（%） | 人数 | 比例（%） |
| 2002 | 27818 | 6835 | 3695 | 13.3 | 355 | 1.3 |
| 2006 | 28825 | 7320 | 4252 | 14.8 | 366 | 1.3 |
| 2008 | 17214 | 6031 | 3339 | 19.4 | 225 | 1.3 |

## 四、计算的主要结果与发现

统计计算结果报告如下。

**1. 城镇居民家庭的人均总收入水平及社会保障收入水平**

根据表 17-2，我们得出全国城镇居民家庭人均收入从 2002 年至今，经历了一个先升后降的过程，2008 年居民家庭人均收入为 8208.51 元。但是，工薪收入占总收入的百分比却是一直处于下降的过程之中，从 2002 年的 71.25% 下降到了 2008 年的 65.07%。

2002—2008 年，社会养老金收入占总收入的百分比一直在上升，在 2006 年以后甚至出现了加速上升的势头，2008 年达到 24.36%。

城镇居民家庭人均社会救济收入的绝对值虽然也经历了一个先升后降的过程，但其占总收入的百分比却没有太大变化。

如果把城镇居民家庭分为两类，一类是家庭成员均无社会保障的家庭，另一类是家庭成员有社会保障的家庭（其中又可分为全部家庭成员都有社会保障的家庭和部分家庭成员有社会保障的家庭两类，因为前类家庭在样本中数量较少，故合并讨论）。从无社会保障家庭与有社会保障家庭的各项收入绝对值看出，后者家庭的状况在各年份都要好于前者（见表 17-3）。特别是到了 2008 年，在养老金收入方面，对于有养老保险的家庭而言，人均收入中来自养老金的收入已达到 2509.00 元。2006 年时，无社会保障家庭在财产性收入方面略占优势，但到了 2008 年，已经降到了有社会保障家庭水平之下。无社会保障家庭只能在经营性收入方面占据优势。可以看出，这类家庭的成员大多从事非正规就业，不愿意或难以加入社会保障计划，具体情况由当地社会保障项目的完善程度决定。

表 17-2　2002 年、2006 年、2008 年城镇居民收入及社会保障支出水平

| 年份 | 2002 | | 2006 | | 2008 | |
|---|---|---|---|---|---|---|
| 项目 | 收入（元） | 比例（%） | 收入（元） | 比例（%） | 收入（元） | 比例（%） |
| 家庭人均收入 | 6104.20 | 100.00 | 9920.74 | 100.00 | 8208.51 | 100.00 |
| 工薪收入 | 4349.28 | 71.25 | 6807.57 | 68.62 | 5341.64 | 65.07 |
| 工资及补贴收入 | 4221.20 | 69.15 | 6635.55 | 66.89 | 5186.83 | 63.19 |
| 其他劳动收入 | 128.08 | 2.10 | 172.02 | 1.73 | 154.81 | 1.89 |
| 经营净收入 | 193.41 | 3.17 | 457.11 | 4.61 | 570.35 | 6.95 |
| 财产性收入 | 73.31 | 1.20 | 177.50 | 1.79 | 67.50 | 0.82 |
| 转移性收入 | 1488.20 | 24.38 | 2478.55 | 24.98 | 2229.02 | 27.15 |
| 养老金或离退休金 | 1152.70 | 18.88 | 1979.60 | 19.95 | 1999.85 | 24.36 |
| 社会救济收入 | 8.53 | 0.14 | 15.82 | 0.16 | 13.15 | 0.16 |
| 社会保障支出 | 319.04 | 5.22 | 750.28 | 7.56 | 447.35 | 5.45 |
| 个人交纳的养老基金 | 133.89 | 2.19 | 297.91 | 3.00 | 182.51 | 2.22 |
| 个人交纳的住房公积金 | 132.74 | 2.17 | 328.87 | 3.31 | 181.33 | 2.21 |

续表

| 年份 | 2002 | | 2006 | | 2008 | |
|---|---|---|---|---|---|---|
| 项目 | 收入（元） | 比例（%） | 收入（元） | 比例（%） | 收入（元） | 比例（%） |
| 个人交纳的医疗基金 | 35.41 | 0.58 | 94.68 | 0.95 | 66.51 | 0.81 |
| 个人交纳的失业基金 | 13.10 | 0.21 | 23.47 | 0.24 | 13.51 | 0.16 |
| 其他社会保障支出 | 3.90 | 0.06 | 5.34 | 0.05 | 3.49 | 0.04 |
| 交纳所得税 | 19.83 | 0.32 | 68.82 | 0.69 | 32.61 | 0.40 |

**表 17–3　有无社会保险家庭的收入来源**

| 收入来源（元） | 2002 年 | | 2006 年 | | 2008 年 | |
|---|---|---|---|---|---|---|
| | 无 | 有 | 无 | 有 | 无 | 有 |
| 总收入 | 3824.08 | 6417.19 | 6170.35 | 10516.21 | 5416.27 | 8919.41 |
| 工薪收入 | 2716.90 | 4573.36 | 4225.34 | 7217.57 | 3651.39 | 5772.02 |
| 经营净收入 | 768.57 | 114.45 | 1401.85 | 307.11 | 1502.00 | 333.13 |
| 财产性收入 | 72.19 | 73.46 | 185.51 | 176.23 | 49.76 | 72.01 |
| 养老金或离退休金 | 0 | 1310.93 | 0 | 2293.92 | 0 | 2509.00 |
| 社会救济收入 | 27.69 | 5.90 | 57.38 | 9.22 | 33.38 | 8.00 |

### 2. 城镇居民收入差距的表现

由表 17-4 可知，从 2002 年、2006 年、2008 年城镇居民收入基尼系数看，城镇居民收入差距确实在逐年上升，基尼系数从 0.3095 上升到了 0.3531。与此同时，工薪收入对基尼系数的贡献百分比却在下降，从 2002 年的 73.59% 下降到了 2008 年的 66.74%。虽然 2006 年有过略微的上升（74.26%），但仍然以下降趋势为主。值得关注的是，在过去的 10 年间，城镇居民的经营性收入对收入差距的影响逐渐变大，虽然它对总收入基尼系数的贡献还不是很大。

10 年过去了，笔者重点关注的养老金或离退休金对收入差距的形成的情况出现了较大的变化，其对基尼系数的贡献份额从 2002 年的 17.71% 先是下降到了 2006 年的 13.79%，却又在 2008 年上升到 23.14%。笔者分析认为，前一时期的下降是由于同期经营净收入、财产性收入对收入差距的贡献上升；而后一阶段的下降，与社会保障制度多样化发展的趋势不无关系。近年来，城市内部对于不同身份的人群采取了不同的参保方式，这名义上是为扩大了社会养老保险保障面，但却在社会养老保险金额的发放占总收入比例增加的情况下，对收入差距的扩大起到了推波助澜的作用。笔者将在下一节继续讨论这个问题。

从社会救济金发放的角度看，它确实起到了减少收入差距的作用。虽然社会救济金在城镇居民总收入当中的比例微不足道，但它对缩小收入差距起到了显著作用，它的分项收入与总收入的相关性甚至在数值上仅次于工薪收入与总收入的相关程度，但它却是在减少收入差距方面发挥着作用。

如果以家庭有没有社会保障为标志，把城镇家庭分为两类，比较这两类家庭群体之间的收入差距可以看出：①没有社会保障的家庭群体内部收入差距呈现出迅速扩大的趋势，其基尼系数从 2002 年的 0.3154 上升到 2006 年的 0.3441，到了 2008 年，这一系数迅速上升至 0.4175（见表 17-5）。综合表 17-3 中各类家庭的各项收入绝对值来看，这类家庭中极有可能部分群体因为收入状况的恶化，而导致其整体的收入差距扩大。②对于家庭成员中有社会保险的家庭群体而言，养老金收入对于收入差距的贡献率越来越大，2008 年已达到 21.97%（见表 17-6），

表 17–4　2002 年、2006 年、2008 年城镇家庭收入的基尼系数

| 项目 | 年份 | 工薪收入 | 经营净收入 | 财产性收入 | 养老金或离退休金 | 社会救济收入 | 其他收入 | 总收入 |
|---|---|---|---|---|---|---|---|---|
| 各项收入比例（%） | 2002 | 71.25 | 3.17 | 1.20 | 18.88 | 0.14 | 5.36 | 100 |
| | 2006 | 68.62 | 4.61 | 1.79 | 19.95 | 0.16 | 4.87 | 100 |
| | 2008 | 65.07 | 6.95 | 0.82 | 24.36 | 0.16 | 2.63 | 100 |
| 各项收入基尼系数 | 2002 | 0.4345 | 0.956 | 0.9586 | 0.7783 | 0.9812 | 0.7844 | 0.3095 |
| | 2006 | 0.4925 | 0.9547 | 0.9573 | 0.7579 | 0.9831 | 0.7958 | 0.3442 |
| | 2008 | 0.5344 | 0.9385 | 0.986 | 0.7807 | 0.9842 | 0.8916 | 0.3531 |
| 各项收入与总收入的相关性 | 2002 | 0.7357 | 0.0705 | 0.5002 | 0.373 | −0.5757 | 0.4719 | |
| | 2006 | 0.7564 | 0.3098 | 0.564 | 0.314 | −0.708 | 0.4884 | |
| | 2008 | 0.6777 | 0.3242 | 0.6612 | 0.4297 | −0.548 | 0.4302 | |
| 各项收入不均等占总收入不均等的比例（%） | 2002 | 73.59 | 0.69 | 1.86 | 17.71 | −0.26 | 6.41 | 100 |
| | 2006 | 74.26 | 3.96 | 2.81 | 13.79 | −0.30 | 5.50 | 100 |
| | 2008 | 66.74 | 5.99 | 1.52 | 23.14 | −0.20 | 2.86 | 100 |
| 变化比例（%） | 2002 | 2.34 | −2.48 | 0.66 | −1.17 | −0.39 | 1.05 | |
| | 2006 | 5.65 | −0.65 | 1.02 | −6.16 | −0.48 | 0.63 | |
| | 2008 | 1.66 | −0.96 | 0.70 | −1.22 | −0.40 | 0.23 | |

**表 17–5　2002 年、2006 年、2008 年无社会保障城镇家庭收入的基尼系数**

| 项目 | 年份 | 工薪收入 | 经营净收入 | 财产性收入 | 养老金或离退休金 | 社会救济收入 | 其他收入 | 总收入 |
|---|---|---|---|---|---|---|---|---|
| 各项收入比例（%） | 2002 | 71.05 | 20.10 | 1.89 | 0 | 0.72 | 6.24 | 100 |
| | 2006 | 68.48 | 22.72 | 3.01 | 0 | 0.93 | 4.87 | 100 |
| | 2008 | 67.42 | 27.73 | 0.92 | 0 | 0.62 | 3.32 | 100 |
| 各项收入基尼系数 | 2002 | 0.4434 | 0.8413 | 0.9615 | | 0.9486 | 0.7791 | 0.3154 |
| | 2006 | 0.4803 | 0.8472 | 0.9499 | | 0.9473 | 0.8141 | 0.3441 |
| | 2008 | 0.5341 | 0.8434 | 0.9891 | | 0.9603 | 0.9244 | 0.4175 |
| 各项收入与总收入的相关性 | 2002 | 0.7045 | 0.4058 | 0.4856 | | −0.3946 | 0.3852 | |
| | 2006 | 0.6619 | 0.5606 | 0.4662 | | −0.7135 | 0.2901 | |
| | 2008 | 0.7087 | 0.6208 | 0.5702 | | −0.3886 | 0.4648 | |
| 各项收入不均等占总收入不均等的比例（%） | 2002 | 70.37 | 21.76 | 2.79 | | −0.86 | 5.94 | 100 |
| | 2006 | 63.26 | 31.35 | 3.87 | | −1.83 | 3.34 | 100 |
| | 2008 | 61.12 | 34.77 | 1.24 | | −0.55 | 3.42 | 100 |
| 变化比例（%） | 2002 | −0.68 | 1.66 | 0.91 | | −1.58 | −0.30 | |
| | 2006 | −5.21 | 8.64 | 0.86 | | −2.76 | −1.53 | |
| | 2008 | −6.30 | 7.04 | 0.32 | | −1.17 | 0.10 | |

表 17-6 2002 年、2006 年、2008 年有社会保障城镇家庭收入的基尼系数

| 项目 | 年份 | 工薪收入 | 经营净收入 | 财产性收入 | 养老金或离退休金 | 社会救济收入 | 其他收入 | 总收入 |
|---|---|---|---|---|---|---|---|---|
| 各项收入比例（%） | 2002 | 71.27 | 1.78 | 1.14 | 20.43 | 0.09 | 5.28 | 100 |
| | 2006 | 68.63 | 2.92 | 1.68 | 21.81 | 0.09 | 4.87 | 100 |
| | 2008 | 64.71 | 3.73 | 0.81 | 28.13 | 0.09 | 2.53 | 100 |
| 各项收入基尼系数 | 2002 | 0.4251 | 0.9715 | 0.9581 | 0.7478 | 0.9855 | 0.7839 | 0.2968 |
| | 2006 | 0.4846 | 0.9717 | 0.9582 | 0.7195 | 0.9884 | 0.7914 | 0.3318 |
| | 2008 | 0.5239 | 0.9627 | 0.9852 | 0.7248 | 0.9903 | 0.8828 | 0.3238 |
| 各项收入与总收入的相关性 | 2002 | 0.728 | 0.1706 | 0.5265 | 0.3164 | −0.5246 | 0.4758 | |
| | 2006 | 0.7593 | 0.4165 | 0.6183 | 0.2466 | −0.5714 | 0.5008 | |
| | 2008 | 0.6646 | 0.3616 | 0.6948 | 0.3489 | −0.453 | 0.4151 | |
| 各项收入不均等占总收入不均等的比例（%） | 2002 | 74.30 | 1.00 | 1.95 | 16.28 | −0.17 | 6.64 | 100 |
| | 2006 | 76.12 | 3.56 | 2.99 | 11.66 | −0.15 | 5.82 | 100 |
| | 2008 | 69.58 | 4.01 | 1.71 | 21.97 | −0.13 | 2.86 | 100 |
| 变化比例（%） | 2002 | 3.03 | −0.79 | 0.80 | −4.15 | −0.25 | 1.36 | |
| | 2006 | 7.48 | 0.64 | 1.32 | −10.15 | −0.24 | 0.95 | |
| | 2008 | 4.87 | 0.28 | 0.90 | −6.16 | −0.21 | 0.33 | |

注：本表中的家庭指至少有一名家庭成员是被社会保险覆盖的家庭。

而对于无社会保障的家庭而言，该项收入为零，在计算城镇家庭整体基尼系数时，只可能成为进一步加大收入差距的因素。在图 17-1 中，我们可以清楚地看到养老金收入的差距对总收入基尼系数的影响在 2008 年出现了较大的抬升。③对于家庭成员中有社会保障的家庭群体而言，养老金发放的标准也有很大差异，其基尼系数在各年份均在 0.7 以上。以 2008 年为例，该年有养老保险的家庭为 4807 个，家庭平均养老金收入为 2509 元，但有的家庭却达到 31544 元之高。

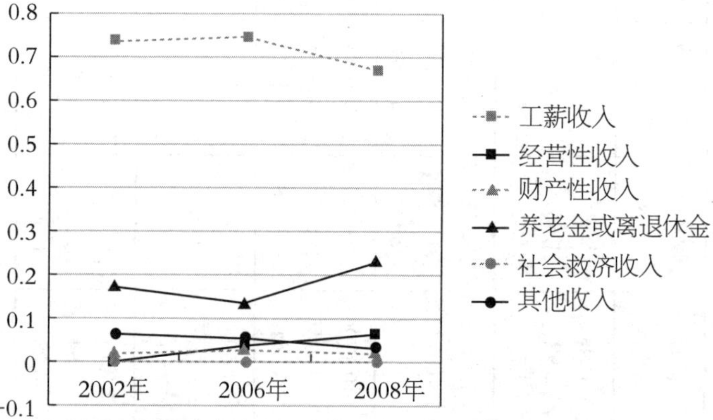


**图 17-1 各类收入对总收入基尼系数的贡献率变化趋势**

**3. 假设没有社会保障项目，虚拟城镇居民收入差距的表现**

城镇居民住户调查数据库中，对居民各项收入与支出的情况也做了很好的登记，我们模拟城镇居民完全脱离于养老保险项目和社会救助项目的情况下，衡量收入差距的基尼系数又会如何表现呢？

从表 17-7 和图 17-2 中看到，一旦城镇居民脱离了社会保障项目的覆盖，其收入差距显著上升，尤其是 2008 年，其上升的幅度更大。由于实施了社会保障项目，实际收入差距比起模拟没有实施社会保障条件下的收入差距均有不同程度下降，基尼系数 2002 年下降了 21.82%，2006 年下降了 23.55%，2008 年下降了 27.42%。由此我们可以推断，当前的社会保障项目缩小了城镇居民的收入差距程度，尤其是 2008 年前后的项目还抑制了收入差距扩大的趋势。

从社会保障内容上看，社会救助类的项目对于缩小城镇居民的收入差距虽然具有反向的积极作用，但贡献值较小。相反，在其他条件不变的条件下，养老保险项目对于缩小城镇居民的收入差距的作用是较大的。

**表 17-7 模拟无社会保障情况下的收入差距**

| 年份 | 实际情况下的基尼系数 | 无社会保障情况下的基尼系数 | | |
|---|---|---|---|---|
| | | 无养老保险项目 | 无社会救助项目 | 无任何保障项目 |
| 2002 | 0.3095 | 0.3945 | 0.3108 | 0.3959 |
| 2006 | 0.3442 | 0.4482 | 0.3460 | 0.4502 |
| 2008 | 0.3531 | 0.4848 | 0.3547 | 0.4865 |

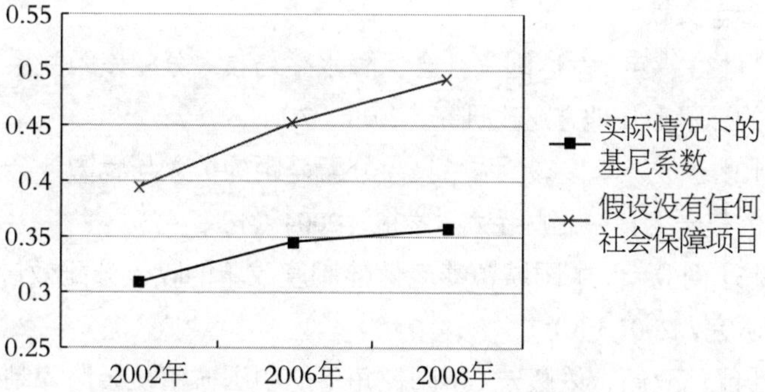


**图 17-2 实际情况下的收入差距与模拟无社会保障情况下的收入差距**

## 五、总结

本章的上述计算结果告诉我们：①当前中国实施的社会保障项目确实在缩小城镇居民的收入差距方面发挥作用。在不同年份，政策实施的效果对于缩小收入差距的程度是不同的，虽然 2008 年收入差距的程度较往年有所提高，但因为社会保障项目的实施而抑制的收入差距缩小程度反而较往年有所提高。②直至 2008 年，社会上仍有 20% 的家庭中没有任何成员被社会养老保障项目覆盖，这类家庭对经营性收入的依靠程度逐渐上升，但其收入的提高幅度有限，甚至有些家庭的收入出现了恶化的趋势，这类家庭的收入水平对城镇居民整体的收入差距影响较大。③具有养老保险的家庭群体中，养老金水平不一，养老金收入的基尼系数较大。我国社会养老保险的制度建立的时间不长，从鼓励社会养老的角度而言，这种不公平的现象的情况不利于社会养老保险事业的健康发展。

从上述全文的分析中，我们不难发现另一个有用的结论，虽然工薪收入对总收入基尼系数的贡献率逐年降低，但在总收入基尼系数的贡献率中仍然高达 70% 以上，这说明当前初次分配所导致收入差距扩大是收入分配政策中亟须解决的重点问题。

**参考文献**

[1] 高霖宇 . 发达国家社会保障水平与收入分配差距关系及对中国的启示 [J]. 地方财政研究，2011（7）.

[2] 谷成，李俊毅 . 城乡收入分配差距的扩大与我国社会保障制度的整合 [J]. 东北财经大学学报，2004（4）.

[3] 何立新 . 中国城镇养老保险制度改革的收入分配效应 [J]. 经济研究，2007（3）.

[4] 何立新，佐藤宏 . 不同视角下的中国城镇社会保障制度与收入再分配——基于年度收入和终生收入的经验分析 [J]. 世界经济文汇，2008（5）.

[5] 李实 . 城镇内部差距拉大：当前中国收入分配差距新动向 [J]. 党政干部参考，2011（5）.

[6] 刘志英 . 社会保障与贫富差距研究 [M]. 北京：中国劳动社会保障出版社，2006.

[7] 陶纪坤 . 西方国家社会保障制度调节收入分配差距的对比分析 [J]. 当代经济研究，2010（9）.

[8] 万广华.不平等的度量与分解 [J]. 经济学（季刊），2008，8（1）.

[9] 王亚柯.基于精算估计方法的养老保险再分配效应研究 [J]. 中国软科学，2011（5）.

[10] 杨震林，王亚柯.中国企业养老保险制度再分配效应的实证分析 [J]. 中国软科学，2007（4）.

[11] 朱璐璐，寇恩惠.我国社会保障支出与城镇居民收入差距——以江苏省为例 [J]. 上海财经大学学报，2010（3）.

[12]ATKINSON A. On the Measurement of Inequality[J]. Journal of Economic Theory，1970，2（3）.

[13]DAGUM C. On the Relationship between Income and Inequality Measures and Social Welfare Functions[J]. Journal of Econometrics，1990，43.

[14]DEATON A. The Analysis of Household Surveys[M]. Bahimore：Johns Hopkins University Press，1997.

[15]PYATT G. On the Interpretation and Disaggregation of Gini Coefficients[J]. Economic Journal，1976，86.

[16]THEIL H. Statistical Decomposition Analysis[M]. Amsterdam：North—Holland Publishing Co，1972.

（本章作者：姚宇）

# 第十八章　新农村建设的收入再分配效应

【内容提要】本章在2002年、2004年和2006年微观调查数据基础上，评估了包括税费减免、种粮直补和新农合参合补贴在内的新农村建设收入再分配政策对农村居民收入分配状况和城乡收入差距的影响。结果发现，随着新农村建设的开展，这些收入再分配政策已经开始表现出改善农村居民收入分配状况和缩小城乡收入差距的趋势。收入再分配效应的UL分解结果显示，净补贴的纵向效应是总效应变化的主要来源。收入差距的Theil指数分解结果显示，城乡之间的收入差距变动是全国总收入差距变动的主要来源。

【关键词】新农村建设　收入再分配　UL分解　Theil指数分解

## 一、引言

中国新农村建设的目标是通过“多予少取放活”以及以工促农、以城带乡的政策，促进农村的全面发展。在新农村建设的过程中，中央及各级地方政府对农业和农村的公共支出以及对农民的各项补贴不断增加。值得注意的是，这些政策在提高农村居民的整体收入水平的同时，还具有收入再分配的效应，属于收入再分配政策的范畴。那么，新农村建设收入再分配政策对农村居民收入分配状况及城乡居民收入差距的影响如何？这是本章的主要问题。对这一问题的研究不仅可以全面评估新农村建设的收入再分配效应，而且可以为下一步政策调整的方向提供参考。

在已有研究中，有一些文献讨论了中国居民的收入再分配。Wagstaff（2005）使用中国健康和营养调查（CHNS）1989年和1997年的数据以及越南生活标准调查（VLSS）1993年和1998年数据，估算了两国基尼系数在两个时期的变化，在Lambert、Aronson（1993）分解方法的基础上，将这个变化分解为纵向效应、横向效应和再排序效应，结果发现横向效应和再排序效应是导致中国1989—1997年收入分配状况恶化的主要原因。在城镇居民收入再分配方面，刘怡、聂海峰（2004）在广东省城市居民调查数据基础上，通过税收累进性的Suit指数，分析了城镇居民增值税、消费税和营业税在不同收入群体的负担情况，发现低收入家庭收入中负担增值税和消费税的比例大于高收入家庭，但高收入家庭中负担营业税的比例大于低收入家庭。彭海艳（2008）以2007年中部某市调查数据为基础，采用修正的AJL分解方法，分析了工资薪金所得税的再分配效应，结果表明，工资薪金所得税的再分配效应损失为2.7%，其中水平不平等效应和再排序效应产生的损失分别为0.18%和2.51%。在农村居民的收入再分配方面，陶然、刘明兴、章奇（2003）使用农业部固定观察点10个省1986—1999年的数据，分析了农村的税费负担，发现中国农村的税费具有明显的累退性。佐藤宏、李实、岳希明（2008）使用中国社会科学院经济研究所收入分配2002年数据，对中国农村税负的再分配效应进行分析，通过对税负累进性的MT指数和Kakwani指数的测算，发现尽管总体而言税费改革的收入再分配效应有所改善，但由于改革之后农村税费总的再分配效应仍然具有扩大收入差距的作用，用Kakwani指数和税负收入弹性测算的1995—2002年税负本身的累退性都有所增大，收入再分配的改善非常有限。尹恒、徐琰超、朱虹（2009）在中国社会科学院经济研究所收入分配1995年和2002年数据基础上，评估了农村税费的公平性，发现这一时期我国农村税费体系呈现出对公平性的较大偏离，纵向不公平和背离“累进性原则”尤为突出，农村税费实际放大了家庭可支配收入的不平等。

对农村居民收入再分配的研究，虽然给出了农村税费再分配效应的一些估计，但是，这些研究仅关注了税费的再分配效应，没有考察加入政府补贴后的再分配效应；使用的数据局限在2002年之前。这些研究也没有考察新农村建设对全国收入分配状况以及对城乡收入差距的影响。此外，使用的方法也存在待改进之处。

在已有研究的基础上，本章利用中国社会科学院经济研究所收入分配2002年数据以及国家统计局2004年和2006年农村和城镇住户抽样调查数据（子样本），使用UL分解方法测算和分析新农村建设中收入再分配政策对农村居民内部收入分配的影响，并使用Theil指数分解的方法估计这些政策对全国收入分配状况的影响。本章的安排如下，第二部分对新农村建设的收入再分配政策进行梳理；第三部分对数据进行说明和描述；第四部分讨论本文使用的方法；第五部分给出估算结果；第六部分是结论。

## 二、新农村建设收入再分配政策

2005年党的十六届五中全会《关于制定第十一个五年规划的建议》正式提出了新农村建设的政策。新农村建设政策的一个核心要点是“多予少取放活”，“加大各级政府对农业和农村增加投入的力度，扩大公共财政覆盖农村的范围”。实际上，在此之前，政府已经出台了一系列增加农村居民收入的政策。从收入再分配的角度，本章梳理出三项对农村居民收入分配状况有直接影响的政策：税费减免、种粮直补和新农合参合补贴。[1]这些政策在增加农村居民收入水平的同时，也影响了农村居民的收入分配状况，属于收入

[1] 之所以选择这三项，一是这三项影响农村居民收入的途径最直接和明显，其他补贴如农资和良种补贴、家电下乡补贴等则依赖于农村居民的购买行为；二是这三项补贴的覆盖范围比较广；三是处于数据获得的原因。

再分配政策的范畴。

**1. 税费改革和农村税费减免**

中国农村税费改革基本经历了三个阶段。第一阶段，2000年中共中央、国务院《关于进行农村税费改革试点工作的通知》以及2001年《国务院关于进一步做好农村税费改革试点工作的通知》决定在安徽进行农村税费改革的试点。到2002年年底试点省（区、市）达到20个。第二阶段，2004年3月十届人大二次会议政府工作报告提出“取消农业特产税，五年内取消农业税”，农村税费改革进入了全面开展阶段。在此方针的指导下，到2005年年底，已有28个省（区、市）免征了农业税。第三阶段，2005年12月十届人大常委会决定自2006年开始全面取消农业税。2006年与税费改革前的1999年相比，全国农民每年减轻负担约1250亿元，人均减负140元（金人庆，2006）。

**2. 粮食直补**

2004年国务院《关于进一步深化粮食流通体制改革的意见》明确提出自2004年起，全面实行对种粮农民的直接补贴。这一政策的主要目的是提高农民种粮的积极性，保证粮食总产量，但是它对农村居民，特别是种粮农民的收入也具有直接影响。2004年全国有29个省（区、市）实施了粮食直补，安排直补资金116亿元，有6亿农民直接得到了补贴。[1]2005年全国30个省份安排粮食直补资金132亿元，其中13个粮食主产省直补资金115亿元，覆盖6.42亿农民（金人庆，2006）。

**3. 新农合参合补贴**

自2003年起，中国政府在全国农村开展了新型农村合作医疗制度的试点工作。按照2003年卫生部、财政部和农业部《关于建立新型农村合作医疗制度的意见》以及卫生部等部门2004年《关于进一步做好新型农村合作医疗试点工作的指导意见》，政府对参合农

---

[1] 《我国进一步完善粮食直补政策》，《人民日报》2005年3月3日。

民承担补助责任。具体而言，中央财政对中西部地区除市区以外的参合农民每人每年补助 10 元，地方财政的补助不低于每人每年 10 元，东部地区各级财政的补助及负担比例可自行确定。2004 年，新农合试点县（区、市）为 333 个，参合农民为 0.8 亿人，参合率为 75.2%，当年人均筹资标准 50.4 元。2006 年开展新农合的县（区、市）已达 1415 个，参合人口为 4.10 亿人，参合率 80.7%，人均筹资为 52.1 元。❶

上述三项政策对农村居民收入的影响路径有所不同：税费减免实际上是通过农村居民税费支出的减少从而间接提高其收入。粮食直补则直接提高种粮农民的现金收入。新农合参合补贴的影响路径较为复杂，因为这一补贴并不进入农村居民的家庭收支账户，而是作为新农合"缴费"的一部分进入合作医疗基金中。但是，如果农村居民全部自费参加新农合，那么需要自己缴纳全部费用，从而减少其收入；在政府补贴的条件下，实际上间接增加了收入。❷

## 三、数据说明及描述

本章使用的数据为中国社会科学院经济研究所收入分配课题组

❶ 《2009 年中国卫生统计提要》，卫生部网站：http：//www.moh.gov. cn/publicfiles/business/htmlfiles/zwgkzt/ptjty/digest2009/T7/sheet002.htm。

❷ 种粮补贴和新农合参合补贴还可能对农村居民的行为产生影响，从而对农村居民的收入产生间接影响。种粮引导农户扩大粮食种植面积带来的收入也是对收入分配的影响。由于不同居民的患病概率和就医行为的差异，在普遍参与下，新农合参合农民能够获得的实际报销额也是不同的，从而对收入分配产生影响。这些问题实际上已经涉及如何定义"收入"以及如何定义"影响"的问题，已经超出了本章讨论的范围。在本章中，我们仅讨论这三项补贴的"即时"收入再分配效应，而忽略其"延后"的效应。

2002 年收入分配调查数据，2004 年国家统计局农村住户抽样调查数据以及 2006 年国家统计局农村和城镇住户抽样调查数据（子样本）。[1] 由于没有获得 2004 年城镇居民抽样调查数据，因此在考察新农村建设对全国收入分配的影响时，我们只使用 2002 年和 2006 年的数据。2002 年上述三项政策还没有大规模展开，因此可以将之作为分析的基期；2004 年这四项政策都已经开始大规模试点和开展，但是政策实施的力度和广度还有限；而 2006 年这四项政策推广较为深入和普及。使用这三年的数据并加以比较，可以从时间序列角度评估新农村建设的收入再分配效应。下面给出本章使用的主要变量的定义。

**1. 收入及人均收入**

农村居民收入使用国家统计局纯收入定义。在国家统计局的定义中，农村住户的纯收入已经将税费支出扣除。但由于本文需要测算税费减免对收入分配的影响，因此本章的纯收入未扣除税费支出。城镇居民收入使用国家统计局定义的当年全家总收入，根据家庭常住人口计算获得人均收入。

**2. 税费支出**

2002 年数据中，税费支出包括第一产业、第二产业和第三产业税金、村提留、乡统筹、农村教育集资、其他集资和各种收费、其

---

[1] 2002 年农村数据为 19 个省（市）的 120 个县的 9200 户样本，37969 口人；城镇数据为 12 个省（市）的 70 个城市的 6835 户，20632 口人；对数据的详细说明见李实、史泰丽、古斯塔夫森（2008）有关论述。2004 年和 2006 年农村数据是国家统计局农村住户抽样调查的子样本，两年样本量都为 10751 户，来自 10 个省（市）：北京、山西、辽宁、江苏、安徽、湖北、广东、重庆、四川和甘肃。2006 年城镇数据是国家统计局城镇住户抽样调查的子样本以及课题组的补充调查；国家统计局的样本量为 7320 户，补充调查样本量为 3000 户。

他上交集体承包任务。[1]2004年和2006年的税费支出包括农业税、农业特产税、两税附加、“一事一议”筹资、工业生产纳税、建筑业生产纳税、其他生产纳税、其他各项收费。

**3. 种粮直补**

种粮直补是从2004年开始的，因此在2002年没有种粮直补的数据。在2004年和2006年的数据中，没有直接的种粮直补数额。本章根据各地对粮食直补的亩平均补贴额（见表18–1）乘以数据中农户粮食种植面积获得粮食直补数额。

**4. 新农合参合补贴**

按照新农合参合规定，中央政府和地方政府对参合农民进行补贴，但各省（区、市），甚至不同的地级市和县级市之间的补贴额度并不相同。本章以省（区、市）为单位，综合各地情况给出省（区、市）的平均补贴额（见表18–1），然后乘以家庭人口数得到每户的补贴额。

**5. 净补贴**

在净补贴的计算中，税费减免通过税费支出的减少来测度；在具体测算中，税费支出为负值。种粮直补和新农合参合补贴为正值。这样，净补贴（$S$）可以表示为（1）式：

$$S=-T+G+C \tag{1}$$

式中，$-T$为负的税费支出；$+G$和$+C$为正的种粮补贴和新农合参合补贴。

对数据的描述统计可以发现如下几点：

第一，新农村建设净补贴逐年增加，提高了农村居民收入水平。表18–2给出了三个年份人均收入及净补贴、税费支出、种粮直补和参合补贴的情况。从2002年到2006年净补贴逐年增加，

[1] 2002年数据的税费支出还包括了各种罚款，但是罚款和税费具有不同的性质，因此在本文中我们去掉了罚款支出。

## 表 18-1　新农合参合补贴和种粮直补情况（调查省份）

| 省份 | 新农合参合补贴额度（单位：元／人） | | | 粮食直补额度（单位：元／亩） | | |
|---|---|---|---|---|---|---|
| | 2004 年 | 2006 年 | 备注 | 2004 年 | 2006 年 | 备注 |
| 北京 | 42 | 82 | 郊区、近郊区、山区三部分实际补贴额的平均值 | 50 | 37.5 | |
| 山西 | 23 | 40 | 制度规定数 | 5 | 6.67 | |
| 辽宁 | 20 | 40 | 制度规定数 | 6.7 | 13.5 | |
| 江苏 | 43 | 60 | 四个地区（昆山、宿迁、镇江、通州）制度规定数的平均值 | 20 | 20 | |
| 安徽 | 20 | 40 | 制度规定数 | 11.48 | 15 | |
| 湖北 | 20 | 40 | 制度规定数 | 12.5 | 13 | |
| 广东 | 20 | 40 | 全省平均值 | 20 | 20 | 种粮面积在 30 亩以上 |
| 重庆 | 20 | 40 | 制度规定数 | 10 | 13.5 | 2004 年只有合川、开县两个试点县 |
| 四川 | 20 | 40 | 制度规定数 | 11.76 | 12.07 | |
| 甘肃 | 20 | 40 | 制度规定数 | 5.32 | 14.4 | |

资料来源：粮食直补额来源于刘俊杰（2008），新农合参合补贴额来源于各地新农合管理办公室网站。

**表 18–2　农村居民人均收入、各项补贴及占人均纯收入比例**

| 年份 | 项目 | 全部 | | 东部地区 | | 中部地区 | | 西部地区 | |
|---|---|---|---|---|---|---|---|---|---|
| | | 数额（元） | 占收入比例（%） | 数额（元） | 占收入比例（%） | 数额（元） | 占收入比例（%） | 数额（元） | 占收入比例（%） |
| 2002 年 | 人均收入 | 2845.17 | — | 4020.98 | — | 2479.47 | — | 1983.11 | — |
| | 净补贴 | −87.68 | −3.08 | −91.69 | −2.28 | −101.70 | −4.10 | −67.33 | −3.40 |
| 2004 年 | 人均收入 | 3314.15 | — | 4552.33 | — | 2868.01 | — | 2487.16 | — |
| | 税费支出 | −38.56 | −1.16 | −34.58 | −0.76 | −46.56 | −1.62 | −34.08 | −1.37 |
| | 种粮直补 | 3.65 | 0.11 | 5.17 | 0.11 | 2.80 | 0.10 | 2.84 | 0.11 |
| | 参合补贴 | 6.62 | 0.20 | 15.94 | 0.35 | 2.62 | 0.09 | 1.09 | 0.04 |
| | 净补贴 | −28.29 | −0.85 | −13.47 | −0.30 | −41.14 | −1.43 | −31.11 | −1.25 |
| 2006 年 | 人均收入 | 3930.34 | — | 5513.51 | — | 3334.69 | — | 2900.30 | — |
| | 税费支出 | −12.44 | −0.32 | −12.23 | −0.22 | −15.05 | −0.45 | −9.82 | −0.34 |
| | 种粮直补 | 4.11 | 0.10 | 5.43 | 0.10 | 3.36 | 0.10 | 3.54 | 0.12 |
| | 参合补贴 | 23.88 | 0.61 | 32.96 | 0.60 | 18.27 | 0.55 | 20.35 | 0.70 |
| | 净补贴 | 15.55 | 0.40 | 26.16 | 0.47 | 6.58 | 0.20 | 14.06 | 0.48 |

注：2002 年的净补贴等于当年税费支出。根据 2000 年《国务院关于实施西部大开发若干政策措施的通知》，广西和内蒙古划分为西部地区。

由2002年的负值上升到2006年的15.56元，占人均收入的比例从2002年的−3.08%增长到2004和2006年的−0.85%和0.40%。净补贴中，税费减免的幅度最为明显，对净补贴增长的贡献最大。2004年人均税费支出比2002年减少了56.02%，而2006年比2004年减少了67.74%，下降到12.44元。种粮补贴和新农合参合补贴是从2004年开始的，到2006年这两项补贴分别增加了12.60%和260.73%。

第二，新农村建设对农村居民的净补贴表现出明显的地区差异，但补贴的地区差异出现缩小的趋势。不论是从净补贴额还是从净补贴占人均收入的比例，中部地区在三个年份都最低。中部地区不仅税费减免幅度较低，而且种粮补贴和参合补贴的幅度也较小。补贴幅度最大的是东部地区，其次是西部地区。出现这种地区之间的不平衡，与中央政府和地方政府承担的补贴责任有关。中央政府主要负担西部落后地区的补贴责任，而东部地区的高补贴则主要来源于地方政府财政。相比之下，中部地区既不能与西部地区一样获得较多的中央政府补贴，地方政府也缺乏相应的财政能力提高补贴。但是，这种补贴的地区差异也出现了逐渐缩小的趋势。2002年中部地区净补贴占人均收入的比例与东部地区相差1.82个百分点，2004年则相差1.13个百分点，到2006年只相差0.27个百分点。

第三，新农村建设开始表现出缩小城乡收入差距的趋势。表18−3给出了2002年和2006年农村居民和城镇居民的收入差距以及新农村建设净补贴对城乡平均收入差距的影响。在没有净补贴的情况下，2002年农村居民人均收入为城镇居民人均收入的33.84%，加入净补贴后这个比例下降到32.80%，扩大了城乡居民的平均收入差距。而在2006年，加入净补贴后农村居民人均收入占城镇居民人均收入的比例由27.93%上升到28.04%，虽然上升幅度很小，但净补贴已经出现城乡居民收入差距缩小的趋势。

**表 18-3　2002 年、2006 年农村和城镇居民人均收入及差距**

| 项目 | 2002 年 | | | 2006 年 | | |
|---|---|---|---|---|---|---|
| | 农村（元） | 城镇（元） | 农村／城镇（%） | 农村（元） | 城镇（元） | 农村／城镇（%） |
| 人均收入 | 2674.30 | 7902.50 | 33.84 | 3722.69 | 13330.47 | 27.93 |
| 净补贴后人均收入 | 2592.04 | — | 32.80 | 3738.02 | — | 28.04 |

注：本表使用城乡人口比例进行了加权，所以人均收入与表 18-2 有差异。



第四，新农村建设的补贴政策对不同收入组别的影响不同，改善农村居民收入分配状况的效应开始逐步显现。图 18-1 给出了十等分组下净补贴及各项补贴的分布情况。净补贴在逐年增加的同时，表现出对低收入组越来越有利的趋势：2002 年和 2004 年收入越低的组别，其负的净补贴所占比例越高；而到 2006 年这种情况发生

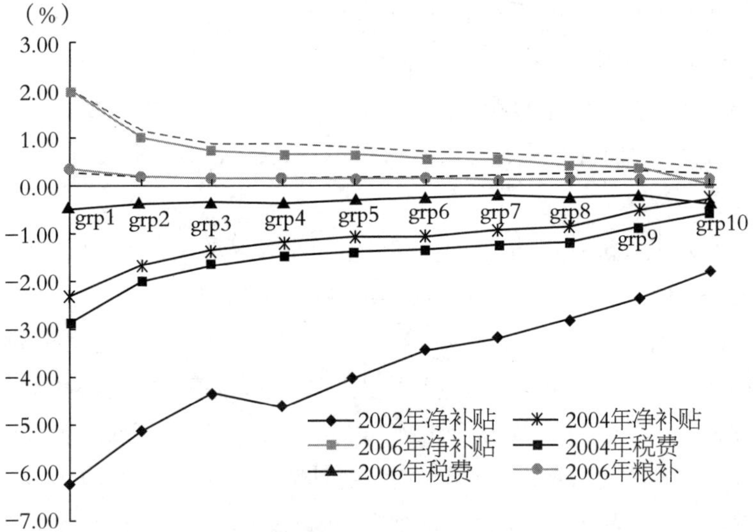


**图 18-1　十等分组下农村居民净补贴及各项补贴的分布**
**（各项补贴占各组人均收入的百分比）**

了改变，收入越低的组别接受的正净补贴的比例越高。从各分项补贴而言，在 2002 年和 2004 年税费支出表现出了明显的累退性，收入越低的组别，税费支出占该组人均收入的比例越高；但在 2006 年，随着税费减免政策的推进，这种累退性已经不明显了。2004 年和 2006 年的种粮补贴表现出了有利于低收入组的特征：人均收入越低的组别，种粮直补占其人均收入的比例越高。新农合参合补贴在 2004 年的分布较为均匀，但到 2006 年则表现出有利于低收入组的特征：收入越低的组别参合补贴占人均收入的比例越高。

## 四、方法

本章的主要问题是新农村建设收入再分配政策对农村居民收入分配的再分配效应以及对全国收入分配状况的影响。在分析农村居民内部的再分配效应时，我们使用 UL 分解方法将再分配效应分解为纵向效应（vertical effects，即不同收入不同对待）、横向效应（horizontal effects，即同等收入相同对待）和再排序效应（reranking effects，即税费或补贴引起的收入排序的变化），以发现净补贴对农村居民收入分配产生影响的机制；在分析对全国收入分配状况的影响时，我们使用 Theil 指数分解方法，将全国不平等指数的变化分解为城乡之间的差距（组间差距）和城镇、农村内部差距（组内差距）的变化，以观察新农村建设的影响。

再分配效应的经典测度是 Musgrave、Thin（1948）的 MT 指数，即收入再分配效应等于税前收入基尼系数和税后收入基尼系数之差：[1]

$$RE=G_X-G_N \quad (2)$$

其中，$RE$ 为税收的再分配效应，$G_X$ 为税前基尼系数，$G_N$ 为税后基

[1] 本章估算的是净补贴的再分配效应；此处出于表述原因，使用“税收”“税前收入”“税后收入”来说明所使用的方法。

尼系数。

Kakwani（1977）给出了测度税收累进性的 Kakwani 指数：

$$P_{\mathrm{T}}^{\mathrm{K}}=G_{\mathrm{TX}}-G_{\mathrm{X}} \tag{3}$$

其中，$G_{\mathrm{TX}}$ 为税收以税前收入排序的集中指数。Kakwani（1977）同时给出了 Kakwani 指数与收入再分配效应之间的关系：

$$RE=\frac{t}{1-t}P_{\mathrm{T}}^{\mathrm{K}} \tag{4}$$

其中，$t$ 为总平均税率（即总税收比总收入）。（4）式能够成立的前提条件是税收不改变收入的排序。（4）式表明，如果没有再排序，那么给定平均税率税收的再分配效应只取决于纵向效应。但是，如果税收改变了人们的税前收入排序，怎样来测度税收的纵向效应与横向效应呢？对此，Atkinson（1980）、Plotnick（1981）以及 Kakwani（1984）指出税收的再分配效应可以通过下式分解为纵向效应和横向效应（APK 分解）：

$$RE=G_{\mathrm{X}}-G_{\mathrm{N}}=\frac{t}{1-t}P_{\mathrm{T}}^{\mathrm{K}}\left(G_{\mathrm{N}}-C_{\mathrm{N}}\right)=V^{\mathrm{K}}-R^{\mathrm{APK}} \tag{5}$$

其中，$V^{\mathrm{K}}=G_{\mathrm{X}}-C_{\mathrm{N}}$；$C_{\mathrm{N}}$ 为税后收入的集中指数。在 APK 分解中，$V^{\mathrm{K}}$ 表示纵向效应，$R^{\mathrm{APK}}$ 表示横向效应。但是 APK 分解中的横向效应实际上并没有区分横向效应和再排序效应。鉴于此，Aronson 等（1994）以及 Aronson、Lambert（1994）提出了 AJL 分解方法，将再分配效应分解为纵向效应、横向效应和再排序效应。AJL 分解方法首先根据相等税前收入分组（exact pre−tax equal groups），然后通过每组内的平均税率代替实际税率，模拟没有横向效应条件下的税后收入，并通过组间基尼系数测度纵向效应。组内实际税率的差别导致的不平等效应，即横向效应，则通过组内基尼系数的加权和来测度。根据基尼系数在不同人群组的分解方法，Aronson 等（1994）和 Aronson、Lambert（1994）给出的 AJL 分解方法如下：

$$RE = G_X - G_N = \frac{t}{1-t}\overline{P}_T^K - \sum \alpha_x G_{E(x)} - R = V^{AJL} - H^{AJL} - R^{AJL} \quad (6)$$

（6）式右边第一项 $V^{AJL} = \frac{t}{1-t}\overline{P}_T^K$ 测度纯粹（排除收入重新排序后）的纵向效应。这一纵向效应假设收入相同的人群组（$E(x)$）承当相同的税负（即组平均税率），这样得到一个反事实的税收，而 $\overline{P}_T^K$ 则是这一反事实税收的 Kakwani 指数。第二项 $H^{AJL} = \sum \alpha_x G_{E(x)}$ 测度纯粹的横向效应，它等于组内实际税率下税后收入的基尼系数（$G_{E(x)}$）的加权和；其中 $\alpha_x$ 为税前收入为 $x$ 组（$E(x)$）的人口比重与税后收入比重的乘积。最后一项为基尼系数按人口组分解的余项，定义为再排序效应。此处 $R^{AJL}=G_N-C_N$。Wagstaff 等（1999）运用这一方法对 12 个 OECD 国家个人收入税的再分配效应进行了分析。

在 AJL 分解方法中，一个必不可少的步骤是根据相同收入划分不同的收入组，而且这里的收入组是“完全相等收入组”（exact pre-tax equals groups）；但是，大部分现实数据不能满足“完全相等收入组”的条件，而是“相近收入组”（close pre-tax equals groups）。在相近收入组下，使用 AJL 分解并不能穷尽所有再排序效应。Urban、Lambert（2008）针对这种情况，在 APK 分解和 AJL 分解的基础上提出了 UL 分解方法：

$$RE=V^{UL}-H^{UL}-R^{APK} \quad (7)$$

（7）式右边第一项为完全的纵向效应，$H^{UL}$ 为横向效应，第三项 $R^{APK}$ 为 APK 分解中的再排序效应。Urban、Lambert（2008）指出，AJL 分解中的再排序效应（即 $R^{AJL}$）忽略了收入分组中的组内重新排序效应和组间重新排序效应，而 $R^{APK}$ 表示的是以税前收入排序的税后收入到以税后收入排序的税后收入的效应，穷尽了所有的再排序效应。实际上，APK 分解中的再排序效应可以分解为 AJL 再排序效应与组内再排序效应和组间再排序效应之和：$R^{APK}=R^{AJL}+R^{WG}+R^{EG}$，

$R^{WG}$ 和 $R^{EG}$ 表示组内重新排序效应和组间重新排序效应。在这种情况下，$V^{AJL}$ 和 $H^{AJL}$ 没有准确测度纵向效应和横向效应。实际上，Urban、Lambert（2008）证明：$V^{UL}=V^{AJL}+R^{EG}$，$H^{UL}=H^{AJL}-R^{WG}$。Kim、Lambert（2009）使用这一方法对美国 1994—2004 年的税收和公共补贴进行了分析，发现虽然这期间收入不平等上升了，但是税收和公共补贴却减少了市场收入不平等的大约 30%。

本章使用 MT 指数测度新农村建设诸项收入再分配政策的再分配效应（RE），并使用（7）式的 UL 分解将再分配效应分解为纵向效应、横向效应和再排序效应，以求精确把握这些收入再分配政策对农村居民收入分配状况的影响。

新农村建设对全国居民收入分配状况的影响也是本章研究的主要问题之一。为此，我们使用 Theil 指数分解方法估算这一影响主要是来自城镇和农村内部收入差距的变化还是来自城乡之间收入差距的变化。

Theil 指数[1]的定义如下：

$$T=\frac{1}{N}\sum_{i=1}^{N}\frac{y_i}{\mu}\ln\left(\frac{y_i}{\mu}\right) \quad (8)$$

其中，$N$ 为总人口数，$y_i$ 为第 $i$ 个人的收入，$\mu$ 为收入均值。将全部人口分为农村和城镇两组（$k$=1，2），则 Theil 指数可以分解为组间差距和组内差距：

$$T=T_W+T_B=\sum_{i=1}^{K}s_jT_j+\sum_{j=1}^{K}s_j\ln\left(\frac{\mu_i}{\mu}\right) \quad (9)$$

其中，$S_j$ 为第 $j$ 组的收入份额，$T_j$ 为第 $j$ 组的组内 Theil 指数，$\mu_j$ 和 $\mu$ 分别为第 $j$ 组的收入均值和全部人口的收入均值。（9）式第一

[1] Theil 指数属于测度不平等的广义熵指数（generalized entropy class of inequality indices）的一个。此处使用的 Theil 指数为 1 阶指数，即广义熵指数的收入差距敏感性参数为 1，参见 Shorrocks（1980、1984）、Mookherjee、Shorrocks（1982）及 Jenkins（1995）有关论述。

项 $T_W$ 为组内差距，等于各组内部的 Theil 指数的加权和，权数为该组的收入份额；第二项 $T_B$ 为组间差距，等于各组平均收入之间的差距。

## 五、结果及解释

笔者通过描述统计发现新农村建设对农村居民的各项补贴表现出提高农村居民收入水平、改善农村居民收入分配状况和缩小城乡收入差距的趋势。此处，本节使用上节提出的分解方法，对补贴的收入再分配效应进行进一步分解，力图发现收入再分配效应产生的路径和机制。

第一，随着新农村建设的开展，净补贴在提高农村居民收入水平的同时，开始表现出改善农村居民收入分配状况的趋势。如表 18-4 所示，2002 年的再分配效应为负值，说明当年的净补贴（税费支出）恶化了农村居民的收入分配状况，而且这种恶化主要是纵向不平等效应导致的，它占到了总效应的 90.13%。这与佐藤宏、李实、岳希明（2008）以及尹恒、徐琰超、朱虹（2009）的研究相一致。到 2004 年虽然净补贴仍然是负值，但相比于 2002 年，这种负向效应下降了大约 26.87%。随着新农村建设各项补贴政策在全国范围内的扩展，到 2006 年净补贴的收入再分配效应已经成为正值，表现出改善农村居民收入分配状况的趋势。

第二，从分解结果看，净补贴的收入再分配效应主要来源于纵向效应。由表 18-4 可知，这一纵向效应在 2002 年和 2004 年表现为纵向不平等效应，分别占总效应的 90.13% 和 44.27%；在 2006 年则表现为纵向平等效应，占总效应的 110.43%。需要注意的是 2004 年的纵向效应所占比重只有 44.27%，小于横向效应（横向不平等效应）的 51.96%。这说明在 2004 年净补贴的收入再分配效应中，产生了较为严重的横向不平等，下面的分析显示这一结果与种粮直补和参合补贴的再分配效应有关。

**表 18–4　新农村建设各项补贴对农村居民收入再分配影响的 UL 分解结果**

| 项目 | 2002 年 | 2004 年 | | | | 2006 年 | | | |
|---|---|---|---|---|---|---|---|---|---|
| | 税费 | 税费 | 粮补 | 参合补 | 净补贴 | 税费 | 粮补 | 参合补 | 净补贴 |
| $G_X$ | 0.3632 | 0.3517 | 0.3517 | 0.3517 | 0.3517 | 0.3617 | 0.3617 | 0.3617 | 0.3617 |
| $G_N$ | 0.3699 | 0.3544 | 0.3538 | 0.3518 | 0.3566 | 0.3618 | 0.3614 | 0.3602 | 0.3601 |
| $RE$ | −0.0067 | −0.0026 | −0.0021 | −0.0001 | −0.0049 | −0.0001 | 0.0003 | 0.0015 | 0.0016 |
| $V^{UL}$ | −0.0061 | −0.0025 | 0.0002 | −0.0000 | −0.0021 | 0.0000 | 0.0003 | 0.0015 | 0.0018 |
| （%） | 90.13 | 93.09 | 9.69 | 84.76 | 44.27 | 20.65 | 99.14 | 100.24 | 110.43 |
| $H^{UL}$ | 0.0000 | 0.0000 | 0.0023 | 0.0000 | 0.0025 | 0.0000 | −0.0000 | −0.0000 | −0.0000 |
| （%） | 0.74 | 0.35 | 109.68 | 1.75 | 51.96 | 0.51 | 0.90 | 0.93 | 0.96 |
| $R^{APK}$ | 0.0006 | 0.0002 | 0.0000 | 0.0000 | 0.0002 | 0.0002 | 0.0000 | 0.0000 | 0.0002 |
| （%） | 9.13 | 6.56 | 0.01 | 13.49 | 3.77 | 120.14 | 0.04 | 1.16 | 11.39 |

注：① 2002 年的净补贴等于税费支出。②划分相近收入组的带宽为 1% 分位数收入。③根据（7）式，表中 $V^{UL}$ 项为正值表示纵向平等效应，为负值表示纵向不平等效应。$H^{UL}$ 项和 $R^{APK}$ 项则相反，正值表示横向不平等效应和再排序产生的不平等效应，负值表示横向平等效应和再排序产生的平等效应。

第三，种粮直补和新农合参合补贴在 2004 年是负向再分配效应，但到 2006 年则表现出了正向的再分配效应。值得注意的是，2004 年这两项补贴负向再分配效应的来源不尽相同：种粮直补的负向再分配效应主要来源于横向不平等效应，它占到了总效应的 109.68%，而纵向效应虽然为正值，但是仅占到了总效应的 9.69%；与之相反，参合补贴负向再分配效应主要来源于纵向不平等效应，它占到了总效应的 84.76%。这一结果与种粮直补和参合补贴的补贴机制有关：种粮直补是与种粮面积挂钩的，横向不平等效应的存在说明对于收入水平相同的农户，如果收入来源结构不同，那么所获得种粮补贴也不相同：收入主要来源于粮食种植的，获得较高的种粮补贴。而参合补贴是根据人头补贴的，2004 年新农合刚开始在全国试点，参合农民还需要自己缴费。在这种情况下，较高收入的农户更有可能加入新农合从而获得参合补贴。

第四，税费支出扩大了农村居民的收入分配差距，但随着税费减免政策的逐步推进，这种影响在逐渐减小。税费支出的负向再分配效应从 2002 年的 0.0067 减小到 2004 年和 2006 年的 0.0026 和 0.0001。从分解结果来看，在 2002 年和 2004 年纵向效应（表现为纵向不平等效应）是导致负向再分配效应的主要原因，这两个年份纵向不平等效应占总效应的比重分别为 90.13% 和 93.09%。而到了 2006 年纵向效应变为正值，虽然这种纵向平等效应所占比重较小（20.65%），但已经表明农村税费开始具有累进性。2006 年负向再分配效应主要是由再排序效应引起的，它占到了总效应的 120.14%。再排序效应表明税费减免具有地区不平衡性，某一部分群体的税费减免程度高于另外的群体，从而导致了收入排序的变化。这种情况可能是由于税费减免在不同地区之间的推进程度不同而产生的。

第五，新农村建设净补贴的再分配效应存在地区差异，但这种地区差异在逐渐缩小。如表 18–5 所示，2002 年中部地区净补贴的负向再分配效应最大，而东部和西部地区的效应则相似；2004 年

**表 18–5　新农村建设净补贴收入再分配效应的 UL 分解结果（分地区）**

| 项目 | 2002 年 | | | 2004 年 | | | 2006 年 | | |
|---|---|---|---|---|---|---|---|---|---|
| | 东部 | 中部 | 西部 | 东部 | 中部 | 西部 | 东部 | 中部 | 西部 |
| $G_X$ | 0.3661 | 0.2912 | 0.3125 | 0.3537 | 0.2981 | 0.3036 | 0.3529 | 0.3163 | 0.3063 |
| $G_N$ | 0.3706 | 0.2986 | 0.3171 | 0.3550 | 0.3001 | 0.3121 | 0.3511 | 0.3144 | 0.3042 |
| $RE$ | −0.0046 | −0.0073 | −0.0046 | −0.0013 | −0.0020 | −0.0085 | 0.0018 | 0.0020 | 0.0021 |
| $V^{UL}$ | −0.0040 | −0.0063 | −0.0038 | −0.0011 | −0.0017 | −0.0009 | 0.0019 | 0.0022 | 0.0024 |
| （%） | 87.60 | 85.65 | 83.19 | 88.67 | 87.27 | 10.91 | 103.08 | 112.50 | 114.41 |
| $H^{UL}$ | 0.0001 | 0.0001 | 0.0001 | 0.0000 | −0.0000 | 0.0073 | 0.0000 | −0.0000 | −0.0000 |
| （%） | 1.38 | 2.04 | 1.90 | 1.20 | 0.15 | 86.70 | 0.24 | 0.44 | 1.96 |
| $R^{APK}$ | 0.0005 | 0.0009 | 0.0007 | 0.0001 | 0.0003 | 0.0002 | 0.0001 | 0.0003 | 0.0003 |
| （%） | 11.03 | 12.31 | 14.91 | 10.12 | 12.87 | 2.39 | 2.85 | 12.94 | 16.37 |

注：划分相近收入组的带宽为 1% 分位数收入。根据 2000 年《国务院关于实施西部大开发若干政策措施的通知》，广西和内蒙古划分为西部地区。

西部地区净补贴的负向再分配效应最大，其次是中部地区，而东部地区最小；到 2006 年三个地区的净补贴都是正向再分配效应，而且相差无几。从分解结果来看，2002 年三个地区负向再分配效应都主要来源于纵向不平等效应；2004 年西部地区的负向再分配效应主要来源于横向不平等效应，东部和中部地区则主要来源于纵向效应；而 2006 年三个地区的正向再分配效应主要来源于纵向平等效应。

第六，新农村建设净补贴开始表现出缩小城乡收入差距和改善全国居民收入分配状况的趋势；新农村建设对全国居民收入分配状况的影响主要来源组间差距的变化。2002 年的净补贴（税费支出）不仅恶化了农村居民的收入分配状况，而且也恶化了全国的收入分配状况。不论是以基尼系数还是 Theil 指数衡量的全国居民不平等程度，在加入净补贴后都恶化了（见表 18-6）。而到了 2006 年，随着新农村建设的全面展开，净补贴表现出改善农村居民和全国居民收入分配状况的趋势。Theil 指数在城乡居民间的分解显示（见表 18-7），净补贴对全国居民收入分配的影响主要来源于组间差距的变化。组间差距变化对补贴前和补贴后 Theil 指数变动的贡献率在 2002 年为 81.26%，2006 年为 67.75%。

## 六、结论

新农村建设在促进农村经济发展和农民收入提高的同时，也具有收入再分配效应。研究和分析这种收入再分配效应，发现各项收入再分配政策对农村居民收入分配状况的影响机制，不仅可以对各项补贴政策的收入再分配效应进行评估，还可以为下一步完善新农村建设收入再分配政策、改善农村居民收入分配状况提供参考。本章在三个年份数据的基础上，对新农村建设中税费减免、种粮直补和参合补贴三项政策的收入再分配效应进行了分析，有如下结论值得注意。

**表 18–6　补贴前和补贴后 Theil 指数的变化**

| 项目 | | 2002 年 | | | 2006 年 | | |
|---|---|---|---|---|---|---|---|
| | | 补贴前 | 补贴后 | 变动幅度（%） | 补贴前 | 补贴后 | 变动幅度（%） |
| 全国 | Theil 指数 | 0.2977 | 0.3039 | 2.08 | 0.3692 | 0.3680 | −0.33 |
| | Gini 系数 | 0.4206 | 0.4249 | 1.02 | 0.4613 | 0.4606 | −0.15 |
| 城镇 | Theil 指数 | 0.1824 | — | — | 0.2148 | — | — |
| | Gini 系数 | 0.3266 | — | — | 0.3477 | — | — |
| 农村 | Theil 指数 | 0.2349 | 0.2429 | 3.41 | 0.2296 | 0.2275 | −0.91 |
| | Gini 系数 | 0.3605 | 0.3670 | 1.80 | 0.3593 | 0.3577 | −0.45 |

注：根据当年城乡人口比例进行了加权。变动幅度 =（补贴后 − 补贴前）/ 补贴前。

表 18-7 Theil 指数分解结果

| 项目 | | Theil 指数 | 组内差距 | | 组间差距 |
|---|---|---|---|---|---|
| | | | 城镇 | 农村 | |
| 2002 年 | 补贴前（%） | 0.2976 | 0.1498 | 0.0419 | 0.1059 |
| | | 100 | 50.34 | 14.08 | 35.58 |
| | 补贴后（%） | 0.3037 | 0.1506 | 0.0422 | 0.1109 |
| | | 100 | 49.59 | 13.90 | 36.51 |
| | 补贴后 - 补贴前 | 0.0061 | 0.0008 | 0.0003 | 0.0050 |
| | 贡献率（%） | 100 | 13.48 | 5.26 | 81.26 |
| 2006 年 | 补贴前（%） | 0.3691 | 0.1763 | 0.0412 | 0.1516 |
| | | 100 | 47.77 | 11.15 | 41.08 |
| | 补贴后（%） | 0.3680 | 0.1762 | 0.0409 | 0.1509 |
| | | 100 | 47.88 | 11.12 | 41.00 |
| | 补贴后 - 补贴前 | −0.0011 | −0.0001 | −0.0002 | −0.0008 |
| | 贡献率（%） | 100 | 11.43 | 20.82 | 67.75 |

注：（1）根据当年城乡人口比例进行了加权。

（2）组内差距和组间差距变动对 Theil 指数变动的贡献率 = $\frac{\Delta T_W}{\Delta T}$ 或 $\frac{\Delta T_B}{\Delta T}$。

第一，随着新农村建设的不断推进，新农村建设的净补贴逐年增加，开始表现出提高农村居民收入水平的趋势。净补贴从 2002 年的负值变为 2006 年的正值。

第二，在提高农村居民收入水平的同时，新农村建设的各项补贴政策还开始表现出改善农村居民收入分配状况的趋势。净补贴的收入再分配效应从 2002 年的负值变为 2006 年的正值，其改善农村居民收入分配状况的趋势开始显现。UL 分解结果显示，新农村建设补贴政策的收入再分配效应主要来自纵向效应。

第三，新农村建设还表现出缩小城乡收入差距并减缓全国居民收入分配状况恶化的趋势。Theil 指数分解结果显示，城乡之间收入差距的缩小是全国居民收入分配状况改善的主要来源。

第四，新农村建设的各项补贴不仅在提高农村居民收入水平方面存在地区差异，而且在收入再分配效应方面存在地区差异。这些地区差异反映了新农村建设推进程度上的地区差异。而新农村建设推进程度的差异，又反映了各地方政府对新农村建设的财政支持状况。新农村建设需要各级财政的支撑。但是，一方面由于中央政府对不同地区的财政责任不同，另一方面由于一些地方政府的财政能力有限，因此，不同地区对新农村建设的财政支持存在差异。本章的分析也显示，随着中央政府和各地方政府财政支持力度的增加，这种地区差异出现了逐步缩小的趋势。

**参考文献**

[1] 金人庆 . 扩大公共财政覆盖农村范围，建立支农资金稳定增长机制 [J]. 求是，2006（8）.

[2] 李实，史泰丽，古斯塔夫森 . 中国居民收入分配研究Ⅲ [M]. 北京：北京师范大学出版社，2008.

[3] 刘俊杰 . 直接补贴政策对粮食生产和农民收入的影响 [D]. 重庆：西南大学，2008.

[4] 刘怡，聂海峰 . 间接税负担对收入分配的影响分析 [J]. 经济研究，2004（5）.

[5] 彭海艳 . 我国个人所得税的再分配效应分解分析 [J]. 经济经纬，2008（3）.

[6] 陶然，刘明兴，章奇 . 农民负担、政府管制与财政体制改革 [J]. 经济研究，2003（4）.

[7] 尹恒，徐琰超，朱虹 . 1995—2002 中国农村税费公平性评估 [J]. 世界经济文汇，2009（2）.

[8] 佐藤宏，李实，岳希明 . 中国农村税赋的再分配效应——世

纪之交农村税费改革的评估［M］//李实，史泰丽，古斯塔夫森．中国居民收入分配研究Ⅲ．北京：北京师范大学出版社，2008.

[9]ARONSON J R，JOHNSON P，LAMBERT P J. Redistributive Effect and Unequal Income Tax Treatment [J]. The Economic Journal，1994，104（423）：262–270.

[10]ARONSON J R，LAINBERT P J. Decomposing the Gini Coefficient to Reveal the Vertical，Horizontal，and Reranking Effects of Income Taxation[J]. National Tax Journal，1994，47（2）.

[11]ATKINSON A B. Horizontal Equity and the Distribution of the Tax Burden[M]//H Aaron，M Boskin. The Economics of Taxation，Washington D.C.：Brookings，1980.

[12]JENKINS S P. Accounting for Inequality Trends：Decomposition Analyses for the UK，1971–86[J]. Economica，1995，62.

[13]KAKWANI N C. On the Measurement of Tax Progressivity and Redistributive Effect of Taxes With Applications to Horizontal and Vertical Equity[J]. Advances in Econometrics，1984，3.

[14]KAKWANI N C. Measurement of Tax Progressivity：An International Comparison[J]. Economic Journal，1977，87（345）.

[15]LAMBERT P J，ARONSON J R. Inequality Decomposition Analysis and the Gini Coefficient Revisited[J]. Economic Journal，1993，103（420）.

[16]KIM K，LAMBERT P. Redistributive Effect of U.S.Taxes and Public Transfers，1994–2004[J]. Public Finance Review，2009，37（1）.

[17]MOOKHERJEE D，SHORROCKS A F. A Decomposition Analysis of the Trend in UK Income Inequality[J]. Economic Journal，1982，92.

[18]MUSGRAVE R A，THIN T.Income Tax Progression，1929–48[J]. The Journal of Political Economy，1948，56（6）.

[19]PLOTNICK R. A Measure of Horizontal Inequity[J]. The

Review of Economics and Statistics, 1981, 63 (2).

[20] SHORROCKS A F. The Class of Additively Decomposable Inequality Measures[J]. Econometrica, 1980, 48 (3).

[21] URBAN I, LAMBERT P J. Redistribution, Horizontal Inequity, and Reranking: How to Measure Them Properly[J]. Public Finance Review, 2008, 36 (5).

[22] WAGSTAFF A. Decomposing Changes in Income Inequality into Vertical and Horizontal Redistribution and Reranking with Applications to China and Vietnam[J]. The World Bank Policy Research Working Paper, 2005 (3559).

[23] WAGSTAFF A, VAN DOORSLAER E, H van der BURG, et al.. Redistributive Effect, Progressivity and Differential Tax Treatment: Personal Income Taxes in Twelve OECD Countries[J]. Journal of Public Economics, 1999, 72 (1).

（本章作者：王震　原载于《经济研究》2010 年第 6 期）

# 第十九章　农村迁移工人的养老保障

**【内容提要】**在农村迁移工人与城市户籍职工的社会经济状况差异巨大的情况下，对二者做无差别的养老保险制度安排，导致了不公平的结果。第一，目前城市社会养老保险的属地化特征，妨碍劳动力流动，并损害缴费企业和工人的利益。第二，养老保险费率过高，削弱企业增加工作岗位的积极性。多数迁移工人的工资水平低于缴费基数下限，实际上承担了较高的费率。女工因工资更低，保险支出对其当前的可支配收入影响更为严重。第三，迁移工人退出正规就业岗位的年龄早于法定退休年龄，养老待遇将低于平均水平并且很可能陷入老年贫穷。第四，女工就业期限更短，在同等缴费工资水平上，模拟的养老金水平仅相当于男性的55%～57%。因此，在制定全国性的迁移工人养老保险政策时，需要考虑促进就业、减少老年贫困和养老收入分配中的性别不平等因素。

**【关键词】**养老保险　农村迁移工人　生机　影响



## 一、导言

早在20世纪50年代，中国的国有企业和城市集体企业工人就已在劳动保险制度下享有养老保障。[1]到经济改革开始的时候，这

[1] 中国社会科学院、中央档案馆，1994年，《1949—1952年中华人民共和国经济档案资料选编·劳动工资和职工保险福利卷》，中国社会科学出版社，第631-727页。

一制度实质上已演变成企业劳动保险。在经济市场化的进程中，难以为继的企业养老制度为城市职工社会养老保险所替代。然而在大多数农村地区，除了“五保户”，农业人口从未被社会养老保障制度所覆盖。与此背景相关，截至 2008 年年底，尽管全国农民工总量已达 22542 万人，其中外出从业者达 14041 万人（女性约占 36%），但参加基本养老保险的人数只有 2416 万人。[1]如果以外出从业者为基数，农民工的养老保险覆盖率大约为 17.3%，医疗保险覆盖率将近 30.4%（4266 万人），工伤保险覆盖率为 35.2%（4942 万人），失业保险覆盖率为 11%（1549 万人）。如果以全国农民工总量为基数，这些表达保险覆盖程度的数值都会降低 1/3 左右。

可见，农民工虽然已被纳入工业化进程，但是还没有获得足够的与工业社会相适应的社会保护措施，以应对他们在城市生活和工作中所面临的风险。如果把 20 世纪 90 年代初的“农民工”视作第一代农村迁移劳动者[2]的话，当年 30 岁以上的人已经达到或接近工业企业的退休年龄。他们在城市从事的工作，往往环境差、工资

❶ 人力资源和社会保障部、国家统计局，2009 年，《2008 年度人力资源和社会保障事业发展统计公报》（5 月 19 日），news.xinhuanet.com/politics/2009-05/19/content_11400984.htm，2009 年 7 月 10 日下载。

❷ “农民工”这种称呼目前已不能准确地表达农村迁移劳动者的社会经济特征：第一，多数从农村进城就业的劳动者不再“亦工亦农”，彻底实现了劳动力的行业转移。第二，改革开放后出生的“农民工”，原本就不曾务农，走出校门即进入城市就业。他们与那些生长在城市的劳动者相比，最显著的身份区别只在于户籍而非其他。笔者尽可能采用“农村迁移劳动者”和“农村迁移工人”这两个词汇来替代“农民工”的称谓，一方面是为了表明这一群体的社会经济特征与城市户籍的迁移劳动者不同，另一方面也是为了将他们与迁入地的农村户籍人口区别开来。

低、强度大、劳动时间长，职业病和工伤事故多，❶ 绝大多数人都早于法定退休年龄退出城市劳动力市场。与此同时，农村土地随着城市化进程而减少，农业人口早已不能仅仅依靠土地来满足对生活必需品的需求。计划生育政策的贯彻，也对依赖子女养老的方式形成挑战。因此，上亿农村迁移工人未享有社会养老保险的现状，既说明现行城市化政策和社会养老保险制度缺少社会包容性，又暴露出今后老年贫困有可能加剧的隐患。

事实上，2003 年以来，中央政府针对农村迁移工人的社会保障问题制定了一系列政策。据此，迁移劳动者的养老保险项目逐渐在各地推开。但由于养老基金归属于项目所在城市，当缴费者跨地区流动时，其养老权益不可携带。这既有损于养老计划的可持续性，又不利于劳动力流动。❷ 人力资源和社会保障部按照低费率、广覆盖、可转移，并能与现行养老保险制度相衔接的原则，制定了《农民工参加基本养老保险办法》（以下简称《办法》），于 2009 年 2 月向社会公开征求意见。❸《办法》的基本思想，是将农村迁移工人纳入城市基本养老保险体系。然而，迁移工人收入低、缴费能力差、流动性强，而且未来去向不稳定的特点，使得《办法》的实施不仅在管理上难度大，而且在金融危机形势下，还面临着企业参与

❶ 魏礼群，2006 年，《正确认识和高度重视解决农民工问题》，载国务院研究室课题组，2006 年，《中国农民工调研报告》，中国言实出版社，第 2 页。

❷ 中澳管理项目，2009 年，《农民工社会保障项目基线调查报告》，第二部分 – 主题三（1 月 8 日，未发表）。

❸ 人力资源和社会保障部，2009 年，《关于〈农民工参加基本养老保险办法〉和〈城镇企业职工基本养老保险关系转移接续暂行办法〉面向社会公开征求意见的公告》（2 月 5 日），www.mohrss.gov. cn/mohrss/Desktop.aspx?path=mohrss/mohrss/InfoView&gid=7575d82c−0764−4b78−b459−c65d64e032b1&tid=Crns_Info，2009 年 5 月 1 日下载。

意愿不强的问题。

进一步讲，《办法》明确规定，它适用于“在城镇就业并与用人单位建立劳动关系的农民工”。这意味着，《办法》中的条款主要针对的是正规就业者。在正规就业的迁移工人当中，女工的薪酬更低、工作时间更短。她们极有可能因为生育或其他家庭责任中断正规就业，并随之转向非正规就业。况且，在现行退休制度下，女性一般退出劳动力市场较早但余命较长，因此依靠养老保险的时间也比男性长。这些因素都会导致女性的养老金受益水平低于男性。根据国际劳工组织的定义，经济中的非正规部门，由那些主要以参与者的就业和收入为目的的经营单位构成，经营规模极小。这些单位里的就业形式以自我雇用、兼职工作和临时工作为主，劳动关系缺少充分的法律保障。[1]这与我国通常称之为“灵活就业”的情况大体相近。对应于《办法》的适用范围，本项研究将非正规就业者定义为：在城镇就业但没有与用人单位建立劳动关系的就业者，自雇者也包括在其中。在我国，非正规就业恰恰与较低的社会保险覆盖程度联系在一起。在社会养老保障体系中，如果没有正规部门养老保险与非正规部门养老保障项目的衔接渠道，如果没有基于性别差异的缴费安排和退休收入再分配，女性陷入老年贫困的可能性更大。[2]

本章试图通过考察现行迁移工人养老保险项目的制度安排，及其对农村迁移工人当前和未来生计的影响，[3]着重回答如下问题：

---

[1] Employment Sector，International Labor Office，2002，Women and Men in the Informal Economy：A Statistical Picture，p.7-13，www.ilo.org/public/libdoc/ilo/2002/102B09_139_engl.pdf，2009 年 6 月 4 日下载。

[2] James E.，Edwards A.C. and Wong R.，2003，The Gender Impact of Pension Reform，Policy Research Working Paper 3074，The World Bank，Poverty Reduction and Economic Management Network，Gender Division.

[3] 本课题组还有 4 篇报告分别说明农民工中的正规就业者养老保险、非正规就业者的养老问题、农民工的工资趋势以及退休余命对养老待遇的影响。

迁移工人特别是其中的女性能否从参保中受益？限制他们受益的关键因素有哪些？他们采取哪些行动来回应这些限制？《办法》有助于他们排除哪些障碍？还有哪些障碍尚未触及？如何从减少贫困和促进性别平等的角度来解决遗留的制度性问题？鉴于绝大多数参保迁移工人还没有达到领取养老金的年龄，这里的制度分析将主要聚焦于缴费安排。

为了回答上述问题而采用的信息，主要来自中国社会科学院经济研究所课题组的田野工作。2006—2008 年，课题组曾做过农村迁移工人医疗保险研究，积累了上海、武汉、重庆、深圳和大连五个城市共 2398 名迁移工人的抽样调查数据（其中女性占 52%）。❶此外，还有 2006 年国家统计局城乡住户调查的子样本数据集作为补充，❷2009 年 3—4 月，课题组选择如下 7 个已经实施迁移劳动者养老保险项目的城市做调研：位于珠三角的广州、东莞和深圳，长三角的上海和苏州，辽东半岛的大连，以及西南工业重镇重庆。❸主要调研对象如下：①地方社保中心负责办理迁移工人养老保险业务的人员；②企业人力资源经理；③正规就业、非正规就业以及正在求职的农村迁移劳动者。除了对上述人员做个别访谈之外，课题组还设计了迁移工人问卷，在 SU 市、DL 市和 SZ 市做抽样调查。抽样程序是：从每个城市先选取 4～5 家规模不等、女性居多的制造业和服务业企业；然后，从每个企业选择 40～50 名来自该市行政辖区之外的农村户籍劳动者。实际发放问卷共 780 份，回收有效问卷 702 份。在全部样本中，女性占 67.4%。

❶ 朱玲，2009 年，《农村迁移工人的劳动时间和职业健康》，《中国社会科学》第 1 期，第 133–149 页。

❷ 对这一数据集的详细介绍，参见朱玲、金成武，2009 年，《中国居民收入分配格局与金融危机应对》，《管理世界》第 3 期，第 63–71 页。

❸ 以下将这些城市简写作：SH 市代表上海，CQ 市代表重庆，SU 市代表苏州，SZ 市代表深圳，DL 市代表大连。

以下首先展示迁移工人养老保险项目的特点，及其与城市化政策的关系。其次，说明现有缴费安排下的企业用工行为，及其对迁移劳动者就业的影响。再次，考察在当前的就业和保险制度下，养老保险支出对迁移工人当前可支配收入的影响，以及不同性别和工资水平的参保者能够得到的养老待遇。然后，扼要讨论非正规就业者的养老保障问题。最后，归纳研究中的发现和政策建议。

## 二、迁移劳动者养老保险项目与城市化政策

以法律法规形式颁布的社会养老保险制度，决定了制度相关者的权利和义务。目前，各个城市实施的迁移劳动者养老保险项目，依据的是地方政府颁布的政策文件。这些地方性的政策构成了当地企业和迁移劳动者面临的养老保险制度环境。以下仅选择 5 个在迁移劳动者养老保险政策上各具特色的城市，并将相关的政策信息和社会经济指标数值综合在一起纳入同一表格，以便在扼要刻画不同政策环境的同时，对照说明影响政策形成的因素。

表 19–1 显示，迄今覆盖迁移劳动者的养老保险项目可分为两大类：一是单设项目，二是将这一群体纳入城镇职工基本养老保险体系。此外，不同城市的养老保险缴费比例和待遇也不相同。之所以各地政策不一，首先是因为，大规模的农村劳动力转移是经济改革中出现的新事物，针对这一群体的社会保险制度，是在地方政府的探索和创新过程中逐渐发展起来的。其次，这些差异的产生，也与各地的社会经济发展状况、政府的政治意愿和社会管理能力等多方面的差别密切相关。SH 市和 CQ 市两个直辖市都具有城市规模大和人口密度高的特点，为了减轻人口压力，都曾制定较高的门槛，阻止各类职业精英以外的迁移劳动者获得本市户籍。二者推行的都是为外来从业人员单设的养老保险项目，选择了低于城镇职工保险费率的缴费标准。这在政策实施过程中，有助于减轻来自企业和迁移工人的阻力。不过，也排除了养老收入在不同户籍的就业群体之间实行再分配的可能性。

**表 19-1 调研城市概况和外来劳动力养老保险政策**

| 城市 | SH 市 | CQ 市 | DL 市 | SU 市 | SZ 市 |
|---|---|---|---|---|---|
| 常住人口（千人）<br>其中，外来人口（居住半年以上） | 18885<br>5174 | 28390<br>600 | 6130<br>293 | （6298）<br>4000 | 8768<br>6488 |
| 地方财政收入（百万元） | 238234 | 57724 | 33910 | 66891 | 80036 |
| 2008 年城镇在岗职工平均工资［元 /（人·月）］ | 3292 | 2249 | 2859 | 2986 | 3621 |
| 养老保险覆盖方式 | 单设外来从业人员综合保险（工伤、医疗和养老） | 单设农民工养老保险 | 开发区：参加城镇职工基本养老保险 | 参加 SU 市的城镇职工基本养老保险 | 参加 SZ 市的城镇职工基本养老保险 |
| 养老保险缴费比率（保费 / 工资） | 企业缴纳 7%，（综合险共计 12.5%） | 雇员缴纳 5%，企业缴纳 10%。14% 进入个人账户；1% 作为互济基金 | 雇员缴纳 8%，进入个人账户；企业缴纳 20%，作为统筹（互济）基金 | | 雇员缴纳 8%，进入个人账户；<br>企业缴纳 10%，作为互济基金 |

续表

| 城市 | SH 市 | CQ 市 | DL 市 | SU 市 | SZ 市 |
|---|---|---|---|---|---|
| 退休待遇 | 连续缴费满一年的，可获得一份老年补贴凭证，其额度为每一缴费月份的上年度全市职工月平均工资的 60% 的 7% 之和 | 个人账户累计储存额 ÷ 计发月数（比照同期城镇企业职工基本养老金计发月数执行） | 基础养老金和个人账户养老金<br>基础养老金 =（当地上年度在岗职工月平均工资 + 本人指数化月平均缴费工资）× 缴费年限 ×1%/2。<br>参保人平均缴费指数（$\alpha$）为其各缴费年度当年缴费工资（$X$）除以当年全市在岗职工平均工资（$C$）的算术平均值。计算公式为：<br>$\alpha=\left(X_1/C_1+X_2/C_2+\cdots+X_n/C_n\right)/N$（缴费年限） | | |
| 养老金领取年龄 | 男 60，女 50 | 男或女 55 | 男 60，女 50（管理岗位 55） | | |
| 最低缴费年限 | 15 年 | | | | |

注：①如无特别说明，表内有关人口和地方财政收入的数据，来自各调研城市的《2008 年国民经济和社会发展统计公报》。SH 市来自 www.tjcn.org/shanghai/9549_6.html，CQ 市来自 www.tjcn.org/chongqing/10166_3.html，SU 市来自 http：//www.tjcn.org/suzhou/tjgb/9468_4.html，SZ 市来自 www.tjcn.org/shenzhen/9912_4.html，DL 市来自 www.stats.dl.gov.cn/gongbao.asp？ STYLETYPE=6&ID=17277，2009 年 6 月 2 日下载。② CQ 市户籍人口 32353 千人，外来常住人口数据仅包括市区内的迁移人口。SU 市一栏括号内的人口为 2007 年的本地户籍人口。③有关外来劳动力（包括农村迁移劳动者）养老保险政策和在岗职工平均工资的信息，来自笔者对各地社会保险机构的访谈，以及这些机构公布的文件。SH 市来自 news.xinhuanet.com/employment/2005—04/05/content_2786907.htm，CQ 市来自 www.cqldbz.gov.cn/common/content.jsp?id=0000000000396490 & flag=2，DL 市来自 www.ln.lss.gov.cn/infopub25/PubTemplet/%7B538116AD−AF2A−4978−B786−5A2A1621E91C%7D.asp?infoid=10802 & Style={538116AD−AF2A−4978−B786−5A2A1621E91C}，SU 市来自 www.js，lss.gov.cn/zcfg/ldzjfg/200810/t20081021_21008.htm，SZ 市来自 www.szsi.gov.cn//sbjxxgk/zcfggfxwj/zctw/200810/t20081009_755.htm，2009 年 6 月 10 日下载。

迁移工人的社会保险项目几乎都是从制造业开始的。DL 市的新兴制造业集中在开发区，企业多由外商投资，经营状况一般优于区外企业。与此相对应，也只有开发区内的迁移劳动者被纳入城镇职工养老保险。SU 市和 SZ 市都是以制造业发达著称的城市，经济实力均在 DL 市之上。二者在全市范围内，对正规就业的迁移劳动者采取了与本市户籍职工相同的养老保险政策。这样做，一是有助于避免制度碎片化；二是有助于减少对农村迁移人口的身份歧视；三是能够取得管理上的规模效益。

此外，SU 市和 SZ 市的养老制度模式选择也与其人口结构相关。在 SZ 市，本地户籍人口仅占常住人口的 26%。在 SU 市，这个比重为 62.5%。两个城市的迁移人口比重均高于 SH 市、CQ 市和 DL 市。绝大多数迁移工人都是年轻人，缴费多年后才有资格领取养老金。当前在他们的名义下积累的资金，对于 SU 市这样的老城市，既可以填补国有企业养老制度改革留下的基金缺口，又能够缓解户籍人口老龄化带来的资金积累困难。对于 SZ 市这样的新城市，大批迁移工人参保，既有助于降低企业的费率，又为本地户籍退休人员享受较高的养老待遇提供了可能性。2008 年，SZ 市户籍退休者的平均养老金为每月 3504 元，相当于本地社会平均工资的 96.8%。

还值得注意的是，同样的制度，对于户籍身份不同的劳动者会造成不同的结果。直到目前，户籍制度还没有实质性的改革。在城市公共服务和福利供给方面，对农村迁移人口的社会排斥依然存在。城市户籍劳动者如果找不到就业岗位或者失业，还能获得本市政府的就业援助。农村迁移劳动者则只能凭借其流动性在市场上碰运气。他们能否在某一城市落脚以及居住多久，在很大程度上取决于城市劳动力市场的需求。[1]据 2007 年的一项企业用工调查，将近 60% 的岗位要求雇员年龄在 18～25 岁，将近 30% 的岗位的年龄要

---

[1] 潘毅、黎婉薇，2006 年，《失语者的呼声　中国打工妹口述》，生活·读书·新知三联书店。

求在26～35岁之间。而且，大多数岗位需要至少受过初级职业训练的人。在性别要求方面，对女性劳动力的需求一直高于男性。[1]这意味着，在农村劳动力整体受教育程度较低的情况下，受过基础教育的年轻力壮者，才最有可能在城市正规部门就业。或者说，当前城市企业需要的，只是农村优质劳动力的生命周期中劳动效率最高的阶段。度过了这一阶段，他们就有可能失去城市正规就业岗位，从而也就失去与此相联系的养老保险待遇。

根据我们基于国家统计局2006年城乡住户家计调查样本中的子样本数据的统计，在城市正规劳动力市场上，30岁以下的男性和女性迁移工人，分别占各自性别组的62.3%和78.4%。这与上述企业的用工年龄需求恰好大致相似。在40岁以上的年龄段上，男性和女性迁移工人分别占各自性别组的12.1%和4.3%；城镇户籍的男女雇员分别占各自性别组的63.7%和51.1%（图19–1）。按规定，参保者工作和缴费的期限越长，其养老保险的待遇也就越高。很明显，在同一制度下，即使不考虑工资差异，仅仅是工作期限这一个因素，就使得大多数农村迁移工人难以与城市户籍工人分享同等的养老待遇，女性难以与男性分享同等的待遇。[2]在城市户籍的正规就业者当中，女性的工作年份一般低于男性，那是法定退休年龄所致。对于农村女性迁移工人而言，影响她们工作期限的因素则主要在于，城市里普遍缺少适合低收入群体的幼儿照料服务；在有些城市，迁移工人还未被纳入生育保险。这就迫使年轻女工在生育和哺乳时期不得不退出城市正规劳动力市场。因此，她们较之男性迁移工人更容易失去养老待遇。

---

❶ 劳动与社会保障部，2007年，《关于当前劳动力市场供求状况的分析报告》（6月13日），www.molss.gov.cn/gb/news/2007–06/13/content_182044.htm，2009年7月27日下载。

❷ 姚宇，2009年，《人口学特征对农民工养老保险制度的影响》，中国社会科学院经济研究所课题组未发表的研究报告。

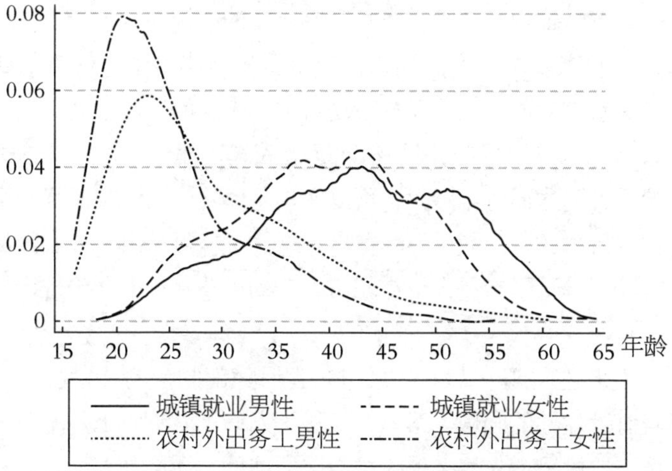


**图 19–1　2006 年 16～65 岁正规就业者在城市劳动力市场上的年龄分布按性别与户籍身份分组（样本核密度图）**

注：数据来自国家统计局 2006 年城乡住户家计调查样本中的子样本。总样本量为 18071 户、65281 人；其中，农村 10751 户、43776 人；城镇 7320 户、21505 人。样本中的农村外出就业者 7971 人，城镇就业者 10918 人。这里，与雇主签订了劳动合同的农村外出就业者被定义为正规就业者，共 1842 人；城镇就业者中的非自雇者被视为正规就业者，共 10469 人。

可以说，缺少与城市户籍人口分享同等福利的机会，是迁移劳动者在城乡之间和在不同城市之间频繁挪动的原因之一。可是根据这些城市的现行政策（SH 市除外），养老保险资格不能随迁移劳动者跨地区转移，但允许他们退保。而且，退保者只能得到个人缴纳的基金，企业为其代缴的部分却全部被留在原地，成为对当地社保基金的净贡献。这种做法无异于侵占迁移工人和企业的利益，损害社会养老保险的可持续性。由此也可以看出，如果养老保险制度设计既没有顾及迁移劳动者的就业特点，也未包含性别视角，那么这一群体尤其是其中的女性生就未见得必然会从参保中受益。

我们从访谈中还得知，"第一代"农村迁移工人尚有农业生产的技能，加之城市生活费用高于农村，故而在退出城市劳动力市场后多半会返回家乡养老。他们的后代即"第二代"迁移劳动者，特别是其中受过中等技术教育和高等教育的人，则早已习惯了城市生活，因此意欲永久留居城市，或至少定居小城镇。这就需要城市养老保险制度设计，为迁移劳动者留出未来的选择空间。在迁移劳动者养老保险项目中，只有“SH 市模式”部分地回应了这种需求。参保者到达退休年龄时，可以在指定保险公司设在任何一个地方的分支机构，一次性兑现其养老补贴凭证。可是由于补贴数额过低，实际上排除了参保人留在城市养老的可能性，下文将进行具体分析。

对于上述问题，人力资源和社会保障部制定的《办法》都做出了具有针对性的回应。第一，迁移工人参加城镇职工基本养老保险。第二，赋予个人养老保险关系以便携性。迁移工人一旦参加城市基本养老保险，随后不仅可以在跨统筹地区变换工作岗位时办理转移接续手续，从而保证养老保险权益累计计算；而且可以在脱离正规就业状态和中断缴费的情况下，暂时封存权益记录和个人账户。第三，在他们退休之前就回乡定居的情况下，还可以将其原有的城镇职工养老保险权益记录，转入未来的农村居民基本养老保险体系。此外，这一制度安排也为他们留下了转入未来的城市居民养老保险系统的可能性。第四，在迁移工人跨养老保险系统和跨地区转移时，携带的基金包括个人账户和企业为其积累的部分。更重要的是，这些规定必将有助于全国性的城市养老保险制度的形成，从而为建立公平的市场竞争环境提供一个必要条件。

## 三、企业的工资附加成本与就业创造

在全球金融危机和经济下滑的冲击下，调研城市的企业自 2008 年第 3 季度起出现经营困难。不少制造行业的企业在 2009 年根本没有拿到订单。有的企业为了防止机器锈坏和技术工人流失，不得不在没有赢利的情况下开工。有家内衣制造公司原有 3 个工厂，共有 900 多工人，女工占 2/3 强；如今已合并成 2 个工厂，工人只剩下

400人。据DL市一家劳务派遣公司的部门经理介绍，2007年，公司的签约企业共计600多家。截至2009年3月底，减至300多家。我们调查组原计划要访问的一家SU市的劳务派遣公司，2008年上半年还管理着上万名迁移工人。2009年第一季度，由于工人大量失业，公司的业务量迅速萎缩，恰恰在我们到达SU市前停业。我们在调查中还注意到，中小企业至今仍得不到大企业那样有力的信贷支持，但还要和大企业一样承担沉重的税费支出。2009年年初，各地政府纷纷采取措施，降低除养老保险以外的社会保险费率。可是，企业目前缴纳的社会保险总费率依然高于发达国家，以至于严重影响其复苏能力和就业岗位的创造。笔者听到频率最多的反映，是企业的社会保险负担过重。

企业在计算社会保险支出时，通常把雇员的缴费也考虑在内，视为工资附加成本，或者说作为劳动成本的一部分。依据企业行为理论，劳动成本过高，会促使企业通过提高资本密集程度来替代用工量，从而最终导致全社会就业机会减少。可就业无论是对工人的家计还是对社会的稳定，重要性都是第一位的。因此，针对迁移工人的养老保险设计必须包含如下政策权衡：对雇员缴费率的确定，既要保证基金的积累能够满足他们在退休年月的基本生存需要，又不至于迫使其削减目前的必要生活消费支出。对企业缴费率的确定，则要在顾及企业承负的总体税收和社会保险负担的同时，既满足基本养老保险预算的需要，又不至于削弱企业的发展能力并影响就业岗位的创造。

据SU市一家大型建筑企业的人力资源经理介绍，2008年，各项社会保险费率合计，相当于企业工资总额的45%。按照缴费基数下限算，企业为一名员工每月至少缴纳465元，员工个人每月至少缴纳150元。2009年，市政府出于应对金融危机的考虑，将企业对医疗和工伤保险的缴费率分别下调了1个百分点和0.5个百分点（见表19–2）。尽管如此，下调后的社会保险总费率依然高于严重老龄化的欧洲发达国家。

**表 19-2　SU 市区社会保险费率（2009 年 1 月至 2010 年 12 月）**

| 险种* | | 单位缴费（%） | 雇员缴费（%） | 合计费率（%） |
|---|---|---|---|---|
| 基本养老保险** | | 20 | 8 | 28 |
| 医疗保险 | 基本医疗保险 | 8 | 2 | 11 |
| | 地方补充医陪保险*** | 1 | 0 | |
| 失业保险 | | 2 | 1 | 3 |
| 工伤保险 | | 0.5 | 0 | 0.5 |
| 生育保险 | | 1 | 0 | 1 |
| 合计 | | 32.5 | 11 | 43.5 |

注：信息来自 SU 市社会保险基金管理中心综合科。有关表中各项险种的具体规定，参见该中心网页 http：//www. szsbzx.net.cn：9900/web/html/bszn/bsznAction. do？ src=/web/html/bszn/bszn_frame. jsp。

* 最低缴费基数为上年度全省社会平均工资的 60%，最高缴费基数为社会平均工资的 300%。工资水平处于上下限之间者，其实际工资额即缴费基数。2008—2010 年，江苏省城镇职工社会保险的最低缴费基数为每月 1369 元 / 人。

** 个体工商户养老保险缴费率为 20%，其中雇员缴纳 8%，雇主缴纳 12%。持有本市户籍的灵活就业者的养老保险缴费率为 20%，全部由个人缴纳。

*** 按规定享受公务员医疗补助的人员，不参加地方补充医疗保险。

例如，1970 年，联邦德国的雇主和雇员共同缴纳的各项社会保险费，合计起来相当于工资总额的 26.5%。到 2004 年，这个比例增加到 41.9%。高费率和高福利使得劳动力市场趋于僵化，部分劳动者宁愿失业，也不愿寻找或接受低收入的工作；企业则难以根据市场需求来调整员工人数。结果是失业率居高不下，以至于德国不得不推行劳动力市场改革，[1] 通过降低失业保险水平和推行更加严格

[1] Federal Ministry of Economics and Technology，2007，Annual EconOralc Report 2007，p. 50，Berlin.

的社会救济监督制度来促进就业。自 2006 年始，社会保险总费率降至 40% 以下，同年，德国的人均 GDP 已达 26500 欧元（约 34347 美元），相当于 2008 年 SU 市人均 GDP 的 3.4 倍。当前，我国大部分城市的经济发展水平还不及 SU 市，但城镇职工社会保险总费率却也不相上下。对照德国的经济总量和社会保险费率之间的关系可以判断，中国城市的社会保险费率偏高。这些城市之所以没有陷入劳动力市场僵化和社会福利基金难以为继的境地，在很大程度上，是由于具有高度流动性的农村劳动力的供给，以及农村迁移工人因年轻和健康而对城市的养老和医疗保险做出了净贡献。

进一步讲，我国大部分城市的养老保险总费率达 28%（企业费率 20%，职工费率 8%）。与此相对照。1970 年，联邦德国雇主和雇员共同缴纳的养老保险费相当于工资总额的 17%（二者承担的费率分别为 8.5%）；到 2007 年，费率提高到 19.9%。中国企业的缴费率如此之高，主要是因为它包含着填补国企改制遗留的养老基金缺口的成分。可无论是基于社会公平，还是基于经济效率和就业创造的考虑，动用大型国企上缴的利润和财政资金来弥补养老基金的缺口才更为妥当。仅仅是出于促进就业的目的，对企业尤其是那些近 30 年来才建立起来的劳动密集型中小企业，就应当避免实行高费率政策。

《农民工参加基本养老保险办法》（以下简称《办法》）将用工单位的缴费率定为 12%（雇员缴费率定为 4%～8%），自然受到那些缴费率高于这一标准的企业的由衷拥护。不过可以设想，一旦《办法》付诸实施，就会导致企业在同等技能的劳动者当中偏好雇用农村迁移工人，从而将不利于城镇户籍劳动者就业，并会产生新的社会矛盾。与其如此，倒不如选择这一缴费水平作为最高限，将企业为城市户籍员工承担的缴费率降下来，以便创造公平的就业竞争环境。由于建议的费率下降幅度较大，会对统筹基金规模产生实质性影响，因而有可能影响目前退休人员的养老金支付。另外，还可能会在社会上引起削减社会福利的误解。为此，需要采取与降费率相匹配的政策措施。

第一，借鉴智利政府推行社会养老保险改革的一项有益经验，建立公共养老基金。将包括大型国企上缴利润在内的财政资金作为基金来源，一方面，用于逐步填补国企改制留下的基金缺口；另一方面，用作最低养老金保障，救助养老金低于贫困线的退休人员。这样做，在当前有利于为降费率措施争取广泛的社会支持；在今后，有助于缩小养老收入分配的不均等程度。

第二，针对劳动密集型中小企业，建立税收优惠与迁移工人就业和参加养老保险指标挂钩的制度。在现有的用工单位当中，劳动密集型中小企业盈利能力较弱，但吸纳农村迁移工人就业的能力较强。目前在一些城市（例如DL市区），多数企业尚未将农村迁移工人纳入养老保险体系。企业经理们要求，待经济形势好转再推行《办法》。即便如此，这些中小企业的社会保险支出也会因之大幅度增加。因此，可以借助减税措施予以支持。根据著名的英国国际财务公司Ernst & Young发布的全球140多个国家和地区的企业可比税率统计，中国属于高税率国家。以韩国为例，2007—2008年，应税额在1亿韩元（约83752美元）以上的企业，税率为25%；应税额在1亿韩元及以下的企业，税率为13%。同期，中国企业的可比税率一般为25%；小企业和盈利状况较差的企业的税率为20%。[1]鉴于此，对劳动密集型中小企业减税，一方面有助于改善这些企业的国际竞争力，另一方面有助于激励这些企业为迁移工人缴纳养老保险，从而增强他们的社会保障程度，促进社会稳定与和谐。

## 四、缴费安排对迁移工人可支配收入的影响

近20年来，农村迁移劳动力已经发生了显著的分化。首先，

---

[1] 这里的可比税率指的是边际税率，即税收在边际收益或者边际成本中所占的比重。数据来源：Ernst & Young，2008.The 2008 Worldwide Cooperate Tax Guide，第156和502页。

这一群体原本就有正规和非正规就业状态之分。其次，在受教育程度、职业特征和收入水平等方面，群体内部的差距都在拉大。[1]不过，即使是进入管理层的迁移劳动者，其平均工资水平也低于所在城市的社会平均工资（见表 19-3 和表 19-4）。这一点，对于迁移工人参加养老保险的实际需求，或者说有支付能力的需要，具有决定性的影响。本报告关注的重点人群是迁移劳动者当中的低收入群体，特别是其中的女性。以下主要讨论的问题在于：第一，城镇职工养老保险制度中的个人缴费安排，对参保迁移工人当前的可支配收入有怎样的影响；第二，依据现有的缴费安排，参保迁移工人有可能得到怎样的养老待遇。

**表 19-3　样本迁移工人的社会经济特征**

| 年份 | | 2006 | | | 2009 | | |
|---|---|---|---|---|---|---|---|
| 性别 | | 全部 | 男性 | 女性 | 全部 | 男性 | 女性 |
| 观测值数（人） | | 1247 | 561 | 686 | 702 | 233 | 469 |
| 各类人群比例（%） | 16～30 岁 | 67.31 | 61.18 | 72.30 | 85.84 | 83.55 | 86.85 |
| | 高中和中专 | 26.08 | 26.74 | 25.55 | 45.49 | 40.63 | 47.61 |
| | 大专及以上 | 2.97 | 2.85 | 3.07 | 18.46 | 26.34 | 14.78 |
| | 管理人员 | 17.36 | 17.53 | 17.15 | 15.13 | 20.36 | 12.44 |
| | 一线员工 | 58.39 | 56.55 | 60.65 | 69.44 | 69.68 | 69.35 |
| 各类人群人均月工资（元） | 管理人员 | 1271 | 1385 | 1179 | 1549 | 1814 | 1296 |
| | 一线员工 | 954 | 1077 | 846 | 1057 | 1186 | 986 |
| | 所有人员 | 975 | 1076 | 893 | 1146 | 1338 | 1044 |

[1] 邓曲恒，2009 年，《农民工的特征描述与养老保险参保情况》，中国社会科学院经济研究所课题组未发表的研究报告。

续表

| 年份 | 2006 | | | 2009 | | |
|---|---|---|---|---|---|---|
| 性别 | 全部 | 男性 | 女性 | 全部 | 男性 | 女性 |
| 愿意参加养老保险者比例（%） | — | — | — | 89.98 | 91.28 | 89.39 |
| 实际参加养老保险者比例（%） | 21.29 | 15.16 | 26.23 | 56.84 | 57.27 | 56.50 |

注：2009 年的抽样调查地点为 SZ 市、DL 市和 SU 市。出于近似对照的考虑，表中 2006 年的样本只保留了 SZ 市、DL 市和 SH 市的观测值。“—”表示无可使用数据。

**表 19-4 2008 年度 3 个调研城市的迁移工人养老保险缴费基数下限**

单位：[元/（人·月）]

| 调研城市 | 2007 年在岗职工人均月工资 | 2008 年缴费基数下限 | 男性迁移工人人均月工资 | 女性迁移工人人均月工资 |
|---|---|---|---|---|
| SU 市 | 2617 | 1369 | 1253 | 1137 |
| DL 市 | 2353 | 1412 | 1050 | 891 |
| SZ 市 | 3233 | 特区内：1000<br>特区外：900 | 1553 | 1125 |

注：2009 年 3～4 月，调研城市社保机构仍在执行其 2008 年公布的保险费用征缴规定，缴费基数下限一般为 2007 年本省或本市职工平均工资的 60%。迁移工人平均工资根据本课题组 2009 年的抽样调查数据得到。SU 市样本量 310（人），其中男性占 29.2%，女性占 70.8%；DL 市样本量 194（人），其中男性占 21.9%，女性占 79.1%；SZ 市样本量 198（人），其中男性占 48.5%，女性占 51.5%。

正规就业的迁移劳动者是否参加养老保险，在很大程度上取决于其就业城市的制度设计和企业的决策。按规定，雇员应缴的保险费由企业从个人工资中扣除代缴，雇员的选择余地事实上十分狭窄。[1]从表 19-3 可见，在受访的迁移工人当中，有近 90% 的人愿意参加养老保险，但实际参保率却远低于这一水平。在 2006 年和 2009 年的样本总体中，参保率分别约为 22% 和 57%。数字背后的事实首先在于，在调查时段，某些抽样城市尚未强力推行迁移工人养老保险项目。例如，DL 市的项目仅限于开发区。其次，在高费率政策下，用工单位尽可能地采取了避费行为。例如，通过在非项目区注册的劳务派遣公司，把雇员的正规就业状态变为非正规。再次，保险项目的制度设计不适合迁移工人的就业特点和支付能力。对此，迁移工人的回应只能是退保。例如，2007 年，SZ 市有将近 440 万迁移工人参加养老保险，但退保人数高达 83 万；[2]2008 年，退保人数大约为 87.7 万；2009 年春节前后，SZ 市又出现一个退保高潮。[3]笔者在 SU 市和 DL 市也了解到类似的情况。

更值得注意的是，即使解决了养老保险权益的可携带问题，高于迁移工人支付能力的缴费规定，还会产生强制低收入者过度储蓄的后果。如果没有针对低收入群体的缴费和待遇安排，非但难以保证他们在未来受益，反而会减少其自身及家庭当前的消费，甚至影响他们的生存，或者说危及正常的劳动力再生产。在这种情况下，参保率除了说明养老保险制度的覆盖程度以外，没有任

---

❶ 在现有的研究特别是针对女性参加保险的研究中，都有相同的发现。参见刘澄，2008 年，《流动女性社会保险困境分析》，《苏州科技学院学报》（社会科学版）第 11 期，第 43-47 页。

❷ 新华网，2008 年，《深圳农民工退保引发的沉重思考》（2 月 28 日），http：//news. xinhuanet.com/world/2008-02/28/content_7682948.htm，2009 年 6 月 22 日下载。

❸ 吴红缨等，2009 年，《深圳出现大量外省农民工退保现象引发关注》（3 月 30 日），http：//www.ahsp.org.cn/2006nwkx/html/200903/%7BAFBEDF69-18F2-4D4F-BF21-AOABC2E9486A%7D.shtml，2009 年 6 月 22 日下载。

何意义。在笔者的调研城市当中，SU 市、DL 市和 SZ 市都是把迁移工人纳入城镇职工养老保险的城市。其中，只有 SZ 市针对迁移工人平均工资低于缴费下限的情况，制定了特殊规定（见表 19–4）。在 SU 市和 DL 市开发区，个人缴费率为工资的 8%。那么，按照表 19–4 列出的缴费基数下限计算，每人每月至少要支付的缴费额在 SU 市为 109.52 元，在 DL 市为 112.96 元。据此观察迁移工人的实际费率，在 SU 市，男女迁移工人的平均费率分别为 8.7% 和 9.6%；在 DL 市开发区，男女迁移工人的平均费率分别为 10.8% 和 12.7%。

可见，低收入者的实际缴费率高于规定的费率。由于女性的平均工资比男性的更低，其实际缴费率还高于男性。尽管这些征缴的基金将用作迁移工人老年时的生计，可正因为他们的工资微薄，其储蓄能力也就极为有限。若对这一群体实行与城市职工同等的费率，必将导致这一群体当前的可支配收入的减少。换句话说，这样做的结果必然是挤压低收入群体的生存和发展空间。由此看来，《农民工参加基本养老保险办法》将雇员的缴费比例定为 4%～8%，无异于扩展了低收入者的选择空间。

问题是，大多数迁移工人处于城市劳动力市场的低端，只能凭借年轻和体壮获得工作岗位。对于这些岗位当前的劳动强度而言，男性年过 40 岁而女性刚过 30 岁，就失去了年龄和体力的优势，以至于不得不退出正规就业市场（见图 19–1）。由于他们的实际工作年限和缴费年限低于按照法定年龄退休的城市户籍工人，即便是以社会平均工资的 60% 作为缴费基数，并按照 8% 的比例缴费，其最终按月领取的养老金对社会平均工资的替代率，也远低于按照法定退休年龄领取养老金的城市户籍员工。这一点，在表 19–5 和表 19–6 模拟的情境中即展示出来。两个表格列出的数据是依据几个调研城市有关迁移工人参加养老保险的规定（见表 19–1），对处于三种不同缴费工资水平的参保人的养老待遇加以粗略估计的结果。[1]

表 19–5 模拟的是不同性别的参保人按照法定年龄退休之后领取月度养老金的情境：第一，在缴费率相同的条件下，高收入组与低收入组在社会平均工资替代率上的差别，映射出二者之间在工资水平上的差距。第二，根据 SU 市和 DL 市的制度，迁移工人参加城镇职工基本养老保险。鉴于目前只有城市户籍职工按法定年龄退休，表中对 SU 市和 DL 市的参保人养老待遇的估算，事实上模拟的只是当地城市户籍职工的情境。第三，在缴费率和工资水平相同的条件下，若女性的退休年龄低于男性，工作和缴费年限因之较短，其养老金对社会平均工资的替代率便远低于男性。例如，在 SU 市和 DL 市模式中，女性的养老金水平仅相当于男性的 70% 左右。

就迁移工人当前的年龄分布而言，表 19–6 的情境模拟更接近于实际情况。表中的结果显示：第一，在 SH 市和 CQ 市的迁移工人养老制度下，按照缴费基数下限即社会平均工资的 60% 缴费的参保人，能够获得的养老待遇过低。他们的月度养老金对社会平均工资的替代率最高还不足 9%。第二，由于男女之间在缴费期限上的差别比现行制度规定的男女退休年龄差别还要大，以至于养老收入的性别差距更为明显。在 SU 市和 DL 市模式中，女性的养老金水平

---

[1] 基本养老金的社会平均工资替代率 = 基础养老金的社会平均工资替代率 + 个人账户养老金的社会平均工资替代率，其中，基础养老金的社会平均工资替代率 =（退休前一年度的社会平均工资 + 缴费工资指数 × 退休前一年度社会平均工资）× 缴费年限 /（200× 退休前一年度社会平均工资）=（1+ 缴费工资指数）× 缴费年限 /200。假设：一个“典型的”迁移工人只在同一个城市工作，该市政策长期不变；$a$= 参加工作年龄；$k$= 缴费工资指数；$r$= 个人账户投资年收益率（常数）；$g$= 社会平均工资年增长率（常数）；$c$= 个人账户计入比例；$M$= 计发月数；$N$= 退出正规就业岗位年龄；$T$= 缴费年限，则个人账户养老金替代率为：

$$\frac{12kc}{M(r-g)}\left(\frac{1+r}{1+g}\right)^{N-a}\left[1-\left(\frac{1+g}{1+r}\right)^{T}\right]。$$

仅相当于男性的 55%～57%。

**表 19-5　基于地方迁移工人养老保险规定估算的养老金对社会平均工资的替代率**

| 缴费工资 / 社会平均工资 | 雇员性别 | SH 市（%） | CQ 市（%） | SU 市和 DL 市（%） |
|---|---|---|---|---|
| 60% | 男 | 10.05 | 15.09 | 45.08 |
| 60% | 女 | 5.94 | 15.09 | 32.39 |
| 100% | 男 | 16.74 | 25.16 | 61.14 |
| 100% | 女 | 9.90 | 25.16 | 43.31 |
| 300% | 男 | 50.23 | 75.47 | 141.41 |
| 300% | 女 | 29.70 | 75.47 | 97.94 |

注：表中关于养老金对社会平均工资替代率的估算公式，基于各调研城市的迁移工人养老保险制度设计。其中，SU 市和 DL 市参保人员的养老金，包括来自个人账户的基金积累和来自统筹账户的基础养老金两个部分。估算中假设：①个人账户资金的年收益率（参考银行各类定期存款的年利率）为 3%，社会平均工资的年增长率为 5%。②典型的农村男性和女性劳动者均于 18 岁进城做工并参加养老保险，男性连续缴费至 60 岁（在 CQ 市至 55 岁）后退出城市正规劳动力市场；女性则连续缴费至 50 岁（在 CQ 市至 55 岁）后退出。

**表 19-6　依据迁移劳动者的工作年限估算的养老金对社会平均工资的替代率**

| 缴费工资 / 社会平均工资 | 雇员性别 | SH 市（%） | CQ 市（%） | SU 市和 DL 市（%） |
|---|---|---|---|---|
| 60% | 男 | 4.99 | 8.98 | 25.70 |
| 60% | 女 | 2.25 | 4.68 | 14.57 |
| 100% | 男 | 8.32 | 14.97 | 34.51 |
| 100% | 女 | 3.75 | 7.80 | 19.28 |
| 300% | 男 | 24.95 | 44.92 | 78.52 |
| 300% | 女 | 11.24 | 23.41 | 42.84 |

注：除了以下假定以外，其他估算条件均与表 19–5 相同：一个典型的农村男性劳动者 18 岁进城做工并参加养老保险，连续缴费 25 年，43 岁退出城市正规劳动力市场；一个典型的农村女性则 16 岁进城做工并参加养老保险，连续缴费 15 年，31 岁退出。

事实上，多数生产和服务一线的女工还达不到15年的最低缴费年限，就因婚姻和育儿需求最终转向非正规就业。这就意味着，她们将因此而失去按月领取养老金的资格。可见，仅仅是为了保障女性迁移工人的基本养老权益，就需要在社会养老体系中，设计城镇职工养老保险项目与未来的农村居民或城市居民养老保险项目的衔接点，以便为参保人提供在不同项目之间转移的可能性。进一步讲，养老收入上的巨大性别差距，与女性在劳动力市场上的不利地位相联系。法定的生育保险能够部分地改善女性的就业条件。这一险种意味着，全社会对女性生育和哺乳期的收入损失给予补偿，因为她们在生育和哺乳上花费的时间，实质上是对社会人力资源的再生产做出的贡献。除此而外，根据智利的经验，实行最低养老金保障，便能收到明显地缩小养老收入性别差距的效果。原因在于，女性在低收入者当中占多数，而且人均预期寿命高于男性，因而必定成为这一制度的最大受益者。

## 五、非正规就业者的养老保障问题

从就业经历来看，农村迁移劳动力中的非正规就业者可分为两类：一是正规劳动力市场的退出者；二是进城伊始即从事非正规就业的人。从他们常见的就业身份来看，一是自雇者，二是微型企业或城市住户的雇员。在非正规就业者当中，女性迁移劳动者大多从事服务劳动，[1] 例如售货、侍应、导游、家政服务、医院护理、保洁、理发和缝纫等。只要市场有需求而正规部门不能及时予以满足，就会有非正规就业者以其灵活的劳动供给弥补缺口。就业的灵活性虽然正是他们应对失业的措施，但也导致其收入水平一般还不

[1] 叶文振，2006年，《流动妇女职业发展的性别思考》（3月3日），http：//www.china-gad.org/HR_News Detail.asp？ strDetailld=8737，2009年7月10日下载。

及正规就业的一线迁移工人，而且收入也极不稳定。在他们当中，有相当一部分人正是城市里的“工作着的穷人”。多数非正规就业者没有任何保险，他们在访谈中表示，最需要的社会保险类别是工伤和医疗保险。虽然有些受访者参加过农村合作医疗保险，可是考虑到回乡报销医疗费用所必须支付的路费和时间成本，又从这一制度中退出。可见，这部分劳动者需要适合于他们就业特点的社会保护措施，来应对其面临的工业社会风险。

就现有的社会养老保险制度而言，首先，它的“门槛”式的诸多规定，例如具有连续性的定期缴费、企业和个人缴费合计达15%～28% 的费率等，就把大多数非正规就业者排除在外。[1] 其次，针对自雇者和灵活就业者的地方性养老保险制度设计，仅针对城市户籍人口（见表 19-2 的注释）。在调研城市当中，只有 SH 市为迁移劳动力中的自雇者留下了参加综合保险的可能性，但至今并无自雇者参加。主要原因在于这些自雇者难以承受 12.5% 的费率和欠缴情况下 2‰的滞纳金负担。此外，社保机构如果大规模地为个人办理手续，管理成本必将非常高昂，因而也就缺少吸纳这部分劳动者参保的激励。这些机构之所以对持有本市户籍者另当别论，那是因为城市政府的行政强制使然。

低收入的非正规就业者参加养老保险是个世界性的难题。[2] 但是只要以预防和减少老年贫困为目标，就有可能另辟蹊径，找到替代昂贵的正规部门保险模式的办法。第一，通过社会救济保证这一群体“老有所养”。在城乡最低生活保障制度中设立养老救助条款，援助没有养老收入来源的贫困老龄人口。第二，在未来的农村

[1] 王震，2009 年，《非正规就业、性别与农民工的养老保障》，中国社会科学院经济研究所课题组未发表的研究报告。

[2] Hu，Y.and F. Stewart，2009，Pension Coverage and Informal Sector Workers：Internatlonal Experiences，OECD Working Papers on Insurance and Private Pensions，No.31，OECD publishing.

和城市居民养老保险项目中，为非正规就业者提供参保的可能性。

当前具有可行性的政策措施在于，循序渐进，将非正规就业者纳入他们最需要的社会保险项目。对于通过劳务派遣公司、家政服务公司和建筑工程队等企业形式就业的群体，首先推行工伤、医疗和生育保险。其次，随着他们工资水平的提高，为其设计“量体裁衣”的养老保险项目。至于那些连松散的劳动组织都没有的就业者，则只能由城市政府采取行动，借助社区管理网络，将社会援助和保险服务延伸到他们的住地。

## 六、结论

将农村迁移劳动者纳入城镇职工基本养老保险，是一个历史的进步。但是在迁移工人与城市户籍工人的社会经济状况差异巨大的情况下，对二者做无差别的制度安排，便使得基于社会公平理念的制度结出不公平的果实：

第一，在欠缺包容性的城市化政策下，迁移工人只能在城市就业而很难永久居留。当前城市企业需要的，只是农村优质劳动力的生命周期中劳动效率最高的阶段。度过了这一阶段，他们就可能失去城市正规就业岗位，从而也就失去与之相联系的养老保险待遇。此间，随着劳动力市场需求的变化，他们还不得不在地区之间流动以应对失业风险。依据现有的地方性农村迁移工人养老保险政策，养老保险权益不可转移，这就不仅妨碍劳动力流动，而且损害缴费企业和参保工人的利益。

第二，企业承担的职工养老保险费率，高于欧洲一些以福利国家著称的发达国家，而且税收负担也高于国际平均水平。以至于企业增加工作岗位的积极性减弱，躲避保险义务的动机增强。结果既损害工人的福利，又不利于为全社会创造就业机会。

第三，一些城市政府设定的缴费基数下限高于迁移工人平均工资，导致迁移工人的实际缴费率高于规定的水平。这在事实上相当于强制低收入者过度储蓄，必然会减少其自身及家庭当前的消费，或者说影响正常的劳动力再生产。女工由于工资更低而实际缴费率更高，其当前的可支配收入受到的影响更大。

可见，由于现有的城市社会养老保险项目与迁移工人的就业特点不适应，“参保”并不意味着迁移工人必然受益。对上述问题，人力资源和社会保障部制定的《农民工参加基本养老保险办法》都做出了建设性的回应：一方面降低了企业和个人缴费率，另一方面赋予个人养老保险权益以便携性。其中特别强调，在迁移工人跨城乡养老保险系统和跨统筹地区转移时，携带的基金包括个人账户和企业为其积累的部分。这些原则必将有助于保护迁移工人的利益和促进他们融入城市社会。

不过，缴费率降低则低收入者积累的养老基金将更少。如果没有进一步的政策干预，这一群体可能会通过《办法》的实施减轻当前（年轻时）的贫穷，却又将遭遇未来（老龄时）的贫穷。进一步讲，个人的就业年限越长、工资水平越高，本人和企业在其名义下的缴费总额越大，个人的养老待遇则越高。在同一制度条件下，就业年限和工资水平这两个因素，便使得大多数农村迁移工人难以与城市户籍工人分享同等的养老待遇，女性难以与男性分享同等的待遇。在迁移工人当中，女性由于生育和儿童照料，退出正规劳动力市场的时间比男性更早。基于这种情况所做的模拟计算表明，在同样的缴费工资水平上，由于就业期限不同，女性迁移工人的养老金水平仅相当于男性的 55%～57%。

为了促进就业、减少老年贫困和养老收入分配中的性别不平等，还需要中央政府制定如下与《办法》相匹配的政策。

首先，动用财政资源建立公共养老基金，设置与价格指数挂钩的最低养老保障线，保证低收入者领取的养老金不低于贫困线。

其次，颁布将迁移工人纳入生育保险的规定，同时要求城市地方政府资助面向低收入群体的幼儿照料服务设施。

再次，在当前，退出正规劳动力市场的迁移劳动者和非正规就业者的养老问题，只能更多地依赖社会援助而非社会保险来解决。未来农村居民和城市居民社会养老保险制度的建立，将有助于排除这一群体参加养老保险的障碍。

最后，对于为迁移工人缴纳养老保险的中小企业，给予降低税率的政策性优惠。

鉴于全球性金融危机和经济下滑对中国企业特别是中小企业造成强烈冲击，并因而导致大量迁移工人失业，推出全国性迁移工人养老保险计划的最佳时机，当为经济稳固地恢复正常之时。

（本章作者：朱玲　原载于《比较》2009 年第 4 期）

# 后　记

本书是中国社会科学院重大课题《和谐社会建设与社会公平政策选择》课题的研究成果。本课题研究建立在中国社会科学院经济研究所以往相关研究的基础上，没有之前的研究积累，完成这样一项研究几乎是不可能的。

在这些年的研究中，除获得中国社会科学院的课题经费资助以外，本研究还得到福特基金会和澳大利亚开发署的专项资助。

李实教授在经济所工作期间主持了课题设计，并参与了研究提纲的讨论。赵人伟研究员和唐宗焜研究员也都曾参加课题组讨论并提出过宝贵建议。

在实地调查中，我们得到了来自诸多中央政府部门、地方政府、相关研究机构等的大力支持，并得到受访企业、工人、社区和农民家庭的积极配合。没有他们的帮助，本研究的现场工作不会这么顺利完成。

课题结项会上，张平、韩朝华、张晓晶、朱恒鹏、王子豪、周颖昕、赖德胜、蒋中一、何秀荣、施祖麟等专家在研究、出版和成果发布等方面给出了很多有价值的建议。

经济研究所科研辅助部门和行政部门为本课题组提供了高效率的服务。

对上述机构和个人给予课题组的各种帮助，在此一并表示诚挚的谢意。

朱玲　魏众

2013 年 1 月 18 日